KB071331

한국 경제

빈부격차 심화되는가?

서울사회경제연구소 엮음

강병구·강신욱·윤명수·이병희·이은우·남기곤·
김기원·김진일·김유선·윤진호·김혜원 지음

한울
아카데미

책을 내면서

한국 경제는 1997년 외환위기 이후 저성장과 양극화 문제를 해결 과제로 안고 있다. 빈부격차는 외환위기 이후 크게 확대되다가 최근 주춤하기는 하지만 뚜렷한 개선을 보이지 못하고 있다. 더욱이 최근 미국 금융위기로 촉발된 세계 경제위기로 인해 이들 문제는 더욱 악화될 것으로 전망된다.

빈부격차의 확대가 문제시되는 이유는 그것이 계층 간 사회적 갈등을 증폭시켜 정치적 불안정을 초래하고 지속적인 경제성장에도 부정적인 영향을 미치기 때문이다. 특히 수출지향적 경제구조를 갖고 있는 한국 경제에서 빈부격차의 확대는 내수기반을 침식하여 외부의 경제적 충격에 취약하게 만들고, 세계화의 흐름에 능동적으로 대처할 수 있는 내적 유연성을 제약하게 된다. 따라서 분배구조의 개선은 사회통합성을 제고시켜 정치적 안정을 이루고, 거시적으로 경제의 자동안정기능을 강화할 뿐 아니라 미시적으로 경제의 유연성을 제고시켜 한국 경제의 성장에 기여할 수 있게 한다.

따라서 빈부격차의 심화를 막기 위한 정책적 노력이 요구되며, 그 출발은 빈부격차의 원인에 대한 미시적이고도 구체적인 분석으로부터 시작되어야 한다. 우리나라 가구빈곤율의 증가원인에 대한 실증분석은 그러한 의미에서 중요하다. 특히 분배구조에 미치는 고용구조의 변화와 사교육

투자의 격차에 대한 분석은 보다 근원적인 차원에서 문제해결의 단초를 제공할 수 있다. 대책과 관련해서는 소득분배정책과 경제성장의 관계에 대한 이론적이고도 실증적인 분석을 토대로 기존의 정책을 비교·검토하고, 구체적인 차원에서 다양한 정책수단을 모색해야 할 것이다. 이러한 문제의식에서 서울사회경제연구소는 우리나라 빈부격차의 원인을 분석하고 해소방안을 모색하는 연구총서를 기획했고, 그 결과 이 책을 출간하게 되었다.

이 책의 1부는 빈부격차의 원인을 분석한 4편의 글로 구성되어 있다. 강병구 등은 우리나라 가구빈곤율의 증가원인을 분석한 후 가구빈곤율을 축소시키기 위한 정책방안을 제시하고 있다. 그들의 실증분석에 따르면 우리나라 도시근로자가구의 빈곤율은 1993년을 기점으로 감소에서 증가로 전환했으며, 1993년 이후 임시 및 일용직, 여성 및 노인, 저학력 가구주의 가구빈곤율이 크게 증가했다. 또한 1993년부터 2006년까지의 기간에 증가한 가구빈곤율의 요인별 분해를 통해 가구주의 직업과 가구 내 취업자 수는 가구빈곤율을 감소시키는 방향으로, 가구주의 성별, 나이, 교육수준 등은 가구빈곤율을 증가시키는 방향으로 변화했음을 보이고 있다. 이러한 분석결과를 토대로 그들은 우리나라 가구빈곤율의 축소를 위해 저소득층을 위한 일자리 확대와 고용안정, 저학력·저숙련 노동자에 대한 직업교육 및 훈련기회 확대, 근로장려세제의 적용대상과 급여수준 확대, 사회서비스의 확충을 통한 여성가구주 고용지원 등을 제안하고 있다.

이병희는 외환위기 이후 노동시장의 불안정성이 소득불평등의 심화에 미친 영향에 주목하면서 소득분배의 구조적 변화를 고용변동의 측면에서 분석하고 있다. 그의 분석결과에 따르면 최근의 소득불평등 증가와 근로빈곤문제는 성장을 통한 일자리 창출력의 약화, 비정규 고용의 고착화, 자영업 부문의 구조조정, 실직 위험의 증가 등에 기인한다. 즉, 외환위기 이후 성장주도형 분배체계가 해체되고 시장 규율이 확산되면서 고용 및 소득불안정이 취약계층에게 전가되어 소득불평등이 심화되고 있다는 것이다. 그는 분배구조의 개선을 위해 재분배정책의 강화, 사회안전망의 확대, 고용구조 개선 및 저임금·저소득계층의 상향 이동을 지원하는 노동시장정책의 활성화 등을 주장한다.

이은우는 교육성과의 차이가 불평등의 세대 간 전이를 초래하는 주된 경로라는 문제의식에서 자녀의 학업성적격차에 미치는 요인을 분석하고 있다. 「한국청소년패널조사」 자료를 이용한 실증분석 결과 가구소득이 높고 사교육비가 증가할수록, 부모의 교육수준이 높고 자기 집을 소유할수록 자녀의 성적이 증가하는 것으로 나타났다. 또한 소득계층 간 자녀의 성적격차는 사교육비와 부모의 속성 차이에 큰 영향을 받는 것으로 나타났다. 이와 같이 자녀의 성적이 가족배경과 사교육비 차이에 크게 영향을 받는 구조가 지속될 경우 빈곤가정의 자녀들은 상대적으로 학업성적이 낮아지고, 그 결과 낮은 소득을 얻게 되는 악순환이 초래될 수 있다. 교육성과와 소득불평등의 악순환을 끊기 위해 그는 저소득층 자녀의 성적향상을 위한 대책의 필요성을 강조한다.

남기곤은 교육성과가 효율적이어야 함은 물론 교육기회가 모든 학생에게 공평하게 배분되어야 한다는 관점에서 학생들의 학업시간을 분석한다. 그의 분석결과에 따르면 다른 OECD 국가의 학생들에 비해 한국 학생들의 성적이 우수한 것은 보다 긴 학업시간에 의존한 것이기 때문에 비효율적이라고 평가된다. 또한 성적이 좋지 않은 학생들의 경우 학업에 대한 욕구가 적거나(수요 측 요인) 가정환경이 어려워(공급 측 요인) 사교육에 대한 투자가 상대적으로 낮은 것으로 평가된다. 결국 그는 사교육 투자의 격차가 학업성적의 차이를 보다 확대시키는 방향으로 작용하기 때문에 실질적인 의미에서 교육기회의 형평성을 위협하는 요인으로 간주한다. 그는 대안적인 교육제도로서 투입되는 학업시간에 비해 높은 학업성취도를 유지하는 북유럽의 교육모델에 주목하고 있다.

이 책의 2부는 우리나라의 경제정책을 평가하고 분배구조의 개선을 모색하는 5편의 글로 구성되어 있다. 김기원은 노무현 정권이 경제성장, 소득분배 및 복지지출, 부동산정책, 재벌·금융정책, 대외개방, 노사관계 등에서 취한 경제정책을 검토하면서 그 성과와 한계를 지적한다. 그에 따르면 노 정권은 선진국으로의 전환과 중소기업 및 자영업 등의 구조조정이 진행되는 '이중적 과도기'에서 87년 체제와 97년 체제의 모순 극복이라는 '이중의 과제'와 씨름했다. 특히 그는 경제 면에서 노 정권이 혹평을 받는 이유를 글로벌화와 정보화라는 세계적 추세와 이전 정권의 유산에 따른 결과의 부당한 책임, 보수언론의 집요한 왜곡과 비방, 부동산과 재벌 개혁 등에 대한 엉거주춤한 대응, 구조조정 과정에서 고통이 집중된 계층에 대한 배려의 부족 등에서 찾고 있다. 그는 노 정권이 구조조정기를 맞이해 한편으로는 금융, 복지 등의 인프라를 정비하고 다른 한편으로는 구조조정에 따른 고통분담의 공평성을 추구해야 했는데 그러지 못했음을 지적하고, 양극화를 극복하고 선진체제로 나아가는 반성의 계기로 삼아야 함을 지적한다.

김진일은 개방경제하에서 소득분배가 경제성장에 미치는 영향을 이론적으로 검토한 후, 실증분석을 통해 향후 한국 경제가 나아가야 할 방향을 제시하고 있다. 이론적으로 소득분배에서 이윤 몫의 증가는 이로 인한 투자수요의 증가가 크고, 소비악화의 효과와 수출에 미치는 영향이 작을수록 경제성장에 긍정적으로 기여하게 된다. 그러나 그의 실증분석에 따르면 외환위기 이후 소득분배의 악화는 소비와 저축을 위축시켜 경제성장에 부정적인 결과를 초래했다. 결국 그는 분배구조의 개선이 경제성장에도 긍정적인 영향을 미칠 것으로 보면서 외환위기 이후 한국 경제의 저성장과 양극화문제를 극복하는 방안으로 분배구조 개선의 중요성을 강조한다.

김유선은 한국에서 비정규직의 규모와 실태, 증가원인, 사회경제적 영향 등을 분석한 후 비정규직 남용과 차별문제를 해소하기 위한 정책방안을 제시한다. 우리나라에서 비정규직은 전체 노동자의 절반을 넘어설 뿐 아니라 고용이 극도로 불안정하고 임금을 비롯한 각종 노동조건에서 극심한 차별을 받고 있으며, 사회보험 적용 및 노조의 가입도 체계적으로 배제되고 있다. 그에 따르면 우리 사회에서 비정규직의 증가는 경제환경의 변화에 따른 불가피한 현상이 아니라 정부의 노동시장 유연화정책, 기업의 인사관리전략 변화, 노조 조직률 하락 등에 기인한다. 그는 한국에서 비정규직 차별이 심한 이유를 비정규직 대부분이 임시근로(임시직과 일용직)라는 데에서 찾으며, 임시근로의 남용을 방지하고 고용계약의 안정성을 제고하는 데 문제해결의 초점을 맞추어야 한다고 본다. 이와 관련하여 그는 수량적 유연화보다는 기능적 유연성을 제고시키는 노동시장정책, 초기업 수준의 단체교섭 촉진과 산업별 단체협약 효력확장제도, 비정규직 관련 법률의 제·개정, 최저임금수준의 현실화, 숙련지향적 임금·인사제도를 통한 동일숙련 동일처우의 실현, 연대임금정책과 연대복지정책 등을 주장한다.

윤진호는 최근 우리 사회에서 전개되고 있는 직무급·숙련급 임금체계의 도입 논의에 대한 배경과 사회적 의미, 그리고 새로운 임금체계의 도입이 노동시장에 미치는 영향을 심층적으로 분석하고 있다. 특히 동일한 직무급 임금제도를 갖고 있으면서도 그 내용, 절차 및 적용범위가 매우 상이한 모습을 보이는 미국과 독일의 임금제도를 비교한 후 향후 한국의 임금제도 개혁에 주는 시사점을 제시한다. 그는 임금체계의 개편과 관련된 사회적 합의의 기준으로 '동일노동 동일임금 원칙' 실현, 기업횡단적이고 평등을 지향하는 직무급, 직무가치의 설정과정에서 공평성과 투명성의 보장, 사회적 환경과의 적합성 고려, 개편과정에서 노사의 적극적 참여와 합의 등을 강조한다.

김혜원은 한국에서 저임금근로자가 부담하는 사회보험료의 문제를 사회보험의 적용이 제외되는 비공식부문의 문제로 인식하면서 저임금근로자의 사회보험료 감면과 이에 관련된 다양한 쟁점을 검토한다. 저임금근로자의 사회보험료를 감면할 경우 예상되는 재정소요액과 사회보험 재정수지, 저임금노동시장에 미치는 영향, 근로장려세제와의 관계 등은 이 글에서 논의되는 주요 쟁점이다. 그는 저임금근로자에 대한 사회보험료 감면제도를 도입할 경우 한국에 광범위하게 퍼져 있는 비공식부문의 고용을 줄이고 저임금근로자의 고용기회를 확대할 수 있으며, 노후 소득의 안정을 꾀하고, 비자발적 실업으로 인한 고통을 줄일 수 있음을 주장한다. 특히 여성 고용의 제고 효과가 뛰어남을 강조한다. 그의 문제의식과 정책대안은 보편주의적 복지국가를 지향하고 있다.

1993년에 설립된 서울사회경제연구소는 순수한 민간경제연구소로서 한국 경제의 올바른 발전 방향을 모색하기 위한 연구를 꾸준히 추진하고 있다. 그 과제의 하나로 연구총서 시리즈를 발간하고 있는데, 이 책은 그 스무 번째 저작이 된다. 앞으로도 우리는 이러한 과제를 꾸준히 추구해 나갈 것이며, 이에 대해 많은 분들의 관심과 성원을 부탁드린다.

마지막으로 이 책에 수록된 논문을 집필하느라 고생한 필자 여러분, 편집의 노고를 맡아준 서울사회경제연구소의 연구원과 사무원에게 깊이 감사드린다. 또한 이 책의 출판을 기꺼이 맡아준 도서출판 한울의 김종수 사장과 직원 여러분에게도 감사의 마음을 전한다.

2008년 12월

필자를 대표하여

강병구

차례

1부 현상과 원인

제1장

도시가구 빈곤율 변화의 요인

강병구 | 인하대학교 경제학부
강신욱 | 한국보건사회연구원
윤명수 | 미국 툴레인(Tulane) 대학교 경제학과

1. 들어가는 말

우리나라 도시근로자가구의 빈곤율은 1993년을 기점으로 감소에서 증가로 전환하는 변화를 보이고 있다. 1차 소득을 기준으로 측정한 상대적 가구빈곤율은 1982년 11.26%에서 1993년 8.82%로 하락한 이후 2006년 14.45%로 증가했다. 특히 1997년 외환위기 직후에는 가구빈곤율의 증가폭이 매우 높은 것으로 나타났다. 이와 같은 우리나라 도시근로자가구의 빈곤율 변화는 세계화의 일반적인 영향과 경제위기의 한국적 특수성이 중첩적으로 나타난 결과로 이해된다. 전자의 경우 노동시장의 유연화와 비정규직의 증가 및 그에 따른 고용 및 소득불안, 후자의 경우 경제위기

* 이 글은 ≪경제발전연구≫ 제14권 제1호(한국경제발전학회, 2008. 6)에 게재되었다.

이후 구조조정에 따른 신빈곤층의 증가와 취약한 사회안전망이 도시근로자가구의 빈곤율을 증가시킨 것으로 추론된다.

그동안 우리나라의 빈곤율 변화에 관한 연구는 빈곤으로의 진입 및 탈출, 소득구성 및 가구주의 종사상 지위 변화에 따른 빈곤율 차이의 요인분해, 센(Sen) 지수의 분해 등을 중심으로 전개되었지만 가구 및 가구주의 특성을 통제한 상태에서 가구빈곤율의 차이에 대한 요인분해를 시도한 연구는 존재하지 않는다. 빈곤가구에 대한 적절한 정책적 함의를 도출하기 위해서는 가구빈곤율에 영향을 미치는 요인들을 파악하고, 가구빈곤율 변화에 미치는 영향의 정도를 요인별로 측정할 필요가 있다.

이 글의 목적은 1993년과 2006년에 측정된 2인 이상 도시근로자가구의 가구빈곤율 차이에 대한 요인분해를 통해 가구빈곤율 증가의 원인을 분석하고, 가구빈곤율을 축소하기 위한 정책적 시사점을 도출하는 데 있다. 본문의 내용은 다음과 같이 구성된다. 제2절에서는 선행연구를 검토하고, 제3절에서는 분석모형을 제시한다. 가구빈곤율 차이의 요인분해에 이용된 계량기법은 2단계로 구성된다. 1단계에서는 회귀방정식을 통해 가구빈곤의 발생확률을 계산하고, 2단계에서는 회귀분석 결과를 이용하여 비교시점 간 가구빈곤율의 차이를 요인별로 분해한다. 제4절에서는 자료의 설명과 함께 분석 결과를 제시하고, 제5절에서는 정책적 시사점을 제시한다.

2. 선행연구 검토

그동안 우리나라의 빈곤 문제에 대한 연구는 빈곤의 동태적 추이와 결정요인을 중심으로 활발히 전개되었다. 먼저 박순일·최현수·강성호(2000)는 「도시가계조사」 자료를 이용하여 빈곤의 결정요인, 빈곤으로의 진입·탈출 및 빈곤기간 등에 대하여 포괄적으로 연구했다.

금재호·김승택(2001)은 한국노동연구원의 「한국노동패널」 자료를 이용하여 한국의 도시지역 가구 및 개인들의 빈곤율과 빈곤가구의 특징을 분석했다. OECD의 상대적 빈곤 개념을 이용한 이들의 연구결과에 따르면 경제위기 이후 매년 20% 정도의 가구가 빈곤상태에 놓여 있으며, 빈곤으로의 진입과 탈출이 매우 활발하다는 것을 확인했다. 또한 주 평균 가구근로소득과 순자산규모의 변화가 빈곤으로의 진입과 탈출에 매우 중요한 역할을 하는 것으로 평가되었다. 분석 결과에 기초하여 그들은 단순한 소득지원정책보다는 고용연계형 복지정책이 빈곤해결에 핵심적임을 주장했다.

정진호 외(2002)도 「도시가계조사」 자료를 이용하여 빈곤의 결정요인과 빈곤으로의 진입·탈출을 심층적으로 분석했다. 먼저 빈곤의 결정요인을 분석한 결과 가구주가 여성일수록, 연령이 많을수록, 학력수준이 낮을수록, 가구 내 취업자 수가 적을수록 빈곤율이 높은 것으로 나타났다. 또한 빈곤으로의 진입·탈출에 대한 결정요인을 분석한 결과 가구 내 취업자 수의 증가가 빈곤 탈출을 촉진하고 빈곤 진입을 억제하는 효과가 있는 것으로 나타났다. 이러한 분석 결과를 바탕으로 그들은 근로 능력이 없는 기초생활보장대상자에게는 최저생계비의 실질가치를 보장하고, 근로 능력이 있는 실업자에게는 적극적인 노동시장정책에 의한 직업훈련 및 취업기회를 제공하며, 근로빈곤층에 대해서는 최저임금의 실효성을 강화함과 동시에 근로장려세제(EITC)의 점진적인 도입을 주장했다.[1)]

한편 빈곤율 변화에 대한 요인분해는 가구소득 구성의 변화, 가구주의 종사상 지위 구성의 변화, 센 지수 분해 등을 중심으로 전개되었다. 먼저 박찬용·강석훈·김태완(2002)은 1996년과 2000년의 「가구소비실태조사」

1) 정부는 2006년 12월 「조세특례제한법」의 개정을 통해 2008년부터 근로장려세제의 도입을 확정했다.

자료를 분석하여 이 기간에 가처분소득을 기준으로 측정된 절대빈곤율이 3.16%에서 9.42%로 증가했고, 중위소득 50%를 상대빈곤선으로 적용한 상대빈곤율이 11.10%에서 15.74%로 증가했음을 보이고 있다. 이 기간 동안 절대 및 상대빈곤율을 상승시킨 가장 큰 요인은 하위소득 10% 가구를 중심으로 하락한 사적이전소득과 근로소득이었으며, 이는 주로 저소득층 가구주의 실직 또는 사업 실패 등에 기인한 것으로 판단되었다. 이러한 분석 결과를 기초로 그들은 빈곤율 축소방안으로 공적이전소득 규모의 확대와 빈곤가구에 대한 조세부담 및 사회보장 부담금의 완화를 제시했다.

김진욱(2004)은 1996년과 2000년의 「가구소비실태조사」 자료를 분석하여 동 기간의 빈곤악화를 요인별로 분석했다. 센 지수 분석 결과를 보면 빈곤율 효과와 빈곤층 사이의 소득분배효과는 양(+)이지만, 빈곤층의 평균소득효과는 음(−)으로 나타났다. 동 기간에 빈곤이 가장 큰 폭으로 악화된 계층은 근로자가구의 경우 부부가구, 홀부모와 부양가족이 1명 또는 2명인 가구이며, 비근로자가구의 경우에는 부부와 부양가족이 2 이상인 가구로 나타났다. 빈곤율의 증가를 억제하기 위한 정책으로는 임시직 및 일용직 근로자의 정규직화, 일자리 창출, 근로 능력이 없는 가구에 대한 소득보전방안의 강구 등이 제시되었다.

여유진 외(2005)의 경우도 1996년과 2000년의 「가구소비실태조사」 자료와 2003년의 「국민생활실태조사」 자료를 이용하여 센 지수의 변화를 분해했다. 1996~2000년 기간의 분해결과는 김진욱(2004)의 연구결과와 유사하지만, 2000~2003년 기간 동안에도 여전히 빈곤율과 빈곤층 사이의 분배효과가 악화되고 있음을 보이고 있다. 이들은 빈곤율의 증가원인을 노동시장에서의 실업으로 인한 소득단절과 이들에 대한 사회안전망의 미흡에서 찾고 있으며, 비정규직 보호, 최저임금 강화, 차별금지, 노인에 대한 소득보전체계의 강화, 아동빈곤의 예방과 평등한 교육기회 등을 정책방안으로 제시하고 있다.

강신욱 외(2006)는 「(도시)가계조사」 자료를 이용하여 전체 가계를 대상으로 센 지수를 연령별, 학력별로 분해했다. 먼저 빈곤율의 변화와 관련하여 2005년의 경우 가구주의 연령이 많을수록 빈곤인구율이 증가하고, 학력이 높아질수록 빈곤인구율이 줄어드는 것으로 추정했다. 2003년과 2005년의 센 지수 분해결과를 비교하면 2003년에 비해 2005년의 빈곤인구는 증가했고, 빈곤층 사이의 소득분배가 악화되었지만, 평균소득효과는 개선된 것으로 계측되었다. 이러한 분석 결과는 빈곤의 확대와 심화로 집약되며, 빈곤층에 대한 소득보전정책이 더욱 확대되어야 함을 뒷받침하고 있다.

이병희·강신욱(2007)은 1997년부터 2006년까지 도시근로자가계의 빈곤율 변화를 가구주의 종사상 지위별로 분해한 결과, 2003년과 2004년의 절대빈곤율 증가는 상용노무자 비중의 감소와 임시 및 일용직 노무자 비중의 증가에서 비롯된 바가 크다는 점을 보이고 있다. 이 방법은 집단 간 구성비율을 특정 값(특정 시점의 값 또는 분석대상 전 기간의 평균값)으로 고정시키고 각 집단별로 매년의 빈곤율을 적용하는 방식으로 빈곤율을 비교하는 것이다. 이 연구결과에 따르면 만일 이 두 해에 상용노무직과 임시·일용직의 비율이 전 기간 평균값을 갖고 있다고 가정했을 때의 절대빈곤율에 비해 실제 2003년과 2004년의 절대빈곤율은 약 0.63~0.69%p 상승한 것으로 나타났다. 그런데 이러한 방법은 집단 간 구성비만을 중심으로 분해한 결과 각 집단의 차이를 설명하는 다양한 요인의 효과를 고려하지 못한다는 단점이 있다. 예를 들어 도시근로자 빈곤율을 사무직 근로자와 상용직 노무자, 임시·일용직 노무자의 빈곤율로 분해하는 경우, 각 집단이 차지하는 구성비의 변화만 고려할 뿐 각 집단별 학력, 연령, 성별, 가구원수 구성 등의 차이를 전혀 고려하지 못하게 된다. 애당초 사무직 근로자가 임시·일용직 노무자보다 고학력자였다면, 두 집단 간 빈곤율의 차이에는 종사상 지위에 따른 차이뿐 아니라 학력 간 차이도 반영되어 있다고 보아야 할 것이다. 따라서 빈곤율의 차이를 발생시키는 가능한 많은 인구사회학적 요인을 동시에 고려하면서 각 요인의 효과를 구분하기 위해서는 회귀분석을 이용한 빈곤율 분해에 의존하는 방법을 취하게 된다. 이하 3절에서는 최우추정법에 의한 회귀분석으로 빈곤확률을 추정하고, 이를 이용하여 외환위기 전후 두 시점 간 빈곤율의 변화가 어떤 요인에 의해 설명될 수 있는지 분석하기로 한다.

3. 분석모형

두 집단 또는 시점 간 가구빈곤율의 차이를 요인분해하는 방법은 크게 두 단계로 구성된다. 1단계에서는 회귀방정식을 통해 가구빈곤의 발생확률을 계산한다. 2단계에서는 1단계에서의 분석 결과를 이용하여 가구빈곤율의 차이를 요인분해한다.[2]

먼저 이 글에서는 세계은행에서 이용한 방법을 이용하여 가구빈곤의 발생확률을 계산한다.[3] 이 방식에 따르면 가구빈곤의 발생확률(poverty incidence)은 다음과 같은 절차를 통해 산출된다. 먼저 빈곤선(Z)에 대한 가처분소득(Y) 비율($R=Y/Z$)의 로그값을 종속변수로 하여 회귀방정식($\log R = X\beta + e$)을 구축한다. 이때 X는 가구주의 성별, 나이, 학력, 직업, 그리고 가구 내 취업자 수 등 가구빈곤에 영향을 미치는 설명변수이며, β는 추정계수이고, e는 오차항이다. 다음으로 $\Pr(e < -X\beta) = \Phi(X\tilde{\beta})$를 이용하여 가구빈곤의 발생확률을 계산한다. 이때 $\Phi(\bullet)$는 표준정규누적분포

2) 분석모형에 대해서는 강병구·성효용·윤명수(2008) 참조.

3) 가구빈곤의 원인에 대한 세계은행의 분석방법은 코듀엘·헨트셰르·우든(Coudouel, Hentschel and Wodon, 2002)의 연구결과에 기초하고 있다.

함수(standard normal cumulative distribution function)이며, $\tilde{\beta}=-\beta/\sigma$, σ는 오차항(e)의 표준편차이다. 만약 $X\beta$의 값이 크거나 $X\tilde{\beta}$의 값이 작다면 빈곤선 대비 가구소득의 비율이 증가하여 빈곤에 빠질 확률이 작아진다.

다음으로 아이라 강, 쿠날 센, 윤명수(Gang, Sen and Yun, 2008)의 요인분해기법을 이용하여 두 시점 간 가구빈곤율의 차이를 요인분해한다.[4] 이들에 따르면 대수적으로 두 집단 또는 시점 간 빈곤발생확률의 차이, $(\overline{P_A}-\overline{P_B})$는 다음과 같이 특성효과(characteristic effect)와 계수효과(coefficient effect)로 분해될 수 있다.[5] 다시 말하면 식 (1) 우변의 첫 번째 항은 특성효과로서 두 집단에 속하는 개인 간 속성의 차이, 즉 성별, 나이, 학력, 직업, 그리고 가구 내 취업자 수 등의 차이로 인해 발생하는 빈곤율의 차이를 의미한다. 이는 계수값을 B집단을 대상으로 추정한 회귀방정식의 계수값($\widetilde{\beta_B}$)으로 고정시킨 상태에서 A집단과 B집단에 속하는 개인 속성의 평균값(X_A와 X_B)의 차이에 따른 빈곤율의 격차로 측정된다. 우변의 두 번째 항은 동일한 개인적 속성일지라도 빈곤율에 미치는 정도가 집단 간에 달리 나타나는 부분을 포착한다. 이는 A집단에 속하는 개인 속성의 평균값(X_A)을 고정시킨 상태에서 A집단과 B집단을 대상으로 각각 추정한 회귀방정식의 계수

---

4) 도입 당시 Blinder-Oaxaca 분해기법은 인종과 성별에 따른 임금 차이를 측정하기 위해 두 집단 간 비교분석에 적용되었지만, 이후 두 시점 간 임금변화의 요인분해에도 널리 적용되었다. 이 글에서 이용한 분석모형은 두 집단 간 비교분석을 전제로 하고 있지만, $(\overline{P_A}-\overline{P_B})$를 $(\overline{P_t}-\overline{P_{t-l}})$로 변경하여 비교되는 두 시점($t$와 $t-l$) 간 빈곤율의 변화를 요인분해할 수 있다. 두 시점 간 요인분해에 적용하는 논리적 근거는 윤명수(Yun, 2007) 참조.

5) 특성효과와 계수효과에 대해서는 종종 해석상의 어려움이 뒤따르며, 비교되는 집단에 따라 계수효과의 의미가 달라질 수 있다. 특성효과는 성별, 연령, 학력 등과 같이 개인의 속성에 따른 가구빈곤율의 격차를 나타내지만, 계수효과는 보수구조의 차이, 즉 수익성의 차이에 따른 가구빈곤율의 격차를 나타낸다. 특성효과와 계수효과의 차이에 대해서는 이은우(1995)와 윤명수(Yun, 2007) 참조.

값($\widetilde{\beta_A}$와 $\widetilde{\beta_B}$)의 차이에 따른 빈곤율의 격차로 측정된다.

$$(1)\quad \overline{P_A} - \overline{P_B} = \left[\overline{\Phi(X_A\widetilde{\beta_B})} - \overline{\Phi(X_B\widetilde{\beta_B})}\right] + \left[\overline{\Phi(X_A\widetilde{\beta_A})} - \overline{\Phi(X_A\widetilde{\beta_B})}\right]$$

여기서 Φ는 표준정규누적분포함수이며, $\widetilde{\beta_A} = -\beta_A/\sigma_A$, $\widetilde{\beta_B} = -\beta_B/\sigma_B$이다. 또한 β_A와 β_B는 각각 A와 B 집단에 대한 회귀방정식의 추정계수이며, σ_A와 σ_B는 추정오차의 표준편차이다. X_A와 X_B는 회귀분석에 이용된 설명변수이며, 수식에 표시된 막대는 각 집단의 표본평균을 의미한다.

그러나 이와 같은 방식으로 측정된 특성효과와 계수효과는 회귀방정식의 추정에 이용된 모든 설명변수의 영향을 총량적으로만 제시할 뿐 개별 설명변수 각각에 대한 특성효과와 계수효과를 제시하지 못하는 한계를 갖는다. 따라서 가구빈곤율의 차이를 설명변수 각각에 대해 요인별로 분해하기 위해서는 다음과 같이 윤명수(Yun, 2004)의 요인분해 방정식(decomposition equation)을 이용한다.

$$(2)\quad \overline{P_A} - \overline{P_B} = \sum_{k=1}^{K} W_{\triangle X}^{k}\left[\overline{\Phi(X_A\widetilde{\beta_B})} - \overline{\Phi(X_B\widetilde{\beta_B})}\right] + \sum_{k=1}^{K} W_{\triangle \widetilde{\beta}}^{k}\left[\overline{\Phi(X_A\widetilde{\beta_A})} - \overline{\Phi(X_A\widetilde{\beta_B})}\right]$$

여기서 $W_{\triangle X}^{k} = \dfrac{\left(\overline{X_A^k} - \overline{X_B^k}\right)\widetilde{\beta_B^k}}{\left(\overline{X_A} - \overline{X_B}\right)\widetilde{\beta_B}}$인데, 이는 두 집단의 특성 차이에 따른 빈곤율 차이에서 개별 특성변수값의 차이가 차지하는 비율을 의미한다. 또한 $W_{\triangle \widetilde{\beta}}^{k} = \dfrac{\overline{X_A^k}\left(\widetilde{\beta_A^k} - \widetilde{\beta_B^k}\right)}{\overline{X_A}\left(\widetilde{\beta_A} - \widetilde{\beta_B}\right)}$인데, 이는 두 집단의 계수효과 차이에 의한 빈곤율의 차이에서 특정 변수의 계수효과 차이가 설명하는 비율을 의미한다. 그리고 $\sum_{k=1}^{K} W_{\triangle X}^{k} = \sum_{k=1}^{K} W_{\triangle \widetilde{\beta}}^{k} = 1$이며, $\overline{X_A^k}$와 $\overline{X_B^k}$는 각각 집단 A와 B에 있어서 설명변수 k의 평균값이다.

요인분해를 완성하기 위해서는 분해방정식에 포함된 개별 설명변수들의 표준오차를 계산하고, 가설검정을 수행해야 한다. 이를 위해 최소자승법(OLS) 대신에 최우추정법(maximum likelihood)을 이용하여 회귀방정식을 추정한다. 최우추정법을 이용할 경우 β/σ의 점근적 공분산행렬(asymptotic covariance matrix)을 도출하는 데 필요한 β의 공분산행렬과 오차항의 표준편차(σ)를 구할 수 있다. 이렇게 구한 β/σ의 공분산은 추정계수의 가설검정에 이용된다.6)

한편 분석 결과의 견고성을 높이기 위해서는 요인분해 과정에서 발생하는 매개변수의 문제(parameterization problem)와 식별의 문제(identification problem)를 해결해야 한다. 매개변수의 문제는 특성효과와 계수효과를 측정함에 있어서 기준집단의 선택에 따라 측정치가 달라지는 문제이다. 즉, 식 (1)의 요인분해 방정식에서 B집단을 대상으로 추정한 회귀방정식의 계수값($\widetilde{\beta_B}$)과 A집단에 속하는 개인 속성의 평균값(X_A)을 고정시키는 것이 아니라 계수값($\widetilde{\beta_A}$)과 평균값(X_B)을 고정시킬 경우 측정된 특성효과와 계수효과는 달라질 수 있다는 것이다. 다음으로 식별의 문제는 회귀방정식의 추정에 있어서 더미변수를 사용할 경우 기준집단(omitted group)의 선택에 따라 계수효과가 가변적일 수 있다는 것이다.7)

첫째, 매개변수의 문제를 해결하는 방법은 식 (1)의 요인분해 방정식을 아래의 식 (3)으로 대체하여 분석 결과를 비교하는 것이다. 만약 식 (1)과 식 (3)의 분석 결과가 큰 차이를 보일 경우 매개변수의 문제가 심각하기 때문에 별도의 분석이 요구된다. 그러나 두 분석 결과가 유사할 경우 어느 하나의 방식을 채택하여 요인분해하는 것은 통계학적으로 정당화될 수 있다.

(3) $$\overline{P_A} - \overline{P_B} = \left[\overline{\Phi(X_A\widetilde{\beta_A})} - \overline{\Phi(X_B\widetilde{\beta_A})}\right] + \left[\overline{\Phi(X_B\widetilde{\beta_A})} - \overline{\Phi(X_B\widetilde{\beta_B})}\right]$$

6) 가설검정에 대한 자세한 내용은 윤명수(Yun, 2005a) 참조.

7) 이 문제에 대한 자세한 논의는 오하카·랜섬(Oaxaca and Ransom, 1999) 참조.

둘째, 식별의 문제를 해결하는 하나의 방법은 더미변수에 속하는 모든 범주를 기준집단으로 하여 각각의 계수효과를 구한 후 그 평균값을 더미변수의 진정한 계수효과로 간주하는 것이다. 그러나 실제의 추정에 있어서는 더미변수에 속하는 모든 범주의 수만큼 회귀분석을 하는 것이 아니라 기준집단을 포함하여 모든 계수값을 식별할 수 있는 정규화된 방정식(normalized equation)을 이용한다.[8] 정규화된 방정식을 이용한 구체적인 추정방법은 다음과 같다. 먼저 2개의 더미변수 집합과 L개의 연속변수로 구성된 회귀방정식을 가정하자.

$$(4) \quad y = \alpha + \left[\sum_{g=2}^{G} D_g \kappa_g + \sum_{t=2}^{T} Q_t \zeta_t \right] + \sum_{l=1}^{L} V_l \delta_l + e$$

여기서 D와 Q는 각각 G와 T개의 범주와 G−1 및 T−1개의 더미변수를 갖는 2개의 더미변수집단이며, V는 L개의 연속변수집합이다. 각 더미변수집단에서 첫 번째 범주를 기준집단으로 할 경우 $\kappa_1 = \zeta_1 = 0$이다. 오하카(Oaxaca, 1973) 유형의 요인분해에서 식별의 문제는 더미변수 D 또는 Q에서 추정된 계수효과의 합은 기준집단이 변화함에 따라 달라질 수 있다는 것이다. 그러나 만약 통상회귀식의 추정량을 구할 수 있다면 이를 기반으로 다음과 같은 정규화된 회귀방정식을 만들어 기준집단을 포함한 모든 더미변수의 절편과 계수값을 분리할 수 있다.

$$(5) \quad y = (\alpha + \bar{\kappa} + \bar{\zeta}) + \left[\sum_{g=1}^{G} D_g (\kappa_g - \bar{\kappa}) + \sum_{t=1}^{T} Q_t (\zeta_t - \bar{\zeta}) \right] + \sum_{l=1}^{L} V_l \delta_l + e$$

---

8) 정규화된 방정식에 대해서는 윤명수(Yun, 2005b) 참조. 아이라 강·쿠날 센·윤명수(Gang, Sen and Yun, 2008)는 이러한 방법을 이용하여 인도의 계층 간 빈곤율 차이를 요인분해했다.

<표 1-1> 상대적 가구빈곤율 추이

(단위: %)

	1차 소득	시장소득	경상소득	가처분소득	소비지출
1982	11.26	10.48	10.43	10.23	7.25
1983	10.73	9.41	9.43	9.31	7.19
1984	10.75	9.98	9.94	9.58	7.55
1985	10.83	9.74	9.66	9.33	7.58
1986	10.89	9.65	9.72	9.40	6.70
1987	10.66	9.50	9.54	9.20	6.46
1988	9.39	8.10	8.15	7.65	6.70
1989	9.87	8.69	8.57	8.24	7.07
1990	9.79	8.34	8.11	7.99	6.98
1991	9.49	8.28	8.09	8.12	7.37
1992	9.01	8.14	7.93	7.75	7.12
1993	8.82	7.96	7.77	7.68	7.30
1994	9.38	8.31	8.21	8.09	7.17
1995	9.75	8.46	8.35	8.19	7.04
1996	10.36	9.62	9.51	9.31	7.20
1997	10.32	9.48	9.32	9.18	6.62
1998	12.07	11.17	11.10	10.87	8.04
1999	12.28	11.16	10.93	10.85	7.44
2000	12.01	10.71	10.53	10.15	7.23
2001	11.91	10.61	10.16	10.00	6.45
2002	11.88	10.63	10.18	9.90	6.81
2003	13.18	11.96	11.30	11.15	6.85
2004	14.32	13.10	12.31	11.73	6.62
2005	14.72	13.08	12.31	11.91	7.33
2006	14.45	13.08	11.94	11.55	7.29

주: 1) 가구원 2인 이상 도시근로자가구를 대상으로 함.

2) 1차 소득=근로소득+사업 및 부업소득+재산소득. 시장소득=1차 소득+사적이전소득. 경상소득=시장소득+공적이전소득. 가처분소득=경상소득−(조세+공적연금+사회보험).

3) 상대적 가구빈곤율에 적용한 빈곤선은 중위소득의 50%이며, 가구소득을 가구원수의 제곱근으로 나누어주는 가구균등화방법(OECD, LIS 방식)을 이용했음.

자료: 「(도시)가계조사」 원자료, 각 연도.

여기서 $\bar{\kappa}=\sum_{g=1}^{G}\kappa_g/G$, $\bar{\zeta}=\sum_{t=1}^{T}\zeta_t/T$, 그리고 $\kappa_1=\zeta_1=0$이다. 식 (5)의 추정계수 대한 공분산은 통상적인 회귀방정식의 추정치의 공분산행렬을 통해 구할 수 있다. 식 (5)에서 설명변수(X)와 추정계수(β)는 각각 (1, D, Q, V)와 ($\alpha+\bar{\kappa}+\bar{\zeta}$, $\kappa_g-\bar{\kappa}$, $\zeta_t-\bar{\zeta}$, δ)로 구성된다. 정규화된 회귀방정식에서 기준집단을 포함한 모든 더미변수의 계수값의 총합은 0이 되어야 한다.

4. 자료 및 분석 결과

1) 자료

이 글에 이용된 자료는 1982년부터 2006년까지의 「(도시)가계조사」 자료이다. 「(도시)가계조사」 자료의 경우 2002년까지는 도시가계 2인 이상 가구를 대상으로 월 단위의 가계소득 및 지출을 조사했지만, 2003~2005년 사이의 기간에는 농어촌 2인 이상 가구를 포함했으며, 2006년부터는 도시와 농어촌의 농어가가구를 제외한 1인 이상 가구를 포함하고 있다. 따라서 1982~2006년의 기간에 가구 단위의 빈곤율을 비교하기 위해서 2인 이상 도시근로자가구로 제한하여 자료의 일관성을 유지했다. 가구빈곤율의 측정에 이용된 1차 소득은 근로소득, 사업 및 부업소득, 재산소득을 합산한 소득이며, 시장소득은 1차 소득에 사적이전소득을 합한 소득이다. 경상소득은 시장소득에 공적이전소득을 합한 소득이며, 가처분소득은 경상소득에서 조세, 공적연금 분담금 및 사회보험료를 감한 소득이다. 「(도시)가계조사」에서 파악되는 조세는 소득세, 재산세, 자동차세 등 직접세이다.

상대적 가구빈곤율의 추이를 보면 분석기간에 걸쳐서 소득유형별로

<그림 1-1> 상대적 가구빈곤율 추이

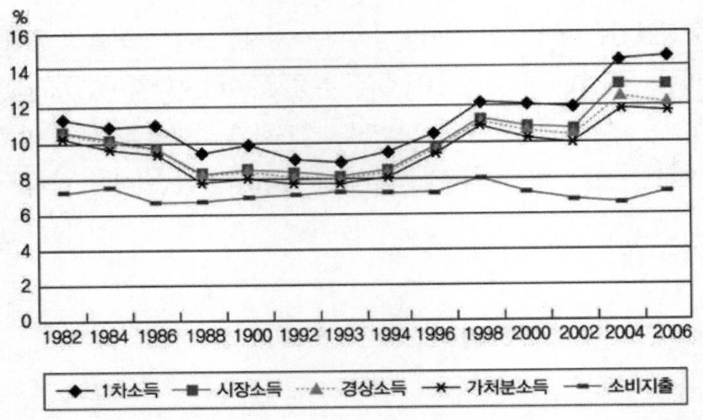

비슷한 변화의 추이를 보이고 있으며, 1993년을 저점으로 하여 감소에서 증가추세로 변화하고 있다.[9] 이와 같은 변화는 <그림 1-1>을 통해서 확인할 수 있다. 구체적으로는 <표 1-1>에서 보듯이 1차 소득으로 측정한 상대적 가구빈곤율은 1982년 11.26%에서 1993년 8.82%로 감소한 이후 다소의 기복을 보이면서 2006년 14.45%로 증가했다. 특히 IMF 경제위기 직후에는 가구빈곤율의 증가폭이 매우 높았고, 1999년 이후 미약하게나마 감소하던 가구빈곤율은 2003년 이후 증가세로 전환된 후 2006년 들어 약간 감소했다. 1차 소득, 시장소득, 경상소득, 가처분소득, 소비지출을 기준으로 측정한 절대적 가구빈곤율은 1993년부터 2006년의 기간에 각각 5.63%p, 5.12%p, 4.17%p, 3.87%p 증가했다. 반면에 소비지출을 기준으로 측정한 상대적 가구빈곤율은 1982년과 2006년에 각각 7.25%와 7.29%

9) 이와 같은 변화의 추이는 지니계수로 측정한 소득분배의 변화를 통해서도 확인된다. 이병희(2007)에 따르면 시장소득을 기준으로 측정한 도시근로자가구의 지니계수는 1993년을 저점으로 감소에서 증가로 전환된다.

<표 1-2> 가구특성별 상대적 가구빈곤율(1차 소득 기준)

(단위: %)

		1993년	2006년
전체		8.82	14.45
성별	남성	6.59	10.14
	여성	32.25	41.34
나이	20대 이하	13.31	18.17
	30대	7.97	11.99
	40대	8.07	13.78
	50대	6.98	12.45
	60대 이상	29.49	42.18
학력	초등졸 이하	22.82	35.10
	중학교 졸업	13.30	28.64
	고등학교 졸업	8.56	16.94
	전문대졸 이상	4.15	6.72
직업	공무원	1.36	1.44
	사무종사자	4.83	6.93
	기능공 및 상용노무자	11.53	17.77
	임시 및 일용노무자	23.62	40.60
취업자 수	1명	13.33	24.09
	2명	3.31	6.09
	3명 이상	1.02	2.01

자료: 「(도시)가계조사」 원자료, 각 연도.

를 기록했고, 시기별로 커다란 기복을 보이고 있지 않다.

한편 가구주 및 가구특성별 가구빈곤율의 변화가 <표 1-2>에 제시되어 있다. 먼저 가구주의 특성별 상대적 가구빈곤율을 보면 가구주가 여성인 경우 남성인 경우에 비해 빈곤율이 높을 뿐만 아니라 그 차이는 1993년의 25.66%p에서 2006년 31.20%p로 5.54%p 증가했다. 가구주의 나이를 보면 1993년의 경우 50대 가구주의 가구빈곤율(6.98%)이 가장 낮고, 60대 이상 가구주의 가구빈곤율(29.49%)이 가장 높았지만, 2006년에는 30대

가구주의 가구빈곤율(11.99%)이 가장 낮았다. 1993년과 2006년을 비교할 경우 모든 연령대에서 가구빈곤율이 증가했지만, 60대 이상 가구주 가구의 빈곤율이 가장 큰 폭으로 증가하여 노인가구주의 빈곤 문제가 특히 심각한 것으로 판단된다.

가구주의 학력을 보면 학력수준이 낮을수록 가구빈곤율이 높지만, 1993년에서 2006년의 기간에 중학교 졸업 가구주의 가구빈곤율이 가장 크게 증가했다. 1993년에 초등학교 졸업 이하, 중학교 졸업, 고등학교 졸업, 전문대졸 이상 졸업의 학력을 가진 가구주의 경우 가구빈곤율은 각각 22.82%, 13.30%, 8.56%, 4.15%를 기록했다. 2006년에 각각의 학력범주에서 가구빈곤율은 35.10%, 28.64%, 16.94%, 6.72%를 기록하여 1993년 대비 12.28%p, 15.34%p, 8.38%p, 2.57%p의 증가를 보이고 있다.

가구주의 직업별 가구빈곤율을 보면 공무원 및 사무직 종사자에 비해 기능공 및 상용직 노무자, 임시 및 일용직 노무자의 가구빈곤율이 높고, 1993년에서 2006년의 기간에 임시 및 일용직 노무자의 가구빈곤율이 가장 크게 증가한 것으로 나타났다. <표 1-2>에서 보듯이 1993년 공무원, 사무직 종사자, 기능공 및 상용직 노무자, 임시 및 일용직 노무자의 가구빈곤율은 각각 1.36%, 4.83%, 11.53%, 23.62%를 기록했다. 2006년에는 각각의 경제활동별 범주에서 가구빈곤율은 1.44%, 6.93%, 17.77%, 40.60%를 기록하여 1993년 대비 0.08%p, 2.10%p, 6.24%p, 16.98%p의 증가율을 보이고 있다.

다음으로 가구 내 취업자 수에 따른 상대적 가구빈곤율을 보면 취업자 수가 많을수록 가구빈곤율이 낮은 것으로 나타났다. 1993년에 가구 내 취업자 수가 1명, 2명, 3명 이상인 경우 가구빈곤율은 각각 13.33%, 3.31%, 1.02%를 기록했고, 2006년에는 각각 24.09%, 6.09%, 2.01%를 기록했다.

<표 1-3> 기초통계량

(단위: %)

		1993년		2006년	
		평균	표준편차	평균	표준편차
1차 소득		1,358,319	766,505	3,145,582	1,972,555
가구균등화지수 적용 1차 소득		703,997	387,936	1,727,609	1,080,818
성별	남성	89.12		82.83	
	여성	10.88		17.17	
나이	20대 이하	17.24		5.75	
	30대	43.57		32.55	
	40대	23.92		34.55	
	50대	12.40		19.04	
	60대 이상	2.88		8.10	
학력	초등졸 이하	10.13		7.76	
	중학교 졸업	14.64		10.90	
	고등학교 졸업	43.69		39.06	
	전문대졸 이상	31.53		42.28	
직업	공무원	9.36		9.02	
	사무종사자	33.53		35.85	
	기능공 및 상용노무자	48.25		42.80	
	임시 및 일용노무자	8.85		12.33	
취업자수	1명	62.80		50.94	
	2명	30.65		41.07	
	3명 이상	6.55		7.99	

주: 가구가중치를 적용한 수치임.

자료: 「(도시)가계조사」 원자료, 각 연도.

한편 가구빈곤율 차이에 대한 요인분해에 이용된 변수의 기초통계량은 <표 1-3>과 같다.10) 먼저 1차 소득으로 측정된 평균가구소득은 1993년

10) 1차 소득이 0인 가구를 포함시킬 경우 요인분해에 이용되는 가구빈곤율의 기대치는 과도하게 추정된다. 이 문제를 해결하기 위해 1차 소득이 0인 가구를 제외하고 회귀분석을 했다.

과 2006년에 각각 135만 8,319원과 314만 5,582원으로 동 기간에 131.6%의 증가율을 보이고 있다. 그리고 OECD 방식의 가구균등화지수를 적용하여 산출한 1인당 소득수준은 동 기간에 70만 3,997원에서 172만 7,609원으로 증가하여 145.4%의 증가율을 보이고 있다.

가구주의 성별 분포를 보면 1993년에 여성가구주의 비율이 10.88%에서 2006년에는 17.17%로 분석기간에 여성가구주의 비율이 다소 증가했다. 나이의 분포를 보면 30대와 40대의 비중이 높고, 1993년에 비해 2006년에는 30대 이하의 비중이 감소하고 40대 이상의 비중은 증가한 것으로 나타났다. 표에서 보듯이 분석기간에 30대 이하 가구주의 비중은 60.81%에서 38.30%로 감소했지만, 40대 이상 가구주의 비중은 39.19%에서 61.70%로 증가했다. 가구주의 학력 분포를 보면 고등학교 이상 학력소지자의 비중이 높고, 분석기간에 고등학교 이하 학력소지자의 비중이 감소하는 것으로 나타났다. 1993년에 초등졸 이하, 중졸, 고졸, 전문대졸 이상 학력소지자의 비중은 각각 10.13%, 14.64%, 43.69%, 31.53%였지만, 2006년에는 각각 7.76%, 10.90%, 39.06%, 42.28%로 변화했다. 가구주의 직업 분포를 보면 기능공 및 상용직 노무자의 비중이 가장 높고, 분석기간에 사무종사자와 임시 및 일용노무자의 비중이 증가한 것으로 나타났다. 1993년에 공무원, 사무직 종사자, 기능공 및 상용직 노무자, 임시 및 일용직 노무자의 비중은 각각 9.36%, 33.53%, 48.25%, 8.85%를 기록했지만, 2006년에는 각각 9.02%, 35.85%, 42.80%, 12.33%를 기록했다. 특히 임시 및 일용직 노무자의 비중은 동 기간에서 2.65%p 증가하여 27.4%의 증가율을 보이고 있다. 가구 내 취업자 수를 보면 취업자가 1명인 가구는 1993년에 62.80%에서 2006년에 50.94%로 감소했지만, 2명 이상인 가구는 37.20%에서 49.06%로 증가했다.

2) 분석 결과

최우추정법을 이용한 회귀분석 결과가 <표 1-4>에 제시되어 있다. 모든 추정계수는 1% 수준에서 통계적으로 유의했다. 먼저 분석에 이용된 종속변수는 1차 소득을 기준으로 측정된 상대적 빈곤선 대비 소득의 로그값이다. 상대적 빈곤선은 중위소득의 50%로 했으며, OECD방식의 가구균등화지수를 적용하여 산출된 가구원 1인당 소득을 가구빈곤율의 계산에 이용했다.11) 더미변수의 경우 남자, 초등학교 졸업 이하, 임시 및 일용직 노무자 등이 기준집단으로 이용되었다.

1993년과 2006년의 회귀분석 결과를 비교하면 중학교 학력수준을 나타내는 더미변수를 제외하고는 대체로 유사한 분석 결과를 보이고 있다. 성별 차이를 보면 여성가구주의 경우 남성가구주에 비해 상대적 빈곤선 대비 가구소득의 비율이 낮은 것으로 추정되었다. 나이의 경우 50대까지는 가구주의 연령이 증가할수록 상대적 빈곤선 대비 가구소득의 비율이 커지지만, 60대 가구주의 경우에는 20대 가구주에 비해 오히려 그 비율이 낮은 것으로 나타났다. 일반적으로 가구주의 교육수준이 높을수록 상대적 빈곤선 대비 가구소득의 비율이 높지만, 2006년에 중학교 졸업 학력 소지자의 경우 초등학교 졸업 학력소지자에 비해 오히려 그 비율이 낮은 것으로 추정되었다. 가구주의 직업이 공무원, 사무직 종사자, 기능공 및 상용직 노무자인 경우 임시 및 일용직 노무자에 비해 상대적 빈곤선 대비 가구소득의 비율이 높은 것으로 추정되었으며, 그 차이는 1993년에 비해 2006년에 더 확대되었다.

한편 요인분해의 과정에서 발생할 수 있는 매개변수의 문제를 검토한

---

11) 가구균등화지수의 적용방식은 다양하지만, 이 연구에서는 OECD 방식을 따라 가구 단위의 소득을 가구원 수의 제곱근으로 나누어주는 방식을 취했다.

<표 1-4> 회귀분석 결과(MLE)

	1993년	2006년
상수	-0.266(0.017)***	-0.580(0.024)***
성별(비교집단=남성)		
여성	-0.325(0.010)***	-0.342(0.010)***
나이(비교집단=20대 이하)		
30대	0.065(0.008)***	0.036(0.013)***
40대	0.186(0.009)***	0.166(0.013)***
50대	0.233(0.010)***	0.264(0.015)***
60대 이상	-0.091(0.021)***	-0.089(0.019)***
학력(비교집단=초등졸 이하)		
중학교 졸업	0.126(0.011)***	-0.045(0.016)***
고등학교 졸업	0.215(0.010)***	0.116(0.015)***
전문대졸 이상	0.348(0.012)***	0.284(0.017)***
직업(비교집단=임시/일용노무자)		
공무원	0.406(0.014)***	0.842(0.015)***
사무종사자	0.363(0.013)***	0.661(0.015)***
기능공 및 상용노무자	0.165(0.011)***	0.394(0.013)***
취업자 수	0.291(0.004)***	0.325(0.005)***
σ	0.452(0.004)***	0.521(0.005)***
관측치	38,207	36,226
Log Likelihood	-24,028	-28,568

주: 1) 관측치는 가구가중치를 적용함.
2) 종속변수는 log(1차 소득/상대적 빈곤선).
3) 괄호안의 수치는 이분산의 문제를 해결한 표준오차이며, ***는 1% 수준에서 통계적으로 유의함.

결과 요인분해 방정식 (1)과 (3) 사이에 큰 차이를 보이지 않았다.[12] 따라서

12) 〔부록〕 <표 1-6>은 정규화된 방정식을 식 (3)을 이용해 추정한 결과이다. 식 (1)의 추정결과와 비교할 때 요인별 추정치 및 비중은 큰 차이를 보이지 않고 있다.

매개변수의 문제는 심각하지 않은 것으로 판단되며, 여기에서는 식 (1)을 채택하여 요인분해를 시도했다. 또한 식별의 문제를 해결하기 위해서는 정규화된 방정식(normalized equation)을 이용했다.[13] 요인분해에 이용된 1993년과 2006년의 가구빈곤율은 상대적 가구빈곤율의 기대치이다. 앞의 <표 1-1>에서 보듯이 1993년 2인 이상 도시근로자가구의 1차 소득 기준 상대적 가구빈곤율은 8.82%이고, 2006년의 상대적 가구빈곤율은 14.45%이다. 그러나 여기에서는 회귀분석 결과를 이용하여 추정된 1993년과 2006년의 상대적 가구빈곤율의 기대치의 차이(6.8%=17.2%−10.4%)를 요인분해에 이용했다.

회귀분석 결과를 이용하여 추정된 요인분해의 결과가 <표 1-5>에 제시되어 있다. 요인분해 결과를 보면 1993년과 2006년의 기간에 2인 이상 도시근로자가구의 상대적 가구빈곤율의 차이는 -14.0%의 특성효과와 114.0%의 계수효과로 분해되어 양의 계수효과가 음의 특성효과를 상쇄하고 남는 것으로 나타났다. 특성효과의 경우 모든 변수의 추정치는 1% 수준에서 통계적으로 유의하지만, 계수효과의 경우 취업자 수와 직업 변수의 추정치는 통계적으로 유의하지 않다.

먼저 특성효과를 보면 여성가구주 비율의 증가와 직업구성 변화는 1993년과 2006년 사이의 가구빈곤율 차이를 확대시키고, 가구주의 연령구성 변화와 교육수준, 그리고 가구 내 취업자 수의 분포 변화는 두 시점 간 가구빈곤율 차이를 감소시키는 방향으로 작용했다. 다음으로 계수효과를 보면 가구주의 성별과 나이, 교육수준, 그리고 가구 내 취업자 수는 가구빈

---

13) 식별의 문제를 고려하지 않은 요인분해 방정식 (1)의 분석 결과는 [부록] <표 1-7>에 제시되어 있다. 식별의 문제를 고려한 정규화된 방정식의 추정결과 <표 1-5>와 비교할 때 계수효과의 요인별 추정치 및 비중은 매우 상이한 결과를 보이고 있다.

<표 1-5> 가구빈곤율 차이의 요인분해(1)

(단위: %)

				특성효과		계수효과	
		추정치	비중	추정치	비중	추정치	비중
총효과		0.068	100.0	-0.010(0.001)***	-14.0	0.078(0.002)***	114.0
상수		0.061	89.7	-	-	0.061(0.006)***	89.7
취업자 수		-0.001	-1.0	0.006(0.000)***	-8.7	0.005(0.004)	7.7
성별	남성	0.007	8.8	0.002(0.000)***	2.3	0.005(0.002)**	6.5
	여성	0.001	0.9	0.002(0.000)***	2.3	-0.001(0.000)**	-1.4
	합계	0.007	9.7	0.003(0.000)***	4.6	0.004(0.002)**	5.1
나이	20대 이하	-0.0013	-2.4	-0.001(0.000)***	-2.0	-0.0003(0.0002)	-0.4
	30대	0.0028	3.5	-0.0002(0.000)***	-0.3	0.003(0.001)***	3.8
	40대	0.002	3.2	-0.002(0.000)***	-2.6	0.004(0.001)***	5.8
	50대	-0.0027	-3.3	-0.002(0.000)***	-2.3	-0.0007(0.0007)	-1.0
	60대 이상	0.0002	0.7	0.001(0.000)***	2.0	-0.0008(0.0006)	-1.3
	합계	0.001	1.7	-0.004(0.001)***	-5.2	0.005(0.001)***	6.9
학력	초등졸	-0.0036	-5.2	-0.0006(0.000)***	-0.9	-0.003(0.000)***	-4.3
	중졸	0.0027	4.0	-0.0003(0.000)***	-0.4	0.003(0.000)***	4.4
	고졸	0.0033	4.8	0.0003(0.000)***	0.4	0.003(0.001)***	4.4
	전문대졸 이상	-0.002	-2.7	-0.003(0.000)***	-4.2	0.001(0.001)	1.5
	합계	0.001	0.9	-0.003(0.000)***	-5.1	0.004(0.001)***	6.0
직업	공무원	-0.0049	-7.6	0.0001(0.000)***	0.1	-0.005(0.000)***	-7.7
	사무직	-0.0055	-7.4	-0.0005(0.000)***	-0.7	-0.005(0.001)***	-6.7
	상용직	-0.0006	-0.6	-0.0006(0.000)***	-0.8	0.000(0.001)	0.2
	임시/일용직	0.010	14.5	0.0013(0.000)***	1.8	0.009(0.001)***	12.7
	합계	-0.0007	-1.1	0.0003(0.000)***	0.4	-0.001(0.001)	-1.5

주: 괄호 안의 수치는 이분산의 문제를 해결한 표준오차이며, **과 ***은 각각 5%와 1% 수준에서 통계적으로 유의함.

곤율을 증가시키는 방향으로 작용했지만, 가구주의 직업은 가구빈곤율의 차이를 감소시키는 방향으로 작용했다.[14] 특성효과와 계수효과의 합산효

14) 계수효과 가운데 특히 상수의 비중이 큰 이유는 분석모형에서 통제하지 못한 변수들의 영향 때문이다.

과를 보면 가구주의 성별, 나이, 교육수준은 두 시점 간 가구빈곤율을 증가시키는 방향으로 작용했지만, 가구주의 직업과 가구 내 취업자 수 등은 가구빈곤율을 감소시키는 방향으로 작용했다.

이와 같은 요인분해 결과는 가구주 및 가구의 특성에 따른 가구빈곤율의 차이, 분석기간에 있어서 특성의 분포 변화, 그리고 회귀계수의 추정치 변화 등을 반영하고 있다. 먼저 <표 1-5>에서 가구주의 성별 차이가 가구빈곤율의 변화에 미친 영향을 보면, 남성과 여성가구주의 특성효과는 모두 가구빈곤율을 증가시키는 방향으로 작용했다. 이는 앞의 <표 1-2>와 <표 1-3>에서 확인했듯이 1993년과 2006년의 기간에 가구빈곤율이 높은 여성가구주 가구의 비중이 증가하고, 가구빈곤율이 낮은 남성가구주 가구의 비중이 감소했기 때문이다. 반면에 가구주가 남성일 경우 계수효과는 가구빈곤율을 증가시키는 방향으로 작용하지만, 여성일 경우에는 감소시키는 것으로 나타났다. 이와 같은 차이는 <표 1-4>의 회귀분석 결과에서 여성가구주 더미변수의 계수값이 1993년 -0.325에서 2006년에는 -0.342로 낮아졌다는 사실로부터 확인된다. 즉, 다른 조건이 일정할 경우 여성가구주라는 사실 자체는 남성가구주에 비해 소득을 더욱 낮추는 요인으로 작용하게 되었다.

다음으로 가구주의 나이 차이가 가구빈곤율에 미친 영향을 보면, 특성효과의 경우 연령대별 변수는 60대 이상 노인가구주를 제외하고는 모두 가구빈곤율을 감소시키는 방향으로 작용했다. 이러한 차이는 <표 1-2>와 <표 1-3>에서 가구주의 나이별 가구빈곤율과 분석기간에 있어서 가구주 나이분포의 변화를 반영하는 것이다. <표 1-2>에서 보듯이 20대 가구주 가구의 경우 30~50대 가구주 가구에 비해 가구빈곤율이 높고, 60대 이상 가구주 가구의 빈곤율은 가장 높은 수준이다. 또한 <표 1-3>에서 보듯이 분석기간에 20대와 30대 가구주 가구의 비중은 감소하고, 40대 이상 가구주 가구의 비중은 증가했다. 한편 계수효과를 보면 통계적으로 유의미한 계수값을 갖는 30대와 40대의 경우는 가구빈곤율을 증가시키고, 타 연령대에서는 감소시키는 방향으로 작용했다.

다음으로 가구주의 교육수준 차이가 특성효과를 통해 가구빈곤율의 변화에 미친 영향을 보면, 초등졸 이하, 중졸, 전문대졸 학력을 소지한 가구주의 특성은 가구빈곤율을 감소시킨 반면 고졸 학력을 소지한 가구주의 특성은 가구빈곤율을 증가시킨 것으로 나타났다. 이러한 결과는 <표 1-2>와 <표 1-3>에서 보듯이 가구빈곤율이 높은 초등졸 이하와 중졸 학력을 소지한 가구주 가구의 비중이 감소하고, 상대적으로 가구빈곤율이 낮은 전문대졸 학력의 가구주 비중은 증가했지만, 고졸 학력을 소지한 가구주의 비중이 감소했기 때문이다. 계수효과의 경우에는 초등졸 이하 학력을 소지한 가구주를 제외하고는 모두 가구빈곤율을 증가시키는 방향으로 작용했다. 이는 <표 1-4>의 회귀분석 결과에서 확인할 수 있듯이 2006년 교육 더미변수의 계수값이 1993년에 비해 크게 작아진 사실에서 확인된다. 심지어 2006년 중졸 더미변수는 음의 값을 보여 중졸 학력을 소지한 가구주보다 초등졸 이하 학력의 가구주 가구에서 오히려 소득수준이 더 높았음을 나타낸다.

한편 가구주 직업의 차이가 특성효과를 통해 가구빈곤율의 변화에 미친 영향을 보면, 사무직과 상용직은 가구빈곤율을 감소시킨 반면, 공무원과 임시 및 일용직은 가구빈곤율을 증가시킨 것으로 나타났다. 이러한 결과는 <표 1-2>와 <표 1-3>에서 보듯이 가구빈곤율이 높은 임시 및 일용직 가구주와 가구빈곤율이 낮은 사무직 가주주의 비중이 증가하고, 가구빈곤율이 낮은 공무원 가구주와 상대적으로 가구빈곤율이 높은 상용직 가구주의 비중이 감소했기 때문이다. 계수효과의 경우 공무원과 사무직은 가구빈곤율을 감소시키고, 상용직과 임시 및 일용직은 가구빈곤율을 증가시키는 방향으로 작용했지만, 상용직의 가구빈곤율 증가효과(0.2%)는 임시 및 일용직(12.7%)에 비해 매우 작은 수준이다. 이는 <표 1-4>의 회귀분석 결과에서 확인할 수 있듯이 2006년 직업 더미변수의 계수값이 1993년에 비해 크게 증가한 사실로부터 확인된다. 즉, 임시 및 일용직 가구주의 경우 다른 직종에 종사하는 가구주에 비해 소득수준이 크게 낮아졌다고 할 수 있다.

마지막으로 <표 1-2>에서 가구 내 취업자 수에 따른 가구빈곤율의 변화를 보면 취업자 수가 많을수록 상대적 가구빈곤율은 급격히 감소하고 있으며, 그 차이는 1993년부터 2006년의 기간에 확대되었다. 또한 <표 1-3>의 기초통계량을 보면 취업자 수가 1명인 가구의 비율은 1993년과 2006년의 기간에 11.86%p 감소했지만, 2명과 3명 이상인 가구의 비율은 각각 10.42%p와 1.44%p 증가했다. 이와 같이 취업자 수에 따른 가구빈곤율의 변화와 취업자 수의 분포를 반영하여 특성효과는 동 기간에 가구빈곤율을 감소시키는 방향으로 작용했다. 반면에 <표 1-4>의 회귀분석 결과에서 보듯이 취업자 수의 추정계수는 1993년 0.291에서 2006년 0.325로 증가하여 취업자 수가 가구소득에 미치는 영향의 정도는 더 커졌다. 그 결과 계수효과는 동 기간에 가구빈곤율을 증가시키는 방향으로 작용했다. 그러나 전자의 특성효과가 후자의 계수효과보다 더 커서 전체적으로 취업자 수가 상대적 가구빈곤율의 차이에 미치는 효과는 음의 값을 갖는 것으로 나타났다.

5. 맺음말

우리나라 도시근로자가구의 빈곤율은 1993년을 기점으로 감소에서 증가로 전환하는 변화를 보이고 있다. 1차 소득을 기준으로 측정한 상대적 가구빈곤율은 1982년 11.26%에서 1993년 8.82%로 하락한 이후 2006년 14.45%로 증가했다. 특히 IMF 경제위기 직후에는 가구빈곤율의 증가폭이 매우 높은 것으로 나타났다. 이와 같은 우리나라 도시근로자가구의 빈곤율 변화는 세계화의 일반적인 영향과 경제위기의 한국적 특수성이 중첩적으로 나타난 결과로 이해된다.

가구주 및 가구의 특성에 따른 상대적 가구빈곤율의 변화를 보면 첫째, 가구주가 여성인 경우 남성인 경우에 비해 가구빈곤율이 높을 뿐 아니라 그 차이는 1993년 이후 증가했다. 둘째, 모든 연령대에서 가구빈곤율이 증가했으며, 특히 60대 이상 가구주의 경우 가구빈곤율이 크게 증가하여 노인가구주의 빈곤 문제가 악화된 것으로 판단된다. 셋째, 가구주의 교육수준이 낮을수록 가구빈곤율이 높을 뿐 아니라 1993년 이후 저학력 가구주의 가구빈곤율이 더 크게 증가했다. 넷째, 공무원 및 사무직 종사자에 비해 기능공 및 상용직 노무자, 임시 및 일용직 노무자 가구주의 가구빈곤율이 높고, 분석기간에 임시 및 일용직 노무자의 가구빈곤율이 가장 크게 증가했다. 다섯째, 가구 내 취업자 수가 많을수록 가구빈곤율이 낮은 것으로 나타났다,

한편 회귀분석 결과를 이용하여 추정된 도시근로자가구 빈곤율 변화의 요인분해 결과를 보면 1993년과 2006년의 기간에 상대적 가구빈곤율의 차이(6.8%)는 -14.0%의 특성효과와 114.0%의 계수효과로 분해되어 계수효과가 높은 것으로 나타났다. 먼저 특성효과를 보면 여성가구주 비율의 증가와 직업구성 변화는 1993년과 2006년 사이의 기간에 가구빈곤율을 확대시키고, 가구주의 연령구성 변화와 교육수준, 그리고 가구 내 취업자 수의 분포 변화는 가구빈곤율을 감소시키는 방향으로 작용했다. 다음으로 계수효과를 보면 가구주의 성별과 나이, 교육수준, 그리고 가구 내 취업자 수는 가구빈곤율을 증가시키는 방향으로 작용했지만, 가구주의 직업은 감소시키는 방향으로 작용했다. 특성효과와 계수효과의 합산효과를 보면 가구주의 성별 차이, 나이, 교육수준 등은 가구빈곤율을 증가시키는 방향으로 작용했지만, 가구주의 직업과 가구 내 취업자 수 등은 가구빈곤율을

감소시키는 방향으로 작용했다.

가구주 및 가구의 특성에 따른 상대적 가구빈곤율의 변화와 요인분해 결과를 종합적으로 검토할 때 가구빈곤율의 축소를 위해서는 다음과 같은 정책적 노력이 요구된다.

첫째, 가구 내 취업자 수의 증가가 가구빈곤율을 낮추는 데 중요한 요인으로 작용하고 있으며, 그 정도는 1993년에 비해 2006년에 더욱 커졌다. 따라서 저소득층의 고용안정과 일자리 확대를 위한 지속적인 정책이 필요하다.

둘째, 분석기간을 통해 저학력 가구가 전체 가구 구성에서 차지하는 비중은 줄어들었지만, 임시 및 일용직 가구의 비중은 증가하고 이들 가구가 직면하게 되는 빈곤위험 또한 더욱 확대되었다. 따라서 저학력, 저숙련, 저임금으로 이어지는 빈곤위험의 고리를 끊기 위한 정책적 개입이 필요하다. 구체적으로는 저학력·저숙련 노동자의 직업교육 및 훈련기회를 확대하고 그 효과를 높이기 위한 실효성 있는 대책이 뒤따라야 할 것이다. 또한 2008년부터 도입되는 근로장려세제의 적용대상과 급여수준을 확대하여 저소득계층의 소득을 지원할 필요가 있다.

셋째, 다른 조건이 일정할 경우 여성가구주는 남성가구주에 비해 소득활동에서 열악한 상황에 직면하기 때문에 여성가구주 가구의 빈곤화 방지를 위한 특별한 대책이 필요하다. 여성가구주의 취업률 증가는 물론 경제활동참가 자체를 높이기 위한 노력부터 시작되어야 할 것이다. 최근 사회정책의 주요 과제로 대두되고 있는 공적 사회서비스의 확충은 여성 취업의 수요 및 공급 모두를 확대시킬 수 있는 방안이 될 수 있다.

참고문헌

강병구·성효용·윤명수. 2008.「도시와 농촌의 가구빈곤율 차이에 대한 요인분석」. ≪사회보장연구≫, 제24권 제1호. 한국사회보장학회.

강신욱·여유진·김진욱·김태완·최현수·임완섭. 2006.『우리나라의 빈곤 및 불평등 관련 지표변화 추이: 주요 OECD 국가들과의 비교』. 한국보건사회연구원.

금재호·김승택. 2001.「빈곤의 규모와 이행과정」, ≪연세경제연구≫, 제8권 제2호. 연세대학교.

김미곤·여유진·이봉주 외. 2006.『2006 한국복지패널 기초분석 보고서』. 한국보건사회연구원·서울대학교 사회복지연구소.

김진욱. 2004.「빈곤층 변화 요인분석: Sen지수를 중심으로」. ≪경제발전연구≫, 제10권 제2호. 한국경제발전학회.

박순일·최현수·강성호. 2000.『빈부격차 확대요인의 분석과 빈곤·서민생활 대책』. 한국보건사회연구원.

박찬용·강석훈·김태완. 2002.『소득분배와 빈곤동향 및 변화요인 분석』. 한국보건사회연구원.

여유진·김미곤·김태완·양시현·최현수. 2005.『빈곤과 불평등의 동향 및 요인분해』. 한국보건사회연구원.

이병희. 2007.「노동시장 불안정이 소득불평등에 미치는 영향」. ≪경제발전연구≫, 제13권 제2호. 한국경제발전학회.

이병희·강신욱. 2007.『최근 소득분배 및 공적이전·조세의 재분배효과 추이 분석』. 양극화·민생대책위원회.

이은우. 1995.「도농간 소득격차의 실태와 원인」. ≪경제발전연구≫, 창간호. 한국경제발전학회.

정진호·황덕순·이병희·최강식. 2002.『소득불평등 및 빈곤의 실태와 정책과제』. 한국노동연구원.

Blinder, Alan S. 1973. "Wage Discrimination: Reduced Form and Structural Estimates." *Journal of Human Resources*, 8(4), pp.436~455.

Coudouel, Aline, Jesko, S. Hentschel, and Quentin T. Wodon. 2002. "Using Liner Regressions for Analyzing the Determinants of Poverty." Jeni Klugman(ed.). *A Sourcebook for Poverty Reduction Strategies* (2-volume set).

World Bank, Annex A.8.

Gang, I. N., Kunal Sen, M. S. Yun. 2008. "Poverty in Rural India: Caste and Tribe." *Review of Income and Wealth*, 54(1), pp.50~70.

Oaxaca, Ronald L. 1973. "Male-Female Wage Differentials in Urban Labor Markets." *International Economic Review*, 14(3), pp.693~709.

Oaxaca, Ronald and Michael R. Ransom. 1999. "Identification in Detailed Wage Decompositions." *Review of Economics and Statistics*, 81(1), pp.154~157.

Yun, Myeong-Su. 2004. "Decomposition Differences in the First Moment." *Economics Letters*, 82(2), pp.273~278.

_____. 2005a. "Hypothesis Tests when Decomposing Differences in the First Moment." *Journal of Economic and Social Measurement*, 30(4), pp.295~304.

_____. 2005b. "A Simple Solution to the Identification Problem in Detailed Wage Decomposition." *Economic Inquiry*, 43(4), pp.766~772.

_____. 2007. "Blinder-Oaxaca Decomposition Technique." *International Encyclopedia of the Social Sciences*, 2nd Edition, pp.332~334.

〔부록〕

<표 1-6> 가구빈곤율 차이의 요인분해(다른 매개변수의 경우)

(단위: %)

			특성효과		계수효과	
	추정치	비중	추정치	비중	추정치	비중
총효과	0.068	100.0	-0.018(0.001)***	-25.9	0.086(0.003)***	125.9
상수	0.070	101.6	-	-	0.070(0.007)***	101.6
취업자 수	-0.007	-9.0	-0.012(0.000)***	-17.0	0.005(0.005)	8.0
성별	0.011	15.4	0.006(0.000)***	8.4	0.005(0.002)**	7.0
나이	-0.002	-2.7	-0.007(0.001)***	-10.4	0.005(0.002)***	7.7
학력	-0.002	-3.3	-0.007(0.001)***	-10.5	0.005(0.001)***	7.2
직업	-0.002	-2.1	0.002(0.000)***	3.5	-0.004(0.001)***	-5.6

<표 1-7> 가구빈곤율 차이의 요인분해(통상적 회귀식의 경우)

(단위: %)

			특성효과		계수효과	
	추정치	비중	추정치	비중	추정치	비중
총효과	0.068	100.0	-0.010(0.001)***	-14.0	0.078(0.002)***	114.0
상수	0.094	137.9	-	-	0.094(0.013)***	137.9
취업자 수	-0.001	-1.0	-0.006(0.000)***	-8.7	0.005(0.004)	7.7
성별	0.001	1.9	0.003(0.000)***	4.6	-0.002(0.001)***	-2.7
나이	0.006	9.2	-0.004(0.001)***	-5.2	0.010(0.005)**	14.4
학력	0.039	56.3	-0.003(0.001)***	-5.1	0.042(0.006)***	61.4
직업	-0.0717	-104.3	0.0003(0.000)***	0.4	-0.072(0.007)***	-104.7

제2장

노동시장 불안정이 소득불평등에 미치는 영향

이병희 | 한국노동연구원 선임연구위원

1. 들어가는 말

외환위기 이전까지 우리나라는 압축적인 경제성장을 통해 소득분배를 개선하고 절대적 빈곤을 줄여왔다. 사회정책의 결여와 노동배제적인 정책에도 '성장주도형 분배체계'는 제조업 중심의 경제성장을 기반으로 일자리를 만드는 데 성공함으로써 소득분배를 개선하는 데 성공했다. 특히 노동시장 신규진입자를 중심으로 고생산성 부문에 노동력이 원활하게 공급됨으로써 생산성과 일자리의 동시 증가를 이룩할 수 있었다(Kim and Topel, 1995). 1980년대 후반에는 노동조합운동이 활성화되면서 단체교섭제도가 정착됨에 따라 성장의 과실이 임금근로자를 중심으로 확산되었다.

그러나 외환위기 이후 비용축소형 구조조정이 진행되면서 성장주도형 분배체계는 해체되기 시작했다. 외환위기의 고통은 대부분의 경제주체가

---

* 이 글은 ≪경제발전연구≫ 제13권 제2호(한국경제발전학회, 2007. 12)에 게재되었다.

감내해야 하지만, 특히 취약한 계층일수록 더욱 가혹한 것이었다. 그러나 외환위기를 극복한 이후에도 성장은 과거와 같은 일자리 창출과 소득분배 개선을 가져다주지 못하고 있다. 성장을 해도 과거만큼 일자리가 만들어지지 않으면서, 취약계층의 고용 및 소득의 불안정이 심화되고 있는 것이다.

소득불평등의 증대에는 세계화로 인한 경쟁 심화와 기술혁신 가속화 등의 근원적인 요인, 산업연관관계 등의 경제구조적인 요인, 그리고 고령화와 가족구조의 변화 등 인구학적인 요인 등이 영향을 미쳤을 것이다. 이 글은 고용변동이 소득분배의 구조적 변화에 미친 영향을 중심으로 분석하고자 한다. 특히 외환위기 이후 노동시장의 불안정성이 소득불평등의 심화에 미친 영향을 살펴보는 데 중점을 둔다.

이 글의 구성은 다음과 같다. 제2절에서는 지난 20여 년간의 소득불평등과 빈곤의 추이를 살펴본다. 「가계조사」(통계청)를 통해 외환위기 이후의 10년간 소득분배를 외환위기 이전 10년과 비교하여 외환위기 이후 성장의 과실이 저소득계층에 파급되지 못함으로써 소득불평등이 증가하고 있음을 보인다. 그리고 상대빈곤율이 크게 증가한 가운데 근로빈곤문제가 주요한 빈곤 유형임을 제시한다. 이를 위해 근로빈곤층에 대한 정의를 근로 능력 유무로 확장하고, 「가계조사」와 「경제활동인구조사」(통계청)를 결합하여 가구-개인 자료를 구성하는 새로운 방법을 통해 근로빈곤층의 구성을 살펴본다. 나아가 빈곤 진입과 재빈곤화의 결정요인에 관한 동태적인 분석을 통해 근로빈곤이 반복적인 빈곤으로 이어지는 것을 보인다.

제3절에서는 노동시장의 불안정이 소득불평등의 심화에 미치는 영향을 실증분석한다. 우선 소득불평등을 가구주의 고용형태별로 요인분해하여 도시근로자가구를 대상으로 외환위기 이전 10년과 이후 10년 동안 임시·일용직의 증가가 소득불평등에 미친 영향을 살펴본다. 또한 도시가구를 대상으로 최근 자영업의 구조조정이 소득불평등에 미친 영향을 분석한다. 이어서 가구 단위의 노동공급으로 확장하여 최근 소득불평등의 변화를 요인분

해한다.

마지막으로 제4절에서는 이상의 발견을 요약하고 이 글의 의의와 한계를 제시한다.

2. 소득불평등과 빈곤 추이

1) 소득불평등과 상대적 빈곤의 추이

(1) 분석자료

이 글은 통계청의 「(도시)가계조사」 원자료를 이용하여 소득분배와 빈곤에 대한 장기간의 추이를 분석한다. 매월 가계부 기장방식으로 조사되는 「(도시)가계조사」는 가구 단위의 소득과 지출에 관해 가장 정확성이 높은 정보를 제공할 수 있을 뿐 아니라 1982년부터 장기간의 시계열적인 분석을 가능하게 한다.[1] 다만 조사대상의 한계가 문제되는데, 2002년까지 「(도시)가계조사」는 도시지역에 거주하는 2인 이상의 가구만을 대상으로

---

1) 농어가가구를 제외한 전국 가구의 소득불평등과 빈곤 실태를 파악하는 데는 「가구소비실태조사」(통계청)가 보다 적절하지만, 1991년, 1996년, 2000년 단 세 차례만 조사되었다. 최근의 소득분포를 파악하기 위해 「가구소비실태조사」의 연간 소득을 기준으로 2006년 「가계조사」의 월별 소득을 가구별로 집계하여 연간 소득화하는 방법이 가능하지만, 표본 유실이 커서 직접 비교하는 데는 한계가 있다(이병희·강신욱 외, 2007 참조). 이 글에서는 월별 소득의 변동성이 크게 나타나는 문제가 있는 경우에 한정하여 소득을 연간화하는 방법을 적용했으며, 소득불평등과 빈곤율 추이는 「(도시)가계조사」의 월 소득을 이용하여 분석했다. 연간 소득의 지니계수와 빈곤율은 월 소득의 그것에 비해 낮은 수준을 보이지만 추세는 유사하다.

조사했기 때문에 농어촌가구, 1인 가구는 제외되어 있으며 또한 근로자 외 가구(가구주가 자영업자·무직자인 가구)의 소득은 공개되지 않았다. 이러한 조사대상의 한계는 2003년부터 조사된 「가계조사」에서 농어가가구를 제외한 전국의 2인 이상 가구로 확장하고 근로자 외 가구의 소득도 공개함으로써 다소 해소되었다. 2006년부터는 1인 가구도 포함하여 조사가 이루어지면서 농어가가구를 제외한 전국 가구로 확장되었다.

이상의 「(도시)가계조사」 자료의 한계를 감안하여 이 글은 '도시근로자가구', '도시가구', '전국 가구', '전국 가구(1인 가구 포함)'로 구분하여 소득분배와 빈곤의 추이를 분석한다. '도시근로자가구'는 도시에 거주하고 가구원 수가 2인 이상이면서 가구주가 근로자인 가구로 정의되는데, 2000년 「인구주택총조사」에 따르면 전국 가구의 35.2%에 해당한다. '도시가구'는 가구원 수가 2인 이상이면서 도시에 거주하는 가구로서, 가구자가 자영업자이거나 무직자인 경우를 포함하며, 2000년 기준 전국 가구의 63.0%에 해당한다. '전국 가구'는 가구원 수가 2인 이상이면서 가구주가 농어업에 종사하지 않는 가구로, 2000년 기준 75.6%에 이른다. '전국 가구(1인 이상 가구)'는 비농어업에 종사하는 가구로서 2000년 기준 91.1%에 해당한다.

한편 이 글에서는 소득 범주로 시장소득(market income)과 가처분소득(disposable income)을 사용했다. 시장소득은 근로소득, 사업소득, 재산소득, 사적이전소득으로 구성된다. 즉, 정부 개입에 의한 재분배효과가 반영되기 이전의 소득으로서 시장에서의 불평등을 분석할 수 있다. 반면 가처분소득은 시장소득에 공적이전소득을 포함하고 직접세 및 사회보장부담금을 제외한 소득으로서 직접세 및 사회보장제도의 재분배효과를 반영한다. 한편 가구 규모에 따른 생활수준의 차이를 고려하기 위하여 소득에 가구균등화지수를 적용하게 되는데, OECD의 방법에 따라 가구소득을 가구원 수의 제곱근으로 나누는 방식을 채택했다. 그리고 분석의 단위를 개인으로

<그림 2-1> 지니계수 추이(시장소득 기준)

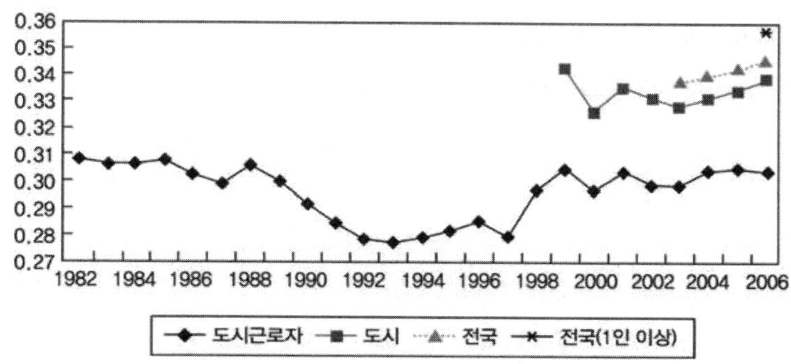

자료: 통계청, 「(도시)가계조사」.

하여 「(도시)가계조사」에 수록된 가구 가중치에 가구원 수를 곱하여 적용함으로써 개인 단위의 지니계수와 빈곤율을 도출했다.

(2) 시장소득불평등의 심화

소득불평등을 측정하는 가장 일반적인 지표인 지니계수의 추이가 <그림 2-1>에 나타나 있다. 압축성장을 해오던 우리 경제는 고용 및 소득의 증가에 힘입어 1990년대 중반까지 도시근로자가구의 소득분배구조가 꾸준히 개선되어왔다. 특히 1980년대 후반에는 노동조합운동이 활성화되고 내수 중심의 성장이 이루어지면서 지니계수가 큰 폭으로 하락했다.[2] 그러나 외환위기 직후 경제 전반에 걸친 구조조정을 겪으면서 도시근로자가구의 소득불평등은 급격하게 증가했다. 외환위기를 극복한 이후 소득분배가 다소 개선되었으나 2003년부터 다시 악화되었다. 산업 간 연관관계가

2) 그러나 도시근로자가구의 지니계수는 1994년부터 다소 악화되기 시작하는데, 임시직 근로자의 비중이 증가하고 학력 간 임금격차가 증가하기 시작한 현상과 관련 있는 것으로 추측된다.

약화되면서 성장의 고용창출력이 약화되고 저임금·비정규 고용이 증가하면서 소득불평등이 증가한 것이다. 2006년 도시근로자가구의 지니계수 0.303은 1986년의 0.302와 유사한 수준이다.

2006년에 들어 도시근로자가구의 불평등은 완화조짐을 보이고 있으나, 자영업자가구와 무직자가구를 포함한 도시가구에서는 2003년 이후 지속적으로 불평등이 심화되어, 외환위기의 영향으로 정점에 이르렀던 1999년 이후 가장 높은 수준을 기록하고 있다. 이는 내수 침체를 계기로 자영업의 구조조정이 2003년부터 본격화되면서 자영업 부문의 고용과 소득이 동반 감소한 때문으로 보인다. 읍면지역을 포함한 전국 가구는 도시가구에 비해 불평등도가 높으며, 1인 가구를 포함할 경우 더 높은 수준을 보인다. 1인 가구에는 노인가구주 가구가 34.6%, 무직자 가구가 45.9%를 차지하여 빈곤 위험이 높은 가구가 많이 분포하기 때문이다.

소득불평등의 변화가 어떤 소득계층에서 주로 나타났는가를 살펴보기 위해 시장소득 수준에 따라 5분위(quintile)로 나누고 그 소득점유율의 추이 및 실질가구소득의 연평균 변화율을 제시했다(<표 2-1> 참조).

1986~1996년 10년 동안 소득분배는 개선되었는데 이는 저소득계층과 중간소득계층의 상대적인 소득 지위 상승에 의해 이루어졌다. 매년 9%를 상회하는 실질가구소득 증가가 있었을 뿐 아니라 분위별로 고른 소득 증가를 보이고 있다. 외환위기 이전에는 성장의 과실이 중간계층을 확대하고 저소득계층까지 파급되어 소득분배가 개선될 수 있었던 것이다.

반면 소득분배가 악화된 1996~2006년 동안에는 도시근로자 가구소득이 연평균 1.4% 증가에 머물고 있으며, 특히 하위 1분위의 실질소득이 정체하고 있다. 이에 따라 1분위의 소득점유율이 8.5%에서 7.5%로, 2분위가 13.5%에서 13.3%로 하락했으며, 3분위의 소득점유율은 그다지 변화가 없다. 소득불평등도에 대한 종합적인 지표인 지니계수는 1986년과 2006년이 유사한 수준을 보이고 있지만, 저소득층의 상대적인 지위 하락

<표 2-1> 소득5분위별 점유율 추이(시장소득 기준)

(단위: %)

		도시근로자			전국		전국 (1인 이상)
		1986	1996	2006	2003	2006	2006
소득 점유율	1분위	8.13	8.52 (9.6)	7.52 (0.1)	5.58	5.31 (-0.5)	4.76
	2분위	13.03	13.50 (9.3)	13.29 (1.3)	13.01	12.74 (0.7)	12.50
	3분위	17.37	17.79 (9.7)	17.83 (1.6)	17.95	17.86 (1.9)	17.92
	4분위	22.87	23.22 (9.7)	23.56 (1.6)	24.00	24.20 (1.9)	24.30
	5분위	38.60	36.97 (8.6)	37.80 (1.6)	39.46	39.89 (2.0)	40.52
5분위 소득배율(배)		4.75	4.34	5.03	7.07	7.51	8.50

주: ( )은 실질소득의 연평균 증가율임.

자료: 통계청, 「(도시)가계조사」.

에 의해 5분위 소득배율(=상위 20%의 소득점유율/하위 20%의 소득점유율)은 1986년 4.75배에서 2006년 5.03배로 증가했다.

저소득층의 소득 지위 하락에 의한 소득불평등의 심화는 자영업을 포함한 전국 가구에서 두드러진다. 2003~2006년 동안 하위 1분위의 실질소득은 절대적으로 감소했으며, 이에 따라 상위 20%계층은 하위 20%계층에 비해 7.5배 많은 소득수준을 기록하고 있다.[3)]

(3) 상대빈곤의 심화

빈곤은 크게 절대적 빈곤과 상대적 빈곤으로 구분되는데, 특정 시점의 최저생계비에 미달하는 절대적 빈곤은 정책적인 의지에 따라 최저생계비를 인상할 경우 소득 변화가 없을 때에도 빈곤율이 증가하는 문제를 안고

3) 소득불평등이 소득 양극화보다는 저소득층의 상대적 소득 하락에 의해 심화하고 있다는 발견은 자산불평등을 고려하지 않았기 때문일 수도 있으나, 이 글에서 사용하는 「가계조사」에서는 이를 판별할 수 없었다.

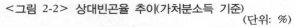

<그림 2-2> 상대빈곤율 추이(가처분소득 기준)

(단위: %)

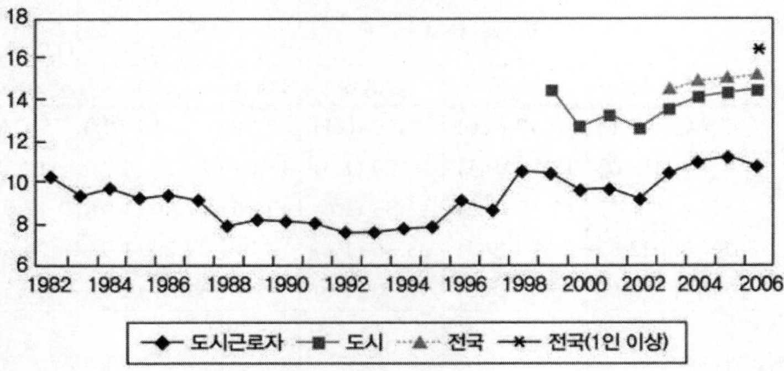

주: 가구 월 소득을 월별 가중치를 사용하여 분석함. 즉, 원자료에서 동일한 가구가 여러 차례 조사되어도 각각을 독립된 가구로 취급했음.

자료: 통계청, 「(도시)가계조사」.

있다. 이러한 문제를 감안하여 국제비교에서 흔히 사용하는 상대적 빈곤율의 추이를 살펴보았다. 상대적 빈곤율은 가처분소득을 기준으로 가구균등화지수를 적용하여 산출한 가구소득이 중위소득의 50% 미만인 개인의 비중으로 정의했다.

상대빈곤율의 추이를 나타낸 <그림 2-2>를 보면, 저소득층의 실질소득 증가를 동반한 소득분배 개선에 따라 1993년까지 도시근로자가구의 상대빈곤율이 감소하는 추세를 보이고 있다. 외환위기 이전에 소폭 증가했던 상대빈곤율은 외환위기 직후 크게 증가하여 1998년 10.6%까지 증가했으며, 2003년 이후 다시 증가하기 시작하여 2005년에는 외환위기 직후보다도 높은 11.2%를 기록했다. 2006년 들어 도시근로자가구의 상대빈곤율은 소폭 하락했으나, 자영업자가구를 포함한 도시가구의 상대빈곤율은 여전히 증가하고 있다. 이는 자영업의 구조조정에 따라 저소득계층의 실질소득이 감소한 영향으로 보인다.

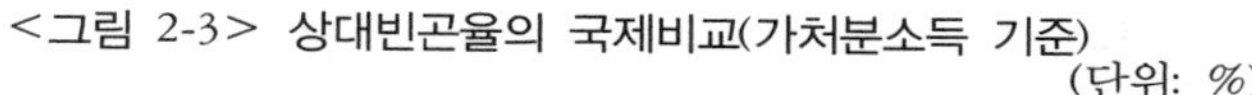
<그림 2-3> 상대빈곤율의 국제비교(가처분소득 기준)

(단위: %)

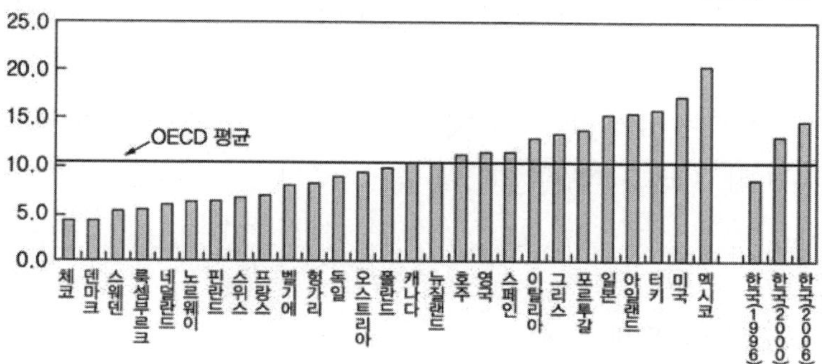

주: OECD 회원국은 2000년경 통계임.

자료: Förster and d'Ercole(2005); 통계청, 「가구소비실태조사」(1996, 2000); 통계청, 「가계조사」(2006).

한국의 상대빈곤 문제가 어느 정도인지를 파악하기 위해 OECD 국가들과 비교했다. 국제비교를 위해서는 전국 가구를 대상으로 한 연간 소득 자료가 필요한데, 여기에서는 「가구소비실태조사」와 함께 2006년 「가계조사」에서 가구의 월 소득을 합산하여 연간 소득으로 전환하는 방법을 사용했다.[4)]

1인 이상 전국 가구의 상대빈곤율은 외환위기 이전에 비해 2배 가까운 수준으로 급증했다. 외환위기 직전인 1996년 8.7%에서 2000년 13.0%로 크게 증가했으며 2006년에도 14.7%를 기록하여 증가세가 지속되고 있다. 외환위기 직후의 대량실업 문제가 해소되었음에도 빈곤 문제는 심화되고

---

4) 2006년 「가계조사」에서 소득을 연간화한 방법은 다음과 같다. 첫째, 조사가 누락되어 소득정보가 복제(imputation)된 가구를 제외했다. 둘째, 가구의 연간 소득은 (조사된 월 소득의 합/조사 개월 수)×12로 산출했다. 셋째, 가중치는 (조사된 월 가중치의 평균)×(조사 개월 수/12개월)로 조정한 후, 원자료의 대표성을 유지할 수 있도록 원자료 가중치의 상대적 수준을 다시 조정했다.

있는 것이다.

OECD가 작성한 회원국의 2000년경 상대빈곤율 통계와 비교하면, 1996년 우리나라는 OECD 평균 10.4%에 비해 낮은 수준이었지만, 외환위기의 영향이 남아 있던 2000년에는 OECD 평균 수준을 상회했으며 2006년에는 OECD 회원국 가운데 상위 수준의 높은 빈곤율을 기록하고 있다.

2) 근로빈곤문제의 대두

(1) 근로빈곤의 규모와 구성

상대빈곤이 심화되는 이면에는 근로빈곤문제가 존재한다. 실업 문제가 진정되었음에도 빈곤 문제가 심화되고 있을 뿐 아니라 일을 하고 있음에도 빈곤상태에 머무르는 취업빈곤(in-work poverty)이라는 새로운 문제가 대두되고 있는 것이다.

근로빈곤에 대한 정의는 빈곤가구 내 취업자가 있는 가구에 속한 가구원 또는 근로능력자가 1인 이상 있는 가구에 속한 가구원 등으로 다양하게 정의되어왔다. 그러나 빈곤층은 취업과 미취업 간 이동이 빈번하기 때문에 취업 상태를 기준으로 한 근로빈곤층 정의는 한계를 가진다. 또한 경제활동은 개인별로 이루어진다는 점을 고려하면 근로빈곤층은 개인 단위로 결정될 필요가 있다. 이러한 점을 고려하여 유럽연합에서는 근로빈곤층을 근로 능력을 가진 빈곤층으로 정의를 확장하고 있다. 복지 수급자에 대한 근로 능력 판정(work test)을 통해 근로 능력이 있는 수급자에게는 근로활동 참여라는 조건을 부과하고 있으며, 우리나라 국민기초생활보장제도에서도 근로 능력이 있는 수급자에게는 자활사업 참여를 조건으로 생계급여를 지급하고 있다.

여기에서는 개인의 근로 능력 유무와 취업상태를 기준으로 근로빈곤층을 정의하고자 한다. 즉, 근로빈곤층을 '가구소득이 빈곤선 이하인 가구의 구성원 중 근로 능력이 있거나 취업 상태에 있는 구성원'으로 정의했다. 우선 빈곤 여부는 「가계조사」를 이용하여 균등화된 연간 소득이 중위소득의 50%에 미달하는 상대적 빈곤 기준으로 가구 단위에서 판별된다.

이어서 개인의 근로 능력 유무와 취업 상태를 기준으로 근로 능력을 판별해야 하는데, 「가계조사」에서는 이와 관련된 정보가 연령 외에는 없다. 이에 「가계조사」와 「경제활동인구조사」를 결합한 자료를 구성했다. 「가계조사」는 「경제활동인구조사」 표본 가구의 일부를 조사하기 때문에 동일한 가구끼리 결합하여 가구 단위의 소득 정보와 개인 단위의 정보를 담은 자료를 구성할 수 있다. 다만, 두 조사의 결합과정에서 발생하는 표본의 탈락 때문에 우리나라의 생산가능인구를 대표하지 못하는 한계를 가진다.

일반적으로 근로능력자는 경제활동인구와, 비경제활동상태에 있지만 건강 상태가 양호한 자로 정의된다. 이때 학생, 군복무자, 장애나 만성질환 등의 이유로 일을 못하고 있는 자는 제외된다. 그러나 결합자료에서는 건강 상태를 파악할 수 있는 정보가 없기 때문에 여기에서는 「경제활동인구조사」의 노동력 상태, 연령, 재학 여부, 주 활동상태 정보를 이용했다. 구체적으로는 65세 이상인 비경제활동인구와 심신장애를 이유로 한 비경제활동인구를 근로무능력자로, 재학 중인 비경제활동인구와 군입대를 대기하고 있는 비경제활동인구를 근로불가능자로, 그리고 어디에도 해당하지 않는 자를 근로능력자로 정의했다.

<표 2-2>에는 15세 이상 인구에서의 근로빈곤층 구성이 제시되어 있다. 「가계조사」와 「경제활동인구조사」를 이용한 결합자료의 구성을 통해 전국 가구에서 근로빈곤층 구성을 판별할 수 있는 시기는 연구시점에 2006년이 유일했기 때문에 근로빈곤율의 추이를 파악할 수는 없었다.

2006년에 가구규모별로 균등화된 연간 가구소득이 중위 소득의 50%에

<표 2-2> 근로빈곤의 구성(15세 이상 인구)

	시장소득				가처분소득			
	전체의 %	빈곤층의 %	근로빈곤층의 %	취업빈곤층의 %	전체의 %	빈곤층의 %	근로빈곤층의 %	취업빈곤층의 %
비빈곤층	82.2				85.6			
빈곤층	17.8	(100.0)			14.4	(100.0)		
근로능력빈곤층	10.6	(59.2)	(100.0)		8.6	(59.9)	(100.0)	
취업빈곤층	5.3	(29.8)	(50.4)	(100.0)	4.4	(30.6)	(51.0)	(100.0)
상용직	0.5	(2.8)	(4.8)	(9.5)	0.4	(2.8)	(4.6)	(9.0)
임시직	1.6	(8.8)	(14.9)	(29.5)	1.2	(8.2)	(13.7)	(26.8)
일용직	1.6	(8.9)	(15.0)	(29.8)	1.3	(8.9)	(14.8)	(29.1)
고용주	0.2	(0.9)	(1.6)	(3.1)	0.2	(1.1)	(1.8)	(3.6)
자영업자	1.3	(7.0)	(11.9)	(23.6)	1.1	(8.0)	(13.3)	(26.1)
무급가족종사자	0.2	(1.4)	(2.3)	(4.5)	0.2	(1.7)	(2.8)	(5.4)
실업 빈곤층	0.6	(3.2)	(5.4)		0.5	(3.5)	(5.9)	
비경활 빈곤층	4.7	(26.2)	(44.2)		3.7	(25.8)	(43.1)	
근로무능력·불가능 빈곤층	7.3	(40.8)			5.8	(40.1)		
전체	100.0							

주: 가구소득은 각 가구의 월 소득을 합산하여 연간 소득으로 전환함.
( )은 각각 빈곤층, 근로능력빈곤층, 취업빈곤층에서 차지하는 구성비임.
자료: 통계청, 「가계조사」와 「경제활동인구조사」의 결합자료.

미달하는 빈곤층은 시장소득 기준으로 17.8%였다. 반면 가처분소득을 준으로 한 상대빈곤율은 14.4%로 나타나, 공적이전 및 직접세·사회보장 부담금에 의해 3.4%p의 상대빈곤이 감소하고 있음을 보여준다.

한편 시장소득을 기준으로 근로능력이 있는 빈곤층은 빈곤층의 59.2%에 이르며, 근로능력이 없거나 근로가 불가능한 비경활 빈곤층은 40.8%에 이른다. 그리고 근로능력빈곤층의 노동력 상태별 구성을 보면, 취업 빈곤층 50.4%, 실업 빈곤층 5.4%, 비경활 빈곤층 44.2%로 나타난다. 그리고 취업 빈곤층의 종사상 지위를 보면, 임시·일용직 근로자와 자영업자·무급가족종사자가 87.4%를 차지하고 있다. 빈곤을 초래하는 가구적인 요인, 인구학적인 요인을 제외하고 노동시장적인 요인만을 살펴보면, 미취업으로 인한 빈곤화뿐 아니라 취업을 했더라도 저소득과 고용 불안정으로 인해 근로빈곤이 나타나고 있음을 보여준다.[5)]

(2) 빈곤 탈출과 재진입의 결정요인

근로빈곤층은 높은 실직 위험과 낮은 일자리의 질로 인한 고용·소득의 불안정 때문에 빈곤 탈출과 재진입을 반복적으로 경험하는 계층이라고 할 수 있다.[6)] 고용·소득의 불안정이 빈곤의 동태적인 변화에 미치는 영향을 살펴보기 위해 빈곤 탈출과 재진입의 동태적인 결정요인을 살펴보았다.

이를 위해서는 동일한 개인을 대상으로 한 (비)빈곤주기 자료가 필요하다. 이를 위해 첫째, 2003~2005년 「가계조사」와 「경제활동인구조사」의 분기별 결합자료를 구성하고, 둘째, 이를 다시 동일한 개인을 대상으로 패널자료로 전환하여, 마지막으로 빈곤주기 자료(poverty spell data)와 비빈곤주기 자료(non-poverty spell data)를 구성했다.[7)] 최종적으로 구성된 1,533건 5,628개 관측치의 빈곤주기 자료는 빈곤을 경험한 개인을 대상으로

---

5) 근로빈곤층의 특성 및 동태적인 변화에 대한 분석 결과는 이병희·이승렬(2006) 참조.

6) 이병희·이승렬(2006)은 아래에서 서술하는 동일한 자료를 이용하여 Kaplan-Meier 생존함수 추정방법을 통해 빈곤상태에 있는 표본의 48.5%(좌측절단 주기 포함 표본), 68.7%(좌측절단된 주기 제외 표본)가 1년 후에 빈곤에서 탈출하며, 탈출한 개인의 36.8%가 빈곤상태로 재진입하고 있음을 보여주고 있다.

7) 자료의 구성방법에 대해서는 이병희·이승렬(2006), 노대명·이현주·강신욱(2006) 참조.

빈곤에 진입한 분기를 시작으로 해서 빈곤에서 탈출하거나 우측절단(right censoring)된 분기를 마지막 주기로 한다. 그리고 비빈곤주기 자료는 빈곤을 경험한 개인의 1,198건 6,101개 관측치로 구성된다.

빈곤 탈출과 재진입의 결정요인을 추정하기 위하여 이산시간 위험률모형(discrete time hazard model)을 사용했다. 빈곤 탈출률과 재진입률은 (비)빈곤기간에 따라 변화하므로 기간과 함께 시간에 따라 변화하는 변수들로 설명하는 해자드 분석(hazard analysis)이 요구된다. 이때 (비)빈곤기간은 '분기'로 측정되는 이산변수이므로, 이산시간 위험률모형의 추정을 통해 빈곤 탈출·재진입률을 결정하는 요인을 분석했다.

추정모형은 다음과 같다. T를 (비)빈곤 지속기간을 의미하는 확률변수라고 하면, 어떤 개인이 t시점까지 (비)빈곤상태가 지속되다가 (비)빈곤을 탈출할 조건부 확률은 $\lambda(t) = P(T = t | T \geq t)$로 표시된다. T가 로지스틱 형태를 취한다고 가정하면 조건부 확률은 다음과 같이 표준적인 로짓 형태로 표현된다.

$$\lambda(t) = \exp(t)/[1 + exp(t)]$$

(비)빈곤 지속기간 T는 (비)빈곤주기(따라서 개인)와 시간에 따라 변화하는 설명변수들(time varying covariates)의 함수로 표현할 수 있다. (비)빈곤에서 탈출할 확률은 (비)빈곤기간에 따라 변화할 수 있기 때문에 기간 효과 α_{id}를 함수에 포함하게 된다. 따라서 개인 i에 대하여 $T_i = \alpha_{id} + \beta X$로 표시된다.

이제 어떤 개인 i가 d라는 (비)빈곤 지속기간이 지속된 상태에서 t년도에 (비)빈곤을 탈출할 확률은 다음과 같은 해자드함수 형태로 표시되며, 표준적인 로짓모형을 통해 추정할 수 있다.

$$\lambda_i dt = exp(\alpha_{id} + \beta_{it} X_{it}) / [1 + exp(\alpha_{id} + \beta_{it} X_{it})]$$

빈곤 탈출률 결정요인 분석을 수행할 때, 2003년 1/4분기에 이미 빈곤 상태에 있는 개인의 경우에는 빈곤주기 시작 시점을 파악할 수 없는 좌측 절단(left censoring) 문제가 발생한다. 그러나 이러한 표본을 제외할 경우 장기적으로 빈곤상태를 지속하고 있는 개인을 누락하는 문제가 발생하기 때문에 이를 포함한 표본과 제외한 표본 모두를 사용하여 각각의 결과를 제시했다. 또한 단기간의 빈곤 진입과 탈출, 그리고 재빈곤화되는 반복 빈곤(repeat poverty)을 고려하여 복수의 (비)빈곤주기를 포함했다.

<표 2-3>에는 빈곤 탈출의 결정요인에 대한 이산시간 위험률모형의 추정결과가 제시되어 있다. 설명변수로는 가구 특성과 빈곤 관련 특성, 그리고 개인의 경제활동상태를 사용했다. 과거에 경험한 빈곤과 관련된 변수들로 현재의 빈곤주기 이전에 경험한 과거의 빈곤 경험 횟수와 현재의 빈곤주기 이전에 경험한 빈곤기간을 포함했는데, 이는 반복적인 빈곤을 경험하는 개인의 빈곤 탈출확률을 추정하기 위한 것일 뿐 아니라 관측할 수 없는 개인의 이질성을 통제하기 위해서이다. 또한 경기순환적인 효과와 함께 특정 연도의 효과를 통제하기 위하여 연도 더미를 포함했다.[8)]

좌측절단된(left censored) 빈곤주기를 포함한 표본을 사용하여 추정한 결과가 제시된 <표 2-3>을 보면, 노인가구주 가구와 15세 미만의 아동을 부양하는 여성가구주는 유의하게 빈곤 탈출률이 낮은 것으로 나타난다. 이는 근로 능력이 없거나 노동시장 참여가 어려운 계층은 장기적인 빈곤상태를 경험할 가능성이 높음을 보여준다.

빈곤 경험 관련 특성을 보면, 직전 빈곤주기의 지속기간이 길수록 빈곤 탈출률은 유의하게 낮게 나타난다. 한편 과거에 빈곤을 경험한 횟수가

---

8) 연도 더미와 빈곤기간에 대한 추정결과는 별도로 제시하지 않았다.

<표 2-3> 빈곤 탈출 결정요인(이산시간 분석)

			좌측절단 빈곤주기 포함 표본	좌측절단 빈곤주기 제외 표본
	평균	(표준 편차)	추정 계수 (표준 오차)	추정 계수 (표준 오차)
상수항			-1.269 (0.220)***	-1.983 (0.265)***
<가구 특성>				
노인가구주 가구	0.311	(0.463)	-0.351 (0.098)***	-0.278 (0.126)**
유아동 여성가구주	0.051	(0.220)	-0.531 (0.187)***	-0.304 (0.241)
가구원 수	3.142	(1.234)	0.020 (0.032)	0.008 (0.037)
가구 내 취업인원 수	0.895	(0.765)	0.754 (0.058)***	0.676 (0.068)***
<빈곤 경험 관련 특성>				
직전 빈곤기간	0.813	(1.611)	-0.109 (0.036)***	-0.132 (0.036)***
과거 빈곤 경험 횟수	0.410	(0.709)	0.150 (0.078)*	0.134 (0.079)*
좌측절단 주기 더미	0.450	(0.498)	-1.029 (0.108)***	
<경제활동상태>				
임시·일용직	0.217	(0.412)	-0.414 (0.172)**	-0.389 (0.198)**
자영업	0.160	(0.367)	-0.812 (0.179)***	-0.610 (0.205)***
미취업	0.590	(0.492)	-0.452 (0.167)***	-0.371 (0.190)*
-2 Log L			5,230.299***	3,432.789***
표본 수			5,628	3,095

주: *는 10%, **는 5%, ***는 1% 수준에서 유의함.

자료: 「가계조사」 및 「경제활동인구조사」의 분기별 패널자료의 빈곤주기 자료.

많을수록 빈곤 탈출률은 높게 나타난다. 이는 반복 빈곤을 경험하는 개인은 단기간의 빈곤을 반복적으로 경험하기 때문일 것이다. 좌측절단된 주기일 경우 빈곤 탈출률은 유의하게 매우 낮은데, 빈곤의 시작시점을 알 수 없는 빈곤주기를 제외할 경우 빈곤기간의 지속성을 과소평가하게 된다는 것을 보여준다.

마지막으로 경제활동상태가 빈곤 탈출에 미치는 영향을 보면, 취업 여부와 취업의 질이 빈곤 탈출에 유의한 영향을 미치는 것으로 나타난다.

<표 2-4> 빈곤 재진입의 결정요인(이산시간 분석)

	표본 특성		추정 결과	
	평균	(표준편차)	추정계수	(표준오차)
상수항			-2.209	(0.270)***
<가구 특성>				
노인가구주 가구	0.199	(0.399)	0.458	(0.086)***
유아동 여성가구주	0.036	(0.187)	0.334	(0.162)**
가구원 수	3.442	(1.294)	-0.111	(0.033)***
가구 내 취업인원 수	1.297	(0.786)	-0.517	(0.060)***
<빈곤 경험 관련 특성>				
직전 빈곤기간	2.480	(2.467)	0.107	(0.016)***
과거 빈곤 경험 횟수	1.378	(0.664)	0.243	(0.061)***
<경제활동상태>				
임시·일용직	0.274	(0.446)	0.860	(0.196)***
비임금근로자	0.186	(0.389)	0.768	(0.204)***
미취업	0.470	(0.499)	0.858	(0.192)***
-2 Log L			5,621.121***	
표본 수	6,101			

주: *는 10%, **는 5%, ***는 1% 수준에서 유의함.
자료: 「가계조사」 및 「경제활동인구조사」의 분기별 패널자료의 비빈곤주기 자료.

미취업자의 빈곤 탈출률이 유의하게 낮을 뿐 아니라 상용직 고용형태에 비해 임시·일용직, 자영업 종사자는 유의하게 빈곤 탈출률이 낮은 것으로 나타난다.

<표 2-4>는 빈곤을 탈출한 개인의 재빈곤화 결정요인에 대한 추정결과이다. 빈곤 재진입 해자드 추정 결과를 보면, 노인가구주 가구와 유아동 여성가구주는 빈곤을 탈출하더라도 재빈곤화할 가능성이 유의하게 높게 나타난다. 한편 가구원 수가 많을수록, 가구 내 취업인원 수가 많을수록 재빈곤 위험에 놓일 가능성은 낮은 것으로 나타난다. 그리고 과거 빈곤

경험의 영향을 보면, 직전 빈곤주기의 빈곤기간이 길수록, 과거 빈곤 경험 횟수가 많을수록 빈곤 재진입률이 높다.

마지막으로 미취업자의 빈곤 재진입률이 높으며, 임시·일용직과 비임금근로자도 상용직 근로자에 비해 재빈곤화의 위험이 높다. 이는 미취업뿐 아니라 불안정한 취업 상태 또한 재빈곤화의 위험이 높음을 의미한다.

3. 노동시장 불안정이 소득불평등에 미치는 영향

1) 소득불평등의 가구주 고용형태별 요인분해

(1) 분석방법

소득불평등의 변화에 노동시장이 미치는 영향은 쇼록스(A. Shorrocks)의 방법에 따라 소득원천별로 분해하는 연구결과가 제시된 바 있다(정진호·최강식, 2001; 남상섭·신범철·안병룡, 2005).

그러나 이러한 요인분해방법은 취업 구성의 변화를 직접적으로 파악하지 못하는 한계를 가진다. 때문에 여기에서는 가구주의 고용형태 변화가 소득불평등에 미치는 영향을 요인분해함으로써 취업 구성의 변화를 고려하는 방법을 사용했다. 다만, 여기서 사용하는 「(도시)가계조사」에서 고용형태의 식별은 가구주에서만 가능하다는 한계를 가진다. 그러나 2006년 가구주의 근로·사업소득이 가구소득의 69.8%를 차지하기 때문에 소득불평등의 가구주 고용형태별 요인분해는 크게 무리가 없을 것으로 판단된다. 도시근로자가구에서 가구주 고용형태는 사무직, 기능공 및 상용노무자, 임시 및 일용노무자로 구분된다. 한편 도시가구에서 가구주 고용형태는 근로자, 자영자, 무직자로 구분했다.

가구주 고용형태의 변화가 소득불평등에 미치는 영향을 분석하기 위하여 쇼록스(Shorrocks, 1984)에 따라 대수편차평균(Mean Log Deviation: MLD)을 이용하여 요인분해(MLD decomposition)를 했다. 소득불평등 지표의 하나인 MLD는 아래처럼 로그 형태를 띠기 때문에 요인분해에 유용하다.

$$MLD = \frac{1}{n}\sum_i \ln\frac{\overline{Y}}{Y_i}$$

여기서 $\overline{Y}$는 모집단 전체의 평균소득, Y_i는 가구 i의 소득, n은 개인수이다. 한편 MLD 요인분해에서 가구소득이 0인 경우 로그 형태가 정의될 수 없기 때문에 푀르스터(Förster, 2000)와 마찬가지로 평균소득의 1% 미만인 소득은 평균소득의 1%로 대체했다.

가구주 고용형태를 고려하여 전체 불평등도는 아래 공식과 같이 집단내 불평등도(within-group component)와 집단 간 불평등도(between-group component)로 분해할 수 있다(정태적 요인분해).

$$MLD^t = \sum_g w_g^t \cdot MLD_g^t + \sum_g w_g^t \cdot \ln\frac{\overline{Y}}{Y_g}$$

이때 w_g는 가구주 고용형태별 가구(g)가 모집단에서 차지하는 구성비중이며, MLD_g는 가구주 고용형태별 소득불평등도이다. 식에서 우변의 첫째 항은 가구주 고용형태별 불평등도를 그 집단의 구성비를 가중치로 곱하여 합계한 값으로, 집단 내 불평등도이다. 둘째 항은 모집단의 평균소득에 대한 가구주 고용형태별 평균소득의 대수편차에 각 집단의 구성비를 가중치를 곱하여 합계한 값으로, 집단 간 불평등도이다.

시간의 경과에 따른 소득불평등도의 변화는 다음과 같이 분해(동태적 요인분해)된다(Oxley et al., 1997).

$$
\begin{aligned}
\Delta MLD &= MLD^{t} - MLD^{0} \\
&= \underbrace{\sum_{g} \overline{w_g} \cdot \Delta MLD_g}_{(1)} + \underbrace{\sum_{g} \overline{w_g} \cdot \Delta \ln [\frac{\overline{Y_0}}{Y_g}]}_{(2)} \\
&\quad + \underbrace{\sum_{g} \overline{MLD}_g \Delta w_g + \sum_{g} \overline{[\ln \frac{\overline{Y}}{Y_g}]} \Delta w_g + \sum_{g} \overline{w_g} \Delta [\ln \frac{\overline{Y}}{\overline{\overline{Y_0}}}]}_{(3)}
\end{aligned}
$$

단, $\overline{Y_0} = \sum_{g} w_g^{0} Y_g^{t}$, $\overline{Y} = \sum_{g} w_g^{t} Y_g^{t}$

식에서 (1)은 가구주 고용형태 구성비중을 유지한 상태에서 집단 내 불평등도의 변화, (2)는 가구주 고용형태 구성비중을 유지한 상태에서 하위집단 간 불평등도의 변화, (3)은 집단 내 불평등과 집단 간 불평등을 유지한 상태에서 가구주 고용형태의 구성비중 변화로 인한 불평등도의 변화이다.

(2) 도시근로자가구에서 소득불평등의 가구주 고용형태별 요인분해

가구주 고용형태의 변화로 인한 소득불평등의 변화를 살펴보기 위하여 소득불평등의 변화를 집단 내 불평등의 순효과, 집단 간 불평등 변화의 소득효과, 집단구성의 변화로 인한 효과로 분해했다.

1986~1996년 동안 소득불평등도는 하락했는데, 이는 집단 내 불평등도가 다소 증가(-3.4%)했지만 집단 간 불평등도 하락(84.2%)과 구성 변화로 인한 불평등의 하락(19.2%)에 기인한다. 특히 집단 간 불평등도 하락이 두드러지는데, 이는 평균소득과 비교하여 상용직 가구 및 임시·일용직 가구의 실질소득 증가에 의해 이루어졌다. 가구주 고용형태별로는 사무직 가구의 증가로 인한 불평등 증가를 상용직 가구 및 임시·일용직 가구의 상대적인 소득 증가가 크게 상회함으로써 1986~1996년 동안 소득분배가 개선된 것이다.

<표 2-5> 소득불평등의 가구주 고용형태별 요인분해(2인 이상 도시근로자가구)

정태적 요인분해								
		균등화된 평균소득 (1,000원)	구성비 (%)	집단별 불평등 (MLD)	기여율			기여도 (%)
					집단 내 불평등	집단 간 불평등	합계	
1986	사무직가구	306	38.0	0.13100	0.04973	-0.11105	-0.06132	-38.5
	상용직가구	188	52.0	0.10733	0.05580	0.10158	0.15739	98.7
	임시·일용가구	145	10.0	0.17586	0.01766	0.04573	0.06338	39.8
	전체	228	100.0	0.15945	0.12319	0.03625	0.15945	100.0
					(77.3)	(22.7)		
1996	사무직가구	1,267	43.2	0.11951	0.05167	-0.07767	-0.02600	-18.6
	상용직가구	924	47.1	0.11990	0.05642	0.06423	0.12064	86.3
	임시·일용가구	786	9.7	0.16676	0.01620	0.02897	0.04517	32.3
	전체	1,059	100.0	0.13981	0.12428	0.01553	0.13981	100.0
					(88.9)	(11.1)		
2006	사무직가구	2,162	45.8	0.13031	0.05965	-0.09362	-0.03397	-20.0
	상용직가구	1,507	42.3	0.14159	0.05987	0.06615	0.12602	74.3
	임시·일용가구	1,133	11.9	0.20743	0.02477	0.05276	0.07752	45.7
	전체	1,762	100.0	0.16957	0.14429	0.02529	0.16957	100.0
					(85.1)	(14.9)		

동태적 요인분해					
		전체 변화	집단 내 불평등 변화	집단 간 불평등 변화	구성 변화
1986~1996	사무직가구	0.03532(-179.9)	-0.00466	0.03864	0.00134
	상용직가구	-0.03674 (187.1)	0.00623	-0.03791	-0.00506
	임시·일용가구	-0.01821 (92.7)	-0.00090	-0.01727	-0.00004
	절대기여율	-0.01964 (100.0)	0.00066	-0.01653	-0.00377
	상대기여도	(100.0)	(-3.4)	(84.2)	(19.2)
1996~2006	사무직가구	-0.00796 (-26.8)	0.00481	-0.01317	0.00040
	상용직가구	0.00538 (18.1)	0.00969	0.00679	-0.01111
	임시·일용가구	0.03235 (108.7)	0.00440	0.01503	0.01292
	절대기여율	0.02976 (100.0)	0.01890	0.00865	0.00221
	상대기여도	(100.0)	63.5	29.1	7.4

<그림 2-4> 소득불평등의 가구주 고용형태별 동태적 요인분해(2인 이상 도시근로자가구)

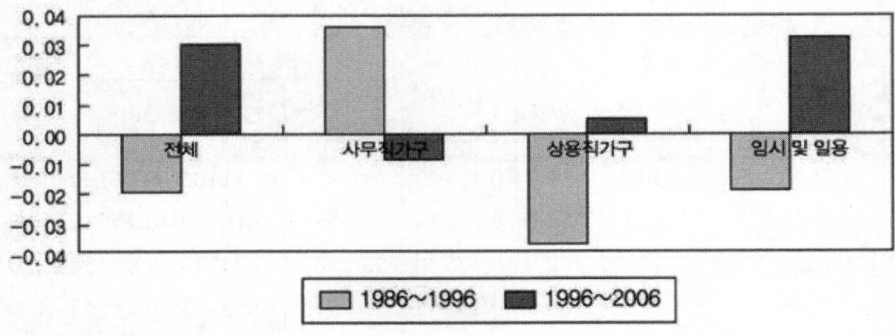

자료: 통계청, (도시)가계조사.

반면 1996~2006년에는 소득불평등이 심화되었는데, 집단 내 불평등의 증가와 집단 간 불평등 증가에 기인한다. 집단 내 불평등의 증가는 모든 가구주 고용형태에서 나타나고 있으며, 집단 간 불평등 증가와 구성변화로 인한 불평등 증가는 불평등도가 높은 임시·일용직 가구의 증가와 그 상대적 소득의 하락에 기인한다.

(3) 도시가구에서 소득불평등의 가구주 고용형태별 요인분해

도시가구에서 가구주 고용형태는 근로자, 자영자, 무직자로 구분하여, 소득불평등이 완화된 1999~2002년과 소득불평등이 심화된 2003~2006년 두 시기에 가구주 고용형태에 따른 영향을 살펴보았다.

정태적 요인분해에서 MLD로 측정한 집단별 불평등도를 보면, 무직자 가구, 자영자 가구, 근로자 가구 순으로 불평등이 높게 나타난다. 무직자 가구는 실업 가구, 노령·은퇴자 가구 등의 매우 이질적인 가구로 구성되어 있어 소득불평등도가 높게 나타난다. 가구주 고용형태별로 보면 근로자 가구와 자영자 가구는 집단 내에서의 소득불평등도가 높은 반면, 무직자 가구는 집단 간의 불평등도 차이가 큰 것으로 나타난다. 가구주 고용형태

<표 2-6> 소득불평등의 가구주 고용형태별 요인분해(2인 이상 도시가구)

정태적 요인분해								
		균등화된 평균소득 (1,000원)	구성비 (%)	집단별 불평등 (MLD)	기여율			기여도 (%)
					집단 내 불평등	집단 간 불평등	합계	
1999	근로자가구	1,101	55.8	0.16762	0.09354	-0.04565	0.04788	20.8
	자영자가구	1,040	31.9	0.17427	0.05557	-0.00794	0.04763	20.7
	무직자가구	556	12.3	0.48971	0.06029	0.07399	0.13428	58.4
	전체	1,014	100.0	0.22979	0.20940	0.02039	0.22979	100.0
2002	근로자가구	1,411	55.8	0.15359	0.08568	-0.04020	0.04548	21.6
	자영자가구	1,361	33.2	0.15599	0.05173	-0.01213	0.03960	18.8
	무직자가구	671	11.1	0.46651	0.05157	0.07418	0.12575	59.6
	전체	1,312	100.0	0.21083	0.18898	0.02185	0.21083	100.0
2003	근로자가구	1,495	58.8	0.16604	0.09771	-0.04277	0.05494	25.2
	자영자가구	1,404	30.9	0.15500	0.04785	-0.00309	0.04476	20.5
	무직자가구	748	10.3	0.53019	0.05448	0.06369	0.11817	54.2
	전체	1,390	100.0	0.21788	0.20005	0.01783	0.21788	100.0
2006	근로자가구	1,762	59.4	0.16986	0.10082	-0.05193	0.04890	21.1
	자영자가구	1,605	29.4	0.17335	0.05094	0.00173	0.05267	22.7
	무직자가구	861	11.3	0.52744	0.05936	0.07079	0.13015	56.2
	전체	1,614	100.0	0.23172	0.21113	0.02059	0.23172	100.0

동태적 요인분해					
		전체 변화	집단 내 불평등 변화	집단 간 불평등 변화	구성 변화
1999~2002	근로자가구	-0.00241 (12.7)	-0.00783	0.00174	0.00368
	자영자가구	-0.00802 (42.3)	-0.00595	-0.00595	0.00387
	무직자가구	-0.00853 (45.0)	-0.00271	0.00742	-0.01324
	절대기여율	-0.01896(100.0)	-0.01648	0.00320	-0.00568
	상대기여도	(100.0)	(86.9)	-(16.9)	(30.0)
2003~2006	근로자가구	-0.00605 (-43.7)	0.00226	-0.00638	-0.00192
	자영자가구	0.00791 (57.1)	0.00553	0.00600	-0.00362
	무직자가구	0.01198 (86.0)	-0.00030	0.00142	0.01086
	절대기여율	0.01384(100.0)	0.00749	0.00104	0.00531
	상대기여도	(100.0)	(54.1)	(7.5)	(38.4)

<그림 2-5> 소득불평등의 가구주 고용형태별 요인분해(2인 이상 도시가구)

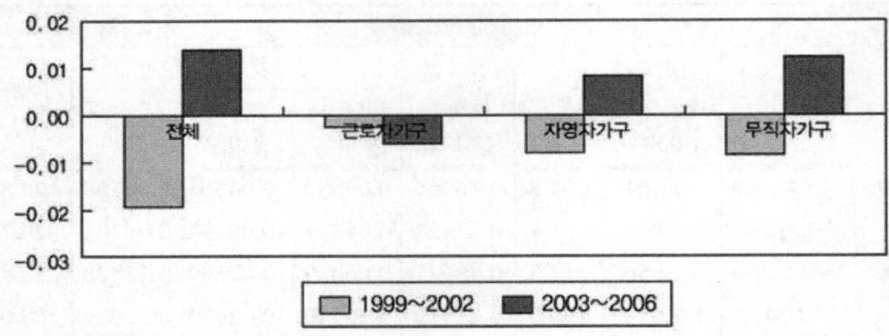

자료: 통계청, (도시)가계조사.

별 불평등도가 전체 불평등도에 대한 기여도를 보면 무직자 가구, 자영자 가구, 근로자 가구의 순으로 나타난다.

동태적 요인분해 결과를 보면 1999~2002년 동안 소득불평등도는 하락했는데, 이는 집단 내 불평등도의 하락(86.9%)과 구성 변화로 인한 불평등의 하락(30.0%)에 기인한다. 집단 내 불평등도의 하락은 모든 가구주 고용형태에서 나타나며, 무직자 가구의 비중 하락으로 인한 불평등도 하락이 이루어진다.

반면 2003~2006년에는 소득불평등이 심화되었는데, 집단 내 불평등의 증가와 구성 변화로 인한 불평등 증가에 기인한다. 집단 내 불평등의 증가는 특히 자영자 가구에서 두드러지며, 구성 변화로 인한 불평등의 증가는 무직자 가구의 증가에 기인한다. 2003~2006년 동안 전체 불평등의 증가는 무직자 가구 및 자영자 가구의 불평등의 증가로 요약할 수 있다.

2) 소득불평등 확대와 노동공급

(1) 분석방법

가구소득불평등 증가의 요인을 가구주 고용형태의 변화에서 찾는 방법에서 한 걸음 나아가 가구 단위의 노동공급 요인으로 확장하는 방법을 적용했다. 이철희(Lee, 2005; 2007)에 따르면 가구소득불평등 증가의 요인은 다음 세 측면을 종합적으로 반영한 가구 단위 노동공급의 변화에서 찾을 수 있다. 첫째, 개인의 근로·사업소득은 임금·자영 취업 여부, 근로시간, 시간당 소득에 의해 결정되므로 취업, 근로시간, 취업구조 등의 노동공급이 소득불평등에 영향을 미친다. 둘째, 노동시장 참여와 근로시간 선택은 가구 단위의 노동공급에 의해 결정된다. 특히 여성의 노동시장 참여가 증대하고 있다는 점을 고려하여 가구주와 배우자의 고용, 근로시간, 임금변화의 효과를 동시에 고려해야 한다. 셋째, 편부모 가정, 특히 여성이 가구주인 가구의 빈곤위험이 높다는 점을 감안하여 배우자의 사망 또는 이혼으로 인해 발생하는 가구 구성의 변화도 가구소득불평등에 영향을 미친다.

가구소득불평등 변화의 요인분해 방법은 다음과 같다. 소득수준에 따라 5분위로 구분할 때, 특정 분위의 소득은 가구주의 근로소득, 가구주의 사업소득, 배우자의 소득, 기타 소득으로 구성된다. 이는 최근 자영자 비중 하락과 실질소득 감소를 고려하여 이철희(2005; 2007)의 방법에 가구주의 사업소득을 추가로 세분화한 것이다.

$$N \equiv H_{hw} W_{hw} P_{hw} + H_{hn} W_{hn} P_{hn} + H_s W_s P_s \delta + Q$$

(아래첨자 h는 가구주, s는 배우자, w는 임금근로, n은 자영근로를 의미함. H는 근로시간, W는 시간당 소득, P는 취업률, δ는 부부가 함께 거주하는 가구의 비율, Q는 재산소득, 사적 이전소득, 기타 가구원의 소득임)

이 분석에서 소득불평등 지표는 상위 5/5분위 가구와 하위 1/5분위 가구 간의 평균가구소득의 로그값의 차이로 정의된다.

$N^* = \ln[N^T] - \ln[N^B]$, T는 5/5분위, B는 1/5분위

근사치를 이용하여 상·하위 소득가구 간 격차는 다음과 같이 표기할 수 있다.

$$N^* \approx \phi_{hw}[H^*_{hw} + W^*_{hw} + P^*_{hw}] + \phi_{hn}[H^*_{hn} + W^*_{hn} + P^*_{hn}] \\ + \phi_s[H^*_s + W^*_s + P^*_s + \delta^*] + \phi_Q Q^*$$

이 때, ϕ는 네 가지 소득원천(가구주의 근로소득, 가구주의 사업소득, 배우자의 소득, 기타 소득)의 구성 비중을 의미한다. 예를 들어 $\phi_s \equiv (H_s W_s P_s)/N$는 배우자의 소득이 가구소득에서 차지하는 비중이다.

이 식을 차분하면, 두 시점 간 불평등의 변화는 다음과 같이 분해된다.

$$\begin{aligned} \Delta N^* \approx\ & \phi_{hw}\Delta H^*_{hw} + \phi_{hw}\Delta W^*_{hw} + \phi_{hw}\Delta P^*_{hw} + \Delta\phi_{hw}(H^*_{hw} + W^*_{hw} + P^*_{hw}) + \\ & \phi_{hn}\Delta H^*_{hn} + \phi_{hn}\Delta W^*_{hn} + \phi_{hn}\Delta P^*_{hn} + \Delta\phi_{hn}(H^*_{hw} + W^*_{hn} + P^*_{hn}) + \\ & \phi_s\Delta H^*_s + \phi_s\Delta W^*_s + \phi_s\Delta P^*_s + \phi_s\Delta\delta_s + \Delta\phi_s(H^*_s + W^*_s + P^*_s + \delta^*) + \\ & \phi_Q\Delta Q^* + \Delta\phi_Q{}^* Q^* \end{aligned}$$

우변의 첫째 항은 가구주 임금근로자의 평균근로시간 격차의 변화율에 가구주의 근로소득이 가구소득에서 차지하는 비중을 가중한 것으로, 가구주의 평균근로시간의 격차 변화가 가구소득불평등도 증가에 기여한 정도를 의미한다. 둘째 항과 셋째 항은 시간당 임금과 임금근로 취업률 변화의 상대적인 기여도를 나타낸다. 넷째 항은 가구주의 근로소득이 차지하는 비중 변화의 상대적인 기여도를 의미한다. 즉, 가구주 근로소득의 분포가 전체 가구소득의 분포에 비해 더 불균등하다면, 가구주 근로소

득의 비중 증가는 다른 조건이 동일할 때 가구소득의 불평등을 증가시키게 될 것이다.

이상의 분석방법은 두 시점 간에 동일한 소득분위에 속한 가구들을 비교하는 것이다. 즉, 특정 시점의 상위 가구와 하위 가구 간의 소득격차가 과거 시점의 상위 가구와 하위 가구 간의 소득격차보다 더 커졌다면, 상위 및 하위 가구 간의 임금, 취업, 근로시간, 기타 소득, 가구구조의 차이가 어떻게 변화했는지를 분석하는 것이다.

(2) 자료의 구성

이 글에서는 「(도시)가계조사」에서 소득을 파악할 수 있는 2인 이상 도시가구를 대상으로 분석했다. 즉, 소득불평등이 개선된 1999~2002년도와 소득불평등이 증가한 2003~2006년도 간의 불평등 변화요인을 분석한다.[9)]

첫째, 도시가구에서 소득5분위별 소득과 취업률을 산출했다. 가구주의 고용형태에 따라 가구주가 근로자인 경우 임금근로 취업 및 가구주의 근로소득 정보를 추출했으며, 가구주가 자영자인 경우 비임금근로 취업 및 가구주의 사업소득 정보를 추출했다. 배우자가 있고 그 근로소득 또는 사업소득이 0보다 큰 경우 배우자가 취업한 것으로 정의했다. 그리고 가구소득은 가구 규모를 고려한 균등화된 시장소득으로 정의했으며, 모든 소득은 소비자물가지수를 이용하여 2005년 가치로 환산했다.

둘째, 분위별 근로시간 정보는 「(도시)가계조사」와 「경제활동인구조사」를 결합한 자료를 사용했다. 그러나 두 자료를 결합하는 과정에서 발생하는 표본의 탈락 때문에 「(도시)가계조사」의 분위별 분포와 (도시)가계-경제활동인구조사 결합자료의 분위별 분포는 일치하지 않는 문제가 발생한

---

9) 가구소득 구성요소의 변화에 대한 서술적인 분석은 이병희·강신욱 외(2007) 참조

다. 이를 해결하기 위하여 이철희(2007)가 사용한 방법을 이용하여 (도시)가계－경제활동인구조사 결합자료에 포함된 가구의 소득분위를 다시 정의했다.

1) 「(도시)가계조사」에서 가구소득을 기준으로 각 가구가 어떤 5분위에 속하는지를 결정한다.
2) 각 소득분위에 속한 가운데 가구주가 임금근로에 취업한 가구만을 추출한다. 예를 들어 5/5분위 가구에서 가구주의 임금근로 취업률이 70%이면, 이 분위에 속한 가구의 70%를 추출하게 된다.
3) 이렇게 추출한 가구주만을 대상으로 하여, 가구소득 기준으로 보았을 때 각 10분위 가구에 속한 사람들의 비율을 계산한다. 예컨대 상위 가구에 속한 가구주는 전체 평균보다 취업률이 높을 것이기 때문에 이들이 전체 고용된 가구주 가운데 차지하는 비율은 20%를 상회할 것이다.
4) 이렇게 결정된 각 분위의 비중을 (도시)가계－경제활동인구조사 결합자료에 적용하여 소득분위를 결정하고, 각 분위별 가구주의 근로시간을 산출한다. 이러한 방법을 동일하게 적용하여 자영업 가구주 및 배우자의 근로시간을 산출했다.

(3) 분석 결과

소득불평등이 약화된 1999~2002년과 소득불평등이 증가한 2003~2006년을 대상으로 불평등 변화를 초래한 요인을 분해하여 비교한 결과가 <표 2-7>에 제시되어 있다. 각 요인의 추계치와 그것이 전체 소득격차 변화에 상대적으로 기여한 결과가 제시되어 있으며, 오차항(ϵ)은 각 요인의 추계치의 합과 실제 소득격차 크기 간의 차이이다.

우선 두 시기 간 불평등 변화의 가장 두드러진 변화요인은 노동공급인 것이 주목된다. 소득불평등이 악화된 2003~2006년에 분위별 노동공급

<표 2-7> 가구소득불평등도 변화의 요인분해(1/5분위와 5/5분위 간 소득격차)

	1999~2002		2003~2006	
	추계치	기여도	추계치	기여도
(1) ΔN^{*}	-0.0987	1.0000	0.0795	1.0000
(2) $\phi_{hw}\Delta H_{hw}^{*}$	-0.0244	0.2468	0.0016	0.0201
(3) $\phi_{hw}\Delta W_{hw}^{*}$	-0.0409	0.4143	0.0198	0.2489
(4) $\phi_{hw}\Delta P_{hw}^{*}$	-0.0484	0.4905	0.0574	0.7217
(5) $\Delta\phi_{hw}(H_{hw}^{*}+W_{hw}^{*}+P_{hw}^{*})$	0.0681	-0.6899	0.0029	0.0364
(6) $\phi_{hn}\Delta H_{hn}^{*}$	-0.0125	0.1269	0.0014	0.0171
(7) $\phi_{hn}\Delta W_{hn}^{*}$	-0.0329	0.3332	0.0188	0.2366
(8) $\phi_{hn}\Delta P_{hn}^{*}$	0.0304	-0.3084	-0.0336	-0.4222
(9) $\Delta\phi_{hn}(H_{hw}^{*}+W_{hn}^{*}+P_{hn}^{*})$	-0.0346	0.3504	-0.0337	-0.4241
(10) $\phi_{s}\Delta H_{s}^{*}$	-0.0053	0.0541	0.0038	0.0472
(11) $\phi_{s}\Delta W_{s}^{*}$	0.0074	-0.0747	-0.0021	-0.0267
(12) $\phi_{s}\Delta P_{s}^{*}$	0.0306	-0.3105	0.0124	0.1559
(13) $\phi_{s}\Delta\delta_{s}$	0.0023	-0.0233	0.0026	0.0324
(14) $\Delta\phi_{s}(H_{s}^{*}+W_{s}^{*}+P_{s}^{*}+\delta^{*})$	0.0010	-0.0102	0.0216	0.2711
(15) $\phi_{Q}\Delta Q^{*}$	-0.0184	0.1863	-0.0225	-0.2827
(16) $\Delta\phi_{Q}{}^{*}Q^{*}$	-0.0143	0.1448	0.0202	0.2544
(17) ϵ	-0.0069	0.0699	0.0091	0.1139
가구주의 임금노동공급(2+4)	-0.0728	0.7373	0.0590	0.7418
가구주의 자영노동공급(6+8)	0.0179	-0.1815	-0.0322	-0.4051
배우자의 노동공급(10+12)	0.0253	-0.2565	0.0162	0.2031
전체 노동공급(2+4+6+8+10+12)	-0.0295	0.2993	0.0429	0.5398
전체 소득(3+7+11)	-0.0664	0.6727	0.0365	0.4588
가족 구성(13)	0.0023	-0.0233	0.0026	0.0324
기타 소득(15)	-0.0184	0.1863	-0.0225	-0.2827
소득 구성(5+9+14+16)	0.0202	-0.2049	0.0110	0.1378

의 격차 확대가 소득격차의 확대를 54.0% 설명하는 반면 소득격차 확대는 소득불평등 증가의 45.9%를 설명하고 있다. 그런데 1999~2002년에는 소득격차 축소의 불평등 개선 기여도는 67.3%인 반면 노동공급 격차 축소의 기여도는 30.0%이다. 이러한 분석 결과는 외환위기 직후 가구소득불평등 확대가 가구주 근로소득불평등의 확대에 기인(정진호 외, 2002; 유경준·김대일, 2002; 이철희, 2007)[10]한 것과는 달리 최근의 소득불평등 증가는 하위 소득가구의 임금근로 취업률 하락에 따른 노동공급의 격차 확대, 상위 가구의 높은 근로소득 증가, 하위 가구의 사업소득 감소에 따른 소득격차 확대에 기인하고 있음을 시사한다.

노동공급을 세분화해보면, 가구주의 임금근로 취업률(4)이 2003~ 2006년 불평등 증대의 가장 큰 요인으로 나타난다. 2003~2006년 사이에 가구주의 임금근로 취업률은 1/5분위가 감소하고 5/5분위는 증대했다. 이러한 상·하위 가구 간 임금근로 취업률의 격차 확대는 소득불평등 증가의 72.2%를 설명하고 있다. 반면 가구주의 자영근로 취업률(8)은 5/5분위에서 크게 감소함에 따라 상·하위 가구 간 격차가 축소되면서 소득격차를 축소하는 방향으로 작용하는 것으로 나타난다. 배우자의 취업률(12)은 5/5분위에서 증가함에 따라 상·하위 가구 간 격차가 확대되어 소득격차를 확대하는 데 기여하고 있다.

한편 가구주의 소득격차 확대 또한 소득불평등을 증가시킨 주요한 요인으로 나타난다. 2003~2006년에 가구주의 근로소득(3)은 상위 가구일수록 크게 증가하여 격차가 확대됨에 따라 가구소득불평등 증가의 24.9%를

10) 1996년과 2000년 「가구소비실태조사」를 이용하여 근로자 가구주와 배우자의 임금, 고용, 근로시간 등이 가구소득불평등 증가에 미친 영향을 분석한 이철희(2007)는 근로자 가구주의 임금불평등 확대가 외환위기 이후 가구소득불평등 증가의 가장 큰 요인(79.9%)인 반면 가구주 노동공급 변화의 기여도는 28%로 추계했다.

설명하고 있으며, 가구주의 사업소득(7)은 1/5분위가 절대적으로 감소하고 5/5분위가 증가하여 가구소득불평등 증가에 대한 가구주 사업소득 격차 확대의 기여도는 23.7%에 이르고 있다.

4. 맺음말

소득불평등의 변화를 고용 변동을 중심으로 한 이 연구의 주된 발견은 다음과 같다.

첫째, 외환위기를 극복한 이후에도 시장소득의 불평등은 증가하고 있으며, 도시근로자가구의 지니계수는 1980년대 중반 수준을 기록하고 있다. 최근의 불평등 증가는 주로 저소득층의 소득 지위 하락에 의해 발생하고 있다.

둘째, 상대빈곤율 또한 크게 증가했으며, 도시근로자가구의 상대빈곤율은 1980년대 초반보다 높은 수준을 기록하고 있다. 가처분소득 기준으로 2006년 현재 일하고 있거나 근로 능력이 있는 빈곤층이 전체 빈곤층의 59.9%에 이르러 근로빈곤문제가 심각한 수준에 이르고 있음을 보여준다. 또한 빈곤 탈출과 재진입의 결정요인에 관한 동태적인 분석 결과는 높은 실직 위험과 낮은 일자리의 질로 인한 고용·소득의 불안정이 반복적인 빈곤으로 이어짐을 보여준다.

셋째, 소득불평등을 가구주의 고용형태별로 요인분해한 결과는 비정규직의 증가와 자영업 부문의 구조조정이 소득불평등을 초래하고 있음을 보여준다. 도시근로자가구에서는 외환위기 이후 10년 동안 임시·일용직 가구의 증가와 그 상대적 소득의 하락에 의해 소득불평등이 증가하고 있다. 도시가구에서는 2003~2006년 동안 노인가구 등의 무직자 가구 및 자영자 가구의 불평등 증가에 의해 전체 불평등이 증가한 것으로 나타난다.

넷째, 가구소득불평등 증가의 원인을 가구주와 배우자의 소득, 고용, 근로시간 등의 노동공급 요인으로 분해한 결과에 따르면, 외환위기 직후 가구소득불평등 확대가 가구주 근로소득불평등의 확대에 기인하는 것과는 달리 최근의 소득불평등 증가는 하위 소득 가구의 임금근로 취업률 하락에 따른 노동공급의 격차 확대, 상위 가구의 높은 근로소득 증가, 하위 가구의 사업소득 감소에 따른 소득격차 확대가 가장 주요한 요인인 것으로 나타난다.

이상의 분석 결과는 최근의 소득불평등 증가와 근로빈곤문제의 대두가 성장을 통한 일자리 창출력의 약화, 비정규 고용의 고착화, 자영업 부문의 구조조정, 실직 위험의 증가 등 노동시장 여건이 개선되지 않고 있는 데 기인하고 있음을 보여준다. 즉, 외환위기 이후 성장주도형 분배체계가 해체되고 시장 규율이 확산되면서 고용 및 소득불안정이 취약계층에 전가되어 불평등이 심화되고 있는 것이다. 노동시장 악화에 따라 불평등이 증가하고 있다는 사실은 재분배정책의 강화, 사회안전망의 확대와 함께 고용구조 개선 및 저임금·저소득계층의 상향 이동을 지원하는 노동시장정책의 활성화가 요구됨을 시사한다.

이 글은 「가계조사」의 장기간 시계열 자료를 이용하여 최근의 소득불평등 증가가 저소득계층의 상대적 소득 지위 하락에 있음을 밝히고 있다. 특히 「가계조사」와 「경제활동인구조사」를 결합하여 가구 단위의 소득과 개인의 경제활동상태를 함께 파악할 수 있는 자료를 구성함으로써, 근로빈곤층을 근로 능력 유무로 확장하고 그 동태적인 변화를 시도한 것은 이 글의 의의라고 할 수 있을 것이다. 다만, 두 자료의 결합과정에서 발생하는 표본의 유실 때문에 대표성 있는 자료라고는 할 수 없는 한계를 가진다. 그리고 경제·산업의 양극화, 인구구성의 변화 등에 따른 소득불평등 변화에 대한 분석은 향후의 연구과제로 남아 있다.

참고문헌

강신욱 외. 2006. 『우리나라의 빈곤 및 불평등 관련 지표변화 추이: 주요 OECD 국가들과의 비교』. 한국보건사회연구원.

노대명·강신욱·이현주 외. 2006. 『빈곤의 동태적 특성 연구』. 사람입국·일자리위원회.

남상섭·신범철·안병룡. 2005. 「경제위기 이후 소득분배와 불평등의 요인분해」. ≪창업정보학회지≫, 제8권 제2호, 159~163쪽.

유경준·김대일. 2002. 『외환위기 이후 한국의 소득분배구조변화와 재분배정책 효과 분석』. 한국개발연구원.

이병희·강신욱 외. 2007. 『최근 소득분배 및 공적이전·조세의 재분배 효과 추이 분석』. 양극화·민생대책위원회.

이병희·이승렬. 2006. 『고용과 빈곤의 동태적 분석: 노동시장을 중심으로』. 사람입국·일자리위원회.

이철희. 2007. 「1996~2000년 가구소득불평등 확대요인 분해: 임금, 고용, 근로시간, 가구구조 변화의 효과」. 2007 경제학 공동학술대회 발표문.

정진호·최강식. 2001. 「근로자 가구소득불평등의 요인별 분해」. ≪경제학 연구≫, 제49집 제3호, 39~64쪽.

Berniaux, J., F. Padrini and N. Brandt. 2006. “Labour Market Performance, Income Inequality and Poverty in OECD Countries.” *OECD Economics Department Working Paper*, No.500.

Förster, M. and M. d'Ercole. 2005. “Income Distribution and Poverty in OECD Countries in the Second Half of the 1990s.” *OECD Social, Employment and Migration Working Paper*, No.22.

Förster, M. 2000. “Trends and driving factors in income inequality and poverty in the OECD area.” *OECD Labour Market and Social Policy Occational Papers*, No.42.

Kim, D. and R. H. Topel. 1995. “Labor Markets and Economic Growth: Lessons from Korea's Industrialization, 1970-1990.” R. B. Freeman and L. F. Katz. *Differences and Changes in Wage Structure*. University of Chicago Press, Chicago.

Lee, C. 2005. “Rising Family Income Inequality in the United States, 1968~2000:

Impacts of changing labor supply, wages, and family structure." NBER Working Paper No.11836.

Oxley, H., J. Burniaux, T. Dang and M. M. d'Ercole. 1997. "Income Distribution and Poverty in 13 OECD Countries." *OECD Economic Studies*, No. 29.

Shorrocks, A. F. 1984. "Inequality Decomposition by Population Subgroups." *Econometrica*, Vol.52, No.6. pp.1369~1385.

제3장

소득 및 사교육과 성적과의 관계

이은우 | 울산대학교 사회과학대학 경제학과

1. 들어가는 말

교육은 인적자본을 형성하는 가장 기본적인 수단이다. 인적자본론의 입장에서 보면 좋은 교육은 양질의 인적자본 축적을 가능하게 한다. 그 결과 개인의 생산성이 높아지고, 이에 따라 소득수준이 높아지게 된다. 즉, 교육은 미래의 소득을 결정하는 중요한 요인이 된다. 따라서 계층 간, 지역 간의 균형발전을 위해서는 교육기회를 균등히 하는 것이 무엇보다 중요하다.

일반적으로 부모의 학력이나 직업 등 사회경제적 환경은 자녀의 학업에 영향을 미치는 것으로 알려져 있다. 먼저 부모의 사회경제적 환경은 자녀의 사교육에 영향을 미친다. 현재 우리나라에서 많은 초·중·고등학생이 여러 가지 형태의 사교육을 받고 있다. 사교육은 긍정적인 효과, 부정적인 효과 모두를 가지지만, 이렇게 사교육이 성행하는 것은 사교육이 학생의 성적에 영향을 미치기 때문이다. 이 외에도 부모의 사회경제적 환경은 가정교육 등 다른 경로를 통해서 자녀의 성장에 많은 영향을 미치게 된다.

부모의 사회적 지위가 그대로 자식에게 전달된다는 의미에서 '부(富)와 지위의 대물림', '빈곤의 대물림' 등과 같은 말이 자주 사용되기도 한다.

부모의 소득과 사회적 지위가 자녀들의 학업에 영향을 미친다는 주장에 대해 보다 엄밀히 검증할 필요가 있다. 자녀의 학업성적에 영향을 미치는 요인은 여러 가지가 복합적으로 작용하기 때문에 부모의 소득과 사회적 지위가 자녀의 학업에 어느 정도 영향을 미치는지 각 요인에 대해 정량적으로 분석할 필요가 있다.

이 글은 가족환경을 구성하는 제반 요인이 자녀의 학업성적에 미치는 영향에 대해 요인분해를 하여 소득계층별로 성적격차가 어떤 요인에 의해 발생하는가를 분석하는 것이 목적이다. 이제까지 부모의 소득 및 사회적 지위가 자녀의 학업에 미치는 영향에 대해서는 국내외적으로 다수의 연구가 이루어졌다.[1] 여기에서는 기존의 연구에서 거의 이루어지지 않은 소득계층별 성적격차의 요인분해를 하고자 한다. 성적격차의 요인분해를 하게 되면 각 그룹 간 성적격차가 어떤 요인에 의해 발생하는가를 알 수 있기 때문에 성적격차의 내용을 보다 심층적으로 파악할 수 있다.

먼저 제2절에서는 사교육 지출을 설명할 수 있는 자녀에 대한 투자이론을 살펴본 후 선행연구에 대한 고찰을 한다. 다음으로 이용할 자료에 대해 설명을 한 후 성적결정함수를 추정한다. 제3절에서는 요인분해법을 이용하여 소득계층 간 성적격차의 요인분해를 한다. 제4절에서 순서프로빗(ordered probit)모형을 이용하여 각 과목별 성적결정함수를 추정하여 사교육 여부와 사교육 형태가 성적에 미치는 영향을 분석한다. 그리고 제5절에서는 그 이전까지의 논의에 대해 요약을 하고 나름대로 결론을 내리고자 한다.

---

1) 다음 절의 '선행연구 고찰'을 참고할 것.

2. 선행연구 고찰 및 자료 설명

1) 자녀에 대한 투자이론[2)]

불평등이 세대 간에 이전되는 현상에 대해서는 부모들의 효용극대화 행동을 이용하여 설명할 수 있다. 부모들은 이타적인 동기에서 자녀들에 대해 투자를 한다. 즉, 자녀의 성취가 부모에게 직접적인 효용을 준다. 이 경우에는 부모의 효용함수는 식 (1)과 같이 나타낼 수 있다.

$$(1)\quad U_t = U_t(C_t, Q_{t+1}, n)$$

여기서 U_t는 t세대, 즉 부모의 효용을 나타내고, Q_{t+1}는 $t+1$세대, 즉 자녀들의 특성, 즉 인적자본 축적량을 나타낸다. 그리고 n은 자녀수를 나타낸다. 자녀들은 t세대에 출생하여 인적자본을 축적하고 $t+1$세대에 노동과 소비를 하며 자신들의 자녀를 출산한다. 여기에 자녀의 수와 질을 동시에 나타내는 변수를 W_{t+1}이라고 하자. W_{t+1}은 자녀들의 인적자본 총량을 나타낸다. 이 경우 식 (1)은 식 (2)와 같이 나타낼 수 있다.

$$(2)\quad U_t = U_t(C_t, W_{t+1})$$

부모의 예산제약은 식 (3)과 같다.

$$(3)\quad C_t + \frac{W_{t+1}}{1+r_t} = Y_t$$

---

2) 이 부분은 베커와 톰스(Becker and Tomes, 1979)에 의존함.

여기서 Y_t는 가족의 소득을 나타내고, γ_t는 세대 간 할인율을 나타낸다. 효용극대화를 위한 균형조건은 식 (4)와 같다.

$$(4) \quad \frac{\partial U}{\partial C_t} / \frac{\partial U}{\partial W_{t+1}} = 1 + r_t$$

효용함수가 동조적(homothetic)이고, C_t와 W_{t+1}의 Y_t에 대한 탄력성이 1이고, C_t와 W_{t+1}의 수요함수가 선형이라고 가정하면, 식 (5)와 같이 나타낼 수 있다.

$$\frac{W_{t+1}}{1+r_t} = \alpha(\gamma, 1+r)\, Y_t$$

$$(5) \quad C_t = (1-\alpha)\, Y_t \ \ (\partial\alpha/\partial\gamma > 0,\ \partial\alpha/\partial(1+r) \gtreqless 0)$$

여기서 α는 소득 중에서 자녀에게 투자하는 비율이다. 따라서 $(1-\alpha)$는 부모 자신이 소비하는 비율이 된다. 그리고 γ는 자신의 소비에 대한 자녀들의 소득의 선호도를 나타낸다. 자신의 소비보다 자녀들의 소득에 대한 선호가 증가하면 자녀들의 인적자본에 대한 투자가 증가한다. $\partial\alpha/\partial(1+r)$의 부호는 효용함수에서 C_t와 W_{t+1} 사이의 대체탄력성이 1보다 큰지, 같은지, 또는 작은지에 달려 있다.

2) 선행연구 고찰

소득, 자녀에 대한 투자수준, 그리고 자녀들의 학업성적과의 관계에 대한 연구는 국내외에서 다수의 연구가 이루어졌다. 이 분야의 선구적인 연구로 들 수 있는 것은 베커와 톰스(Becker and Tomes, 1979)의 논문을 들 수 있다. 이 연구는 부모의 소득이 자녀의 인적자본 투자량을 결정하고,

이것이 다시 자녀의 소득을 결정하는 과정을 효용함수를 이용하여 설명하고 있다. 이 연구는 부모의 소득과 자녀에 대한 투자, 그리고 자녀의 소득과의 관계를 다룬 것이기 때문에 자녀의 학업성적을 다루는 이 연구와는 주제가 다르나, 부모들이 자녀의 성적을 올리려 하는 것은 궁극적으로 자녀의 소득과 관련이 깊기 때문에 큰 틀에서 보면 같은 문제라고 할 수 있다. 이들은 이 주제에 대해 실증분석을 한 논문을 추가로 발표했다. 톰스(Tomes, 1981)는 미국 오하이오(Ohio) 주의 클리블랜드에서 수집된 표본자료를 이용하여 분석했다. 이에 의하면 자녀들의 소득격차의 상당부분은 부모들의 자녀에 대한 투자의 차이에 기인한다. 베커와 톰스(Becker and Tomes, 1986)의 연구는 여러 나라를 대상으로 세대 간에 걸쳐 소득의 불평등이 이전되는 과정을 설명하고 있다. 이 주제에 대해서는 타 연구자들도 다수의 논문을 발표했다(Ishikawa, 1975; Hill and Duncan, 1987).

소득이 자녀의 성적에 미치는 영향을 직접적으로 분석한 것으로는 블라우(Blau, 1999)의 연구를 들 수 있다. 이 연구는 자녀들의 각 과목별 성적을 종속변수, 소득 및 기타 요인을 독립변수로 하여 고정효과모형(fixed effect model) 및 확률효과모형(random effect model)을 이용하여 분석하고 있는데, 소득이 자녀의 성적에 영향을 많이 미치지만 가족의 배경이 보다 더 많은 영향을 미친다고 했다. 자산과 자녀의 학업성취와의 관계를 분석한 연구도 있는데(Zhan and Sherraden, 2003; Zhan, 2006), 이들 연구에 의하면 부모의 자산과 자녀의 성적은 양의 관계를 가지는 것으로 나타났다. 이 외에도 교육비 지출이 자녀의 학업성취에 미치는 영향을 분석한 연구도 있고(Hanushek, 1989), 부모의 관여 정도가 자녀의 학교성취에 미치는 영향을 분석한 연구도 있다(Barnard, 2004).

이 주제에 대해 국내에서도 다수의 연구가 이루어졌는데, 전체적으로 자녀의 학업성취를 다룬 것이지만 이용한 자료나 강조점 등이 논문마다 차이가 있다. 이정환(2002)은 중앙교육연구소가 서울 시내 중학교 2학년

학생 1,213명을 대상으로 평가한 국어, 수학, 영어의 성적을 사용했다. 이 연구에 의하면 부모의 소득, 아버지의 교육 정도와 직업은 학생의 성적에 영향을 미치나, 과외는 영어 과목에서만 그 효과가 나타났다. 박창남·도종수(2005)는 「한국청소년패널조사」 1차자료를 이용하여 자녀의 학업성적에 미치는 변수들의 효과를 분석했다. 이 결과에 의하면 아버지의 교육수준, 아버지의 직업지위, 사교육비 등이 학업성적에 영향을 미치는 것으로 나타났다.

이 외에도 가족의 배경이 자녀의 학업성취에 미치는 영향을 분석한 논문은 다수 있다. 구인회·김순규(2003), 김현주·이병훈(2005)은 한국노동패널조사 자료, 도종수(2005)는 「한국청소년패널조사」 1차자료를 이용했다. 오계훈·김경근(2001)은 서울에서 수집된 초등학교 6학년 1,011명의 자료를 이용했고, 김경식·안우환(2003)은 대구에서 수집된 초등학교 6학년 325명을 대상으로 분석했다. 김종한(2001)은 대전의 고등학교 1학년 566명을 대상으로 연구를 진행했으며, 장상수·손병선(2005)은 OECD가 학업성취도 국제비교연구를 위해 조사한 5,027명의 고등학생 자료를 이용했다. 이들 연구에 의하면 가족의 배경이 다양한 경로를 통해 자녀의 학업성취에 영향을 미치는 것으로 나타났다. 김청자(2001)는 전국의 대학생 1,304명을 대상으로 초·중·고등학교 시절 과외를 받은 경험과 과외가 학습성과에 미치는 영향에 대해 분석을 했다. 이 연구에 의하면 대부분의 학생이 과외가 학습성과에 좋은 방향으로 영향을 미쳤다고 응답했다.

위에서 본 것처럼 소득이나 부모의 학력 등 가족배경이 자녀의 학업성취에 미친 영향을 다룬 연구는 다수 있다. 대부분의 연구에 의하면 가족배경의 차이는 자녀의 학업성취에 영향을 미치는 것으로 나타났다. 그러나 성적격차의 요인분해에 대해서는 거의 연구가 이루어지지 않았다. 이 연구에서는 소득계층을 상, 중, 하로 구분하고 각 소득계층 간 자녀의 성적의 차이가 어떤 요인에 어느 정도 기인하는가를 분석하고자 한다.

3) 이용자료 및 변수 설명

이 분석을 하기 위해 사용하는 자료는 한국청소년개발원에서 조사하여 발표하고 있는 「한국청소년패널조사」이다. 2005년 1차년도 자료를 발표한 후 매년 조사와 발표를 하고 있다. 이 자료는 1차년도에 초등학생 4학년과 중학생 2학년을 대상으로 조사한 후, 같은 학생을 대상으로 매년 조사한 결과를 발표할 계획이다.

이 연구에서 사용할 자료는 중학생을 대상으로 조사한 것 중 2차년도의 자료이다. 중학교 2학년 학생의 2차년도 자료는 그들의 중학교 3학년 학교생활을 조사한 것이다. 2차년도의 자료는 2004년 11월부터 12월에 걸쳐 조사가 이루어졌다. 따라서 중학교 3학년 말에 조사한 제반 사항을 이용하여 연구를 진행하고자 한다.

이 자료의 1차년도의 표본 수는 3,449명이다. 이 중에서 2차년도까지 조사가 이루어진 것은 3,209명이다. 이 연구의 중심 내용은 소득, 사교육비, 그리고 성적과의 관계를 분석하는 것이 때문에, 3,209명 중에서 이들 세 항목에 대해 어느 한 항목이라도 응답을 하지 않은 학생은 제외하기로 한다. 이렇게 할 경우 사용할 수 있는 표본 수는 1,980명이다. 이 연구는 이들을 대상으로 분석을 진행하고자 한다.

이 연구에서는 소득과 사교육비, 그리고 학생의 성적과의 관계를 분석하는 것이 주 내용이다. 이렇게 하기 위해서 소득계층을 세 그룹, 즉 고소득층, 중소득층, 저소득층으로 구분하기로 한다. 월평균 가구소득이 240만 원 이하 소득계층을 저소득층, 250만 원부터 350만 원 소득계층을 중소득층, 360만 원 이상 소득계층을 고소득층으로 했다. 이렇게 할 경우 저소득층은 618명, 중소득층은 736명, 그리고 고소득층은 626명이 된다. 소득계층별 표본 수가 같지 않고 차이가 나는 것은 동일한 소득수준에 다수의 사람이 있기 때문이다.

청소년패널조사에서는 가구별로 소득수준을 질문하여 그에 대한 응답을 소득으로 하고 있는데, 응답결과를 보면 50만 원의 배수에 해당되는 값을 대답한 사람이 다른 값을 응답한 사람보다 훨씬 많다. 즉, 소득수준이 경계선, 즉 250만 원과 350만 원에 해당되는 사람이 많아 각 그룹별로 표본 수를 정확히 같게 할 수 없게 되었기 때문이다.

<표 3-1>은 성적함수의 추정에 사용된 여러 변수의 평균값을 소득계층별로 나타내고 있다. 먼저 소득계층별 평균소득 수준을 보면 저소득층은 170.6만 원, 중소득층은 295.3만 원, 그리고 고소득층은 515.3만 원으로 나타났다. 고소득층의 경우 각 개인의 소득수준은 아주 다양하기 때문에 표준편차가 매우 크다.

성적은 {100－(전교 등수/전교 인원)}의 공식으로 구했다. 예를 들면 상위 1% 학생의 성적은 99가 된다. 평균성적을 보면 저소득층은 56.4, 중소득층은 65.3, 그리고 고소득은 70.0으로 나타나 소득이 높아질수록 성적이 올라가는 경향을 뚜렷이 나타내고 있다. 학생 1인당 월평균 사교육비를 보면 저소득층의 경우 20.2만 원, 중소득층의 경우 29.9만 원, 고소득층의 경우 45.8만 원으로 소득수준이 높아질수록 사교육비의 액수가 증가한다는 것을 알 수 있다.

부모의 학력은 세 그룹, 즉 중졸 이하, 고졸, 대졸 이상으로 구분했다. 여기서 대졸 이상은 전문대를 포함한다. 먼저 아버지의 학력을 보면 저소득층의 경우 중졸 이하가 20.9%, 고졸이 53.4%, 대졸 이상이 25.7%를 차지한다. 중소득층의 경우는 중졸 이하가 6.8%, 고졸이 44.8%, 대졸 이상이 48.4%이다. 고소득층의 경우는 중졸 이하가 3.0%, 고졸이 26.4%, 그리고 대졸 이상이 70.6%를 차지한다.

다음으로 어머니의 학력을 보면 저소득층의 경우 중졸 이하가 28.6%, 고졸이 61.8%, 대졸 이상이 9.6%로 나타났다. 중소득층의 경우는 중졸 이하가 11.7%, 고졸이 63.9%, 대졸 이상이 24.4%를 차지하고 있다.

고소득층의 경우는 중졸 이하가 5.6%, 고졸이 46.2%, 대졸 이상이 48.2%이다.

이상에서 보면 소득계층에 따라 부모의 학력의 차이가 뚜렷이 난다. 즉, 소득이 높아질수록 부모 모두의 학력수준이 높아지고 있다. 그리고 각 소득계층에서 아버지의 학력이 어머니의 학력보다 높다는 것도 알 수 있다.

직업은 세 그룹, 즉 행정·전문·기술·사무직, 서비스·판매직, 그리고 기타로 분류했다. 행정·전문·기술·사무직은 표준직업분류 대분류의 0, 1, 2, 3에 해당되는 직업이다. 서비스·판매직은 표준직업분류 대분류의 4, 5에 해당되는 직업이고, 기타는 나머지 직업을 나타낸다. 고소득층의 경우를 보면 행정·전문·기술·사무직이 상대적으로 많고, 저소득층의 경우를 보면 기타의 직업이 상대적으로 많다. 자기 집을 소유한 비율은 저소득층은 65.7%, 중소득층은 81.7%, 고소득층은 83.7%로, 소득이 높아질수록 자기 집을 소유한 비율이 높아지고 있다.

남녀의 성별이 성적에 미치는 영향을 파악하기 위해 학생을 네 가지, 즉 남자중학교 학생, 여자중학교 학생, 남녀공학의 남학생, 남녀공학의 여학생으로 구분했다. 전체적으로 남자중학교의 학생이 18.3%, 여자중학교 학생이 22.1%, 남녀공학의 남학생이 34.0%, 남녀공학의 여학생이 25.6%이다. 그리고 형제자매가 성적에 미치는 효과를 알기 위해 장남(녀) 여부와 형제자매 수를 독립변수로 추가했다. 전체적으로 장남(녀)의 비율이 54.6%, 형제자매의 수의 평균값이 1.15로 나타났다.

<표 3-1> 변수설명 및 변수들의 평균값

	변수설명	저소득층	중소득층	고소득층	전체
INCOME	가구의 월평균 소득(만 원)	170.6 (40.7)	295.3 (31.4)	515.3 (225.9)	325.9 (190.3)
TSCORE	성적	56.4 (26.5)	65.3 (24.1)	70.0 (23.9)	63.9 (25.4)
PEDEXP	월평균 사교육비(만 원)	20.2 (16.6)	29.9 (27.9)	45.8 (37.1)	31.9 (30.2)
FEDDUM1	아버지의 학력이 중졸 이하이면 1, 아니면 0	0.209 (0.406)	0.068 (0.252)	0.030 (0.172)	0.100 (0.300)
FEDDUM2	아버지의 학력이 고졸이면 1, 아니면 0	0.534 (0.499)	0.448 (0.498)	0.264 (0.441)	0.417 (0.493)
FEDDUM3	아버지의 학력이 대졸 이상이면 1, 아니면 0	0.257 (0.438)	0.484 (0.500)	0.706 (0.456)	0.483 (0.500)
MEDDUM1	어머니의 학력이 중졸 이하이면 1, 아니면 0	0.286 (0.452)	0.117 (0.321)	0.056 (0.230)	0.151 (0.358)
MEDDUM2	어머니의 학력이 고졸이면 1, 아니면 0	0.618 (0.487)	0.639 (0.481)	0.462 (0.499)	0.576 0.494
MEDDUM3	어머니의 학력이 대졸 이상이면 1, 아니면 0	0.096 (0.294)	0.244 (0.430)	0.482 (0.500)	0.273 (0.446)
FJOBDUM1	아버지의 직업이 행정·전문·기술·사무직이면 1, 아니면 0	0.227 (0.419)	0.482 (0.500)	0.569 (0.496)	0.430 (0.495)
FJOBDUM2	아버지의 직업이 서비스·판매직이면 1, 아니면 0	0.204 (0.403)	0.211 (0.408)	0.203 (0.402)	0.206 (0.405)
FJOBDUM3	아버지의 직업이 기타이면 1, 아니면 0	0.570 (0.496)	0.307 (0.462)	0.228 (0.420)	0.364 (0.481)
HODUM1	주거형태가 자기집이면 1, 아니면 0	0.657 (0.475)	0.817 (0.387)	0.837 (0.370)	0.773 (0.419)
GONDUM1	남자 중학 학생이면 1, 아니면 0	0.207 (0.406)	0.171 (0.377)	0.174 (0.380)	0.183 (0.387)
GONDUM2	여자 중학 학생이면 1, 아니면 0	0.253 (0.435)	0.220 (0.415)	0.190 (0.393)	0.221 (0.415)
GONDUM3	남녀공학의 남학생이면 1, 아니면 0	0.317 (0.466)	0.348 (0.477)	0.355 (0.479)	0.340 (0.474)
GONDUM4	남녀공학의 여학생이면 1, 아니면 0	0.223 (0.417)	0.261 (0.439)	0.281 (0.450)	0.256 (0.436)
JANGDUM	장남(녀)이면 1, 아니면 0	0.521 (0.500)	0.560 (0.497)	0.554 (0.497)	0.546 (0.498)
NSIBLING	형제자매의 수	1.136 (0.606)	1.164 (0.585)	1.147 (0.546)	1.150 (0.579)
표본 수		618	736	626	1,980

주: 1) 이 연구에서는 모두 <표 3-1>과 동일한 자료를 이용하기 때문에 앞으로는 자료의 출처를 명기하지 않음.
2) ( )안은 표준편차.
자료: 한국청소년연구원, 「한국청소년패널조사」 2차년도 자료.

<표 3-2> 주요 변수들 간 상관계수

	INCOME	*TSCORE*	*PEDEXP*	*HODUM1*	*FSCHYR*	*MSCHYR*
INCOME	1	0.134	0.313	0.123	0.335	0.343
TSCORE		1	0.185	0.100	0.253	0.217
PEDEXP			1	0.086	0.269	0.305
HODUM1				1	0.124	0.099
FSCHYR					1	0.667
MSCHYR						1

주: 1) 이 표에 나타난 상관계수들은 모두 1% 수준에서 유의성이 있음.
2) *FSCHYR*는 아버지의 교육년수, *MSCHYR*는 어머니의 교육년수.

이제 주요 변수들 간의 상관관계를 알아보기로 한다. 상관관계를 알게 되면 회귀분석을 할 경우에도 변수들의 의미를 보다 잘 파악할 수 있게 된다. <표 3-1>에는 아버지의 교육과 어머니의 교육을 나타내는 변수가 더미변수로 나타나 있지만 상관관계를 분석하기 위해서 교육 정도를 나타내는 변수로 교육년수를 사용하기로 한다. <표 3-2>에는 주요 변수들 간의 상관계수가 나타나 있다. 먼저 소득과 성적과의 상관계수를 보면 0.134로 나타나 전체적으로 부모의 소득과 학생의 성적은 양의 상관관계를 나타내고 있다. 소득과 사교육비의 상관계수는 0.313으로 강한 상관관계를 보여주고 있다. 소득과 자가소유의 상관계수는 0.123으로 나타났다. 소득과 아버지의 교육년수의 상관계수는 0.335, 어머니의 교육년수와의 상관계수는 0.343으로 강한 상관관계를 보여주고 있다.

성적과 사교육비의 상관계수는 0.185로 양의 상관관계를 나타내고 있다. 성적과 아버지의 교육년수의 상관계수는 0.253, 어머니의 교육년수와의 상관계수는 0.217로 부모의 학력이 높아질수록 성적이 높아지는 관계를 보여주고 있다. 사교육비와 아버지 교육년수의 상관계수는 0.269, 어머니 교육년수와의 상관계수는 0.305로 부모의 교육 정도가 높아질수록 사교육비 지출액이 증가하는 것으로 나타났다. 그리고 아버지의 교육년수와 어머니의 교육년수의 0.667로 상관관계가 아주 강하다.

4) 성적함수 추정결과

<표 3-3>은 학생의 백분율 성적에 대한 회귀분석 결과를 나타낸다. 백분율 성적은 앞에서 설명한 것처럼 전교 석차를 백분율로 표시한 것으로 상위 1%의 성적은 99가 되고, 하위 1%의 성적은 1이 되도록 조정한 것이다. <표 3-3>에는 5개의 회귀방정식이 있다. 식 ①은 성적을 결정하는 독립변수로 월평균 가구소득과 월평균 사교육비를 사용했다. 두 변수 모두 계수가 양의 값을 나타내고 1% 수준에서 유의성이 있다. 이것은 소득수준과 사교육비 지출이 증가할수록 학생의 성적이 올라간다는 것을 나타낸다.

식 ②부터 식 ⑤까지는 가구소득을 제외하고, 그 대신 식 ②에서는 부모의 학력, 식 ③에서는 다시 아버지의 직업과 자가소유 여부를 추가했다. 가구소득을 제외한 이유는 가구소득은 부모의 학력과 직업에 크게 의존하기 때문에 비슷한 변수를 같이 사용하는 경우에 발생하는 다중공선성(multi-collinearity) 때문이다. 식 ②에서는 부모의 교육 정도를 세 그룹, 즉 중졸 이하, 고졸, 대졸 이상으로 구분하여 더미변수로 처리하면서 중졸 이하를 기본으로 제외했다. 식 ②에 의하면 사교육비가 증가하고, 부모의 학력이 높아지면 학생의 성적이 향상된다. 식 ③에서는 아버지의 직업과 자가소유 여부를 나타내는 더미변수를 추가했다. 직업은 세 그룹, 즉 행정·전문·기술·사무직, 서비스·판매직, 그리고 기타로 분류했는데, 여기서는 기타를 기본으로 제외했다. *FJOBDUM1*의 계수는 양의 부호를 나타내고, 1% 수준에서 유의성이 있다. 그러나 *FJOBDUM2*의 계수는 10% 수준에서 유의성이 없다. 아버지의 직업이 행정·전문·기술·사무직인 경우 다른 직업보다 자녀

<표 3-3> 성적함수 추정 결과(OLS) (종속변수: *TSCORE*)

	①	②	③	④	⑤
constant	56.00 (1.149)***	48.57 (1.833)***	45.69 (2.026)***	45.59 (2.261)***	41.63 (2.661)***
INCOME	0.011 (0.003)***				
PEDEXP	0.133 (0.019)***	0.101 (0.019)***	0.097 (0.019)***	0.095 (0.019)***	0.093 (0.019)***
FEDDUM2		3.607 (2.188)*	2.987 (2.182)	2.988 (2.161)	3.134 (2.156)
FEDDUM3		11.040 (2.369)***	8.571 (2.420)***	8.592 (2.397)***	8.761 (2.391)***
MEDDUM2		5.686 (1.850)***	5.100 (1.851)***	5.622 (1.834)***	5.281 (1.833)***
MEDDUM3		7.424 (2.265)***	6.382 (2.270)***	6.903 (2.249)***	6.386 (2.250)***
FJOBDUM1			5.169 (1.386)***	4.821 (1.373)***	4.994 (1.370)***
FJOBDUM2			1.874 (1.528)	1.356 (1.516)	1.400 (1.512)
HODUM1			3.193 (1.319)**	3.504 (1.309)***	3.666 (1.308)***
GONDUM2				0.976 (1.705)	0.138 (1.716)
GONDUM3				-4.795 (1.565)***	-4.943 (1.563)***
GONDUM4				4.379 (1.657)***	3.964 (1.656)**
JANGDUM					3.966 (1.132)***
NSIBLING					1.910 (0.976)*
R^2	0.041	0.083	0.093	0.113	0.119
표본 수	1,980	1,980	1,980	1,980	1,980

주: 1) ( ) 안은 표준오차.

2) ***: 1% 수준에서 유의, **: 5% 수준에서 유의, *: 10% 수준에서 유의.

의 성적이 높다는 것을 알 수 있다. 가구소득, 사교육비, 부모의 학력과 직업 등이 자녀의 성적에 미치는 영향에 대해서는 이제까지 이루어진 대부분의 연구들과 비슷한 결과를 나타내고 있다(이정환, 2002; 김현주·이병훈, 2005; 도종수, 2005; 박창남·도종수, 2005; Blau, 1999; Zhan and Sherraden, 2003; Zhan, 2006).

*HODUM*1의 계수는 양의 값을 나타내고, 1% 수준에서 유의성이 있다. 이것에서 자기 집을 소유한 가정의 자녀가 그렇지 않은 가정의 자녀보다 성적이 높다는 것을 알 수 있다. 이 결과도 자산 상태가 자녀의 학업성적에 영향을 미친다는 다른 연구결과와 비슷하다(Zhan and Sherraden, 2003; Zhan, 2006).

식 ④에서는 남녀공학 여부와 성별을 나타내는 변수를 추가했다. 학생을 남자중학 학생, 여자중학 학생, 남녀공학의 남학생, 남녀공학의 여학생 등 네 그룹으로 분류하여, 남자중학 학생을 기본으로 제외했다. *GONDUM*2의 계수는 10% 수준에서 유의성이 없다. *GONDUM*3의 계수는 음수이고 *GONDUM*4의 계수는 양수인데, 두 계수 모두 1% 수준에서 유의성이 있다. 여기서 성적은 학교 내의 석차이기 때문에 남자중학 학생과 여자중학 학생 사이에는 성적의 차이가 없다. 그러나 남녀공학의 남학생은 남자중학 학생에 비해 성적이 낮고, 남녀공학은 여학생은 성적이 높다. 이것에서 다른 조건이 일정할 경우 여학생이 남학생에 비해 성적이 보다 우수하다는 것을 알 수 있다. 남학생과 여학생 중 누가 더 성적이 좋은가에 대해서는 이용하는 자료와 분석모형에 따라 차이를 나타내고 있다. 남학생이 성적이 좋다는 연구도 있고(이정환, 2002), 여학생이 성적이 좋다는 연구도 있다(도종수, 2005; 박창남·도종수, 2005; Zhan and Sherraden, 2003); Martin et al., 2006). 성별 차이가 없다는 연구도 있으며(김현주·이병훈, 2005), 또는 과목마다 다르다는 연구도 있다(Zhan, 2006).

식 ⑤에서는 장남(녀) 여부를 나타내는 더미변수와 형제 수를 나타내는 변수를 추가했다. 여기서 자녀가 1명인 경우에도 장남(녀)에 포함된다. *JANGDUM*의 계수는 양의 부호를 나타내고, 1% 수준에서 유의성이 있다. *NSIBLING*도 양의 부호를 나타내고, 10% 수준에서 유의성이 있다. 즉, 다른 조건이 일정할 경우 장남(녀)의 성적이 장남(녀)가 아닌 경우보다 성적이 높다는 것을 나타낸다. 그리고 형제 수가 증가할수록 학업성적이 높아진다는 것을 알 수 있다. 이것에 대해서도 다른 연구들은 다양한 결과를 나타내고 있다. 형제 수가 많을수록 성적이 낮아진다는 연구도 있고(이정환, 2002), 형제 수가 성적에 영향을 미치지 않는다는 연구도 있다(김현주·이병훈, 2005; 도종수, 2005; 박창남·도종수, 2005; Zhan and Sherraden, 2003; Zhan, 2006).

3. 소득계층 간 성적 차이의 요인분해

이 절에서는 요인분해법을 이용하여 소득계층별 성적의 차이가 어떤 요인에 의해 발생하는가를 파악하기로 한다. 요인분해법은 일반적으로 여러 그룹 간 소득격차가 어떤 요인에 의해 발생하는가를 분석하는 데 많이 이용된다. 요인분해법은 블린더(Blinder, 1973), 골딘과 폴라첵(Goldin and Polachk, 1987), 이란펠트와 스조퀴스트(Ihlanfeldt and Sjoquist, 1990) 등에 의해 발전되었다. 여기서는 이 요인분해법을 소득계층 간 자녀들의 성적 차이를 분석하는 데 사용하고자 한다. 이 방법의 개략적인 내용은 다음과 같다. 각 계층 간 평균성적격차의 한 부분은 개인의 속성 차이, 즉 각 개인이 처한 환경의 차이에 기인하는 것이고, 다른 하나는 같은 속성을 가지고 있더라도 성적결정체계의 차이, 즉 수익성의 차이에 기인한 것이다. 이것은 식 (6)과 같이 나타낼 수 있다.

$$(6)\quad \overline{TSCORE_i} - \overline{TSCORE_j} = b_i\,(\overline{X_i} - \overline{X_j}) + (b_i - b_j)\overline{X_j}$$

식 (6)에서 첨자 i와 j는 각 소득계층을 나타내고, $\overline{X}$는 독립변수들의 평균치의 벡터를 나타내고, b는 회귀계수들의 벡터를 나타낸다. 식 (6)의 우변은 두 부분으로 나누어지는데, 앞부분은 속성의 차이에 의한 성적 차이를 나타내고, 뒷부분은 속성의 차이에 의하지 않은 부분, 즉 성적결정 체계의 차이에 의한 것이다. 식 (6)의 우변은 어느 그룹을 기준으로 하느냐에 따라 식 (7)과 같이 나타낼 수 있다.

$$(7)\quad \overline{TSCORE_i} - \overline{TSCORE_j} = b_j(\overline{X_i} - \overline{X_j}) + (b_i - b_j)\overline{X_i}$$

식 (6)과 식 (7)은 좌변은 같지만 우변은 다르다. 두 식 모두 논리적으로 맞는데, 단지 어느 그룹을 기준으로 하느냐에 따라 발생한 차이이다. 이런 문제점을 해결하기 위해 김재홍(Kim, 1993)은 표본 수로 가중평균한 방법을 사용하고 있다. 각 소득계층별로 표본 수는 약간씩 다르지만 똑같은 가중치를 부여할 경우 식 (8)과 같이 나타낼 수 있다.

$$(8)\quad \overline{TSCORE_i} - \overline{TSCORE_j} = \frac{(b_i + b_j)(\overline{X_i} - \overline{X_j})}{2} + \frac{(b_i - b_j)(\overline{X_i} + \overline{X_j})}{2}$$

여기서는 식 (8)을 이용하여 소득계층 간 성적격차의 요인분해를 하고자 한다. 식 (8)의 우변의 앞부분은 속성의 차이에 의한 성적격차를 나타내고, 뒷부분은 수익성의 차이에 의한 성적격차를 나타낸다. 성적격차의 요인분해를 하기 위해서는 먼저 각 소득계층별로 성적함수를 추정해야 한다. 소득계층별 성적함수는 <표 3-4>에 나타나 있다. 사용된 독립변수는 <표 3-3>의 식 ⑤와 동일하다.

<표 3-4>의 회귀계수와 <표 3-1>에 나타난 각 변수의 평균값을

<표 3-4> 소득계층별 성적결정함수(OLS)

	저소득층	중소득층	고소득층
constant	35.593(4.381)***	52.081(5.086)***	49.275(6.506)***
PEDEXP	0.279(0.063)***	0.047(0.032)	0.065(0.026)**
FEDDUM2	6.867(3.309)**	-4.672(3.871)	-1.661(6.181)
FEDDUM3	12.406(3.829)***	-1.072(4.136)	5.845(6.280)
MEDDUM2	1.472(2.742)	9.447(3.062)***	5.401(4.640)
MEDDUM3	0.832(4.531)	12.773(3.695)***	3.886(4.916)
FJOBDUM1	3.071(2.786)	2.510(2.147)	7.423(2.496)***
FJOBDUM2	1.320(2.676)	-0.077(2.451)	2.324(2.872)
HODUM1	3.343(2.177)	1.800(2.230)	1.548(2.581)
GONDUM2	3.459(3.023)	-1.560(2.789)	-2.566(3.150)
GONDUM3	-5.091(2.889)*	-5.159(2.555)**	-6.129(2.721)
GONDUM4	6.680(3.117)**	4.389(2.676)	-0.652(2.851)
JANGDUM	1.191(2.166)	5.597(1.809)***	4.656(1.954)**
NSIBLING	2.439(1.811)	0.439(1.547)	3.214(1.814)*
R^2	0.119	0.087	0.090
표본 수	618	736	626

주: 1) ( ) 안은 표준오차.

2) ***: 1% 수준에서 유의, **: 5% 수준에서 유의, *: 10% 수준에서 유의.

식 (8)에 대입하여 성적격차의 요인분해를 한 결과는 <표 3-5>에 나타나 있다. <표 3-5>에 나타난 성적격차의 요인 중 '사교육비'에 해당되는 것은 *PEDEXP*의 계수와 평균값에서 구한 것이다. '부모'에 해당되는 것은 부모의 학력과 직업, 자가소유 여부를 나타내는 것은 *FEDDUM2*, *FEDDUM3*, *MEDDUM2*, *MEDDUM3*, *FJOBDUM1*, *FJOBDUM2*, 그리고 *HODUM1*의 계수와 평균값으로부터 구한 것이다. '성별 및 공학 여부'에 해당되는 것은 *GONDUM2*, *GONDUM3*, *GONDUM4*의 계수 및 평균값에서 구한 것이고, '형제'에 해당되는 것은 *JANGDUM*과 *NSIBLING*의 계수와 평균값에서 구한

<표 3-5> 소득계층별 성적격차의 요인분해 결과

	중소득층~저소득층	고소득층~저소득층	고소득층~중소득층
성적 차이	8.967 (100.0)	13.333 (100.0)	5.740 (100.0)
속성에 의한 차이	5.206 (58.1)	10.456 (78.4)	4.503 (78.4)
사교육비	1.569 (17.5)	4.393 (32.9)	0.539 (9.4)
부모	3.444 (38.4)	5.997 (45.0)	3.749 (65.3)
성별 및 남녀공학 여부	0.021 (0.2)	-0.063 (-0.5)	-0.036 (-0.6)
형제	0.173 (1.9)	0.129 (1.0)	0.251 (4.4)
수익성에 의한 차이	3.761 (41.9)	2.877 (21.6)	1.237 (21.6)

것이다.

중소득층과 저소득층의 성적 차이 중 속성에 의한 차이가 58.1%를 차지하고 있는데, 이 중에서 '사교육비'의 차이에 의한 것이 17.5%, '부모'에 기인한 것이 38.4%를 차지하고 있다. '성별 및 남녀공학 여부'와 '형제'는 소득격차에 영향을 별로 미치지 않은 것으로 나타났다. 고소득층과 저소득층과의 성적 차이 중 32.9%가 '사교육비'에 의한 것이고, '부모'에 의한 것이 45.0%를 차지하고 있다. 고소득층과 저소득층과의 성적 차이 중 속성의 차이에 의한 것이 78.4%인데, 이 중 '사교육비'에 의한 것이 32.9%, '부모'에 의한 것이 45.0%이다. 고소득층과 중소득층의 성적 차이 중 속성에 의한 것이 78.4%를 차지하고 있는데, '사교육비'에 의한 것이 65.3%, '부모'에 의한 것이 65.3%이다.

이것에서 보면 '속성'에 의한 차이 중 '사교육비'에 의한 것도 결국 부모의 소득에 의존하는 것이기 때문에 결국 부모의 소득, 학력 및 직업, 자가소유 등이 소득계층별 성적의 차이에 크게 영향을 미친다는 것을 알 수 있다.

4. 사교육 수강형태와 성적과의 관계

이제 사교육 수강형태 및 지난 1년간 학교수업을 열심히 한 정도와 각 과목의 성적과의 관계를 분석하고자 한다. 사교육 수강형태는 여러 가지가 있고, 각 형태마다 소요되는 비용이 다르다. 「한국청소년패널조사」 자료에는 각 과목별로 사교육의 형태가 조사되어 있고, 이와 함께 각 과목별로 학교수업을 열심히 한 정도가 조사되어 있다. 여기에서는 이들 자료를 이용하여 각 과목별 성적결정함수를 추정하고자 한다.

먼저 <표 3-6>에는 각 과목별 사교육 형태가 조사되어 있다. 사교육 형태는 '개인과외 및 그룹과외', '학원수강', 그리고 '기타'로 나누었다. '기타'에 해당되는 것은 '학습지 과외', '인터넷(통신) 과외', '해외 연수' 등이다. 여기서 문제가 되는 것은 한 학생이 여러 가지 형태의 사교육을 받는 경우이다. 한 학생이 여러 가지 형태의 사교육을 받는 경우 비용이 제일 많이 소요되는 형태의 사교육을 받는 것으로 분류했다. 일반적으로 비용이 소요되는 순서는 개인과외, 그룹과외, 학원수강, 기타의 순이다. 예를 들어 개인과외와 학원수강을 동시에 받는 경우 개인과외를 받는 것으로 분류했다.

각 과목별 사교육 형태를 보면 국어의 경우 응답자 1,980명 중 사교육을 받지 않는 경우가 37.1%, 개인과외 및 그룹과외가 5.8%, 학원수강이 54.4%, 기타 사교육이 2.7%를 차지하고 있다. 영어의 경우 응답자 1,979명의 사교육 형태를 보면 사교육을 받지 않은 경우가 17.7%, 개인과외 및 그룹과외가 18.4%, 학원수강이 59.5%, 기타 사교육이 4.4%이다. 수학의 경우 응답자 1,979명 중 사교육을 받지 않은 경우가 15.8%, 개인과외 및 그룹과외가 20.8%, 학원수강이 59.4%, 그리고 기타 사교육이 3.9%를 차지하고 있다. 사회의 경우 응답자 1,977명의 사교육 형태는 사교육을 받지 않는 것이 51.1%, 개인과외 및 그룹과외가 3.0%, 학원수강이

<표 3-6> 각 과목별 사교육 형태

사교육 형태	국어	영어	수학	사회	과학
사교육 받지 않음	734 (37.1)	350 (17.7)	313 (15.8)	1,010 (51.1)	712 (36.1)
개인과외 및 그룹과외	116 (5.8)	364 (18.4)	412 (20.8)	60 (3.0)	135 (6.8)
학원 수강	1,077 (54.4)	1,177 (59.5)	1,176 (59.4)	857 (43.4)	1,079 (54.6)
기타 사교육	53 (2.7)	88 (4.4)	78 (3.9)	50 (2.5)	49 (2.5)
합계	1,980 (100.0)	1,979 (100.0)	1,979 (100.0)	1,977 (100.0)	1,975 (100.0)

43.4%, 기타 사교육이 2.5%이다. 과학의 경우 응답자 1,975명 중 사교육을 받지 않은 경우가 36.1%, 개인과외 및 그룹과외가 6.8%, 학원수강이 54.6%, 그리고 기타 사교육이 2.5%를 차지하고 있다. 이상에서 보면 사교육은 영어와 수학 과목에 중점되어 있다. 사교육을 받는 비율도 영어와 수학은 타 과목에 비해 높을 뿐 아니라, 비용이 많이 소요되는 개인과외 및 그룹과외를 받는 학생의 비율도 타 과목에 비해 상당히 높다.

「한국청소년패널조사」 자료에는 각 과목별로 '지난 1년간 학교수업을 열심히 한 정도'가 조사되어 있다. 이 문항에 대해서는 다섯 단계, 즉 1(전혀 열심히 하지 않았다), 2(열심히 하지 않은 편이다), 3(보통이다), 4(열심히 한 편이다), 5(매우 열심히 한 편이다)로 구분되어 있다. 그리고 각 과목별로 지난 학기의 성적이 조사되어 있다. 성적은 1(매우 못하는 수준), 2(못하는 수준), 3(보통), 4(잘 하는 수준), 5(매우 잘 하는 수준)의 다섯 단계로 나타나 있다. <표 3-3>의 식 ⑤에서 사용된 독립변수 중 *PEDEXP*를 제외한 모든 변수에 각 과목별로 공부를 열심히 한 정도와 과목별 사교육 형태를 나타내는 변수를 추가하여 각 과목별 성적함수를 추정하기로 한다. 과목별

공부를 열심히 한 정도와 사교육 형태는 더미변수로 처리했다. 더미변수를 처리할 경우에는 한 그룹을 기본으로 제외시켜야 하는데, 공부를 열심히 한 정도에서는 '전혀 열심히 하지 않았다', 사교육 형태에서는 '사교육 받지 않음'을 기본으로 제외시켰다. 종속변수로는 5단계로 평가한 각 과목별 성적을 사용하기로 한다. 종속변수가 이렇게 단계별 순서로 나타나 있는 경우 순서프로빗모형을 사용하는 것이 바람직하다. 순서프로빗모형은 관찰된 종속변수와 관찰되지 않은 종속변수 간의 관계를 정의하는 분기점인 Z^*, Z^{**}, Z^{***}, Z^{****} 가 존재한다고 가정한다(Pindyck and Rubinfeld, 1998: 323~324). 추정식은 식 (9)와 같다.

$$
\begin{aligned}
(9)\quad Z = {} & \beta_0 + \beta_1 FEDUM2 + \beta_2 FEDUM3 + \beta_3 MEDDUM2 + \beta_4 MEDDUM3 \\
& + \beta_5 FJOBDUM1 + \beta_6 FJOBDUM2 + \beta_7 HODUM1 + \beta_8 GONDUM2 \\
& + \beta_9 GONDUM3 + \beta_{10} GONDUM4 + \beta_{11} JANGDUM + \beta_{12} NSIBLING \\
& + \beta_{13} STUDUM2_i + \beta_{14} STUDUM3_i + \beta_{15} STUDUM4_i + \beta_{16} STUDUM5_i \\
& + \beta_{17} TYPEDUM1_i + \beta_{18} TYPEDUM2_i + \beta_{19} TYPEDUM3_i
\end{aligned}
$$

단 $Y_i = 1 \text{ if } Z \le Z^*$

$2 \text{ if } Z^* < Z < Z^{**}$

$3 \text{ if } Z^{**} < Z < Z^{***}$

$4 \text{ if } Z^{***} < Z < Z^{****}$

$5 \text{ if } Z > Z^{****}$

여기서

Y_i: 각 과목별 성적(5단계로 구분되어 있음)

$STUDUM2_i$: 각 과목별로 공부를 '열심히 하지 않은 편이다'이면 1, 아니면 0

$STUDUM3_i$: 각 과목별로 공부를 한 정도가 '보통이다'이면 1, 아니면 0

$STUDUM4_i$: 각 과목별로 공부를 '열심히 한 편이다'이면 1, 아니면 0

$STUDUM5_i$: 각 과목별로 공부를 '매우 열심히 한 편이다'이면 1, 아니면 0

$TYPEDUM1_i$: 각 과목별 사교육이 '개인과외 및 그룹과외'이면 1, 아니면 0

$TYPEDUM2_i$: 각 과목별 사교육이 '학원수강'이면 1, 아니면 0

$TYPEDUM3_i$: 각 과목별 사교육이 '기타 형태'이면 1, 아니면 0

나머지 변수는 <표 3-1>에 설명되어 있음.

식 (9)에 의해 과목별 성적결정함수를 추정한 결과는 <표 3-7>에 나타나 있다. <표 3-7>에는 <표 3-3>에서 사용된 변수는 제외하고 공부를 열심히 한 정도와 사교육 형태를 나타내는 변수만 표기했다. 과목별 성적결정함수의 추정결과를 보면 공부를 열심히 한 정도를 나타내는 변수 중 국어의 $STUDUM2_i$와 $STUDUM3_i$, 사회의 $STUDUM2_i$를 제외하고는 모두 1% 수준에서 계수의 유의성이 있다. 그리고 모든 과목에서 공부를 열심히 한 정도가 올라갈수록 계수의 값이 증가하고 있다. 이것에서 모든 과목에서 노력을 열심히 한 정도가 증가할수록 성적이 상승한다는 것을 알 수 있다.

다음으로 사교육이 학생의 성적의 미치는 영향을 보면, <표 3-7>에 나타난 계수들은 기본으로 제외된 '사교육을 받지 않음'에 비해 각 사교육이 성적에 어떻게 영향을 미치는가를 나타낸다. 영어와 수학의 경우 $TYPEDUM1_i$, $TYPEDUM2_i$, $TYPEDUM3_i$ 계수 모두 양의 부호를 나타내고, 10% 수준에서 유의성이 있다. 그리고 세 계수 중에서 $TYPEDUM2_i$의 계수가 제일 크다. 이것에서 사교육을 받지 않는 경우보다 사교육을 받는 경우가 성적이 높고, 그중에서 학원수강의 경우가 성적이 제일 높다는 것을 나타낸다.

국어, 사회, 과학의 경우는 $TYPEDUM1_i$의 경우 음의 부호를 나타내고, 10% 수준에서 유의성이 없다. 이들 과목의 경우 개인과외나 그룹과외는 성적에 거의 영향을 미치지 않는다는 것을 나타낸다. $TYPEDUM2_i$의 경우 국어와 과학은 1% 수준에서 유의성이 있으나, 사회는 10% 수준에서

<표 3-7> 과목별 성적결정함수(순서 프로빗 함수)

변수	국어	영어	수학	사회	과학
$STUDUM2_i$	-0.173 (0.148)	0.542 (0.129)***	0.515 (0.134)***	0.113 (0.146)	0.462 (0.134)***
$STUDUM3_i$	0.188 (0.141)	1.087 (0.125)***	0.923 (0.129)***	0.606 (0.138)***	0.984 (0.128)***
$STUDUM4_i$	0.722 (0.142)***	1.552 (0.126)***	1.373 (0.129)***	1.200 (0.140)***	1.612 (0.131)***
$STUDUM5_i$	1.399 (0.158)***	2.120 (0.139)***	1.968 (0.137)***	1.918 (0.151)***	2.299 (0.143)***
$TYPEDUM1_i$	-0.012 (0.109)	0.341 (0.082)***	0.367 (0.082)***	-0.121 (0.1430	-0.054 (0.101)
$TYPEDUM2_i$	0.302 (0.053)***	0.405 (0.067)***	0.473 (0.069)***	0.096 (0.051)	0.188 (0.052)***
$TYPEDUM3_i$	0.281 (0.155)*	0.242 (0.128)*	0.234 (0.135)*	0.159 (0.156)*	0.156 (0.159)
-2 log likelihood	3,736.6	4,319.4	4,538.1	4,153.3	4,257.4
표본 수	1,980	1,979	1,979	1,977	1,975

주: 1) ( ) 안은 표준오차.

2) ***: 1% 수준에서 유의, **: 5% 수준에서 유의, *: 10% 수준에서 유의.

3) 이 식을 추정하기 위해서 식 (9)에 나타난 19개의 독립변수를 모두 사용했지만, 여기에는 지면관계상 '공부를 열심히 한 정도'와 '사교육 형태'를 나타내는 변수만 표기했다.

유의성이 없다. 국어, 과학은 학원수강이 성적에 영향을 미치나, 사회는 학원수강이 성적에 거의 영향을 미치지 않는다는 것을 알 수 있다.

전체적으로 보면 영어, 수학의 경우가 다른 과목에 비해 사교육을 받는 비율이 높을 뿐만 아니라 사교육이 성적에 미치는 영향도 크다. 그리고 전 과목에서 학원수강이 개인과외 및 그룹과외에 비해 성적 향상의 효과가 큰 것으로 나타났다.

이상에서 보면 사교육을 받는지의 여부는 성적에 많은 영향을 미친다. 사교육을 받는 경우 비용이 보다 적게 소요되는 학원수강이 비용이 보다 많이 소요되는 개인과외 및 그룹과외보다 오히려 성적 향상 효과가 큰 것으로 나타났다. 사교육을 받기 어려운 저소득층의 경우 사교육 여부가 성적에 영향을 많이 미치지만, 일정 이상의 소득수준에서는 사교육 형태가 성적에 그렇게 영향을 미치지 않는다는 것을 나타낸다. 이것에서 사교육을 받기 어려운 저소득층 자녀의 경우는 성적이 상대적으로 낮아질 경향이 강하다는 것을 알 수 있다.

5. 맺음말

이제까지 한국청소년연구원에서 발표하고 있는 「한국청소년패널조사」 자료를 이용하여 소득 등 가족배경과 사교육이 자녀들의 성적에 미치는 영향을 분석했다. 이 자료는 전국을 대상으로 매년 조사가 이루어지고 있다. 이 글의 분석대상은 2004년 현재 중학교 3학년 학생 1,980명이다.

전교 석차를 백분율 성적으로 환산한 것을 종속변수로 하여 성적함수를 추정한 결과에 의하면 소득수준이 높아지고 사교육비가 증가할수록 성적이 올라간다. 부모의 교육수준이 높아지고, 아버지의 직업이 행정·전문·기술·사무직이고, 자기 집을 소유하고 있으면 자녀의 성적이 올라가는 것으로 나타났다. 성별과 남녀공학 여부도 성적에 영향을 미치는데, 남녀공학의 여학생이 성적이 높고 남녀공학의 남학생이 성적이 낮은 것으로 나타나, 다른 조건이 같다면 여학생의 성적이 남학생의 성적보다 높다는 것을 알 수 있다. 형제관계도 성적에 영향을 미치는데 형제가 많을수록, 장남(녀)인 경우일수록 성적이 보다 높은 것으로 나타났다.

소득계층을 상, 중, 하로 나누어 성적을 보면 소득계층 간 성적격차가 뚜렷이 난다. 중소득층과 저소득층 간 성적격차가 고소득층과 중소득층과의 격차보다 큰 것으로 나타났다. 이들 격차에 대해 요인분해를 해보면 중소득층과 저소득층과의 성적 차이 중 사교육비의 차이에 의한 것이 17.5%, 부모의 속성 차이에 의한 것이 38.4%이다. 고소득층과 중소득층과의 성적 차이 중 사교육비의 차이에 의한 것이 9.4%, 부모의 속성 차이에 의한 것이 65.3%이다. 고소득층과 저소득층과의 성적 차이 중 사교육비에 의한 것이 32.9%, 부모의 속성 차이에 의한 것이 45.0%로 나타났다.

그리고 국어, 영어, 수학, 사회, 과학의 각 과목을 5단계로 표시한 성적에 대해 순서프로빗 함수를 이용하여 성적결정함수를 추정했다. 이 결과에 의하면 모든 과목에서 공부를 열심히 한 정도가 증가할수록 성적이 향상된다. 그리고 사교육을 받는지의 여부가 성적에 영향을 미치는데, 사교육 중에서 학원수강이 성적 향상 효과가 제일 큰 것으로 나타났다.

이상에서 소득, 부모의 학력과 직업, 자산소유 상태 등 가족배경과 사교육이 자녀의 성적에 크게 영향을 미치는 것을 보았다. 결국 사교육을 받지 못하는 저소득층 자녀의 경우 상대적으로 성적이 낮아지게 된다. 학교성적은 자녀들의 상급학교 진학과 사회진출에도 많은 영향을 미치게 된다. 이런 구조가 영속화될 경우 빈곤한 가정의 자녀들은 상대적으로 학업성적이 낮아지고, 이에 따라 상급학교 진학과 사회진출에도 영향을 받고, 그 결과 낮은 소득을 얻게 되는 악순환이 될 수도 있다.

한 사회가 건강하게 발전하기 위해서는 계층 간 활발한 이동(mobility)이 있는 것이 바람직하다. 사회의 역동성을 높이기 위해서는 부모의 소득이나 사교육에 의해 발생하는 성적격차를 줄이는 것이 필요하다. 따라서 저소득층 자녀의 성적 향상을 위한 바람직한 대책이 강구되어야 한다. 이를 위해 학교를 포함한 사회구성원 모두의 노력이 수반되어야 할 것이다.

참고문헌

구인회. 2003. 「가족배경이 청소년의 교육성취에 미치는 영향: 가족구조와 가족소득, 빈곤의 영향을 중심으로」. ≪사회복지연구≫, 22, 5~32쪽.

김경식·안우환. 2003. 「학업성취 결정요인으로서 가족의 사회적 자본 탐색」. ≪교육학논총≫, 24(1), 81~99쪽.

김기헌. 2004. 「가족배경이 교육단계별 진학에 미치는 영향」. ≪한국사회학≫, 38(5), 109~142쪽.

김종한. 2001. 「고등학생의 학업성취에 영향을 미치는 관련변인에 대한 회귀분석」. ≪교육학연구≫, 39(4), 349~366쪽.

김청자. 2001. 「과외수업이 학교 학습에 미치는 영향에 관한 연구」. ≪청소년학연구≫, 8(2), 61~89쪽.

김현주·이병훈. 2005. 「가족배경이 학업성취에 미치는 영향: 성차」. 제6회 한국노동패널학술대회 발표 논문.

도종수. 2005. 「학업성취 관련변인의 지역격차 실태와 대책」. ≪청소년학연구≫, 12(4), 305~334쪽.

박창남·도종수. 2005. 「부모의 사회경제적 지위가 학업성취에 미치는 영향」. ≪사회복지정책≫, 22, 281~303쪽.

오계훈·김경근. 2001. 「가족구조가 아동의 학업성취에 미치는 영향」. ≪교육사회학연구』, 11(2), 101~123쪽.

윤미선·김성일. 2003. 「중·고생의 교과흥미 구성요인 및 학업성취와의 관계」. ≪교육심리연구≫, 17(3), 271~290쪽.

이정환. 2002. 「가족환경, 과외, 성적」. ≪한국사회학≫, 36(6), 195~213쪽.

장상수. 2004. 「학력성취의 계급별·성별 차이」. ≪한국사회학≫, 38(1), 51~75쪽.

장상수.손병선. 2005. 「가족배경이 학업성적에 미치는 영향」. ≪한국사회학≫, 39(4), 198~230쪽.

Barnard, W. M. 2004. "Parent involvement in elementary school and educational attainment." *Children and Youth Service Review*, 26(1), pp. 39~62.

Becker, B. S. and N. Tomes. 1979. "An equilibrium theory of the distribution of income and intergeneration mobility." *Journal of Political Economy*, 87(6), pp. 1153~1189.

______. 1986. "Human capital and the rise and fall of families." *Journal of Labor Economics*, 4(2), S1~S39.

Blau, D. M. 1999. "The effects of income on child development." *The Review of Economics and Statistics*, 81(2), pp. 261~276.

Blinder, A. 1973. "Wage discrimination: reduced form and structural estimates." *Journal of Human Resources*, 8, pp. 436~455.

Goldin, C. and S. Polachek. 1987. "Residual differences by sex: perspectives on the gender gap in earnings." *American Economic Review, Papers and Proceedings*, Vol.77(2), pp. 143~151.

Hanushek, E. A. 1989. "The impact of differential expenditures on school performance." *Educational Researcher*, 18(4), pp. 45~62.

Haveman. R. and B. Wolfe. 1995. "The determinants of children's attainments: a review of method and findings." *Journal of Economic Literature*, 33(4), pp. 1829~1878.

Hill, M. S. and G. J. Duncan. 1987. "Parental family income and the socio-economic attainment of children." *Social Science Research*, 16(1), pp. 39~73.

Ihlanfeldt, K. R. and D. L. Sjoquist. 1990. "Job accessibility and racial differences in youth employment rates." *American Economic Review*, 80(1), pp. 267~276.

Ishikawa, T. 1975. "Family structure and family values in the theory of income distribution." *Journal of Political Economy*, 83(5), pp. 987~1008.

Kim, J. H. 1993. *Divided Metropolis: Intra-metropolitan spacial segmentation of the labor market*. Ph. D thesis. Carnegie Mellon University.

Martin, J. H., R. L. Montgomery and D. Saphian. 2006. "Personality, achievement test scores, and high school percentile as predictors of academic performance across four years of coursework." *Journal of Research in Personality*, 40(4), pp. 424~431.

Pindyck, R. L. and D. L. Rubinfeld. 1998. *Econometric Models and Economic Forecasts*. McGraw Hill.

Tomes, N. 1981. "The family, inheritance, and the intergenerational transmission of in equality." *Journal of Political Economy*, 89(5), pp. 928~958.

Zhan, M. 2006. "Assets, parental expectations and involvement, and children's educational performance." *Children Youth Service Review*, 28(8), pp. 961~975.

Zhan, M. and M. Sherraden. 2003. "Assets, expectations, and children's educational achievement in female-headed households." *Social Service Review*, 77(2), pp. 191~211.

제4장

한국 교육의 효율성과 형평성 학업시간에 대한 국제비교분석을 중심으로

남기곤 | 한밭대학교 경제학과

1. 들어가는 말

한국의 경제가 전쟁의 폐허 위에서 압축성장을 통해 빠른 속도로 발전해왔던 것과 마찬가지로, 그동안 한국의 교육도 양적인 측면에서나 질적인 측면에서 급속도로 발전해왔다. 초등학교와 중학교가 의무교육으로 지정되어 있으며, 고등학교도 거의 대부분의 학생이 진학하고 있다. 1990~2000년대 들어서면서 대학 진학률도 급격하게 증가하여, 고등학교 졸업자의 80% 이상이 일반대학 및 전문대학에 진학하고 있다. 질적인 측면에서 보더라도 최소한 중등교육까지는 한국 학생의 성취도가 다른 나라에 비해 한 걸음 앞서 있음을 확인할 수 있다. TIMSS(Trends in International Mathematics and Science Study)나 PISA(Program for international Study Assessment)와 같은 주요

* 이 논문은 한국노동연구원 주관의 연구과제인 '미래 한국의 경제사회 정책의 쟁점과 과제' 중 본인이 작성한 글을 수정·보완한 것이다. 이 중 일부 내용은 ≪한국경제학보≫ 제15권 제1호(2008)에 수록되었음을 밝혀둔다.

국가들을 대상으로 실시된 국제적인 학업성취도 조사 결과, 한국 중등학생의 성적은 어느 시기, 어느 과목에 대해서나 다른 국가에 비해 우수한 성적을 보이고 있다. 특히 TIMSS나 PISA와 같은 국제적인 평가가 단순히 암기된 지식이나 학교에서의 수업 내용을 평가하는 것이 아니라 종합적인 사고력과 이해력을 평가하는 데 초점을 두고 있다는 점에서, 한국 학생이 이들 평가에서 높은 성과를 나타내고 있다는 점은 주목되는 사실이다.

그럼에도 한국 교육의 성과가 만족할 만한 수준에 이르고 있는지에 대해서는 의문의 여지가 있다. 일반적으로 성과를 평가하는 기준으로는 '효율성(efficiency)'과 '형평성(equality)'이라는 지표를 사용한다. 한국 학생의 높은 학업성취도가 투입된 자원이나 노력과 비교했을 때 효율적으로 얻어진 것인지, 그리고 교육기회가 모든 학생에게 공평하게 배분되고 있는지에 대해서는 좀 더 면밀한 검토가 요구된다. 단지 결과로 나타나는 최종 성적표보다는 그러한 성적이 달성될 수 있었던 과정을 검토하는 것은 앞으로 교육발전의 방향을 설정하는 데 시사점을 제공할 수 있을 것이다.

이 글은 학생의 학업시간에 대해 분석한다. PISA 2003 조사의 원자료를 분석하여 학업시간에 대한 국제비교분석을 실시한다. 한국 학생의 학업시간이 다른 나라 학생에 비해 긴지, 길다면 어느 정도 차이를 보이는지에 대해 살펴본다. 특히 한국에서 사회적 문제가 되어온 사교육의 측면에서 학업시간을 분석한다. 어떠한 특성을 가진 학생이 주로 사교육에 참여하는지, 한국의 상황이 다른 나라와 어떠한 차이를 보이는지를 살펴본다. 이러한 분석은 한국의 현재 교육성과가 얼마나 '효율적이며' '형평적인지'를 점검하는 데 중요한 기준이 될 수 있을 것이다.

2. 자료 및 분석 모델

OECD에서 실시하고 있는 PISA 조사는 세계 각국 학생의 학업성취에 관한 국제비교를 시행하기 위해 실시되고 있는 프로그램이다.[1] 이 조사는 2000년, 2003년, 2006년 3회에 걸쳐 만 15세 학생을 대상으로 읽기, 수학, 과학 분야의 학업성취도를 측정하고 있다. 이와 더불어 학생에 대한 설문, 학교장에 대한 설문 등을 통해 학생 수준 및 학교 수준에 대한 다양한 정보를 제공하고 있다. 이 글에서 사용하고 있는 2003년 조사에서는 문제해결능력에 관한 평가 결과도 포함되어 있으며, 수학 평가와 수학 과목과 관련된 여러 설문이 자세히 조사되어 있다.[2]

일반적으로 학생들의 학업성취도에 관한 조사는 단순한 무작위 표본 추출방법(simple random sampling)이 사용되는 것이 아니라, 우선 학교가 먼저 추출되고 그다음 각 학교에서 학생들이 무작위로 추출되는 2단계 표본 추출방법(two-stage sampling)이 사용된다. 이 경우 같은 학교 학생들은 비슷한 교육환경에 처해 있는 경우가 많기 때문에, 무작위 표본 추출방법에 비해 모수값으로부터 추정치가 벗어날 불확실성(uncertainty), 즉 표준오차(standard error)가 커지게 된다. 따라서 2단계 표본을 무작위 표본과 동일하게 취급하여 분석했을 경우, 표준오차가 과소추정되고 이로 인해 신뢰구간이 좁게 나타나는 문제가 발생하게 된다.

이러한 문제를 해결하기 위해 PISA에서는 BBR(Balanced Replicated Replication)의 변형이라 할 수 있는 페이의 수정모형(Fay's modification)을

---

1) 학업성취도에 관한 국제적인 조사자료로는 이 외에도 IEA에서 실시하는 TIMSS가 있다. 이 조사는 1995년부터 4년 간격으로 시행되고 있으며, 4학년과 8학년을 대상으로 하고 있다. 우리나라는 8학년만 조사에 참여하고 있다.

2) 2003년 조사의 경우 41개 국가에서 각각 5,000~1만여 명의 학생이 참여했는데, 이 글에서는 이 중 OECD에 가입한 30개 국가에 대한 자료만으로 분석을 한정했다.

이용하여 표준오차를 구한다.[3] 우선 학교들을 지역과 규모 등의 변수로 계층화한 뒤, 같은 계층 내에서 추출된 두 개의 학교를 하나의 쌍으로 편성한다. BBR 방식은 각 쌍의 두 학교에 각각 2와 0을 최종 가중치에 곱해주는 반면, 페이의 수정모형에서는 1.5와 0.5를 가중치에 곱해준다.[4] 각 쌍의 어느 학교에 어떤 값을 가중치에 곱해주느냐에 따라 여러 가지 조합이 가능해지는데, PISA에서는 하다마드 행렬(Hadamard matrix)을 이용하여 80개의 조합을 제시하고 있다. 각 조합의 가중치를 이용한 추정치를 $\hat{\theta}_i$라고 하고, 이러한 조정 전의 최종 가중치를 이용한 추정치를 $\hat{\theta}$라 하면, 표본의 분산은 다음과 같은 방식으로 계산된다. 식에서 G는 조합 수 80을 의미하며, k는 가중치의 조정치 0.5를 의미한다.

$$(1) \quad U = \frac{1}{G(1-k)^2} \sum_{i=1}^{G} (\hat{\theta}_i - \hat{\theta})^2$$

다음으로 PISA에서는 학생들의 성취도 점수를 PV(plausible values)로 발표한다. 이는 보고된 점수의 사후 분포(posterior distribution)를 상정한 뒤, 이로부터 무작위 값(random values)을 추출하는 방법이다. PISA 자료에는 각 과목별로 5개의 PVs를 발표하고 있다. 따라서 성취도의 평균을 구하거나 성취도를 변수로 하는 회귀분석을 실시할 경우, 5회에 걸쳐 각각의 PV를 사용하여 추정한 뒤 그 결과인 θ_j(추정치, 평균 혹은 회귀계수)와 U_j(위의 방법으로 계산한 분산값)를 이용하여 다음과 같이 최종적인 계수 θ와 분산 V를 구한다. 식에서 M은 PVs의 개수로, 여기서는 5이다. 이렇게

---

3) 이하의 내용은 *PISA 2003 Technical Report*와 *PISA 2003 Data Analysis Manual*을 참조하여 서술했다.

4) 페이(Fay)는 가중치에 대한 조정치 k를 0과 1 사이의 값으로 삼을 것을 제안했다. 즉, 각 쌍 내에 한 학교는 k의 조정치를 그리고 다른 학교는 2-k의 조정치를 사용함을 의미한다. PISA에서는 k의 값을 0.5로 사용하고 있는 것이다.

계산된 V의 제곱근을 구하면 교정된 표준오차(corrected standard error)가 계산된다.

$$(2)\quad \theta = \frac{1}{M}\sum_{j=1}^{M}\theta_j$$

$$(3)\quad U_M = \frac{1}{M}\sum_{j=1}^{M}U_j$$

$$(4)\quad B_M = \frac{1}{M-1}\sum_{j=1}^{M}(\theta_j - \theta)^2$$

$$(5)\quad V = U_M + \left(1 + \frac{1}{M}\right)B_M$$

PISA 2003에서는 읽기(reading literacy), 수학(mathematical literacy), 과학(scientific literacy), 문제해결(problem solving) 영역에 대한 성취도를 측정했다.[5] 여기에서는 이 중 수학 영역과 문제해결 영역의 성취도 결과를 주로 활용하여 분석한다. PISA에서는 부모의 직업 지위에 관한 정보를 기초로 해당 학생 가정의 사회경제적 지위에 관한 지표인 HISEI(highest international index of occupational status) 변수를 제공하고 있다. 이 지표는 대략 20에서 80 사이의 값을 가지는데, 값이 클수록 가정의 사회경제적 지위가 높은 것을 의미한다.[6] 여기에서는 이 변수를 학생의 가정환경을 통제하는 변수로 사용한다.

이 조사에서는 전 과목에 대해 그리고 수학 과목에 대해, 학교에서

5) 2003년 조사의 경우 주 영역(major domain)은 수학이었다. 이 과목에 대한 시험에 70%의 시간이 소요되도록 시험 문항이 설계되었다.

6) 한국의 경우 HISEI 변수의 평균값은 46.3점으로 OECD 평균보다 약간 더 낮은 값을 가지고 있다(박현정 외, 2005).

제공하는 공식적인 수업시간과 그 외에 개인적으로 사용하는 학업시간이 어떻게 되는지 확인하고 있다. 개인적인 학업시간은 주말을 포함하여 매주 단위로 측정되는데, 다음과 같은 항목으로 구성되어 있다.

a) 선생님이 내준 숙제(homework or other study set by your teachers)

b) 학교에서의 보충수업(remedial classes at school)

c) 학교에서의 심화수업(enrichment classes at school)

d) 과외 선생님과의 공부(work with a tutor)

e) 학교 수업 이외의 수업 참여(attending out-of-school classes)

f) 다른 공부(other study)

여기에서는 a)를 '숙제'로, b)와 c)를 '보충수업'으로, d)와 e)를 '과외·학원'으로 분류한다. 그리고 학교의 정규 수업시간과 a) ~ f)까지의 합을 전체 학업시간으로 정의한다.

학업시간에 대한 변수를 사용하는 데에서 발생하는 어려움 중의 하나는 이에 대한 조사가 학생 개인에 대한 설문을 통해 이루어짐에 따라 무응답(missing)이 존재하는 경우가 있다는 점이다. 무응답의 비중은 국가마다 상이한데, 예를 들어 네덜란드의 경우 e)와 f)항은 모든 학생이 무응답했다.[7] 따라서 a) ~ f)까지의 값을 단순 합산할 경우 네덜란드 학생들의 학업시간은 모든 경우에 파악되지 않게 된다. 이러한 문제를 보완하기 위해서는 모든 항목의 값을 단순 합산하는 방법('무응답 조정 전')과 더불어, a) ~ f)까지 항목 중 한 항목이라도 응답이 이루어졌지만 다른 항목들은 무응답인 경우 이를 0으로 대체시키는 방법('무응답 조정 후')을 사용할 수 있다. 몇몇 특수한 경우를 제외하고는 '무응답 조정 전'과 '무응답 조정 후'의 분석 결과는 비슷한데, 이 글에서는 주로 '무응답 조정 전'의

7) 폴란드의 경우도 f)항은 거의 모든 학생(99.96%)이 무응답이다. 반면 한국의 경우는 학업시간과 관련된 모든 문항에서 무응답의 비율은 1% 미만 수준이다.

결과를 제시한다.[8)]

다음 절에서는 이상의 방법으로 PISA 2003 자료를 분석했을 때, 각국 학생의 학업시간이 어떠한 양상을 보이는지에 대해 살펴보기로 한다.

3. 국가별 학업시간 비교

TIMSS 자료나 PISA 2000년 자료와 마찬가지로 PISA 2003년 자료에서도 한국 학생의 학업성적은 매우 높은 수준으로 나타나고 있다. 각국별 그리고 각 과목별 성취도 결과를 정리하고 있는 다음 <표 4-1>을 보면, 30개 OECD 국가들 중 한국은 수학 영역과 읽기 영역에서 2위, 과학 영역에서 3위, 문제해결 영역에서 1위의 평균성적을 나타내고 있다.[9)] 특히 일반 교과목이 아닌 깊은 사고력을 요구하는 문제해결 영역에서도 한국의 학생들이 높은 성적을 보이고 있다는 점은 주목되는 사실이다. 그동안 한국의 교육이 주로 주입식, 암기식 방법에 크게 의존해왔다는 한계에도 한국 학생의 지적 능력은 국제적인 비교를 통해 볼 때 높은 수준을 유지하고 있음을 확인할 수 있다.

그렇다면 이와 같이 한국 학생의 높은 학업성적은 어떠한 요인에 의해

---

8) 본문의 <표 4-3>부터 <표 4-8>에서 제시된 '무응답 조정 전' 분석 결과에서, 네덜란드와 폴란드의 경우에는 '무응답 조정 후'의 결과를 수록했다. '무응답 조정 후'의 결과는 저자에게 요청 시 제공할 수 있다.

9) PISA 2003에서는 30개의 OECD 국가 이외에 11개 비OECD 국가가 조사에 참여했다. 비OECD 국가 중에는 홍콩이 수학영역과 과학영역에서 한국보다 평균 성적이 앞서는 것으로 나타나고 있다. 조사에 참가한 비OECD 국가로는 홍콩 외에 브라질, 인도네시아, 라트비아, 리히텐슈타인, 마카오, 러시아, 세르비아, 태국, 튀니지, 우루과이가 있다.

<표 4-1> 국가별 과목별 평균성적

(단위: 점)

국가		수학	읽기	과학	문제해결
호주	AUS	524.27(2.15)	525.43(2.13)	525.05(2.10)	529.85(1.98)
오스트리아	AUT	505.61(3.27)	490.69(3.76)	490.99(3.44)	506.11(3.18)
벨기에	BEL	529.29(2.29)	506.99(2.58)	508.83(2.48)	525.26(2.20)
캐나다	CAN	532.49(1.82)	527.91(1.75)	518.75(2.02)	529.32(1.74)
스위스	CHE	526.55(3.38)	499.12(3.28)	512.98(3.69)	521.30(3.05)
체코	CZE	516.46(3.55)	488.54(3.46)	523.25(3.38)	516.38(3.42)
독일	DEU	502.99(3.32)	491.36(3.39)	502.34(3.64)	513.43(3.24)
덴마크	DNK	514.29(2.74)	492.32(2.82)	475.22(2.97)	516.77(2.54)
스페인	ESP	485.11(2.41)	480.54(2.60)	487.09(2.61)	482.24(2.73)
핀란드	FIN	544.29(1.87)	543.46(1.64)	548.23(1.92)	547.61(1.86)
프랑스	FRA	510.80(2.50)	496.19(2.68)	511.23(2.99)	519.16(2.67)
영국	GBR	508.26(2.43)	507.01(2.46)	518.40(2.52)	510.14(2.38)
그리스	GRC	444.91(3.90)	472.27(4.10)	481.02(3.82)	448.47(3.97)
헝가리	HUN	490.01(2.84)	481.87(2.47)	503.28(2.77)	501.07(2.86)
아일랜드	IRL	502.84(2.45)	515.48(2.63)	505.39(2.69)	498.46(2.34)
아이슬란드	ISL	515.11(1.42)	491.75(1.56)	494.75(1.47)	504.70(1.38)
이탈리아	ITA	465.66(3.08)	475.66(3.04)	486.45(3.13)	469.48(3.10)
일본	JPN	534.14(4.02)	498.11(3.92)	547.64(4.14)	547.28(4.05)
한국	KOR	542.23(3.24)	534.09(3.09)	538.43(3.54)	550.43(3.06)
룩셈부르크	LUX	493.21(0.97)	479.42(1.48)	482.76(1.50)	493.66(1.37)
멕시코	MEX	385.22(3.64)	399.72(4.09)	404.90(3.49)	384.39(4.30)
네덜란드	NLD	537.82(3.13)	513.12(2.85)	524.37(3.15)	520.18(2.95)
노르웨이	NOR	495.19(2.38)	499.74(2.78)	484.18(2.87)	489.80(2.60)
뉴질랜드	NZL	523.49(2.26)	521.55(2.46)	520.90(2.35)	532.79(2.17)
폴란드	POL	490.24(2.50)	496.61(2.88)	497.78(2.86)	486.61(2.78)
포르투갈	PRT	466.02(3.40)	477.57(3.73)	467.74(3.46)	469.83(3.87)
슬로바키아	SVK	498.18(3.35)	469.16(3.12)	494.86(3.71)	491.77(3.38)
스웨덴	SWE	509.05(2.56)	514.27(2.42)	506.12(2.72)	508.57(2.44)
터키	TUR	423.42(6.74)	440.97(5.79)	434.22(5.89)	407.53(6.03)
미국	USA	482.88(2.95)	495.19(3.22)	491.26(3.08)	477.34(3.13)
OECD 평균		500.00(0.63)	494.20(0.64)	499.61(0.60)	500.00(0.64)

주: 이하 표에서 괄호 안은 2절에서 설명한 방식에 따라 추정된 표준오차값임.

가능했을까? 물론 각 국가별 학업성적의 격차에 영향을 미치는 요인은 매우 다양할 것이다. 국가마다 국민 성향이 서로 다르고, 교육제도 및 교육환경이 상이하다. 국가 간 사회경제적 혹은 문화적 차이로 인해 학생들의 인지적 능력의 격차가 발생할 수도 있다. 여기에서는 이러한 여러 요인 중 각 국가별로 학생들이 학업에 투입하는 절대적인 시간 자체가 얼마나 상이한지에 대해 살펴보고자 한다.

<표 4-2>는 2절에서 설명한 방식에 따라 전 과목과 수학 과목에 대해 일주일 동안 공부하는 시간을 '무응답 조정 전'과 '무응답 조정 후'로 나누어 분석한 결과이다. 각국별로 약간씩의 차이는 있으나 '무응답 조정 전'의 값과 '무응답 조정 후'의 값은 거의 비슷한 수준을 보여준다. 여기서는 '무응답 조정 전'의 결과를 기초로 설명하기로 한다. 표에서 가장 특징적인 사실은 한국 학생의 학업시간이 다른 나라 학생에 비해 유난히 길다는 점이다. 전 과목을 기준으로 할 경우 한국 학생의 일주일간 학업시간은 49.43시간으로 OECD 국가들의 평균치인 33.92시간보다 무려 15.51시간이나 긴 것으로 나타나고 있다. 수학 과목 역시 한국 학생의 일주일간 학업시간은 9.90시간으로 OECD 국가들의 평균치 6.47시간보다 3.43시간이나 더 길다. 이러한 수치는 다른 어떤 나라보다도 긴 값이며,[10] 같은 동양권 국가인 일본 학생의 학업시간과 비교하더라도 큰 차이를 보여준다.

<그림 4-1>은 국가별 학생들의 전체 학업시간과 문제해결 성적 간의 관련성을, <그림 4-2>는 수학 과목에 대해 학업시간과 성적 간의 관련성을 도표화한 것이다. 두 그림을 보면 학업시간과 성적 간에는 일관된 상관관계가 보이지 않고 일정 영역에 모여 있는 양상을 띠고 있다. 그러나 한국의 경우는 이러한 추세와 떨어져 우상 쪽에 이상치(outlier) 형태로

10) 유일한 예외는 수학 과목에서 멕시코가 학업시간이 11.69시간으로 한국보다 길게 나타나고 있다는 점이다.

<표 4-2> 일주일간 학업시간

(단위: 시간)

국가		무응답 조정 전		무응답 조정 후	
		전 과목	수학	전 과목	수학
호주	AUS	32.75(0.21)	6.71(0.07)	32.28(0.19)	6.72(0.07)
오스트리아	AUT	34.42(0.44)	4.77(0.10)	34.15(0.41)	4.78(0.09)
벨기에	BEL	34.55(0.18)	5.80(0.08)	34.48(0.16)	5.82(0.07)
캐나다	CAN	32.72(0.21)	7.30(0.09)	32.28(0.19)	7.22(0.07)
스위스	CHE	30.00(0.45)	5.27(0.09)	30.00(0.38)	5.39(0.10)
체코	CZE	29.54(0.17)	4.76(0.06)	29.51(0.16)	4.72(0.06)
독일	DEU	31.05(0.20)	5.80(0.07)	30.91(0.17)	5.92(0.07)
덴마크	DNK	28.70(0.26)	6.22(0.06)	28.34(0.23)	6.09(0.05)
스페인	ESP	38.46(0.25)	7.06(0.08)	37.82(0.26)	7.24(0.08)
핀란드	FIN	29.44(0.14)	4.44(0.07)	29.40(0.13)	4.45(0.07)
프랑스	FRA	33.44(0.29)	6.48(0.07)	33.01(0.26)	6.49(0.07)
영국	GBR	33.18(0.20)	5.74(0.06)	33.12(0.19)	5.89(0.05)
그리스	GRC	42.81(0.41)	9.68(0.20)	41.06(0.30)	9.50(0.15)
헝가리	HUN	37.76(0.31)	6.58(0.09)	36.66(0.26)	6.51(0.08)
아일랜드	IRL	38.06(0.32)	6.13(0.08)	38.26(0.25)	6.45(0.08)
아이슬란드	ISL	32.96(0.13)	6.98(0.06)	32.97(0.12)	7.10(0.05)
이탈리아	ITA	40.54(0.37)	7.77(0.13)	40.07(0.35)	7.81(0.11)
일본	JPN	32.43(0.50)	6.76(0.18)	32.06(0.45)	6.68(0.16)
한국	KOR	49.43(0.64)	9.90(0.17)	48.25(0.58)	9.73(0.17)
룩셈부르크	LUX	33.39(0.19)	5.71(0.07)	33.28(0.13)	6.10(0.06)
멕시코	MEX	43.37(3.21)	11.69(0.91)	34.32(0.46)	8.80(0.14)
네덜란드	NLD	-	-	30.72(0.26)	4.81(0.08)
노르웨이	NOR	27.91(0.20)	4.70(0.09)	28.05(0.17)	4.84(0.08)
뉴질랜드	NZL	30.97(0.20)	6.18(0.05)	30.83(0.18)	6.34(0.06)
폴란드	POL	-	8.70(0.10)	34.47(0.20)	8.69(0.10)
포르투갈	PRT	33.01(0.39)	6.02(0.09)	32.84(0.38)	6.07(0.09)
슬로바키아	SVK	34.26(0.26)	6.91(0.10)	33.94(0.26)	6.99(0.10)
스웨덴	SWE	27.64(0.27)	4.11(0.07)	27.74(0.27)	4.27(0.06)
터키	TUR	41.92(1.06)	9.41(0.28)	37.97(0.62)	9.11(0.14)
미국	USA	33.33(0.47)	7.59(0.11)	31.93(0.42)	7.50(0.10)
OECD 평균		33.92(0.07)	6.47(0.02)	33.80(0.06)	6.57(0.02)

<그림 4-1> 국가별 전체 학업시간과 문제해결 성적 간의 관련성

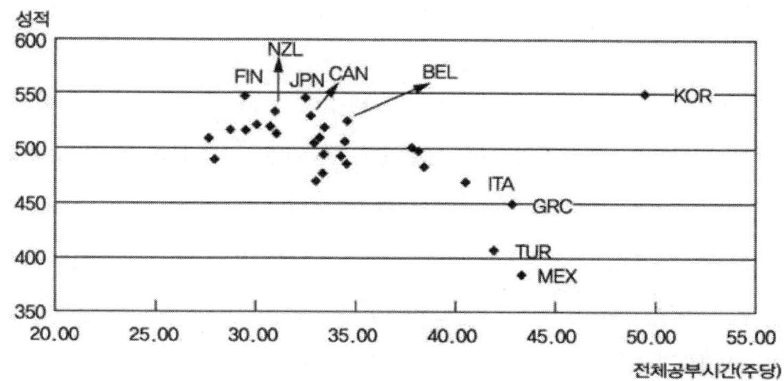

주: 학업시간은 '무응답 조정 전'의 수치임(네덜란드와 폴란드는 '무응답 조정 후').

<그림 4-2> 국가별 수학 학업시간과 수학성적 간의 관련성

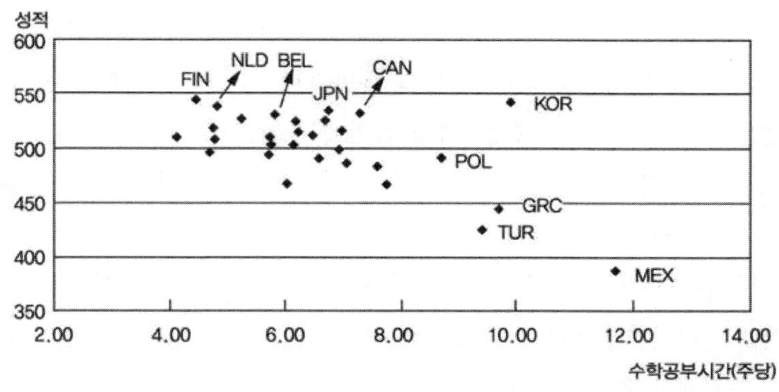

주: 학업시간은 '무응답 조정 전'의 수치임(네덜란드와 폴란드는 '무응답 조정 후').

존재하고 있다. 성적은 상위에 속하지만 학업시간은 다른 국가의 학생보다 훨씬 더 긴 양상을 보이고 있는 것이다. 이러한 사실은 현재 한국 학생의 우수한 성적이 긴 학업시간에 의존하고 있으며, 그런 의미에서 매우 '비효율적인(inefficient)' 상황에 놓여 있음을 보여준다.

그렇다면 한국 학생의 학업시간은 왜 긴 것일까? <표 4-3>과 <표 4-4>는 '무응답 조정 전' 전 과목을 대상으로 할 경우와 수학 과목을 대상으로 할 경우 학업시간이 학업 유형별로 어떠한 추세를 보이고 있는지를 정리한 것이다.[11] 전 과목의 경우 한국 학생은 일주일간 학교수업에는 30.28시간, 보충수업에는 6.59시간, 과외·학원에는 4.73시간, 숙제에는 3.49시간을 사용하는 것으로 나타나고 있다. OECD 국가 평균치와 비교해 보면 학교수업은 5.90시간, 보충수업은 5.22시간, 과외·학원은 3.59시간 더 긴 반면, 숙제에 사용하는 시간은 오히려 2.43시간 더 짧다. 수학 과목을 대상으로 살펴보면 한국 학생의 일주일간 학업시간은 학교수업 4.10시간, 보충수업 2.01시간, 과외·학원 1.94시간, 숙제 1.76시간이다. OECD 평균치와 비교해볼 때 학교수업은 0.80시간, 보충수업은 1.55시간, 과외·학원은 1.53시간 더 긴 반면, 숙제는 0.67시간 더 짧은 것을 알 수 있다.

전 과목을 대상으로 하든 수학 과목만으로 대상을 한정하든 한국의 학생은 학교수업과 보충수업, 과외·학원에 다른 나라 학생에 비해 훨씬 더 많은 시간을 투입한다.[12] 반면 집에서 스스로 준비해야 하는 숙제에 투입하는 시간은 매우 적다. 숙제에 투입하는 시간은 전 과목을 대상으로 할 경우 OECD 국가들 중 최하위이며, 수학 과목을 대상으로 할 경우에도 아래에서 여섯 번째이다. 결국 한국 학생은 다른 나라 학생에 비해 일차적으로 학교에서 제공하는 학습시간이 길고, 자신의 선택에 의해 이루어지는

11) '무응답 조정 후'의 결과는 '무응답 조정 전'의 결과와 거의 차이가 나타나지 않음을 밝혀둔다.

12) 한국과 비슷하게 보충수업 혹은 과외·학원에 투입하는 시간이 긴 나라로는 그리스, 멕시코, 터키가 있다. 그러나 멕시코와 터키의 경우 무응답 조정 전과 무응답 조정 후 분석 결과가 크게 차이가 난다는 점에 주의할 필요가 있다.

<표 4-3> 일주일간 유형별 학업시간(전 과목, 무응답 조정 전)

(단위: 시간)

국가		학교수업	보충수업	과외·학원	숙제
호주	AUS	24.14(0.11)	1.03(0.06)	0.54(0.03)	5.70(0.09)
오스트리아	AUT	27.22(0.34)	0.67(0.03)	0.45(0.03)	3.97(0.10)
벨기에	BEL	26.88(0.08)	0.45(0.02)	0.40(0.02)	6.16(0.12)
캐나다	CAN	23.58(0.10)	1.74(0.07)	0.68(0.03)	5.64(0.10)
스위스	CHE	24.14(0.31)	0.39(0.03)	0.66(0.05)	4.55(0.13)
체코	CZE	23.58(0.07)	0.63(0.03)	0.91(0.04)	3.80(0.11)
독일	DEU	22.60(0.10)	0.65(0.03)	0.54(0.03)	6.26(0.10)
덴마크	DNK	22.17(0.20)	0.29(0.03)	0.38(0.03)	5.38(0.09)
스페인	ESP	26.44(0.14)	0.50(0.03)	2.33(0.07)	7.37(0.13)
핀란드	FIN	22.60(0.05)	2.08(0.08)	0.40(0.02)	3.69(0.07)
프랑스	FRA	24.79(0.21)	0.70(0.04)	0.47(0.03)	6.80(0.11)
영국	GBR	24.62(0.09)	0.90(0.04)	0.62(0.03)	6.03(0.10)
그리스	GRC	23.52(0.07)	2.66(0.12)	6.93(0.26)	8.30(0.20)
헝가리	HUN	23.90(0.10)	0.77(0.04)	0.99(0.04)	9.95(0.18)
아일랜드	IRL	27.39(0.14)	0.64(0.05)	0.61(0.05)	7.73(0.15)
아이슬란드	ISL	26.13(0.08)	1.14(0.04)	0.64(0.03)	4.63(0.06)
이탈리아	ITA	26.44(0.25)	1.42(0.05)	1.14(0.04)	10.54(0.20)
일본	JPN	23.84(0.24)	1.89(0.13)	0.62(0.06)	3.82(0.21)
한국	KOR	30.28(0.27)	6.59(0.29)	4.73(0.16)	3.49(0.12)
룩셈부르크	LUX	24.09(0.08)	0.51(0.05)	0.95(0.05)	6.07(0.07)
멕시코	MEX	24.16(0.34)	6.75(0.41)	4.82(0.33)	5.85(0.14)
네덜란드	NLD	23.86(0.16)	0.98(0.16)	0.19(0.02)	5.43(0.13)
노르웨이	NOR	22.12(0.11)	0.44(0.03)	0.27(0.03)	4.80(0.10)
뉴질랜드	NZL	23.50(0.11)	1.41(0.09)	0.46(0.02)	4.52(0.08)
폴란드	POL	22.95(0.08)	1.81(0.05)	1.48(0.05)	8.06(0.16)
포르투갈	PRT	25.14(0.35)	0.55(0.06)	1.08(0.05)	4.89(0.12)
슬로바키아	SVK	23.49(0.12)	0.98(0.06)	0.78(0.03)	8.43(0.15)
스웨덴	SWE	22.51(0.22)	0.35(0.04)	0.38(0.03)	3.91(0.09)
터키	TUR	23.10(0.33)	4.54(0.18)	4.48(0.26)	5.87(0.19)
미국	USA	22.21(0.29)	2.78(0.13)	0.59(0.04)	5.68(0.14)
OECD 평균		24.38(0.04)	1.37(0.02)	1.14(0.02)	5.92(0.03)

주: 네덜란드와 폴란드는 '무응답 조정 후'의 분석 결과임.

<표 4-4> 일주일간 유형별 학업시간(수학, 무응답 조정 전)

(단위: 시간)

국가		학교수업	보충수업	과외·학원	숙제
호주	AUS	3.84(0.03)	0.38(0.02)	0.20(0.01)	2.34(0.04)
오스트리아	AUT	2.77(0.07)	0.14(0.01)	0.14(0.01)	1.75(0.04)
벨기에	BEL	3.27(0.03)	0.19(0.01)	0.10(0.01)	2.23(0.04)
캐나다	CAN	3.71(0.03)	0.59(0.03)	0.19(0.01)	2.81(0.05)
스위스	CHE	3.31(0.09)	0.14(0.01)	0.09(0.01)	1.85(0.04)
체코	CZE	2.81(0.04)	0.13(0.01)	0.17(0.01)	1.67(0.04)
독일	DEU	3.04(0.03)	0.08(0.01)	0.25(0.02)	2.59(0.05)
덴마크	DNK	3.44(0.04)	0.11(0.01)	0.09(0.01)	2.59(0.04)
스페인	ESP	2.93(0.02)	0.21(0.02)	1.01(0.04)	2.94(0.05)
핀란드	FIN	2.60(0.04)	0.36(0.02)	0.05(0.01)	1.46(0.03)
프랑스	FRA	3.47(0.03)	0.39(0.02)	0.24(0.02)	2.53(0.05)
영국	GBR	3.38(0.03)	0.28(0.02)	0.19(0.02)	2.04(0.04)
그리스	GRC	3.11(0.03)	1.04(0.05)	2.22(0.10)	3.31(0.07)
헝가리	HUN	2.71(0.03)	0.20(0.02)	0.39(0.02)	3.29(0.05)
아일랜드	IRL	3.17(0.03)	0.21(0.02)	0.23(0.02)	2.84(0.05)
아이슬란드	ISL	4.24(0.02)	0.41(0.02)	0.28(0.02)	2.27(0.03)
이탈리아	ITA	3.55(0.05)	0.46(0.02)	0.32(0.02)	3.49(0.07)
일본	JPN	3.60(0.07)	0.79(0.05)	0.33(0.03)	1.98(0.10)
한국	KOR	4.10(0.06)	2.01(0.09)	1.94(0.07)	1.76(0.06)
룩셈부르크	LUX	3.34(0.03)	0.17(0.02)	0.25(0.02)	2.34(0.04)
멕시코	MEX	3.92(0.08)	3.92(0.12)	3.12(0.17)	3.20(0.07)
네덜란드	NLD	2.49(0.04)	0.36(0.02)	-	1.87(0.05)
노르웨이	NOR	2.76(0.07)	0.17(0.01)	0.08(0.01)	1.83(0.04)
뉴질랜드	NZL	3.99(0.03)	0.47(0.03)	0.17(0.01)	1.73(0.03)
폴란드	POL	3.43(0.03)	0.58(0.02)	0.39(0.02)	4.10(0.08)
포르투갈	PRT	3.25(0.05)	0.20(0.02)	0.58(0.03)	2.03(0.04)
슬로바키아	SVK	3.31(0.05)	0.38(0.04)	0.21(0.01)	3.16(0.06)
스웨덴	SWE	2.75(0.04)	0.15(0.01)	0.09(0.01)	1.28(0.03)
터키	TUR	3.33(0.05)	2.24(0.12)	2.09(0.13)	2.85(0.07)
미국	USA	3.68(0.06)	0.90(0.04)	0.22(0.02)	2.77(0.05)
OECD 평균		3.30(0.01)	0.46(0.01)	0.41(0.01)	2.43(0.01)

주: 네덜란드와 폴란드는 '무응답 조정 후'의 분석 결과임.

과외나 학원 등의 사교육에 의존하는 시간도 길다. 반면 숙제와 같이 자기 주도적으로 이루어지는 학습시간은 짧아 의존적인 학습구조가 일반화되어 있음을 보여준다.

다음 절에서는 과외·학원 등의 사교육에 투입하는 시간에 대해 보다 자세히 분석하기로 한다. 특히 사교육시간과 학업성적 사이에 어떠한 관련성이 있는지, 국가마다 이러한 관련성이 어떻게 다른지에 대해 주로 살펴본다.

4. 사교육시간과 학업성적의 관련성

과외나 학원 등의 사교육은 추가적인 비용을 지불해가면서 개인이 사적으로 선택한다는 점에서 학교수업이나 보충수업과 같이 학교에서 제공하는 공부 유형과는 큰 차이가 있다. 중등교육이 공교육시스템에 기초하고 있는 경우[13] 학교에서 제공되는 교육은 모든 학생에게 공평하게 제공되는 특징을 가지는 반면, 사교육은 '구매할 의사(willing to purchase)'와 '구매능력(able to purchase)'의 정도에 따라 차별적으로 제공될 수밖에 없다. 따라서 사교육시간이 길다는 것은 '교육기회의 평등'이라는 사회적 정의를 실질적인 측면에서 훼손할 위험이 있다.

이 글에서 분석하고자 하는 핵심은 사교육시간과 학업성적 사이에 어떠한 관련성을 가지는가 하는 점이다. 이론적으로 볼 때 이 두 변수는 서로

13) OECD 국가를 대상으로 한 조사결과를 보면 2003년 현재 후기 중등교육이 국·공립형태로 이루어지는 경우가 79.9%, 정부의존형 사립학교로 이루어지는 경우가 15.5%로 거의 대부분을 차지하고 있다. 독립형 사립학교의 비중은 4.6%에 지나지 않는다. 국가별로 독립형 사립학교의 비중을 보면 미국 9.1%, 영국 2.7%, 프랑스 0.8%이며, 이 비율이 10%를 넘는 나라로는 일본(30.2%), 멕시코(21.6%), 포르투갈(18.2%), 스페인(11.1%)이 있다(<표 4-9> 참조).

<표 4-5> 사교육시간과 학업성적 간의 상관계수(무응답 조정 전)

국가		전 과목 사교육시간과 문제해결 성적	수학 과목 사교육시간과 수학성적
호주	AUS	-0.0088(0.0171)	-0.0404(0.0207)
오스트리아	AUT	-0.0218(0.0177)	-0.0919(0.0175)
벨기에	BEL	-0.0196(0.0159)	-0.0802(0.0123)
캐나다	CAN	-0.0329(0.0135)	-0.0802(0.0118)
스위스	CHE	0.0276(0.0229)	-0.1088(0.0190)
체코	CZE	0.1116(0.0215)	-0.0730(0.0198)
독일	DEU	-0.1048(0.0174)	-0.1284(0.0178)
덴마크	DNK	-0.1096(0.0257)	-0.1188(0.0196)
스페인	ESP	0.0172(0.0196)	-0.0898(0.0206)
핀란드	FIN	-0.0261(0.0176)	-0.0919(0.0231)
프랑스	FRA	-0.1051(0.0237)	-0.0845(0.0198)
영국	GBR	-0.0145(0.0182)	-0.0722(0.0212)
그리스	GRC	0.1609(0.0231)	0.0959(0.0245)
헝가리	HUN	0.0461(0.0223)	-0.0794(0.0181)
아일랜드	IRL	-0.0997(0.0252)	-0.1012(0.0238)
아이슬란드	ISL	-0.1595(0.0203)	-0.1601(0.0199)
이탈리아	ITA	0.0072(0.0193)	-0.0826(0.0153)
일본	JPN	0.0860(0.0368)	0.0973(0.0416)
한국	KOR	0.2932(0.0192)	0.3046(0.0193)
룩셈부르크	LUX	-0.0297(0.0229)	-0.1334(0.0190)
멕시코	MEX	0.0096(0.0900)	-0.0971(0.0913)
네덜란드	NLD	-0.0684(0.0249)	-0.0842(0.0206)
노르웨이	NOR	-0.1356(0.0200)	-0.1433(0.0195)
뉴질랜드	NZL	-0.1396(0.0214)	-0.1603(0.0197)
폴란드	POL	0.0423(0.0183)	-0.1071(0.0154)
포르투갈	PRT	0.0072(0.0240)	0.0053(0.0203)
슬로바키아	SVK	0.0369(0.0180)	-0.0526(0.0138)
스웨덴	SWE	-0.0616(0.0266)	-0.1224(0.0236)
터키	TUR	0.1306(0.0493)	-0.0588(0.0530)
미국	USA	-0.0665(0.0238)	-0.1650(0.0154)

주: 네덜란드와 폴란드는 '무응답 조정 후'의 분석 결과임.

상호 의존적일 수 있다. 우선 사교육시간이 길면 그만큼 교육자원이 많이 투입되었음을 의미하기 때문에 교육성과가 높아질 가능성이 있다. 그러나 학업성적이 사교육시간에 영향을 미치는 역의 관계도 존재할 수 있다. 학업성적이 낮은 학생일수록 자신의 부족함을 보충하기 위해 사교육에 의존하는 경향이 높을 수도 있으며, 반대로 학업성적이 높은 학생이 사교육을 통해 얻을 수 있을 것으로 기대되는 효용이 보다 더 높기 때문에 사교육을 더 많이 받을 가능성도 있다(남기곤, 2006).

다음 <표 4-5>는 PISA 2003 자료를 이용하여 OECD 각국 학생의 사교육시간과 학업성적 간의 상관계수(correlation coefficient) 값을 구한 결과이다. 먼저 전 과목에 대한 사교육시간과 문제해결 성적 간의 관련성을 보자. 30개의 OECD 국가 중 두 변수 사이의 상관계수가 10% 수준에서 통계적으로 유의한 값을 보이는 경우는 19개국이다. 이 중 8개 국가는 양의 값을, 11개 국가는 음의 값을 나타내고 있다. 두 변수 사이의 관련성이 국가마다 상이하게 나타나고 있어 일관된 추세를 파악하기 어렵다. 여기서 특징적인 사실은 한국의 경우 두 변수 사이의 상관계수가 양의 유의한 값을 가지며, 그 절대값이 0.2932로 다른 나라에 비해 매우 큰 수치를 나타낸다는 점이다.[14)]

같은 표에서 수학 과목에 대한 사교육시간과 성적 간의 상관계수 값은 보다 일관된 추세를 보여준다. 30개 OECD 국가 중 두 변수 사이의 상관계수가 10% 수준에서 통계적으로 유의한 값을 나타내는 경우는 27개국이다. 이 중 양의 상관계수를 보이는 나라는 3개국인 데 반해 음의 상관계수를 보이는 나라는 24개국에 달하고 있다. 양의 값을 보이는 나라는 한국과

---

14) 상관계수가 0.1을 넘는 나라로는 체코(0.1116), 그리스(0.1609), 터키(0.1306)가 있다. 터키의 경우 사교육이 사회적으로 문제가 되고 있는 나라이다(Tansel and Bircan, 2003).

그리스, 일본이다. 이 중에서도 한국은 상관계수 값이 0.3046으로 다른 나라에 비해 월등히 높은 수준을 보여주고 있다.

수학 과목에 대한 분석 결과에서 나타나듯이 특정 과목으로 한정할 경우 사교육시간과 학업성적 사이에는 오히려 음의 상관계수를 보이는 것이 대부분 나라의 일반적 추세이다. 사교육을 많이 받으면 학업성적이 낮아진다는 인과관계는 일반적으로 성립되기 어렵다. 따라서 이러한 추세는 역의 관계, 즉 학업성적이 낮은 학생이 주로 사교육을 많이 받고 있기 때문에 나타나는 결과로 해석된다. 반면 한국의 경우에는 수학 과목으로 한정했을 경우는 물론 전체 사교육시간과 문제해결 성적 사이의 상관계수를 추정했을 경우에도 다른 나라에 비해 상대적으로 매우 높은 0.3에 가까운 양의 값을 나타내고 있다. 이는 사교육시간이 길어질수록 학업성적이 높아지는 경향이 그만큼 강하다는 의미일 수도 있고, 또 다른 한편으로는 학업 성적이 높은 사람들이 사교육을 받는 경향이 보다 더 강함을 의미할 수도 있다. 어느 경우에나 한국에서는 사교육이 학생 사이의 학업성적을 차별화시키는 데 중요한 기여를 하고 있음을 보여준다. 그리고 이는 국제적으로 일반적인 현상이 아니라 한국을 비롯한 몇몇 소수의 국가에 한정된 현상이며, 그중에서도 한국이 가장 문제가 심각한 상황이라는 점이 주목된다.

사교육시간과 학업성적 간의 인과관계를 파악하기 위해서는 한 변수에는 영향을 미치면서 이 경로를 제외하고는 다른 변수에 영향을 미치지 않는 '도구변수(instrument variable)'를 사용하는 방법이나, 어느 한 변수가 무작위로 배정되어 있는 상황을 이용하는 '자연실험(natural experiment)' 방법을 이용해야 한다. 그러나 현재의 자료로는 이러한 분석방법을 활용할 수 있는 여건이 되지 않기 때문에 여기서는 통상적인 회귀분석방법을 사용하기로 한다. 우선 특정 과목으로 한정할 경우 대부분의 나라에서 사교육시간과 학업성적 간에 음의 상관계수를 보인다는 점을 감안하여,

사교육시간을 종속변수로 하고 학업성적을 독립변수로 하는 모형을 상정한다. 그리고 사교육시간에 영향을 줄 것으로 예상되는 학생의 성 더미변수 GENDER와[15] 학생 가정의 사회경제적 지위에 관한 지표인 HISEI를 독립변수로 사용한다.

사교육시간을 종속변수로 사용할 경우 어느 나라에서나 이 값이 0인 관측치가 많이 발견된다. 따라서 오차항이 정규분포를 한다고 가정하는 통상적인 OLS 방법으로는 이와 같이 종속변수가 좌측절단된 모형에서 일치성(consistent)을 가지는 추정치를 추정할 수 없다. 이러한 문제를 해결하기 위해 여기서는 토빗모형을 사용한다.[16]

다음 <표 4-6>은 전 과목의 사교육시간을 종속변수로 하는 경우, <표 4-7>은 수학 과목의 사교육시간을 종속변수로 하는 경우 토빗모형의 분석 결과를 정리한 것이다('무응답 조정 전' 기준임). 이들 표를 보면 우선 대부분의 나라에서 남학생이 여학생에 비해 사교육을 받는 시간이 긴 경향을 보이고 있다. 그런데 한국은 이와 달리 오히려 여학생의 사교육시간이 더 긴 경향을 유의하게 보여주고 있다.[17] 부모의 사회경제적 지위가 높을수록 사교육을 더 많이 받는 경향은 몇몇 소수의 국가를 제외하고 대부분의 국가에서 확인된다.[18] 한국의 경우에도 이 숫치는 양의 값을

---

15) GENDER 변수는 남학생일 경우 1, 그렇지 않을 경우 0의 값을 가진다.

16) 이 경우에도 표준오차는 2절에서 설명한 방식에 따라 추정했다.

17) 한국과 같이 여학생의 사교육시간이 유의하게 더 긴 것으로 나타나는 국가는 전 과목의 경우 해당하는 나라가 없으며, 수학 과목의 경우 이탈리아가 있다. 한국의 경우 성별 사교육비 격차에 관한 연구로는 남기곤(2006)을 참조하라.

18) 이 변수가 유의하지 않은 국가로는 전 과목의 경우 덴마크, 노르웨이, 스웨덴이 있고, 수학 과목의 경우 덴마크, 핀란드, 아이슬란드, 멕시코, 노르웨이, 스웨덴이 있다. 대부분 이에 해당하는 국가들은 복지체계가 잘 갖추어진 북유럽에 속한다는 사실을 알 수 있다.

<표 4-6> 전 과목 사교육시간 결정요인

국가		GENDER	HISEI	SCORE
호주	AUS	0.8017(0.2472)	0.0302(0.0054)	0.0005(0.0012)
오스트리아	AUT	0.7268(0.2904)	0.0591(0.0115)	-0.0058(0.0018)
벨기에	BEL	0.9608(0.2309)	0.0355(0.0066)	-0.0038(0.0011)
캐나다	CAN	1.6269(0.2001)	0.0664(0.0064)	-0.0016(0.0014)
스위스	CHE	1.1623(0.2566)	0.0439(0.0087)	0.0023(0.0019)
체코	CZE	2.6648(0.2431)	0.0651(0.0062)	0.0052(0.0016)
독일	DEU	0.6225(0.1823)	0.0398(0.0070)	-0.0086(0.0013)
덴마크	DNK	0.0210(0.3937)	0.0084(0.0156)	-0.0157(0.0044)
스페인	ESP	0.4948(0.1965)	0.0357(0.0062)	-0.0005(0.0015)
핀란드	FIN	1.1731(0.2306)	0.0209(0.0087)	-0.0024(0.0018)
프랑스	FRA	0.4202(0.2338)	0.0559(0.0106)	-0.0109(0.0021)
영국	GBR	0.5947(0.1715)	0.0200(0.0050)	-0.0014(0.0012)
그리스	GRC	1.9945(0.2663)	0.0827(0.0105)	0.0103(0.0017)
헝가리	HUN	1.3148(0.2056)	0.0735(0.0076)	0.0000(0.0014)
아일랜드	IRL	0.3885(0.2949)	0.0483(0.0093)	-0.0100(0.0025)
아이슬란드	ISL	1.0842(0.2148)	0.0126(0.0060)	-0.0148(0.0014)
이탈리아	ITA	0.3031(0.2128)	0.0705(0.0063)	-0.0069(0.0014)
일본	JPN	-0.1000(0.5388)	0.0737(0.0104)	0.0062(0.0033)
한국	KOR	-1.2957(0.5579)	0.1533(0.0129)	0.0304(0.0020)
룩셈부르크	LUX	1.2332(0.2812)	0.0316(0.0098)	-0.0029(0.0019)
멕시코	MEX	-0.4442(0.5371)	0.0327(0.0157)	-0.0030(0.0036)
네덜란드	NLD	0.1512(0.3469)	0.0551(0.0165)	-0.0122(0.0031)
노르웨이	NOR	-0.4458(0.4906)	0.0115(0.0200)	-0.0128(0.0041)
뉴질랜드	NZL	0.1464(0.3999)	0.0247(0.0091)	-0.0152(0.0021)
폴란드	POL	0.0336(0.1520)	0.0686(0.0072)	0.0019(0.0012)
포르투갈	PRT	0.7168(0.1784)	0.0600(0.0066)	-0.0028(0.0012)
슬로바키아	SVK	1.1032(0.2563)	0.0336(0.0070)	0.0004(0.0016)
스웨덴	SWE	0.2168(0.3195)	0.0132(0.0110)	-0.0028(0.0027)
터키	TUR	1.2741(0.4588)	0.0577(0.0223)	0.0062(0.0039)
미국	USA	0.8376(0.2630)	0.0273(0.0094)	-0.0088(0.0024)

주: 1) 종속변수는 전 과목 사교육시간(무응답 조정 전).

2) GENDER, HISEI, SCORE(문제해결능력 성적) 변수 외에 상수항이 통제됨.

3) 네덜란드와 폴란드는 '무응답 조정 후'의 분석 결과임.

<표 4-7> 수학 과목 사교육시간 결정요인

국가		GENDER	HISEI	SCORE
호주	AUS	0.3551(0.2577)	0.0208(0.0067)	-0.0011(0.0017)
오스트리아	AUT	0.1534(0.4386)	0.0557(0.0193)	-0.0129(0.0039)
벨기에	BEL	0.7791(0.3992)	0.0415(0.0163)	-0.0113(0.0045)
캐나다	CAN	1.0997(0.2792)	0.0899(0.0098)	-0.0085(0.0023)
스위스	CHE	0.5892(0.3220)	0.0582(0.0143)	-0.0112(0.0034)
체코	CZE	1.1111(0.4318)	0.0480(0.0143)	-0.0143(0.0028)
독일	DEU	0.9925(0.2688)	0.0530(0.0108)	-0.0129(0.0023)
덴마크	DNK	-0.4916(0.6402)	0.0085(0.0232)	-0.0211(0.0107)
스페인	ESP	0.6848(0.2014)	0.0207(0.0071)	-0.0110(0.0018)
핀란드	FIN	-1.6904(1.1385)	0.0005(0.0252)	-0.0221(0.0123)
프랑스	FRA	0.3771(0.2226)	0.0457(0.0091)	-0.0088(0.0018)
영국	GBR	0.5350(0.2511)	0.0282(0.0077)	-0.0064(0.0020)
그리스	GRC	0.5715(0.1928)	0.0488(0.0047)	0.0049(0.0012)
헝가리	HUN	0.6919(0.2230)	0.0372(0.0062)	-0.0064(0.0016)
아일랜드	IRL	0.0295(0.2187)	0.0274(0.0080)	-0.0073(0.0018)
아이슬란드	ISL	0.5159(0.2798)	0.0097(0.0065)	-0.0142(0.0021)
이탈리아	ITA	-0.7239(0.2850)	0.0821(0.0096)	-0.0210(0.0017)
일본	JPN	-0.1427(0.3662)	0.0479(0.0059)	0.0058(0.0028)
한국	KOR	-0.6699(0.3123)	0.0764(0.0065)	0.0172(0.0013)
룩셈부르크	LUX	1.0287(0.3574)	0.0431(0.0113)	-0.0126(0.0025)
멕시코	MEX	0.2032(0.2857)	0.0002(0.0081)	-0.0040(0.0028)
네덜란드	NLD	0.5001(0.3481)	0.0254(0.0129)	-0.0089(0.0033)
노르웨이	NOR	0.5079(0.7966)	0.0195(0.0244)	-0.0212(0.0126)
뉴질랜드	NZL	0.0447(0.4747)	0.0210(0.0105)	-0.0147(0.0035)
폴란드	POL	0.3427(0.1750)	0.0542(0.0064)	-0.0103(0.0013)
포르투갈	PRT	0.5397(0.1653)	0.0439(0.0047)	-0.0024(0.0011)
슬로바키아	SVK	0.4638(0.2902)	0.0274(0.0098)	-0.0084(0.0018)
스웨덴	SWE	-0.5895(0.6605)	-0.0018(0.0227)	-0.0240(0.0118)
터키	TUR	0.3177(0.3194)	0.0504(0.0146)	-0.0045(0.0022)
미국	USA	0.3199(0.3237)	0.0268(0.0116)	-0.0168(0.0036)

주: 1) 종속변수는 수학 과목 사교육시간(무응답 조정 전).
2) GENDER, HISEI, SCORE(수학 성적) 변수 외에 상수항이 통제됨.
3) 네덜란드와 폴란드는 '무응답 조정 후'의 분석 결과임.

보일 뿐 아니라, 그 절대값이 다른 국가들보다 크다는 점이 주목된다. 전 과목의 경우 HISEI 변수의 계수값은 0.1533으로 다른 국가들에 비해 압도적으로 큰 값을 보여주고 있고, 수학 과목 역시 계수값이 0.0764로 캐나다와 이탈리아 등과 함께 최상위 그룹에 속하는 것으로 나타나고 있다. 결국 이는 한국에서 부모의 사회경제적 지위가 높을수록 자녀의 사교육시간이 길어지는 경향이 다른 나라들에 비해 보다 강하다는 사실을 보여준다.

이 글에서 가장 관심을 가지는 사항은 학업성적이 높은 사람일수록 사교육시간도 길어지는지 여부이다. 먼저 <표 4-6>에서 문제해결능력 성적이 전 과목 사교육시간에 미치는 효과를 보면, 30개 OECD 국가들 중 SCORE 변수가 유의한 값을 보이는 국가는 17개국으로 나타나고 있다. 이 중 이 변수의 계수값이 양인 경우는 4개국이고 음인 경우는 13개국으로 나타나 대체로 음인 경향이 강함을 확인할 수 있다. 계수값이 양인 국가는 한국 외에 체코, 그리스, 일본이 있는데, 한국의 경우 이 값은 0.0304로 다른 국가들에 비해 크게 높은 숫치를 보이고 있다. <표 4-7>에 정리되어 있는 수학 과목 성적과 이 과목 사교육시간에 대한 분석 결과는 보다 더 뚜렷한 추세를 보여준다. 30개의 대상 국가들 중 이 변수가 유의한 값을 가지는 경우는 29개국으로 거의 대부분을 차지하고 있다. 이 중 유의한 양의 값을 나타내는 경우는 한국과 그리스, 일본 3개국에 지나지 않으며, 나머지 26개국은 모두 음의 값을 보이고 있다. 수학 과목의 경우에도 한국은 이 변수의 계수값이 0.0172로 다른 국가의 수치보다 월등히 큰 값을 나타내고 있다.

전 과목을 대상으로 하든 수학 과목을 대상으로 하든 한국에서는 학업성적이 높은 학생이 사교육을 더욱 많이 받는 경향이 강하다는 사실을 확인할 수 있다.[19] 이는 OECD 국가의 일반적인 추세와 다른 모습이다. 한국과 비슷한 양상을 보이는 소수의 국가들 중에서도 한국은 그러한 경향이 가장 강한 것으로 나타나고 있다.

이러한 사실은 한국에서의 사교육이 주로 성적이 좋은 학생이 성적을 더 올리기 위한 수단으로 작용하고 있음을 의미한다. 성적이 좋지 않은 학생은 학업에 대한 욕구가 적거나(수요 측 요인) 혹은 가정환경이 어려워 비용조달이 어려운 이유(공급 측 요인) 등으로 인해 사교육에 대한 투자가 상대적으로 낮은 것으로 판단된다. 결국 이러한 사교육 투자상의 격차는 학업성적의 격차를 더욱 확대시키는 작용을 함으로써, 실질적인 의미에서 교육기회의 형평성을 위협하는 영향을 미칠 가능성이 있다.

---

19) 1994~1995년 TIMSS 자료를 이용하여 수학성적이 수학 과목에 대한 사교육(shadow education) 참여에 미치는 효과를 분석하고 있는 베이커 등(Baker et al., 2001)에 따르면, 대부분의 국가에서 이 두 변수 사이에 음의 관련성이 확인되는 반면(remedial strategy), 3개 국가만이 유의한 양의 값을 보이고 있다(enrichment strategy). 양의 값을 나타내는 3개 국가는 한국과 루마니아, 대만인데 이 중에서도 한국은 가장 계수값이 크다. 한국의 경우 수학 점수가 1점 증가할 때 사교육 참여비율은 7%가량 증가하는 것으로 나타나고 있다. 이 연구는 본 논문과 자료나 변수, 분석방법 등은 다르지만, 한국의 경우 성적이 높은 학생이 사교육에 보다 많은 투자를 하는 경향이 강하다는 점, 그리고 이는 국제적으로 볼 때 극히 예외적인 현상이라는 점 등은 공통된 발견이다. 이 글의 분석 결과와 차이가 나는 부분은 베이커 등(2001)에서는 그리스와 일본의 경우 두 변수 사이의 관련성이 음의 값을 보이고 있다는 점이다. 이러한 차이가 조사 시점의 차이 때문인지 아니면 사용하는 변수의 차이 때문인지 등에 대해서는 추후 분석이 요구된다.

5. 정책적 함의

한국의 중등교육은 우수한 학업성적이라는 결과에도 불구하고 매우 긴 학업시간을 투입하고 있다는 점에서 '효율성' 차원의 문제가 존재하며, 사교육에 대한 의존도가 높을 뿐 아니라 성적이 높은 학생이 사교육을 통해 성적을 더 높이는 전략을 사용하는 경향이 강하는 점에서 '형평성' 차원에도 문제가 있는 것으로 파악된다. 사교육에 대한 높은 의존도는 국제적으로 보편적인 현상이기보다는 한국을 비롯한 몇몇 소수 국가에 한정된 이탈적인 경향이다. 따라서 사교육 문제는 '필연적'이고 '숙명적'인 현상으로 이해하기 어려우며, 인위적인 노력에 의해 완화되고 극복될 수 있는 문제일 가능성이 크다.

그렇다면 사교육에 대한 투자는 어떠한 요인에 의해 영향을 받는 것일까? 여기서는 사교육에 의존하는 경향이 강한 나라들이 대체로 어떠한 특성을 지니고 있는지에 대해 검토함으로써 이 문제에 대한 시사점을 얻고자 한다. 다음 <표 4-8>과 <표 4-9>는 전 과목 사교육시간이 가장 긴 나라부터 차례로 정렬하여, 사교육과 관련이 있을 것으로 예상되는 주요 지표들을 정리한 것이다. 앞에서 살펴보았듯이 사교육 문제가 심각한 나라는 한국을 비롯하여 그리스, 멕시코, 터키를 들 수 있고, 그 외에 스페인과 폴란드가 사교육시간이 비교적 긴 국가로 분류될 수 있다. 전 과목 사교육시간이 긴 나라는 수학 과목 사교육시간도 길다. 또한 성적이 사교육시간에 미치는 효과 역시 양이거나 혹은 적어도 유의한 음의 값을 갖지 않는 경향이 있다.

사교육에 대한 의존도가 높은 이유로는 몇 가지 가설이 가능하다. 우선 공교육에 대한 투자가 낮기 때문에 이를 보충하기 위해 사교육에 의존하는 경향이 강할 수 있다. <표 4-8>을 보면 사교육 의존도가 높은 국가들은 대체로 국민 1인당 GDP가 낮고, 학생 1인당 연간 교육비 역시 낮은 국가가 많다. 멕시코, 터키, 폴란드 등이 이러한 그룹에 속한다. 반면 한국은 국민 1인당 GDP가 이들 국가에 비해서는 높을 뿐 아니라, 학생 1인당 연간 교육비가 6,747 달러로 OECD 국가의 평균치인 7,121 달러에 근접하는 수준이다. 상대적으로 높은 교육비 투자로 인해 '학생 1인당 연간 교육비/국민 1인당 GDP'는 37%로 다른 국가들에 비해 높은 수준을 유지하고 있다. 전체 GDP 대비 교육비 비율 역시 1.4%로 높은 비중을 차지하고 있다. 결국 경제발전이 낮은 단계에 있고 교육비 투자가 적은 나라일수록 사교육 의존 경향이 더 강한 것은 사실이지만, 한국의 경우는 경제규모에 비해 교육비에 대한 투자가 활발히 이루어지고 있는 상황으로 볼 수 있다.

그렇다면 실제 교육여건은 어떠한가? 여기서는 대표적으로 교사의 수와 급여에 대해 살펴보기로 한다. 전체적인 추세를 볼 때 교육여건과 사교육 의존도는 일관된 관련성을 보이고 있지는 않다. <표 4-9>를 보면 학급당 학생 수와 교원 1인당 학생 수의 OECD 평균치는 각각 23.9명, 13.0명인데, 사교육에 대한 의존도가 강한 국가들 중 이 비율이 OECD 평균치를 상회하는 국가는 한국과 멕시코, 터키가 있다. 한국의 경우 교육비에 대한 투자비율이 높지만 학급당 학생 수는 OECD 국가 중 가장 많고, 교원 1인당 학생 수 역시 멕시코와 터키 다음으로 높다는 점이 주목된다.[20] 반면 1인당 GDP 대비 15년 경력 교사의 급여비율은 2.42로 OECD 국가 중 가장 높은 상황이다.[21] 이러한 점은 한국을 비롯한 몇몇

---

20) 사교육에 대한 의존도가 강하지 않은 국가들 중 이 변수가 큰 값을 가지는 경우는 학급당 학생 수의 경우 일본 34.0명, 교원 1인당 학생 수의 경우 미국 15.6명과 핀란드 15.9명 정도를 들 수 있다.

21) 교사의 급여가 높다는 점은 우수한 인력이 교육부문에 유인된다는 측면에서 바람직한 현상이다. 문제는 이러한 양질의 교사 인력이 얼마나 효과적으로 교육을 수행하고 있는가와 학급규모 감소 등의 물적 인프라를 갖추는 데 교육비가

국가에서 교사의 양적인 측면에서 교육여건상의 문제가 존재하며, 이것이 사교육 의존도 강화로 연결될 가능성이 있음을 시사해준다.

다음으로는 중등교육에 대한 선택의 폭이 제한되어 있는 것이 사교육을 강화시키는 원인으로 작용한다는 가설을 들 수 있다. 이를 확인할 수 있는 간접적인 지표로 후기 중등교육의 경우 독립형 사립학교에 재학하는 학생의 비율이 얼마나 되는지에 대해 살펴보자. 이 지표 역시 사교육 의존도와 일관된 관련성을 보이고 있지 않다. 예상과는 달리 사교육 의존도가 강한 나라들 중 독립형 사립학교 재학생의 비중이 높은 국가들이 많다. 그리스 6.3%, 멕시코 21.6%, 스페인 11.1%, 폴란드 8.1%이다. 이 수치는 OECD 국가 평균치인 4.6%를 상회하는 것이다. 독립형 사립학교 재학생이 전혀 없는 네덜란드, 덴마크, 스웨덴, 핀란드, 호주 등은 사교육시간이 가장 적은 국가들이기도 하다. 사교육시간이 긴 나라들 중 독립형 사립학교 재학생이 OECD 평균치보다 낮은 국가는 한국 0%와 터키 1.7%가 있다.[22] 이러한 사실을 감안하면 독립형 사립학교의 비중이 낮아 학생의 학교 선택권이 제한되어 있고 이로 인해 사교육에 대한 의존도가 높을 것이라는 가설, 그러므로 학생의 학교 선택권을 확대하면 사교육 의존도가 약화될 수 있을 것이라는 기대는 최소한 이 자료를 통해서는 확인되지 않는다.

마지막으로는 대학입시와 같은 중요한 이해관계가 걸려 있는 시험(high-stakes test)의 존재가 학생의 사교육을 강화시키고 있다는 가설을 들 수 있다. 각 국가마다 대학입학시스템이 다르고, 또 대학을 졸업하는

지출되는 측면과 상충효과를 발생하는 것은 아닌가 하는 점이다. 이에 대한 검토가 요구된다.

22) 한국의 경우도 특수목적고등학교나 자립형 사립고등학교 그리고 비평준화 지역의 고등학교 등을 감안할 때 후기 중등교육에 선택의 폭이 전혀 없다고 말하기는 어렵다.

경우 혹은 상위권 대학을 졸업하는 경우 얻을 수 있는 사회적 프리미엄이 다르기 때문에 대학입학이 가져다주는 압력을 동일한 척도로 측정한다는 것은 불가능하다. 여기서는 비숍(Bishop, 1998)이 각국의 교육 관련 문헌들을 정리하여 수학과 과학 과목에 대해 CBEEES(curriculum-based external exit exam systems)가 존재하는지 여부를 정리한 결과를 이용하여 살펴보기로 한다. <표 4-9>의 마지막 열에 정리되어 있는 CBEEES 존재 여부의 분포를 보면 각국의 사교육 의존도와는 특별한 관련성을 맺지 않고 있음을 알 수 있다. 사교육시간이 긴 그리스나 스페인의 경우 CBEEES는 존재하지 않으며, 반면 사교육시간이 매우 적은 덴마크나 네덜란드와 같은 북유럽 국가에도 CBEEES가 존재하는 것으로 나타나고 있다. 이는 이해관계가 걸려 있는 시험(high-stakes test)의 존재와 사교육 의존도 사이에 특별한 관련성이 없다는 베이커 등(Baker et al., 2001)의 분석 결과와도 일치하는 발견이다.[23] 물론 치열한 대학입학 경쟁이 사교육 의존도를 강화시킬 가능성은 있으나 대부분의 국가에 이러한 경쟁시스템이 존재한다는 점을 감안할 때, 높은 사교육 의존도가 이 요인과 일관적인 관련성을 가지고 있다고 파악하기는 어렵다고 볼 수 있다.[24]

---

23) 대신 베이커 등(Baker et al., 2001)에서는 각국의 GNP 대비 공공지출비율이 높을수록, 그리고 초중등학교 재학비율이 높을수록 사교육 의존도가 감소한다는 분석 결과를 제시하고 있다. 따라서 이들은 사교육이 대중교육시스템이 덜 발전된 것에 대한 사적인 보충의 의미를 가지는 것으로 평가하고 있다. 그러나 이 논문의 자료에서 볼 수 있듯이 사교육 의존도가 큰 국가라고 해서 교육비 비중이 낮은 것은 아니며, 특히 한국의 경우 이 비율은 다른 국가들에 비해 높다는 점을 감안할 때 한국의 상황에 곧바로 받아들이기는 어려운 주장이다.

24) 물론 이는 현재의 자료를 분석한 결과에 기초한 한정적인 결론이다. 예를 들어 각국의 대학입시 경쟁의 강도를 측정할 수 있는 지표가 만들어진다면, 이러한 변수는 사교육 의존도와 관련성을 맺고 있을 가능성도 있다. 이에 대해서는 지속적인 후속 연구가 필요하다.

결국 이러한 분석 결과를 종합해볼 때 어느 요인도 사교육 의존도 심화에 결정적인 영향을 미치고 있다고 결론내리기 어렵다. 이러한 사실은 역으로 어느 한두 요인을 조정한다고 해서 사교육 의존 경향을 결정적으로 낮추기 어렵다는 것을 의미한다. 교육비 투자를 증대시킨다고 해서, 혹은 사립학교의 비중을 높인다고 해서, 혹은 대학입학 경쟁을 완화시킨다고 해서 사교육 문제가 완전히 해결될 것으로 기대하는 것은 무리이다. 아마도 이 세 가지 요인과 이 외에 유교적 전통 등 여기서 고려하지 못 한 여러 요인이 복합적으로 작용하여 사교육 의존도를 강화시키고 있는 것으로 판단할 수 있을 것이다. 따라서 사교육 문제의 해결은 장기적이고 점진적인 관점에서 접근할 수밖에 없다. 특히 한국의 경우 교육비 지출 비중은 높은 편이면서도 학급 규모가 매우 크다는 점은 교육비 지출 패턴의 점검을 필요로 한다.

한국에서 사교육은 중요한 문제라는 것은 사실이지만 유일한 문제는 아니라는 점 또한 고려될 필요가 있다. 사교육 의존도를 약화시킨다고 해서 학생의 학업성취도가 낮아지도록 방치하는 것은 바람직하지 못하며, 또한 학생 사이의 학업 격차가 더욱 확대되도록 유도되는 것도 바람직스럽지 않다. 훌륭한 학업성취도를 유지하면서도 사교육시간을 비롯한 전체 학업시간이 적은 북유럽의 교육 모델에 대해 더욱 적극적인 관심을 기울일 필요가 있다.

<표 4-8> 각국의 교육 관련 지표(1)

국가		사교육시간		성적이 사교육시간에 미치는 효과 (토빗 모델)		국민 1인당 GDP[1] (A)	학생1인당 연간 교육비[1,2] (B)	B/A (%)	GDP 대비 교육비 비율[2] (%)
		전 과목	수학	전 과목	수학				
그리스	GRC	6.93	2.22	0.0103	0.0049	19,067			1.4*
멕시코	MEX	4.82	3.12	-0.0030	-0.0040	9,370	2,378	25	0.8
한국	KOR	4.73	1.94	0.0304	0.0172	18,443	6,747	37	1.4
터키	TUR	4.48	2.09	0.0062	-0.0045	6,516			0.8
스페인	ESP	2.33	1.01	-0.0005	-0.0110	23,196			
폴란드	POL	1.48	0.40	0.0019	-0.0103	11,194	2,599	23	1.2
이탈리아	ITA	1.14	0.32	-0.0069	-0.0210	26,347	7,221	27	1.3
포르투갈	PRT	1.08	0.58	-0.0028	-0.0024	18,819	7,155	38	1.2
헝가리	HUN	0.99	0.39	0.0000	-0.0064	14,365	3,573	25	1.1
룩셈부르크	LUX	0.95	0.25	-0.0029	-0.0126	52,153			1.8*
체코	CZE	0.91	0.17	0.0052	-0.0143	16,585	3,657	22	1.1
슬로바키아	SVK	0.78	0.21	0.0004	-0.0084	12,576	2,694	21	1.2
캐나다	CAN	0.68	0.19	-0.0016	-0.0085	29,590			
스위스	CHE	0.66	0.09	0.0023	-0.0112	32,532	14,693	45	1.7
아이슬란드	ISL	0.64	0.28	-0.0148	-0.0142	28,368	7,001	25	
일본	JPN	0.62	0.33	0.0062	0.0058	27,207	7,274	27	0.9
영국	GBR	0.62	0.19	-0.0014	-0.0064	28,906			2.9*
아일랜드	IRL	0.61	0.23	-0.0100	-0.0073	32,535	5,758	18	0.7
미국	USA	0.59	0.22	-0.0088	-0.0168	36,202	9,607	27	1.0
독일	DEU	0.54	0.25	-0.0086	-0.0129	26,654	9,835	37	1.2
호주	AUS	0.54	0.20	0.0005	-0.0011	27,713	7,908	29	0.9
프랑스	FRA	0.47	0.24	-0.0109	-0.0088	27,467	9,291	34	1.5
뉴질랜드	NZL	0.46	0.17	-0.0152	-0.0147	22,287	7,330	33	1.5
오스트리아	AUT	0.45	0.14	-0.0058	-0.0129	30,100	9,125	30	1.3
핀란드	FIN	0.40	0.05	-0.0024	-0.0221	27,807	6,455	23	1.4
벨기에	BEL	0.40	0.10	-0.0038	-0.0113	28,630			2.8*
스웨덴	SWE	0.38	0.09	-0.0028	-0.0240	28,152	7,670	27	1.4
덴마크	DNK	0.38	0.09	-0.0157	-0.0211	30,042	8,054	27	1.2
노르웨이	NOR	0.27	0.08	-0.0128	-0.0212	36,682	11,510	31	1.4
네덜란드	NLD	0.19	0.07	-0.0122	-0.0089	29,939	6,256	21	0.8

주: 1. 구매력지수(Purchasing Power Parities)를 기준으로 환산한 미 달러 기준임.
2. 후기 중등교육 기준임.
* 표시 국가는 중등교육 전체 교육비 비율을 나타냄.
네덜란드와 폴란드의 경우 사교육 지표는 '무응답 조정 후'의 값임.
자료: 교육인적자원부·한국교육개발원(2005).

<표 4-9> 각국의 교육 관련 지표(2)

국가		학급당 학생수[2]	교원 1인당 학생수[1]	15년 경력 교사 급여 비율[1,3] (%)	교육기관 유형별 학생 분포[1]			CBEEES 존재 여부[5]
					국공립	정부의존형 사립	독립형 사립[4]	
그리스	GRC	22.8	8.6	1.38	93.7	0.0	6.3	×
멕시코	MEX	30.0	24.0		78.4	0.0	21.6	
한국	KOR	35.2	16.0	2.42	48.2	51.8	0.0	○
터키	TUR		18.0	1.96	98.3	0.0	1.7	
스페인	ESP	24.5	7.9	1.64	76.9	12.0	11.1	×
폴란드	POL	24.3	13.5	0.82	91.4	0.5	8.1	
이탈리아	ITA	20.9	10.8	1.21	93.9	0.7	5.4	
포르투갈	PRT	22.3		1.81	81.8	0.0	18.2	×
헝가리	HUN	21.6	13.2	1.22	85.9	14.1	0.0	○
룩셈부르크	LUX	20.3		1.50	84.1	8.2	7.7	
체코	CZE	23.2	12.6	1.18	87.4	12.6	0.0	○
슬로바키아	SVK	23.0	14.0	0.56	92.0	8.0	0.0	○
캐나다	CAN							△
스위스	CHE	18.7		2.07	93.1	3.2	3.7	△
아이슬란드	ISL	19.3	10.7	1.00	93.9	6.0	0.1	△
일본	JPN	34.0	13.5	1.60	69.8	0.0	30.2	○
영국	GBR	24.2	12.6	1.40	26.9	70.4	2.7	○
아일랜드	IRL			1.22	98.5	0.0	1.5	○
미국	USA	22.6	15.6	1.17	90.9	0.0	9.1	△
독일	DEU	24.7	13.7	1.94	92.5	7.5	a	△
호주	AUS	24.7		1.40	73.3	26.7	0.0	△
프랑스	FRA	24.2	10.6	1.22	69.5	29.7	0.8	△
뉴질랜드	NZL		10.9	1.51	84.1	10.4	5.5	○
오스트리아	AUT	24.0	10.2	1.16	90.0	10.0	a	○
핀란드	FIN		15.9	1.49	89.6	10.4	0.0	
벨기에	BEL	21.5*	9.6	1.6*	42.1	57.9	m	×
스웨덴	SWE		14.1	1.07	96.6	3.4	0.0	×
덴마크	DNK	19.2	13.4	1.48	97.5	2.5	0.0	○
노르웨이	NOR		9.2	0.96	90.1	9.9	a	△
네덜란드	NLD			1.90	7.8	92.2	0.0	○

주: 1. 후기 중등교육 기준임.
2. 전기 중등교육 기준임(후기 중등교육의 경우 자료가 없음).
3. 1인당 GDP 대비 15년 경력교사 급여비율.
4. a는 정부의존형 사립에 포함되어 있는 경우, m은 파악되지 않은 경우임.
5. CBEEES는 curriculum-based external exit exam systems를 의미. Bishop(1998).
△는 과목에 따라 혹은 지역에 따라 부분적으로 CBEEES가 존재하는 경우임.
벨기에 * 표시는 프랑스어권 자료임.

자료: 교육인적자원부·한국교육개발원(2005).

참고문헌

교육인적자원부·한국교육개발원. 2005. 『OECD 교육지표 2005』.

김주아·남궁지영·강상진. 2004. 「만 15세 한국 학생의 수학적 소양 관련 배경 변인들의 효과 추정」. ≪한국수학교육학회지≫, 43(2), 187~197쪽.

남기곤. 2006. 「한국 사회에 아직도 딸에 대한 차별이 존재하는가?」. ≪경제학연구≫, 54(2), 119~141쪽.

_____. 2007a. 「교육문제의 실타래, 어디서부터 풀어야 하나?」. 『한반도경제론』. 창비.

_____. 2007b. 「사교육 규모의 시계열 추이 분석」. ≪교육재정경제연구≫, 16(1), 57~79쪽.

_____. 2008. 「사교육시간과 학업성적과의 관련성: PISA 자료를 이용한 국제비교분석」. ≪한국경제학보≫, 15(1), 55~90쪽.

노국향. 2001. 『PISA 2000 평가 결과 분석 연구(총론)-국내 학생의 읽기, 수학, 과학적 소양 수준과 배경 변인의 영향 분석』. 한국교육과정평가원 연구보고 RRE 2001-9-1.

박현정 외. 2005. 『PISA 학업성취도 분석 연구』. 한국교육개발원 연구보고 RR 2005-16.

이광현. 2005. 「PISA 자료 연구를 통한 평준화 정책의 쟁점 분석」. ≪한국교육≫, 32(2), 171~193쪽.

이미경 외. 2004. 『PISA 2003 결과 분석 연구』. 한국교육과정평가원 연구보고 RRE 2004-2-1.

_____. 2005. 『2005년도 학업성취도 국제 비교 연구[PISA/TIMSS]』. 한국교육과정평가원 연구보고 RRE 2005-2-1.

채선희 외. 2003. 『2003년도 OECD 학업성취도 국제비교 연구-PISA 2003 본검사 시행-』. 한국교육과정평가원 연구보고 RRE 2003-2-1.

Baker, D. P., M. Akiba, G. K. LeTendre and A. W. Wiseman. 2001. "Worldwide shadow education: outside-school learning, institutional quality of schooling, and cross-national mathematics achievement." *Educational Evaluation and Policy Analysis*, 23(1), pp. 1~17.

Bishop, J. 1998. *Do curriculum-base external exit exam systems enhance student achievement?*(CPRE Research Report Series RR-40). Philadelphia: Consortium for Policy Research in Education, Graduate School of Education, University of Pennsylvania.

Biswal, B. P. 1999a. "Private tutoring and public corruption: a cost-effective education system for developing countries." *The Developing Economies*, 37(2), pp. 222~240.

_____. 1999b. "The implications of private tutoring on the school education in LDCs." *Policy Reform*, 3(1), pp. 53~66.

Bray, M. 1999. *The shadow education system: Private tutoring and its implications for planner*. Paris: UNESCO: International Institute for Educational Planning.

_____. 2003. *Adverse effects of private supplementary tutoring: Dimensions, implications and government responses*. Paris: UNESCO: International Institute for Educational Planning.

Foondun, A. R. 1998. *Private tuition: A comparison of tutoring practice in Mauritius and some Southeast Asian countries*. Bangkok: UNICEF East Asia & Pacific Regional Office.

_____. 2002. "The issue of private tuition: An analysis of the practice in Mauritius and selected South-East Asian countries." *International Review of Education*, 48(6), pp. 485~515.

Kim, Taejong. 2005. "Shadow education: School quality and demand for private tutoring in Korea." Discussion Paper No.055. 21COE Interfaces for Advanced Economic Analysis. Kyoto University.

Little, A(ed.). 1997. "The diploma disease twenty years." on [Special issue]. *Assessment in Education: Principles, Policy and Practice*, 4(1).

Mischo, C. and L. Haag. 2002. "Expansion and effectiveness of private tutoring." *European Journal of Psychology of Education*, 17(3), pp. 263~273.

OECD. 2005. *Knowledge and skills for life: First results from OECD PISA 2000.*

_____. 2004a. *The PISA 2003 assessment framework - mathematics, reading, science and problem solving knowledge and skills.*

_____. 2004b. *Review of national polices for education, Denmark: Lesson from PISA*

2000.

______. 2004c. *What makes school systems perform?: Seeing school systems through the prism of PISA.*

______. 2004a. *Learning for tomorrow's world: First results from PISA 2003.*

______. 2005. *Technical report of PISA 2003.*

Stevenson, D. L. and D. P. Baker. 1992. "Shadow education and allocation in formal schooling: Transition to university in Japan." *American Journal of Sociology*, 97(6), pp. 1639~1657.

Stevenson, H. W. and J. W. Stigler. 1992. *The learning gap: Why our schools are failing and what we can learn from Japanese and Chinese education*. New York: Summit Books.

Tansel, A. and F. Bircan. 2003. "Private tutoring expenditures in Turkey." *ERP Working Paper 0333.*

2부 정책과제

제5장

노무현 정권 경제정책의 평가와 반성

김기원 | 한국방송통신대학교 경제학과

1. 들어가는 말

2007년 대선에서는 '경제 살리기'를 구호로 내건 이명박 후보가 압승을 거두었다. 멀쩡하게 살아 있는 경제를 왜 죽었다 하느냐고 노 대통령이 볼멘소리를 했으나 반향 없는 외로운 메아리일 뿐이었다. 물론 압승 요인이 이런 구호 때문만은 아니지만 경제 면에서 노 정권의 실적이 혹독한 평가를 받고 있음은 분명하다. 보수와 진보를 불문하고 거의 모두가 "노무현 정권은 실패했으며 특히 경제정책에서 그러하다"고 규정하고 있다.

그런데 정권의 실패를 이야기하는 사람들 중에 성공과 실패의 기준을 밝힌 경우는 접한 적이 없다. 정권 재창출 실패가 기준이라면 김대중 정권은 성공했고 클린턴 정권은 실패한 것일까? 정권 말기의 지지율로 따지자면 30% 부근의 노 대통령 지지율은 김영삼, 김대중 정권 때보다 높다. 지금은 국민의 지지가 높은 것 같은 박정희 정권의 말기 지지율도

* 이 글은 ≪황해문화≫ 2008년 봄호에 게재된 것을 일부 수정한 것이다.

신통찮았을 것이다.

그리고 노무현 정권의 경제정책을 비판하는 관점도 극단적으로 엇갈린다. 보수언론, 한나라당, 보수지식인들은 반시장적 좌파로 낙인찍고, 다른 한편으로 진보언론, 민주노동당(및 창조한국당), 진보지식인들은 신자유주의라는 딱지를 붙이기 좋아한다.[1] 요컨대 노 정권의 경제정책은 좌우로부터 협공당하는 샌드위치 신세다. 마치 모자이크 작품처럼 평자의 보는 각도, 곧 이데올로기에 따라 정책의 모양과 색깔이 달라지는 셈이다. 이런 공격에 시달린 나머지 노 대통령이 "그럼 내가 (형용모순인) 좌파신자유주의겠네"라고 내뱉게 된 것이다.

세계 선진국들을 늘어놓고 그 스펙트럼상에서 보면 노 정권의 경제정책은 기본적으로 중도우파다. 하지만 중도우파 정권도 극우파가 보기에는 자신의 왼쪽에 위치하며, 좌파가 보기에는 오른쪽에 위치하기 마련이다. 또 사람들은 정권의 정책 중 자신이 보고 싶은 부분만 보는 경향이 있다. 나아가 정권의 성격을 극단적으로 규정함으로써 자기의 세력을 넓히려는 정략적 판단도 작용한다. 게다가 비판하는 측들은 왜 자신과 정반대의 비판이 다른 편에서 제기되는지 따져보지 않는다.

---

1) 필자는 적어도 일반 대중을 상대로 한 글에서는 신자유주의 대신 시장만능주의라는 용어를 사용하는 게 적절하다고 생각한다. 그 이유는 첫째로 신자유주의라는 말은 대중이(심지어 많은 경제학자들조차) 제대로 이해하지 못하며, 둘째로 '신'이나 '자유' 같은 좋은 어감의 말로써 나쁜 대상을 표현하는 건 부적절하며, 셋째로 후술하는 시장과 시장만능주의의 구별도 신자유주의라는 말에서는 선명하게 드러나지 않기 때문이다. 신자유주의를 긍정적으로 받아들이는 사람들 중에는 신자유주의를 시장만능주의가 아니라 그냥 '시장의 발전'으로 생각하는 경우가 있다. 이런 혼란을 피하기 위해 시장만능주의라는 용어의 정착이 필요한 것이다. 이에 대한 고민 없이 우리 진보세력이 신자유주의라는 말을 무신경하게 쓰는 것이야말로 진보세력의 문제점을 여실히 드러내는 하나의 징표가 아닐까 싶다.

한편 정권 측은 이러한 비판에 대해 자화자찬으로 반론한다. 실제로 정권의 실적을 따져보니 "믿을 수 없는 (좋은) 결과"가 나왔다고 쓰고 있다(대통령비서실, 2007: vi). 수출실적, 주가지수, 국민소득, 외환보유고, 국가신용등급 등의 지표를 그 증거로 제시한다. 양극화나 청년실업률 등에서 문제를 인정하기는 한다. 그렇지만 그 심각성에 대한 인식이 비판세력들과는 판이하다. 정권과 비판세력들 사이, 그리고 비판세력끼리도 서로 소귀에 경 읽기를 하고 있는 형국인 것이다.

어떤 정부의 정책이건 빛과 그림자가 있는 법이다. 따라서 노 정권의 경제정책 평가는 그 빛과 그림자를 균형 있게 파악하는 방식으로 이루어져야 한다. 그리고 어떤 정권의 통치기에 나타난 실적에는 그 이전 정권이 책임져야 할 부분이 있고, 거꾸로 현 정권의 정책 결과가 나중에 드러나는 경우도 있다. 그런가 하면 노 정권 시기의 실적에는 정권과 무관하게 기업들이 스스로 노력한 것이나 대외환경의 귀결인 것도 적지 않다. 정권을 올바로 평가하려면 이런 것들을 분별해내면서 정권 측이 어떻게 주체적으로 대응했는지 살펴보아야 한다.

그리고 어떤 정권이든 무소불위는 아니다. 특히 민주화 이후의 정권에는 대내적으로도 제약조건이 많았다. 노 정권은 재계, 보수언론, 보수관료에 포위되어 있었다. 나아가 노조, 농민단체, 여러 직능단체도 무시할 수 없는 세력이었다. 이런 제약조건을 정권 측은 과대평가하고 비판세력 측은 과소평가하는 경향이 있다. 물론 노 정권의 과오 중 대통령의 부적절한 언어구사처럼 스스로 잘하면 해결할 수 있는 문제도 있었다. 하지만 경제정책은 국내외 여러 세력과의 갈등 속에서 전개되기 마련이다. 노 정권 경제정책의 잘잘못 못지않게 따져야 할 일이 바로 이런 제약조건들이다. 그런 제약조건을 감안하면서 실현가능한 대안까지 제시하려는 노력을 해야 진정한 비판이라 할 수 있을 것이다.

2. 실적과 평가[2)]

1) 경제성장

먼저 노무현 정권 4년간의 실질경제(GDP)성장률은 4.3%다. 이는 <표 5-1>에서 보듯이 선진국보다는 높고 중국이나 인도와 같은 신흥국가보다는 낮은 수준이다. 저성장도 고성장도 아닌 중성장인 셈이다. 여기서 선진국이 우리 정도의 1인당 소득수준에서 3% 정도였음을 감안하면 4.3%가 낮다고 할 수는 없다. 우리의 1960~1970년대처럼 성장하는 후진국인 중국 등과 직접 비교한다는 것도 어불성설이다.

경제규모가 세계 12위고 1인당 소득도 상위권인 우리가 세계 평균에 뒤떨어진다고 몰아세울 일도 아니다. 우리도 이제는 자본과 노동이 성숙단계에 이른 것이다. 새로운 성장산업을 찾기 힘들고 고령화가 급진전되는 것이 바로 그런 징표다. 역대 정권과 비교하면 박정희 이래 어느 정권보다도 낮으며 김대중 정권 시기와 비슷한데, 이에 대해서도 마찬가지로 특별히 나무랄 이유가 없다.

같은 기간 비슷한 처지의 싱가포르와 대만의 경제성장률은 각각 6.6%, 4.6%였다. 그런데 2003~2006년 사이에 싱가포르의 경우 이주민을 포함한 총인구증가율이 연평균 1.8%인 반면 우리는 0.4%였다. 즉, 싱가포르와 한국의 성장률 격차에는 인구증가율 격차의 영향이 상당한 것이다. 그래서 4년간 달러로 계산한 1인당 GNI(국민소득) 증가율을 비교하면

---

2) 경제실적은 일단 수치가 말해준다. 다만 각자가 자기 입맛에 맞는 수치만 인용하고, 또 같은 수치에 대해서도 해석이 다를 뿐이다. 따라서 여기서는 정권 측과 비판 측에서 제기하는 주요 수치를 가급적 모두 점검해보고자 한다. 다만 2007년 수치에 대해선 아직 공식적으로 발표되지 않은 것이 많다.

<표 5-1> 경제성장률 비교

	2003	2004	2005	2006	2003~2006 평균	2007 (전망)
세계경제	4.0	5.3	4.8	5.4	4.9	5.2
선진경제권	1.9	3.2	2.5	2.9	2.6	2.5
신흥시장 및 개도국	6.7	7.7	7.5	8.1	7.5	8.1
한국	3.1	4.7	4.2	5.0	4.3	4.9

자료: 청와대 비서실(2007.11.21).

한국, 싱가포르, 대만이 거의 차이가 없다. 개인들의 살림살이가 나아진 정도는 별로 다르지 않은 셈이다.

그리고 노 정권 시기의 경제성장에 의해 1인당 GNI는 2007년에 2만 달러를 돌파했다. 여기에는 원/달러 환율이 떨어진 요인이 30% 정도 영향을 미쳤다.[3] 또 국외순수취요소소득과 무역손익을 감안한 4년간 GNI 증가율은 2.2%인데,[4] 이렇게 GDP 성장률과 GNI 증가율이 차이가 나는 것은 이 시기에 수입품인 원유 가격이 폭등하고 수출품인 반도체 가격이 폭락한 때문이다. 이렇게 본다면 경제성장률이건 1인당 소득이건 어느 지표로 보더라도 노 정권의 실적이 그리 나쁘지는 않다.

수출은 연평균 19%의 증가율을 기록해 2006년에 3,000억 달러를 넘어

---

3) 원/달러 환율이 하락하면 달러로 표시한 1인당 GDP가 오르게 된다. 우리가 1만 달러에 재진입한 2000년부터 2007년 사이에 환율이 30% 정도 떨어진 것이다. 다른 나라도 사정은 비슷하다. 일본과 싱가포르의 1인당 GDP가 1만 달러에서 2만 달러로 상승할 때 환율의 기여요인은 각각 55%, 32%였다.

4) 국외순순취요소소득은 GDP에서 해외에서 자국민이 벌어들인 소득은 보태고 국내에서 외국인에게 지급한 소득을 제외한 것이다. 무역손익은 대외구매력의 변화를 말하는데, 예컨대 상대적으로 수출품가격이 올라가면 무역이익이고 수입품가격이 올라가면 무역손실이다.

셨다. 이 증가율은 역대 정권 중 2번째로 높은 수치다. 외환보유고는 노 정권 출범 직전보다 2배 이상이 되어 2,500억 달러를 초과했고 세계 5대 외환보유국이 되었다. 종합주가지수는 출범 직전의 600대에서 상승세를 지속해 한때 2,000을 돌파했으나 그 후 조정을 거쳐 2008년 1월 말 현재 1,600 근처다. 연평균 부도업체 수는 김대중 정권기의 9,000개에서 4,000개 정도로 줄어들었다.

다만 이런 좋은 수치들은 노 정권의 공적이라기보다는 IMF사태 이후 김대중 정권하에서 단행된 대기업 구조조정의 성과로 보아야 한다. 이를 위해 노 정권이 특별히 한 일이 없기 때문이다. 또 주가상승은 금리가 하락하고 부동산투기 규제로 인해 유동자금이 주식시장으로 흘러간 것이 큰 요인인데, 이는 공적이라면 공적이지만 유동자금 이동에 따른 주가상승은 거품의 성격이 강하다는 점에 유의해야 한다.

한편 경기과열을 유발하지 않고 자원을 최대한 동원할 경우에 가능한 잠재성장률이 노 정권 시기에는 5% 정도로 추정되고 있다. 그렇다면 이 잠재성장률을 달성하지 못한 책임을 얼마만큼 물을 수 있을까? 보수파는 정권의 반기업정서와 규제 때문에 이런 부진이 초래되었다고 주장한다. 그러나 노 정권은 물론 우리 사회에서 반재벌총수정서는 존재하지만 반기업정서는 찾기 힘들다. 또 보수파가 대표적인 규제로 주장하는 출자총액제한제도가 실제 투자에 영향이 없다는 것은 밝혀진 바다.

설비투자와 건설투자를 합친 총투자율은 30% 정도로 과잉투자가 이루어진 1990년대 전반보다는 낮지만 1970~1980년대 수준에 비해서는 낮지 않다. 그리고 이 수준은 중국의 40%대보다 낮으나 미국, 일본의 20%대보다는 높다. 설비투자증가율은 3.9%로 김대중 정권 이외의 다른 정권 시기보다 낮다. 다만 이 설비투자 부진은 대기업보다는 중소기업 쪽에서 강하게 나타났다. 호황을 누리는 대기업과 IT기업을 한편으로 하고 근근이 버티는 중소기업과 비IT기업을 다른 한편으로 하는 양극화가 빚어진 것이다.

또 노 정권하에서 부진했던 것은 민간소비였다. 2003~2004년에 사상 처음으로 연속 감소세를 보이기까지 한 것이다. 여기엔 김대중 정권하에 조성된 신용카드 거품의 후유증이 크게 작용했다. 신용불량자가 2002년 264만 명에서 2003년 372만 명으로 급증했다. IMF사태만큼은 아니라 할지라도 노 정권도 과거 정권의 부정적 유산에 영향을 받은 셈이다.

문제는 이러한 중소기업투자 및 민간소비의 부진에 대해 어떤 정책을 실시해야 했는가이다. 노 정권은 무리한 경기부양책을 자제해왔다고 주장한다. 기업도시나 혁신도시 같은 것이 무리한 경기부양의 혐의가 전혀 없는 것은 아니지만, 그것들은 장기적 사업이고 기본적으로 지역균형발전 차원에서 추진된 것이다. 다만 그렇다고 중소기업투자 및 민간소비 부진, 그리고 그에 따른 상대적 성장률 저하에 면죄부가 주어지는 것은 아니다.

중소기업 문제와 관련해서 정권은 클러스터를 발전시키려 했고 이벤트성의 대·중소기업 상생회의를 여러 차례 개최하기는 했다. 하지만 필요한 구조조정을 위한 제도적 기반이나 세무·회계·법률 등에 대한 공공적 정보 제공 같은 것에는 그다지 주목하지 않았다. 더욱 중요하게는 대기업에서 세금을 더 거두어 교육, 의료, 주택과 같은 문제를 기업복지가 아닌 사회복지로 해결함으로써 대기업-중소기업 노동자 사이의 실질적 격차 완화를 추구해야 했다. 그래야 중소기업 노동자가 안착해서 숙련을 쌓고 중소기업이 자기 나름의 기술적 기반을 확보할 수 있다. 그런데 정권은 오히려 대기업의 세금을 인하했다.

민간소비를 회복시키기 위해 우선 신용불량자 문제에 대한 단호한 조치가 요구되었다. 하지만 정권은 도덕적 해이 운운에 짓눌려 엉거주춤하면서 찔끔찔끔 대책을 내놓고 말았다. 여러 번에 나누었던 정책을 한꺼번에 내놓기만 했더라도 소비촉진 효과는 더 커졌을 것이다. 또 주택담보대출 규제가 보다 일찍 단행되었더라면 가계부채가 소비를 압박하는 정도도

덜했을 것이다.

「이자제한법」이나 영세자영업자 카드수수료 문제도 진작 해결했어야 할 과제다. 그리고 그 의도가 도덕적으로 선하기는 했지만 실제로는 주변부 서민의 삶을 압박하는 전체주의적 성격을 띤 「성매매알선 등 행위의 처벌에 관한 법률」이나 노래방도우미를 처벌하는 내용의 「음악산업진흥법」의 시행 역시 소비에 부정적 효과를 미쳤다. 물론 이 조치들의 경우 반발에 놀라 단속을 완화하기는 했다. 하지만 이런 사태는 노 정권이 서민 대중을 위한 정권임을 자처했지만 정작 그들의 구체적 삶의 현실에는 둔감했음을 웅변하는 것이다.

2) 소득분배 및 복지지출

소득분배를 나타내는 지표는 여러 가지가 있는데, 우선 도시근로자가구 시장소득의 지니계수는 2002년의 0.298에서 2006년의 0.303으로 약간 커졌다.[5] 시장소득에서 정부에 내는 세금을 빼고 정부로부터 받는 복지지출을 더한 가처분소득의 지니계수는 같은 기간 동안 0.289에서 0.290으로 거의 변화가 없다. 다만 이는 IMF사태 직전인 1996년의 0.278에 비해서 불평등이 다소 심화된 수치다. 2003년부터 작성된 전국 가구 지니계수는 2006년과 대비하면 시장소득이 0.336에서 0.344로 커졌고 가처분소득은 0.324에서 0.325로 큰 변동이 없다.

그리고 상위 20%의 소득이 하위 20% 소득의 몇 배인지를 나타내는 소득5분위배율은 도시근로자가구의 경우 2002년에서 2006년에 걸쳐 시장소득이 4.65배에서 5.03배로, 가처분소득이 4.44배에서 4.63배로 높아졌다. 전국 가구의 경우에는 2003년에서 2006년에 걸쳐 시장소득이 6.96

---

5) 지니계수는 0에 가까울수록 평등하고 1에 가까울수록 불평등하다.

<그림 5-1> 자영업자 소득증가율

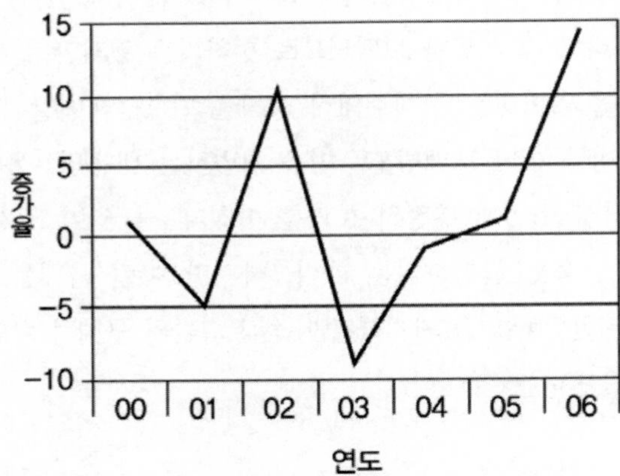

자료: 재경부 발표(2007.5.31)를 토대로 필자가 작성.

배에서 7.51배로, 가처분소득은 6.13배에서 6.26배로 높아졌다.

통계가 이것저것 복잡하지만 여기서 확인할 수 있는 것은 다음과 같다. 도시근로자이든 자영업자를 포함한 전국 가구이든 IMF사태 이후 악화된 소득분배가 노 정권하에서도 그다지 개선되지 못했다는 점이다. 그리고 소득5분위배율의 악화가 지니계수의 악화보다 심각한 것은 하층의 심각한 지위 저하를 의미한다. 같은 기간에 중간계층과 하위 10%의 배율이 2.2에서 2.7로 높아졌으며, 하위 20%의 실질소득이 거의 늘어나지 않았다는 통계에서도 이 현상은 분명하다. 다만 가처분소득의 분배 악화는 상대적으로 덜하다. 그것은 조세와 복지지출을 통한 소득분배개선비율이 2002년의 2.9%에서 2006년의 4.2%로 증가했기 때문이다.

그런가 하면 전국 가구의 소득분배가 도시근로자가구의 소득분배보다 더 나쁜 것은 그동안 자영업자의 지위가 열악해졌기 때문이다. 이들의 소득(영업잉여)증가율은 <그림 5-1>에서 보듯이 2003년과 2004년에 마이너스를 기록했다. 2006년에 비록 14%의 증가율을 보였지만 노 정권 4년간 자영업자의 소득은 거의 늘어나지 않은 셈이다. 근로자의 임금소득이 연평균 7% 가까이 증가한 것과 대조적이다. 자영업자의 소득포착률은 원래 낮은데, 그동안 신용카드 사용 확대로 포착률이 높아져왔음을 고려하면 자영업자의 실제 소득 악화는 통계보다 더 심각하리라고 생각된다.

노동소득분배율은 2002년의 58.2%에서 2006년에는 61.4%로 개선되었다. 이는 1997년의 62.3%보다는 낮은 수치이지만 1990년대 전반보다는 높다. 우리의 노동소득분배율은 선진국보다 낮은데, 이는 자영업자 비율이 대단히 높은 편이라 선진국과 직접 비교하기는 곤란하다. 오히려 점점 심각해지고 있는 문제는 노동소득분배율로 드러나는 자본과 노동 사이의 격차보다 노동 내부의 격차다. 사업체 규모별 임금격차가 1988~1989년에 큰 폭으로 확대된 다음 정체 내지 완만하게 확대되다가 2002~2003년에 걸쳐 다시 커진 것이다. 현재 5~9인 사업장의 임금은 500인 이상 사업장 임금의 절반이다. 그리고 정규직을 100으로 했을 때 비정규직의 임금은 2002년 52.7에서 2007년 50.5로 다시 하락했다. 다만 임금근로자 중 비정규직의 비율은 한국노동사회연구소 기준으로 2002년 57%, 2007년 56%로서 별 변동이 없다.[6] 그런데 비정규직의 90% 이상이 중소기업에 근무(절반 이상이 9인 이하 사업체에 근무)하는 상황이므로 대·중소기

6) 노동부 기준으로는 비정규직 비중이 같은 기간에 27.4%에서 35.5%로 증가한 것으로 나타난다. 2003년과 2004년에 각각 5%p씩 늘어난 결과다. 그러나 이는 비정규직이 실제로 늘어난 것이 아니라 비정규직이 사회이슈가 되면서 통계 설문조사에서 단순노무직 등 하층노동자들이 자신의 지위를 과거에는 정규직 쪽으로 표시하다가 비정규직 쪽으로 바꾼 데 기인한다는 것이 노동사회연구소 김유선 소장의 설명이다. 상식적으로 생각해도 갑자기 매년 비정규직이 5%p씩 늘어날 리가 없다. 또 임시직과 일용직을 합친 비상용근로자의 비중은 2002년에서 2006년 사이에 51.6%에서 47.2%로 줄었다.

업 노동자 사이의 격차가 정규직-비정규직 격차와 상당부분 겹쳐 있는 셈이다.

실업률은 3.5% 전후로서 2002년의 3.3%보다 약간 높아졌다. 그리고 이는 IMF사태 이전의 2%대에 비해서는 높고 1970~1980년대보다는 낮다. 선진국의 실업률은 5~10%대이다. IMF사태 직전이 과잉투자기인 점을 감안하면 현재의 실업률 자체가 크게 우려할 사항은 아니다. 문제는 실업자는 아니지만 영세자영업에 종사하는 반실업자 상태의 취업자들이다.

그리고 한국 청년층(15~29세)의 실업률은 7~8%로 김대중 정권 후반기와 비슷하고 선진국보다는 낮다. 하지만 1990년대 중반의 4~5%에 비해서는 높아졌으며, 그 체감비율은 늘어난 각종 시험준비생까지 합치면 더 높아질 것이다. 게다가 청년층의 장기실업이 늘어났다. 취업의 질도 떨어졌다. 이른바 대기업의 괜찮은 일자리가 줄어든 것이다. 대기업의 구조조정 탓인데 대기업 일자리가 꼭 많아야 할 필요는 없지만 대기업과 중소기업의 근로조건 격차가 너무 크니 문제인 것이다.

요컨대 노 정권은 IMF사태 이후 김대중 정권하에서 급격히 악화된 분배상태를 그다지 개선하지 못했다. 영세자영업자, 중소기업근로자 및 비정규직, 청년실업자가 그 충격을 가장 심각하게 받았다. 이것이 바로 양극화의 문제이다. 노 정권 시기에 다른 부분은 특별히 더 나빠지지 않았지만 영세자영업자의 상황은 상당히 악화되었다. 노 대통령을 뽑아준 대중은 자신들의 삶이 그냥 더 나빠지지 않는 게 아니라 더 좋아지기를 기대했으며, 영세자영업자처럼 더 나빠지는 일은 생각지도 않았다. 그럼 뭘 잘못했을까?

우선 지적해야 할 것은 글로벌화와 정보화의 흐름 속에서 근년에 들어와 대부분의 나라들이 소득분배의 악화를 경험하고 있다는 사실이다. 보수파는 성장률을 다른 나라와 제대로 비교하지 않는데, 진보파는 근래의 세계적 변화가 미치는 영향을 과소평가한다. 물론 나라마다 생산 및 분배시스템의 차이에 따라 세계화와 정보화의 영향은 달리 나타난다. 하지만 전체적으로 과거에 비해 분배가 나빠지고 있음은 분명하다.[7] 글로벌화와 정보화는 경쟁을 치열하게 만들고 지식·숙련 근로자와 단순·미숙련근로자의 차이를 심화시키기 때문이다.

그리고 김대중 정권기의 분배 악화는 IMF사태를 수습하는 과정에서 불가피했던 부분이 있음을 인식해야 한다. IMF사태는 일종의 공황이며 공황기에는 자본의 집중과 노동조건의 악화가 나타나는 게 일반적 현상이다. 또 IMF사태는 김대중 정권 탓이 아니라 그동안에 누적된 개발독재체제의 폐해 때문이다. 따라서 분배 악화의 책임을 모두 김대중 정권에 덮어씌울 수는 없다. 마찬가지로 IMF사태 이후의 구조조정이 계속되고 있던 노무현 정권기의 분배상황도 노 정권에만 물을 수는 없는 것이다. 그렇다고 노 정권의 책임이 전혀 없다는 이야기는 아니다. 분야별로 평가해보자.

비정규직과 관련해서는 남용과 차별을 완화하기 위한 법률을 오랜 논란 끝에 제정했다. 진보세력 일각에서 주장하듯 이 법률이 일면적으로 비정규직을 양산하고 괴롭힌다는 것은 사실이 아니다. 불충분하지만 차별시정의 단서가 마련되었다. 또 우리은행, 현대자동차, 신세계의 사례에서 보듯이 비정규직의 정규직화를 초래하기도 한다. 비정규직을 별도 직군으로 정규직화한다고 해서 중규직이라는 비판이 있지만 그래도 전보다는 나으며 또 이는 직무직능급제의 도입이라는 바람직한 방향으로의 전환을 의미한다. 기간제를 사용할 수 있는 사유를 제한하자는 게 노동계의 주장인데, 선진국에서도 이런 사유제한을 시행하고 있는 나라가 소수인 상황에서

---

7) 1980년대 중반과 2000년을 비교하면 미국, 일본, 영국, 스웨덴, 노르웨이, 프랑스 독일에서 시장소득은 모두 분배가 악화되었고 가처분소득은 그대로거나 악화되었다. OECD 15개국 평균 지니계수는 시장소득이 0.36에서 0.39로, 그리고 가처분소득은 0.27에서 0.29로 악화되었다(김기원, 2006: 122).

우리가 그걸 도입하는 것이 쉽지 않을 것이다.

사실 비정규직 문제는 한편으로 임금체계를 연공급 중심에서 직무직능급 요소를 강화하는 쪽으로 바꾸고 다른 한편으로 사회보장제도를 충실화해야 해결할 수 있다. '동일노동 동일임금'의 원칙을 정규직 내부에도 적용하고, 대기업정규직의 노동유연성도 강화해야 하는 것이다. 다만 이런 식의 개혁을 단행하려면 정권과 노동계의 관계가 개선되어야 하는데 여기에서 실패했다. 그리고 법의 혜택은 대기업의 비정규직에 집중될 뿐 중소기업의 비정규직에는 별로 영향을 미칠 것 같지 않다. 또한 이랜드 사태 등에서 보듯이 기업이 계약직을 용역으로 전환해버리는 것에 대한 대책도 준비했어야 했다.

영세자영업자와 관련해서는 노 정권이 재래시장 활성화 등의 대책을 내놓았다. 그러나 민간소비가 침체된 형편에서 영세자영업자의 처지가 쉽게 개선되기는 어려웠다. 게다가 자영업자가 몰려 있는 도소매업과 음식숙박업은 구조조정 중이다. 대형마트가 증가하고, 통신판매가 급증했으며, 전반적 소득수준의 상승으로 소비자의 기호가 까다로워져 잘되는 음식숙박업소와 그렇지 않은 업소의 차이가 두드러졌다. 하지만 그렇더라도 전술했듯이 민간소비의 침체를 완화할 수 있었으며, 또 일본처럼 대형마트의 증가 속도를 조절하는 대책을 세울 수 있었다. 나아가 비정규직 문제의 해결을 위한 직무직능급제의 도입은 퇴직연령을 높여 자영업자의 공급도 축소시킬 수 있다.[8] 중소기업 근로자와 관련해서는 전술한 중소기업 대책

---

8) 한국의 퇴직 평균연령은 55세 정도인데, 이는 선진국에 비해 약 5년이 빠르다. 다만 직무직능급제가 도입되더라도 그 효과가 나타나는 데는 상당한 시간이 소요될 것이다. 참고로 자영업자의 공급과잉 상황을 다른 나라와 비교해보자. 문화가 다른 서구는 접어두고 문화가 비슷한 일본과 비교하더라도 음식업소당 인구 수는 한국이 79명, 일본이 140명이며 택시 대당 인구 수는 서울 143명, 도쿄가 230명이다.

을 강구할 필요가 있었을 것이다.

청년층의 실업 문제는 기업의 채용관행 변화와 고학력화에 따른 수요와 공급 불일치에 기인한 바가 크다. 기업의 경력직 채용비율은 1996년 35%에 불과했으나 2001년에는 74%로 증가했다. 갓 졸업한 학생이 갈 곳이 줄어든 셈이다. 이는 기업의 내부노동시장이 변화해 당장 가동할 수 있는 즉전력(卽戰力)을 중시하게 된 점이나 대기업 노동시장의 경직성과 관련이 있다.

또 청년층 실업은 교육체계의 문제에도 기인한다. 대기업뿐 아니라 중소기업의 기술력 고도화를 뒷받침할 고급 전문인력의 공급기능을 대학이 제대로 수행하지 못하는 상황에서 1990년대의 무분별한 규제완화(대학설립자유화)로 대학진학률이 세계 최고인 80%대에 이르렀다. 때문에 이에 걸맞은 일자리구조가 형성되고 있지 않아서 청년층 실업률을 높이고 있다. 말하자면 대졸자의 눈높이와 현실이 불일치하는 것이며, 그리하여 갓 졸업한 대졸자의 일자리 탐색기간이 늘어났다. 그리고 IMF사태를 거치면서 공무원과 공기업의 매력(특혜)이 부각되면서 시험준비생이 늘었다.

정권이 기업의 채용방식 변경을 요구할 수는 없으며 일자리구조를 고도화시키는 것도 쉬운 일이 아니다. 다만 전술한 방식으로 임금, 복지, 유연성에서 대기업과 중소기업의 격차를 완화하여 문제를 풀어갈 수는 있었을 것이다. 그리고 공무원과 공기업의 근로조건은 선진국에 비하더라도 과도하게 우월한 바, 이를 시정함으로써 시험준비 지옥을 해소할 수 있었을 텐데 노 정권이 여기에 관심을 기울인 바가 없다. 공공부문 개혁은 선진국에 비해 절반도 안 되는 인원을 줄이는 게 아니라 민간부문에 대비한 불공평을 바로잡는 일이다. 공직의 특성상 고용은 보장하더라도 중상위직의 월급을 대폭 축소해야 하지 않을까 싶다. 이 역시 직무직능급의 강화인 셈이다.

한편, 소득분배는 시장에서 1차적으로 결정되는 분배상황에 정부에 의한 2차적 재분배, 즉 세금과 복지지출에 따라 변화한다. 노 정권하에서 정부의 재분배에 의한 소득분배 개선효과는 2.9%에서 4.2%로 증가했다. 하지만 이는 OECD국가 평균인 25%에 비해 매우 낮은 수준이다. 물론 선진국에서는 고령화로 인해 이 개선효과가 크게 나타나지만 그것을 감안하더라도 우리 수준은 낮다고 보아야 할 것이다.

세제 면에서 노 정권은 공약과는 달리 취임 후 얼마 안 되어 한나라당의 공세에 밀려 법인세, 소득세, 특소세를 인하했다. 법인세와 소득세의 면세 계층이 절반 가까운 상황이고 우리가 복지국가로 나아가려면 세금을 더 높여야 하는 데도 역주행한 셈이다. 세율 인하는 경기침체 대책으로 나온 것인데, 굳이 낮추려면 계층에 따라 달리 적용했어야 했다. 예컨대 법인소득 1억 원 이하와 그 초과분으로 구분되어 있는 것을 단계를 더 세분하여 1억 원 이하, 10억 원 이하까지는 낮추더라도 10억 원 초과분은 오히려 높인다든가 했어야 했다. 이런 방식을 사고하지 못한 것은 투자 부진이 주로 중소기업임을 인식하지 못한 탓이다. 반면에 노 정권은 유류세, 담배세, 주세는 인상해 대중의 부담을 증가시켰다.

다만 세제에서 소득분배를 악화시키는 정책만 취한 것은 아니고 그 반대 방향의 세제도 도입했다. 재벌개혁 차원의 상속증여 포괄과세나 부동산투기대책으로서의 종합부동산세(이하 '종부세')가 그것이다. 노 대통령이 종부세를 민주노동당이 주장한 부유세로 볼 수 있다고 이야기한 것도 종부세의 양수겸장적 성격을 지칭한 셈이다.

재정 중 복지지출 비중은 2002년 20%에서 2006년 28%로 높아졌다. 노태우, 김영삼, 김대중 정권 마지막 해의 복지지출 비중이 각각 18%, 18%, 20%였으므로 상당히 늘어난 셈이다. 복지지출이 많이 늘어난 부분은 기초생활보장, 보육·가족 및 여성, 건강보험지원이다. 특히 아동보육관련 지출은 4배로 증가했다. 공적연금이나 주택관련 지출도 늘기는 했으나[9] 증가율은 앞의 것들의 절반 정도다. 기초생활보장 지원이 늘어난 데는 수급요건을 완화한 것이 크게 작용했다.

하지만 국민연금 급여액이 축소되었다. 미래의 재정고갈을 우려해 취한 정책이지만 복지국가를 지향한다면 부담을 늘리더라도 급여액은 축소하지 말았어야 한다. 우리 사회 방향성에 대한 의식이 미약하고 이런 식으로 나아가는 데 대한 저항을 돌파할 자신이 없었던 것이다. 또한 국민연금과는 반대로 힘 있는 공무원연금이나 군인연금에 대해서는 별로 손대지 못 했다. 그리고 의료급여제도에서 의료쇼핑을 막는다는 명분하에 저소득층의 의료수급권을 제약했다. 과도한 의료쇼핑은 막아야겠지만 보다 세심한 배려가 필요하지 않았나 싶다.

3) 부동산정책[10)]

부동산 문제는 재산분배와 주거복지와 관련된다. 우리는 선진국과 달리 가계의 재산 중 부동산의 비율이 80%에 가까운 높은 수준이라 그 가격변동은 커다란 국민적 반향을 야기한다. 이런 탓도 있어서 부동산 문제 처리는 노 정권의 인기를 떨어뜨린 결정적 요소로 작용했다. 그러나 따지고 보면 그렇게 욕을 많이 먹어야 할지는 의문이다.

노무현 정권 시기의 주택가격 상승이 김영삼 정권 시기보다는 높지만 다른 정권에 비해서는 높지 않다. 전국 땅값 상승률은 노무현 정권 기간 동안 공시지가 상승이 88%(1,365조 원)인데, 이 중 순수한 지가상승분은 19%이고 나머지 69%는 공시지가를 현실화한 데 따른 것이다. 박정희

---

9) 일각에서는 복지지출 중에 서민주택대출이 포함되어 있고, 이는 선진국에서는 넣지 않는 항목이라고 비판한다. 하지만 이전 정권에서도 포함시켜오던 것이므로 그것이 복지지출 증대라는 사실의 의의를 훼손하지는 않는다.

10) 이와 관련해서는 www.sunjooschool.com의 '공선생의 경제문법'을 크게 참고했음.

<표 5-2> 역대 정부별 주택가격 상승률

구분	기간	전국	수도권	서울	강남 11구	강북 14구
노태우 정권	1988.3~ 1993.2	43.4 (70.0)	-	42.3 (70.7)	57.8 (69.5)	25.9 (68.1)
김영삼 정권	1993.3~ 1998.2	-2.0 (3.2)	-	-2.9 (2.0)	-1.9 (3.5)	-3.8 (-0.5)
김대중 정권	1998.3~ 2003.2	19.3 (38.5)	-	33.3 (59.8)	48.6 (77.9)	16.6 (31.0)
노무현 정권	2003.3~ 2007.8	22.3 (32.6)	37.3 (48.7)	38.7 (53.6)	49.6 (66.7)	27.7 (35.3)

注: 괄호 안의 수치는 아파트만의 가격상승률임.

자료: 국정홍보처 국정브리핑(2007.9.11).

정권 기간 동안의 지가상승은 100배가 넘는다. 박정희, 전두환, 노태우, 김영삼, 김대중, 노무현 정권의 연평균 지가상승률은 각각 33.1%, 14.9%, 17.7%, -1.2%, -0.6%, 4.5%다.

수치로 볼 때 집값이든 땅값이든 노 정권의 가격상승이 그렇게 지나친 것은 아니다. 게다가 지난 10년간은 세계적으로 주택가격이 폭등한 시기였다. 미국 전역은 120%, 10대 도시는 171% 상승했으며, 영국 213%, 프랑스 144%, 이태리 102%, 스페인 190%, 호주 159%, 스웨덴 149%, 일본 -32%였다.[11)] 장기 디플레이션을 경험한 일본 이외에는 대개의 국가가 우리 못지않게 주택가격이 상승한 것이다(*Financial Times*, 2007. 12. 31).

이는 IT 거품이 꺼진 후 미국이 경기유지를 위해 금리를 대폭 낮추고 세계적으로 유동성이 팽창하면서 발생한 현상이다. 한국도 세계적 추세에 따라 금리를 여러 차례 낮추었다. 게다가 노 정권은 이전 정권이 경기부양

11) 2001~2006년 사이의 주요 국가 집값 상승률을 보면 미국 55%, 영국 86%, 프랑스 78%, 한국 40%이다.

을 위해 분양가 자율화와 전매허용이라는 부동산 관련 규제완화로 가격이 앙등할 조건을 안고 출범했다. 또한 우리나라는 산업설비투자를 위해 주택투자를 억제하고 토지이용도 지나치게 억제해서, 소득 대비 주택가격이 너무 높다는 구조적 문제점을 갖고 있었다. 부동산과 관련된 기득권세력의 힘도 만만찮았다.

물론 노 정권의 과오도 존재한다. 균형개발을 추진하면서 풀린 택지보상금의 투기자금화를 저지하는 방안을 생각하지 못했으며, 부동산금융체계를 정비하여 DTI규제(Debt-to-Income, 총부채상환비율규제: 소득에 따라 대출한도를 제한하는 제도)를 도입하는 일이 늦어졌다. 그리고 정책의 일관성을 유지하지 못했다. 종부세 과세기준을 개인별로 할 것인지 가구별로 할 것인지, 종부세 대상 주택가격을 6억 원으로 할 것인지 9억 원으로 할 것인지, 분양원가를 공개할 것인지 안 할 것인지 등을 둘러싸고 오락가락했던 것이다. 부동산에 대한 투기적 수요는 심리적 영향이 크므로 정책의 혼선이 미친 악영향은 적지 않았다고 할 수 있다. 또 정권이 부동산 가격에 전쟁하듯이 덤벼들면서 특정 지역의 가격안정보다 일반 대중의 주거복지가 더 중요하다는 사실을 망각했다.[12] 선정적 언론보도에 휘말려 들어간 것이다. 그리고 공평과세와 복지국가 지향이라는 차원에서 접근하기보다는 종부세 대상자가 소수라는 점만 강조해 불필요하게 일부 계층의 적대감을 증폭시켰다.

그러나 집값 앙등으로 노 정권의 인기는 폭락했으나 오히려 그 덕분에 그동안 어느 정권도 하지 못한 부동산개혁을 단행할 수 있었다.[13] 시장을

---

12) 타워팰리스의 가격이 얼마나 오르든 다른 주택가격에의 파급효과만 적절히 통제된다면 '행복한 눈물' 가격이 얼마든 대중과 무관한 것과 마찬가지가 아닐까.

13) 1988년 서울올림픽 이후 부동산가격이 폭등하자 노태우 정권은 당시 15%이던 과표현실화율(공시지가/실거래가)을 토지는 60%, 건물은 50%까지 올릴 계획을 세웠으나 조세저항을 이유로 포기하고 말았다. 이런 상황이었으므로 2003년

투명하게 하고 종합부동산세를 도입할 수 있었던 것이다. 과거 15% 정도 이던 부동산세금 과표가 지금은 시장가격 대비 거의 70%에 육박하고 있으며 게다가 매매는 실거래가격으로 보고되고 있다. 그동안 탈세수단으로 부동산이 각광을 받던 현실을 감안할 때 이런 변화는 커다란 개혁의 의미를 갖는다. 또한 종부세는 앞으로 다소 수정된다 하더라도 큰 틀을 바꿀 수는 없는 조세형평성의 증진이다.

요컨대 노 정권은 부분적으로 비판받을 일은 했지만 그 결과가 가격앙등 면에서 다른 나라에 비해 특별히 나쁘지 않으며, 제도 면에서는 커다란 개혁을 단행한 셈이다. DTI의 도입 같은 것도 많은 시행착오를 거치면서 찾아낸 성과다. 왜 이걸 진작 하지 않았느냐고 비판하지만 일부 인사가 그런 아이디어를 발견했다 하더라도 공론화되는 데는 시간이 걸릴 수밖에 없는 법이다.

4) 재벌 · 금융정책

노 정권의 재벌정책이나 금융정책은 기본적으로 김대중 정권이 IMF사태 이후 취한 정책의 연장선상에 있다. 노 정권의 재벌·금융정책과 관련하여 보수세력은 반기업정서로 출자총액제한제도를 시행하고 금산분리를 추구하고 있다고 비판한다.[14] 반기업정서를 운운한 것의 부당함은 앞에서 지적한 바 있고, 금산분리는 견제와 균형을 위해 선진국에서도 시행하고

강남의 45평 아파트의 재산세가 54만 원이었는데, 2000cc 중형승용차세는 52만 원이었다.

14) 금산분리란 산업자본의 금융지배 차단이라는 재벌개혁 원칙을 일컫는 말이다. 그런데 재벌의 보험사 및 증권사 지배는 허용되고 있다. 따라서 금산분리의 실제 내용은 재벌의 은행 소유를 제한하는 것과 재벌계열 금융회사가 자기 계열회사 주식을 보유하는 것에 대한 제한이 그 중심이다.

있는 제도다. 이처럼 보수파의 비판은 별 타당성이 없으므로 진보파의 노 정권 비판을 주로 살펴보기로 하자.

진보파에서는 노 정권이 재벌·금융개혁에서 도대체 한 일이 없다고 주장한다. 그래서 노 정권은 일종의 대국민 사기극을 저질렀다는 것이다. 그 증거로 다음과 같은 사건들을 내세운다. 우선 대통령은 취임 초 SK 분식회계사건이나 2005년 삼성의 도청테이프사건이 터졌을 때 "좀 살살 하자"는 식의 이야기를 했다. 카드사 채권 문제가 터졌을 때도 재벌의 책임을 제대로 추궁하지 않았다. 금산법 개정에서는 삼성의 과거 불법행위에 대해 면죄부를 주는 방식으로 일을 처리했다.

생명보험사 상장조건 결정에서도 김대중 정권에서 내린 결론을 뒤엎고 보험계약자에게 귀속되어야 할 상장차익을 총수 측에 몰아주었다. 말기에 와서는 출자총액제한제도도 아무런 보완조치 없이 누더기로 만들었고 지주회사 규제도 완화하여 재벌체제를 강화할 수 있게 했다. 또 공익재단의 계열사 지분보유 허용비율을 늘려 공익재단을 그룹지배의 수단으로 사용하기 쉽게 만들었다. 거기다 더 큰 문제는 청와대 초기 인사에 커다란 영향을 미친 대통령 측근이 삼성과 유착되어 전반적인 경제정책에서 개혁적 성격을 후퇴시켰다는 의혹이 있다는 점이다.

금융문제에서는 외환은행을 론스타에 매각하는 과정에서 법령을 자의적으로 해석하고 적기시정조치와 같은 필요한 절차를 제대로 밟지 않았다. 공적자금을 투입해 일단 외환은행의 위기를 타개하는 방안도 있었다. 그런데도 그에 따른 야당의 정치적 공세를 감당하기 싫어서 은행도 아닌 외국의 펀드에 나라의 거대 은행을 넘겼고 그 결과 론스타는 막대한 차익을 거둘 것으로 예상된다. 이야말로 정책적 과오에 따른 국부유출이다. 그리고 신용불량자가 속출하고 하층 서민의 살림살이가 어려워지는 가운데 금융소외자를 위한 새로운 은행을 적극적으로 모색하지도 않아 오히려 한나라당에서 이에 대한 제안을 하게끔 했다.

하지만 그렇다고 노 정권이 한 것이 아무것도 없는 것은 아니다. 김대중 정권 정책의 연장선상이긴 하지만 상속증여세의 포괄주의를 도입해 총수들의 탈세 여지를 좁혔다. 집단소송제도 유예기간을 두긴 했지만 어쨌든 시행에 이르게 되었다. 또한 김대중 정권 후반기 개혁 후퇴로 인한 금융계열사의 의결권허용 확대도 되돌려 의결권한도를 30%에서 15%로 낮추었다. 재벌기업들 사이의 담합에 대한 적발과 처벌도 강화했다. 삼성에버랜드사건에 대한 기소도 이루어져 삼성의 비리를 바로잡는 단초를 마련했다. 특히 무엇보다 큰 의미를 갖는 것이 대통령이 자기 진영의 불법대선자금을 앞장서 밝힘으로써 정경유착을 상당히 완화한 것이다. 이는 다른 정권에서 상상조차 하기 힘들었으며 대통령의 독특한 개성이 가능케 한 일로서 노 정권이 내세울 만한 가장 중요한 치적의 하나가 아닌가 싶다. 종합한다면 김대중 정권도 그랬지만 노 정권도 개혁의 액셀과 브레이크를 같이 밟은 셈이다.

5) 대외개방, 노사관계 및 기타

노 정권은 한일FTA에 대해서는 한참을 준비하고 씨름하더니 중단해버리고 갑자기 한미FTA를 추진했다. 정권 측에서는 "개방이냐 쇄국이냐" 하는 식으로 반대파의 한미FTA 비판, 즉 시장만능주의 비판을 시장에 대한 거부로 매도하면서 협정을 추진했다. 개방은 대세며 시장의 확대발전을 의미한다. 또한 일본과 중국 사이에서 뭔가 탈출구를 찾으려 노력한 것도 이해할 만하다. 하지만 개혁과 균형을 이루지 않는 무분별한 개방은 IMF사태와 같은 엄청난 충격을 가져온다는 사실을 노 정권은 망각한 듯싶다.

실제로 맺어진 한미FTA 내용을 뜯어보면 우려되는 부분이 적지 않다. 긍정적 효과는 불분명한 데 반해 부정적 효과가 만만찮은 것이다. 대통령이 초기에 목표로 내세웠던 서비스업 구조개혁은 기대할 것이 없고, 개성공단의 수출증진 효과도 넘어야 할 산이 첩첩인 형편이다. 반면에 투자자—국가소송제를 비롯해 농업의 피해, 의료비 증가 등의 문제점에 대해서는 정권 측이 그 심각성을 과소평가했다고 보인다. 게다가 한미FTA의 추진으로 대선을 앞두고 그렇잖아도 지리멸렬했던 민주개혁 세력은 더욱더 갈가리 찢기고 말았다.

노사관계면에서 보수파는 노 정권이 "노사 간 세력균형을 바로잡겠다"며 일방적으로 노조 편들기를 했다고 비판한다. 노 정권이 초기에 노동계의 지지를 끌어내려 노력한 것은 사실이다. 그러나 2003년 6월 철도노조의 파업을 계기로 노정관계는 악화되어 거의 회복되지 못했다. 대통령은 노조 편들기가 아니라 오히려 대기업 노조의 문제점을 지적하는 발언을 자주 했던 것이다.

철도파업 때도 그랬고 대기업 노조에 고쳐야 할 점이 없지 않지만 노 정권은 노조와의 관계 선진화를 너무 일찍 포기한 것으로 보인다. 온갖 불법비리를 저지른 재벌총수들과는 잘 지내면서 노조지도자들과는 사이가 아주 나빠진 것이다. 재벌총수가 기업의 한 축이라면 노조지도자도 다른 한 축임을 무시한 처사다. 물론 재벌총수들은 노조지도자들과는 달리 대통령을 대놓고 욕하지 않는다. 그렇더라도 좀 더 포용력 있는 자세를 정권 측이 보일 필요가 있었지 않았나 싶다. 아니면 재벌총수들에 대해서도 공평하게 엄정한 자세를 취했어야 마땅하다. 다만 다른 정권 때 시도했다가 포기한 항운노조 비리처벌은 노 정권 특유의 스타일에서 가능했던 일이고 인정해줄 만한 성과다.

그리고 보수파에서는 노 정권 시기 국가채무의 증대를 비판한다. 국가채무는 2002년 134조 원에서 2006년 284조 원으로 늘어났다. 늘어난 150조 원 중 36%(54조 원)는 공적자금의 국채전환에 따른 것이고, 39%(58조 원)는 외환시장 조정을 위한 외평채 발행에 따른 것이다. 그리고 국가채무의 GDP 대비 비율은 2006년 33%로서 OECD 평균인 77%의 절반 수준이다. 따라서 특별히 노 정권이 국가채무와 관련해 비난받아야 할 이유는 없다. 다만 외평채 발행과 환율관리가 합리적으로 이루어졌는지 점검할 필요는 있을 것이다.

한편 노 정권이 과거에 비해 상대적으로 신경을 많이 쓴 것이 국가균형 발전정책이었다. 혁신도시, 산업클러스터, 기업도시, 행정도시 건설이 바로 그런 정책의 산물이다. 이 중 앞의 것들은 토지보상금 처리의 소홀함이나 재벌특혜 시비를 제외하면 그런 대로 의미를 부여할 수 있다. 그런데 행정도시 건설은 우려되는 바가 적지 않다. 먼저 수도권 이전이라는 대사업이 세심한 검토 없이 득표 차원에서 제시되고 일단 제시된 정책이라 그냥 밀고 나간 감이 없지 않다. 그건 또 그대로 인정하더라도 더 큰 문제는 수도이전이 위헌으로 판결나자 6개월도 채 안 되어 행정부를 나눠 일부를 행정중심복합도시로 보내기로 결정한 것이다. 그 타당성 판단은 필자의 능력범위를 벗어나지만, 졸속의 산물임은 틀림없다. 노 정권의 국토균형정책의 빛과 그림자가 차후에 어떻게 나타날지 두고 볼 일이다.

남북한의 경제협력사업은 대내외적으로 어려운 여건 속에 우여곡절은 있었지만 착실한 진전을 보였다. 남북을 오가는 인원이 금강산 관광객을 제외하고도 2002년의 1만여 명에서 2006년에 10만 명을 돌파했으며, 2002년에 6억 4,000만 달러였던 남북교역액도 2007년에 17억 달러를 넘어섰다. 개성공단은 2003년에 착공되어 2007년 말 현재 65개(아파트형 공장 28개 포함) 기업이 가동 중이며 고용된 북한 근로자는 2만 2,538명이다. 보수파에서는 퍼주기 운운하지만 북한 인민의 삶이 남북경제협력으로 개선된 것은 분명하며 남한 중소기업의 새로운 가능성도 열어주고 있다. 2007년 10월의 정상회담에서는 더 나아간 합의도 있었다. 새 정권의 출범으로 남북경제협력의 진전속도는 불투명해졌으나, 되돌릴 수 없는 확실한 한 걸음을 노 정권이 내디뎠음은 인정해야 한다.

3. 노 정권의 성격과 제약조건

노무현 정권은 이중적 의미에서 과도기 상황에 처해 있었다. 한편으로 노 정권은 개발독재체제에서 선진국체제로 나아가는 과도기에 놓여 있었다. 그리고 다른 한편으로 이 시기는 중소기업, 자영업, 서비스업, 가계의 구조조정이 진행되고 있는 과도기였다. 과도기는 낡은 것은 사라지고 있지만 새로운 것이 아직 안정적으로 자리 잡지 않은 시기라서 모두가 불안하다. 또한 과도기에는 각 부문의 발전이 불균등해서 제도 사이의 부조화 때문에 갈등이 심하고 불만이 커진다. 예컨대 어떤 분야에서는 시장이 과잉이고 또 어떤 분야에서는 시장이 과소하다. 이런 상황이 노 정권에 대해 보수와 진보 양측으로부터 혹독한 비판이 야기된 근본배경이다.

1987년에 개발독재체제가 무너진 후 우리는 새로운 성장－분배시스템, 새로운 시장－정부관계를 갖춘 선진국을 지향하고 있다. 하지만 그 경로는 순탄치 않다. 산업구조면에서 다른 나라를 모방하는 추격성장(catch-up) 단계가 끝나가므로 우리 스스로 살길을 찾아내야 하며, 글로벌화의 급속한 진전으로 국가가 그 경로를 주도적으로 이끌고 가기도 어렵다. 선진국의 사회시스템을 모방한다 하더라도 앵글로색슨식과 북유럽식이 달라서 어디를 어떻게 벤치마킹해야 할지가 논란거리다. 더욱이 선진국들은 대체로 중상주의에서 자유주의를 거쳐 복지주의와 그 반동으로서의 시장만능주의가 출현했는데, 우리는 개발독재의 중상주의에서 갑자기 다른 모든 주의들을 소화해야 할 판국이다.

이런 한국 경제의 압축성 때문에 노 정권 내에서는 여러 가지 사조가 각축을 벌여왔다. 카드채 처리에서와 같은 개발독재의 유산이 존재하며, 정경유착을 탈피해가는 (구)자유주의 지향도 나타나고, 한미FTA와 같은 시장만능주의 요소도 등장하는가 하면, 복지지출 증대와 같은 복지주의(사회민주주의) 경향도 엿보인다. 따라서 노 정권의 성격은 극우파가 볼 때는 좌파고 사회민주주의 또는 사회주의 좌파가 볼 때는 시장만능주의처럼 보이지만, 사실은 그렇게 단색으로 규정할 수 있는 것이 아니다. 여러 경향이 각축을 벌이는 가운데 어느 쪽이 우세해지는가에 따라 우리가 어떤 선진국으로 진입하느냐가 결정될 것이다.

따라서 노 정권이 자신의 지향을 굳게 견지하지 않는 한 오락가락은 필연적이었다. 카드채 사태와 같은 당장의 위기 극복에는 그런대로 검증된 옛날의 개발독재방식이 안전하게 느껴지기 쉬우며, 중상주의적 요소를 극복하기 위해 시장을 강조하다보면 시장만능주의로 빠지기도 쉬운 것이다. 특히 우리 사회에선 좌파이든 우파이든 간에 시장의 효율성과 불완전성을 균형 있게 인식하는 경우가 드물기 때문에 정권도 우왕좌왕하는 법이다.15)

그리고 1987년의 민주화로 우리 사회에서는 견제되지 않는 권력의 문제가 심각해졌다. 개발독재시대에는 독재정권이 견제력으로 작동했지만 그것이 사라지자 진공상태가 초래된 것이다. 재벌, 보수언론, 관료, 검찰 및 법원에 대해 새로운 민주적 견제력이 형성되지 않으면서 이들이 강력한 특권세력으로 부상했다. 대기업노조나 공공부문도 이들만큼은 아니더라도 기득권화했음은 분명하다. 바로 이것이 이른바 87년 체제의

---

15) 참고로 우리 진보진영 내부에서는 시장만능주의에 대한 비판이 범람하면서 시장원리에 대한 과도한 부정이 횡행하고 있다. 정권과 비판세력 모두 시장과 시장만능주의를 잘 분별하지 못하는 것이다. 물론 시장의 불완전성과 폭력성을 시정하는 일은 대단히 중요하다. 그래서 시장만능주의를 벗어나 시장경제와 민주주의를 병행 발전시켜야 하는 것이다. 그러나 그렇다고 경쟁에 의한 효율성이라는 시장이 지닌 긍정성을 무시해서도 곤란하다. 개방이나 경쟁을 원리적으로 부정해서는 안 되며, 재벌체제의 전근대성을 탈근대성으로 착각해서도 안 된다. 재벌기업과 재벌총수의 분별이 재벌개혁의 출발점이듯이 시장과 시장만능주의의 분별은 바람직한 선진화로의 출발점이다.

모순이며,16) 동시에 노 정권에 대한 커다란 제약조건이었다. 특히 노 정권은 김대중 정권과 달리 IMF와 같은 외부세력의 뒷받침도 없었고, 반면에 보수세력의 중심인 재계는 구조조정을 일단락 짓고 헤게모니를 회복한 상태였다. 여기다 보수세력은 '(정권을) 잃어버린 10년'에 대한 분노로 강력한 결속력을 발휘했지만, 진보세력은 중도파 노 정권을 어떻게 견인할지에 대한 전략과 전술이 부재했다. 또한 노 정권은 검찰 등 권력기관의 독립을 개혁으로 착각하고 이들 기관의 개혁을 방기했다.

노 정권이 정책의 과오를 모두 제약조건에 돌리는 것은 받아들일 수 없지만, 그렇다고 그 중요성을 무시해서도 안 된다. 그저 개혁적 지향성을 갖는 대통령이 당선되는 것 하나만으로는 문제가 근본적으로 해결되지 않는다. 다시 말해 우리 사회의 바람직한 선진화에는 각종 특권 및 기득권 세력의 문제를 어떻게 해결할지에 대한 총체적 전략이 필요한 것이다. 예컨대 수구언론과 어떻게 대적할 것인가, 어떻게 해야 정책결정의 주도권을 보수관료에게 내맡기지 않을까 하는 것들에 대한 고민 및 실력의 부족이 노 정권 및 개혁진보세력의 한계였던 셈이다.

그런데 87년 체제의 모순 중 재벌체제의 모순은 1997년 IMF사태로 폭발했다. 그리해서 재벌의 구조조정이 부분적으로는 이루어졌고 특히 수익성이 크게 향상되었다. 그러나 그 과정에서 생산과 분배의 양극화가 심화되었다. 생산 면에서 대기업/IT기업과 중소기업/비IT기업의 양극화,

---

16) 87년 체제와 97년 체제는 각각 1987년 민주화 이후 및 1997년 IMF사태 이후 한국 사회의 특질을 규정하는 용어다. 논자에 따라 그 함의가 똑같지는 않은데 여기서는 모순 또는 과제에 초점을 맞추었다. 참고로 87년 체제를 논하는 사람들 중에는 오늘날 사회경제적 민주주의가 1987년 이전보다 후퇴했다는 주장을 펼치는 경우가 있는데, 이는 현실과 부합하지 않는다. 1987년 이후 실질임금의 상승과 직장 내 인격적 차별 철폐, 각종 사회보장제도의 도입은 다 헛것이 아니다. 지니계수나 노동분배율을 보더라도 마찬가지다.

분배 면에서 소득과 재산의 양극화가 심화된 것이다. 이것이 이른바 97년 체제의 모순이다. 이는 글로벌화와 정보화라는 어쩔 수 없는 환경 변화 시기에 중소기업 등의 구조조정이 진행되었기 때문이다.

노 정권은 이런 구조조정기를 맞이하여 한편으로 구조조정을 원활하게 하기 위한 금융, 복지 등의 인프라를 정비하고 다른 한편으로 구조조정에 따른 고통분담의 공평성을 추구해야 했다. 그러나 87년 체제의 모순을 극복하지 못한 상황에서 이것이 잘 진전될 리 없었다. 그러니 욕을 먹게 마련이었다. 이도 저도 안 되면 구조조정으로 고통받는 계층에게 따뜻하게 다가가는 모습이라도 보여야 했을 텐데 그마저 소홀했다.

요컨대 노 정권은 선진국으로의 전환과 중소기업 등의 구조조정이라는 '이중적 과도기'에서 87년 체제의 모순과 97년 체제의 모순이라는 '이중적 과제'를 껴안고 씨름한 셈이다. 이는 어렵다면 어려운 상황이고 역으로 뭔가 커다란 성과를 올릴 수도 있는 조건이다. 여기서 이만큼 했으면 잘했다고 할 수도 있고 겨우 이렇게밖에 못했냐고 힐난할 수도 있다. 그러나 정말로 중요한 것은 평점 매기기가 아니라 앞으로 87년 체제의 모순인 제약조건을 어떻게 극복하고 그리하여 어떻게 97년 체제의 모순인 양극화를 극복해 바람직한 선진체제로 나가는가이다. 따라서 노 정권 경제 정책의 반성은 정권과 제약조건 사이의 공방전(및 유착관계)을 따져보고, 아울러 그 과정에서 개혁진보세력은 어떻게 했어야 하는가를 반성하는 일도 포함해야 한다.

4. 맺음말

대부분의 사람들은 대선 패배의 책임을 노 대통령에게 덮어씌운다. 물론 노 대통령이 져야 할 책임은 막중하다. 하지만 패배의 책임은 공유해야 한다. 여당과 여당 후보 역시 그 책임에서 자유롭지 않다. 실용주의를 운운하는 정체성의 혼란 속에 도대체 뭔가 보여준 게 없으며 청와대와의 조율도 엉망이었던 데에도 일단의 책임을 져야 한다. 또한 단순한 반노(反盧)나 비노(非盧)가 아니라 노 대통령의 한계를 돌파할 극노(克盧)의 후보를 선출하지 못한 것도 결정적 패인의 하나다.

그리고 개혁진보세력 역시 책임져야 할 부분이 적지 않다. 노 정권에 대해 필요한 경우 가혹한 비판을 제기해야 했지만 비판과 견인의 적절한 배합을 고려하지 않았다. 더욱이 실현가능한 대안을 제시하는 일은 드물었다. 제약조건을 어떻게 타개할 것인가에 대한 고민도 부족했다.[17] 일각에서는 재벌체제와의 타협론 같은 어이없는 주장으로 개혁전선을 혼란에 빠트렸다. 게다가 일부 노조나 시민단체의 비리도 터져나왔다.

돌이켜보면 노 정권은 부적절한 언사, 대연정 제안, 대북송금 특검, 정당분열과 같은 정치적 과오가 많았다. 이것이 개혁적 정책집행에 질곡으로 작용하고 그것이 다시 정치적 지지율을 떨어뜨리는 악순환을 초래했다. 그리하여 전반적으로 평가해볼 때 노 정권의 경제실적이 뽑아준 국민의 기대에 크게 못 미친 것은 분명하다. 특히 대통령의 개인경력이나 선거공약이 역대 어느 대통령보다 진보적이었던 만큼 실망은 더 클 것이다. 다만 그렇다고 다른 정권에 비해 특별히 욕을 더 많이 먹어야 할 정도는 아니다. 개혁이 후퇴한 부분도 있지만 중요한 개혁의 성과도 존재한다. 공약에 대한 신용이 양호하지는 못 했으나 사기를 친 것은 아니었다.

그럼에도 경제 면에서도 노 정권이 혹평을 받는 이유는 첫째로 글로벌화와 정보화라는 세계적 추세와 이전 정권의 유산, 그리고 국내 여러 특권·기득권세력의 저항에 따른 결과까지 부당하게 몽땅 책임을 덮어쓰고

---

17) 예컨대 민주노총은 지속적인 조선일보 불매운동을 벌인 바 없으며, 진보를 주장하면서 한겨레나 경향신문을 구독하지 않는 경우도 많다.

있기 때문이다. 둘째로 보수언론이 집요한 왜곡비방전을 펼쳤기 때문이다. 다만 이에 대처하는 올바른 전략과 전술을 마련하지 못한 노 정권의 책임을 간과할 수는 없다. 셋째로 부동산이나 재벌개혁과 같이 보수세력과 첨예한 대립이 전개되는 지점에서 처리를 잘못했기 때문이다. '엉거주춤과 갈팡질팡'이 이런 데서 두드러졌다. 넷째로 과도기의 구조조정에서 고통이 집중된 계층에 대한 배려가 부족했기 때문이다. 이는 대중의 삶과 정서에 대한 둔감성을 나타냈다.

이렇게 된 데는 대통령과 그 측근들이 분명한 철학과 정책노선을 갖추지 못했던 것이 근본원인이다. 보수세력의 끈질긴 좌파공세에 아니라고 내빼기보다는 차라리 "극우파가 볼 때는 우리 같은 중도우파도 좌파로 보이는 게 당연하다"는 식으로 강하게 되받아칠 정도의 기백도 없었다. 인사에서도 코드인사가 문제가 아니라 개혁성과 능력을 겸비하면서도 대중감각을 가진 인재를 등용하지 못한 것이 문제였다. 일부 개혁적 인사는 구색 맞추기였고 그나마 정권후반기에는 이들도 물러났다. 물론 87년 체제와 97년 체제의 모순을 극복할 충분한 인재풀이 우리나라에 존재하는지 의문이기는 하다. 그런 점에서 개혁진보세력의 실력도 짚어봐야 한다.

노 정권의 경제실적에는 빛과 그림자가 존재한다. 따라서 '노빠'처럼 그림자를 외면해서도 안 되겠지만 그렇다고 빛의 부분을 무시하고 과도한 절망에 빠질 필요는 없다. 중요한 것은 복기를 통해 바둑실력을 늘리듯이 노 정권에 대한 반성을 토대로 우리 사회를 바람직한 선진사회로 한 걸음이라도 전진시키는 일이다. 노 정권의 경제정책을 분석한 이 글에는 놓친 부분도 있을 것이며, 대안 제시도 아이디어 차원인 경우가 대부분이다. 앞으로 이에 대한 더욱 활발한 토론을 기대한다.

참고문헌

곽정수 편. 2007. 『한국경제 새판짜기』. 미들하우스.
국정브리핑 특별기획팀. 2007.6. 『대한민국 부동산 40년』.
국정홍보처 국정브리핑. 2007.9.11. "부동산 정책 평가, 집값상승률이 전부일까?".
국정홍보처 홈페이지. 2008.2. "실록 경제정책". 연재물(1-15).
김기원. 2006. 『경제학 포털』. 필맥,
_____. 「김대중-노무현 정권은 시장만능주의인가」. ≪창작과 비평≫, 2007년 가을호.
김대호. 2007. 『진보와 보수를 넘어』. 백산서당.
김상조. 2007. 「노무현정부의 경제정책 실패 원인」.
김연명. 2008. 「'말의 성찬' 노무현 복지담론, 상처 얼룩진 진보적 복지」, ≪신동아≫, 2008년 2월호.
김유선. 2007. 『한국의 노동 2007』. 한국노동사회연구소.
나성린. 2008. 「양극화·불평등 심화, 체감경기 최악」. ≪신동아≫, 2008년 2월호.
대통령 비서실. 2007. 『있는 그대로, 대한민국』, 지식공작소.
대통령자문 정책기획위원회. 2007.7. 『국정리포트』.
성경륭. 2007.1. 「참여정부의 국가균형발전 정책」.
유종일. 2006. 「참여정부의 좌파신자유주의 정책」. ≪창작과 비평≫, 2006년 가을호.
장상환. 2006. 「세계화 이후 경제·사회민주주의의 위기」. 민주화운동기념사업회. ≪기억과 전망≫, 2006년 가을.
청와대 비서실. 2007.11.21. 「선진국 도약의 10년」.
최경수. 2008.1.24. 「사회통합의 과제와 저소득층 소득향상」, KDI 정책포럼.
최장집. 2006. 『민주주의의 민주화』. 후마니타스.
한국개발연구원 재정·사회개발연구부. 2007.11. 「외환위기 이후 경제구조의 변화와 위기재발 방지를 위한 정책방향 연구」. 한국개발연구원,

www.sunjooschool.com의 '공선생의 경제문법'
청와대 홈페이지.
한국은행 홈페이지.

제6장

소득분배가 경제성장에 미치는 영향

칼레츠키안 거시모형을 통한 분석

김진일 | 국민대학교 경제학부

1. 들어가는 말

IMF 위기로 일컬어지는 1997년 한국의 외환위기가 발발한 지도 벌써 10년이 지났다. 외환위기 이후 한국은 사회와 경제 전반에 걸쳐 엄청난 변화를 겪었다. 그중에서도 경제적으로 주목해야 할 것은 양극화 문제와 위기 이전에 비해 낮은 경제성장의 문제다. 위기 이후 한국 사회의 경제적 불평등은 상당히 심화되었으며 경제성장은 4%대에 머무르고 있다. 이 글은 개방경제하에서 소득분배가 성장에 어떤 영향을 미치는지를 칼레츠키안(Kaleckian) 1부문 모형을 통해 살펴봄으로써 지금의 우리 경제가 나아가야 할 방향에 대한 작은 지침을 얻기 위한 시도이다.

소득분배가 경제성장에 미치는 영향에 대해서는 다양한 분석이 있다.[1)]

1) 전체적인 개괄로는 솔리마노(Solimano, 1998)나 파르도-벨트란(Pardo-Beltran, 2002)을 참조하라. 또 주류경제학의 내생적 성장이론(endogenous growth theory)

전후 초기 칼레츠키 경제학에서는 오랜 기간 지속되는 경제의 침체(stagnation)를 소득분배와 연관하여 설명했다.[2] 스타인들(Steindl, 1952)은 자본주의에 내재하는 자본의 집적은 증가하는 이윤 마진(profit margins)을 특징으로 하는 과점적 경쟁을 낳게 한다고 주장했다. 그는 이윤 마진의 증가는 국민경제에서 이윤분배 몫의 증가이므로 이러한 현상은 소비를 위축시키게 된다고 보았다. 또 과점체제의 형성은 기업들의 과잉설비에 대한 기피현상을 가져오고 이에 따라 투자수요의 악화를 초래한다고 보았다. 스타인들에 따르면 이러한 총수요의 위축은 이를 되돌릴 수 있는 정부의 확장적 재정정책이나 해외 무역수지의 개선이 없을 경우 만성적 경제 침체를 낳게 된다.

이후 칼레츠키안 경제학자들은 이런 침체주의적 견해(stagnationist view)를 강화하는 여러 거시 모형을 발표한다.[3] 하지만 1990년경이 되면서 마크업(mark-up) 가격설정을 하는 과점기업과 유휴설비의 존재라는 칼레츠키안 거시 모형의 기본 전제를 수용할지라도 이윤의 몫이 증가하는 소득분배가 항상 경제의 침체로 귀결되지는 않으며 오히려 경제가 활성화될 수도 있다는 것을 보이는 연구들이 나타나게 된다.[4] 이 반대의 경우를

의 입장에 따른 분석은 아비뇽, 카롤리, 가르시아-페넬로사(Aghion, Caroli and Garcia-Penalosa, 1999)와 파인(Fine, 2000)을 참조하라. 주류경제학의 모형에 기초한 추정에서 곽승영·이영선(Kwack and Lee, 2007)은 1970년에서 2005년까지의 한국의 연간자료를 이용해서 소득불평등의 증가는 장기에서 1인당 소득을 감소시킴을 보인다.

2) 칼레츠키 경제학의 입장에서 이 주제를 다룬 모형들에 대한 소개는 블레커(Blecker, 2002)와 테일러(Taylor, 1991; 2004)를 참조하라. 또 칼레츠키 경제학에 대해서는 세틀필드(Settlefield, 2002)의 3장을 참조하라.

3) 아주 초기의 모형과 달리 1980년대가 되면 투자수요가 내생적으로 결정되는 모형들이 나타난다(Blecker, 2002: 130~131).

마글린과 바두리(Marglin and Bhaduri, 1990)는 활성주의(exhilarationism)라고 불렀다. 그리고 이 경우는 이윤 몫의 증가가 투자를 강하게 견인하거나 대외 경쟁력의 강화를 가져올 경우에 발생한다는 것을 여러 모형에서 보이고 있다.

이 글은 폐쇄경제모형인 테일러(Taylor, 1991, 2004) 모형을 소규모 개방경제모형으로 확장하여 소득분배의 변화가 경제성장에 미치는 영향을 살펴보고, 이 결과들이 현재의 한국 경제에 어떤 함의를 가지는가를 알아보는 것을 목적으로 한다. 이 글의 구성은 다음과 같다. 제2절에서는 폐쇄경제에서의 소득분배가 경제성장에 미치는 영향을 테일러(Taylor, 2004)의 모형을 이용해 살펴본다. 제3절에서는 2절의 논의를 개방경제로 확장할 때 어떤 결과를 가져오는가를 살펴본다. 제4절에서는 3절의 논의가 한국경제에 어떤 함의를 지니는가를 알아본다.

2. 폐쇄경제에서 소득분배가 경제에 미치는 영향

우선 칼레츠키안 거시 모형들의 일반 가정에 따라 테일러(Taylor, 2004)는 경제 전체의 생산(output)은 가용한 자본 스톡에 의해 제한되지 않고 최종 재화의 가격이 다음의 마크업 결정방식에 의해 결정된다고 가정한다.

(1) $P = (1+\tau)wb$

여기서 P는 물가수준, w는 명목임금, b는 노동(L)−산출(X) 계수(즉,

4) 대표적인 연구들로는 마글린과 바두리(Marglin and Bhaduri, 1990)와 테일러(Taylor, 1990) 등이 있다.

<표 6-1> 폐쇄경제에서 거시적 관계

(1.1) $P = wb/(1-\pi)$
(1.2) $b = L/X$
(1.3) $u = X/K$
(1.4) $r = \pi u$
(1.5) $g^i = g_0 + \alpha r + \beta u = g_0 + (\alpha\pi + \beta)u = g^i(\pi, u)$
(1.6) $g^s = [s_\pi \pi + s_w(1-\pi)]u = s(\pi)u$
(1.7) $g^i - g^s = 0$

$b = L/X$), 그리고 τ는 마크업률을 가리킨다. 따라서 식 (1)은 최종 재화의 가격이 가변비용에 일정한 마크업을 더하여 결정된다는 것을 의미하고 있다. 명목임금은 계급투쟁, 노자 간 협상의 역사 등의 제도에 의해 일정 시점에서 주어진 것으로 가정한다. 또, 계수 b는 기술이나 관습에 의해 주어진 것으로 가정한다.

경제의 총생산은 임금소득으로 귀속되든지 아니면 이윤소득으로 귀속된다. 즉 $PX = wbX + \pi PX$이며, 여기서 π는 총생산에서 이윤의 몫을 나타낸다. 이 경우 재화시장의 거시적 관계를 위의 표로 나타낼 수 있다.

식 (1.1)은 마크업 가격결정식 식 (1)을 $1+\tau = 1/(1-\pi)$라는 관계를 이용하여 다시 표시한 것이다. 자본스톡 대비 산출 u는 식 자본계수의 역수로 한 단위의 자본당 실질산출량을 의미한다. 따라서 u는 한 경제의 활동의 척도(a measure of economic activity)이다. 이윤율 r은 식 (1.6)에서 보이듯이 이윤 몫(π)과 산출-자본 비율(u)의 곱으로 표시할 수 있다. g^i는 감가상각을 무시한 투자수요에 의해서 결정되는 자본스톡의 증가율이다(즉, $g^i = PI/PK = I/K$, 단 여기서 I는 실질투자). 칼레츠키는 투자수요가 미래 기대 수익의 지표인 이윤율에 영향 받는다고 가정했다.[5] 또 생산량

5) 블레커(Blecker, 2002)는 기업의 보유 이윤이 투자의 제약을 완화할 수 있다는 다른 근거를 제시한다.

증가가 새로운 장비에 대한 수요를 유발한다는 점에서 투자수요가 u에 의해서도 영향을 받는 것으로 규정되어 있다. 따라서 투자수요함수 $g^i = g^i(\pi, u)$의 두 편미분계수는 양이다.

g^s는 저축공급에 의해서 제약된 자본스톡성장률로서 국민경제의 총저축을 자본스톡의 가치로 나눈 값이다. 자본가와 노동자는 각기 소득의 일정비율, 즉 자본가는 s_π, 노동자는 s_w의 비율로 저축을 한다. 자본가의 저축성향이 노동자의 저축성향보다 크다면 전체 저축률은 π의 증가함수이다.

명목임금(w)은 앞에서 말한 이유로 주어진 것으로, 자본스톡(K)은 이전의 투자에 의해 결정된다고 가정하자. 그러면 마크업률(τ)이 주어지는 것으로 상정되기 때문에 물가수준(P)과 소득배분은 식 (1.1)에 의해 결정된다. 그리고 수요방정식인 (1.5)~(1.7)과 분배항등식인 (1.4)에 의해 r와 u가 동시에 결정된다. 따라서 총생산(X)은 식 (1.3)에 의해 결정되고 고용(L)은 식 (1.2)에 의해 결정된다.

식 (1.1)에서 식 (1.6)으로 표현된 거시경제의 균형은 재화시장의 초과수요가 0일 때, 즉 식 (1.7)이 충족될 때 달성된다.[6] 따라서 이 모형에서 u가 조정변수로 경제의 균형을 보장하게 된다. 이 체계의 균형의 안정성은 생산의 변화에 따른 투자수요의 변화가 저축의 변화보다 작을 때, 즉 다음의 조건이 충족될 때 달성된다.[7]

$$(2) \quad \Delta = s_\pi \pi + s_w (1-\pi) - [dg^i/du] > 0$$

6) 분석의 편의를 위해서 정부부문과 금융부문을 고려하지 않고 있는데 내생적 화폐를 가정한다면 상대가격이나 절대가격은 경제의 비화폐부문에서 제도적으로 결정되는 것으로 생각할 수 있다(Taylor, 2004: 127).

7) 이 동태모형의 균형의 안정성에 대하여는 테일러(Taylor, 1991: 71)를 참조하라.

식 (1.7)에 따라 산출－자본 비율(u)의 균형수준은 다음과 같다.

$$(3)\quad u = g_0/[s(\pi)-(\alpha\pi+\beta)] = g_0/\Delta$$

이제 소득분배의 변화가 경제에 미치는 영향을 알아보자. 먼저 이윤분배 몫의 증가가 경제활동에 미친 영향은 다음과 같다.

$$(4)\quad du/d\pi = [\alpha-(s_\pi - s_w)]u/\Delta$$

식 (4)에 따르면 소득분배에서 이윤 몫의 증가는 이러한 증가로 투자수요가 강하게 반응하거나(즉, α가 상당히 크거나) 노동자들이 높은 저축률을 가지는 경우에 경제를 활성화할 수 있다는 것을 알 수 있다.

또 이러한 이윤 몫의 증가가 경제성장에 미치는 영향은 다음과 같다.[8)]

$$(5)\quad dg/d\pi = [\alpha s_w - \beta(s_\pi - s_w)]u/\Delta$$

식 (5)에 따르면 이윤 몫의 증가는 가속도효과가 없는 경우(β=0) 경제성장을 촉진하고, 가속도효과가 크거나 임금소득으로부터의 저축이 이윤소득으로부터의 저축보다 상당히 작은 경우 소비 감소의 영향으로 경제를 침체시킨다는 것을 알 수 있다.

3. 개방경제에서 소득분배가 경제에 미치는 영향

이제 경제는 자국의 생산물 중 E만큼을 해외에 수출한다. 그리고 자본스

---

8) 식 (5)는 식 (3)에서 구한 u를 식 (1.6)에 대입한 후 이를 π에 대해서 미분한 값이다.

톡 대비 수출 $\varepsilon(=E/K)$은 실질환율 $\rho(=e/P$, e는 타국통화로 표시한 자국통화의 교환비를 나타내는 명목환율)이 절하되면(이 경우 올라가면) 증가한다.[9] 또 생산을 위해 수입중간재를 총생산의 일정 비율(a)로 수입한다. 따라서 생산의 총비용은 다음과 같다.

(6) $PX = wbX + \pi PX + eaX$

이 경제의 생산물에 의한 총수요는 다음과 같다.

(7) $PX = PC + PI + PE$

즉, 국내에서 소비(C)되거나 투자(I)되거나 해외로 수출(E)된다. 위 두 식으로부터 투자에 사용되는 저축자원을 다음과 같이 나타낼 수 있다.

(8) $PI = s_{\pi}\pi PX + s_{w}wbX + (eaX - PE)$

즉, 투자는 자본가들의 저축, 임금소득자들의 저축, 무역수지 적자로 나타나는 해외로부터의 저축에 의해 제한된다고 볼 수 있다. 이 모형에서의 재화시장의 거시적 관계를 <표 6-2>로 나타낼 수 있다.

식 (2.1)은 개방경제에서 마크업 가격결정을 나타내는데, 이제 최종재화의 가격은 단위 노동비용과 단위 수입중간재비용의 합계인 단위가변비용($wb+ea$)에 일정한 마크업률을 곱한 것으로 나타난다. 식 (2.3)에서 ϕ는 가변비용에서 수입중간재가 차지하는 비중을 의미한다. 투자수요함수는 폐쇄경제와 같이 상정되었고, 저축공급에 의해서 제약된 자본스톡성장률

---

9) 자국의 소득이 증가하는 경우(u의 증가로 나타나는)에도 수출이 증가할 수 있으나, 이 글에서는 분석의 편의를 위해 생략한다.

<표 6-2> 개방경제에서 거시적 관계

(2.1) $P=(wb+ea)/(1-\pi)$
(2.2) $b=L/X$
(2.3) $\phi=ea/(wb+ea),\ \rho=e/P=\phi(1-\pi)/a$
(2.4) $r=\pi u$
(2.5) $g^i=g_0+\alpha r+\beta u=g_0+(\alpha\pi+\beta)u=g^i(\pi,\ u)$
(2.6) $g^s=\{s_\pi\pi+[s_w(1-\phi)+\phi](1-\pi)\}u-\epsilon=\tilde{s}(\pi)u-\epsilon$
(2.7) $\epsilon=E/K=\epsilon(\rho)$
(2.8) $g^i-g^s=0$

을 표시하는 식 (2.6)은 식 (8)로부터 도출된다.

식 (2.1)에서 식 (2.7)로 표현된 거시경제의 균형은 재화시장의 초과수요가 0일 때, 즉 식 (2.8)이 충족될 때 달성된다. 일반적인 균형의 안정성은 다음의 조건이 충족될 때 달성된다.

$$(9)\quad \Gamma=\tilde{s}(\pi)-(\alpha\pi+\beta)>0$$

식 (2.8)에 따라 산출−자본 비율(u)의 균형수준은 다음과 같다.

$$(10)\quad u=\frac{(g_0+\epsilon)}{[\tilde{s}(\pi)-(\alpha\pi+\beta)]}=\frac{(g_0+\epsilon)}{\Gamma}$$

이제 소득분배의 변화가 경제에 미치는 영향을 알아보자. 먼저 이윤분배 몫의 증가가 경제활동에 미친 영향은 다음과 같다.

$$(11)\quad \frac{du}{d\pi}=\frac{[\alpha-(s_\pi-s_w(1-\phi)-\phi]u-\eta\epsilon/(1-\pi)}{\Gamma}$$

위 식에서 η는 수출의 실질환율에 대한 탄력성을 의미한다. 개방경제의 경우에도 폐쇄경제와 마찬가지로 소득분배에서 이윤 몫의 증가는 이러한 증가로 투자수요가 강하게 반응하거나(즉, α가 상당히 크거나) 노동자들이 높은 저축률을 가지는 경우에 경제를 활성화할 수 있다는 것을 알 수 있다. 하지만 이 경우에 마크업률의 증가가 실질환율을 절상시키고 이에 따른 수출의 감소로 경제의 활성화 정도는 떨어질 수 있음을 알 수 있다. 이러한 효과는 수출의 실질환율에 대한 탄력성이 클수록 크게 나타난다.

또 이러한 이윤 몫의 증가가 경제성장에 미치는 영향은 다음과 같다.

$$(12)\quad \frac{dg}{d\pi}=\frac{[(\alpha+\beta)[s_w(1-\phi)+\phi]-\beta s_\pi]u}{\Gamma}-\frac{\tilde{s}(\pi)\eta\epsilon}{(1-\pi)}$$

식 (12)에 따르면 실질환율의 변화를 통해 미치는 효과를 고려하지 않을 때, 이윤 몫의 증가는 가속도효과가 아주 작을 경우(즉, β가 0에 가까울수록) 경제성장을 촉진하는 것을 알 수 있다. 또 임금소득자의 저축성향이 크거나 자본가의 저축성향이 작을수록 경제성장을 촉진시킬 가능성이 큰 것을 알 수 있다. 그리고 이윤 몫의 증가로 투자수요가 강하게 반응할 경우에도 경제성장을 촉진시킬 가능성이 큰 것을 알 수 있다. 하지만 실질환율에 대한 효과를 고려할 때 우리는 이윤 몫의 증가가 실질환율에 영향을 미쳐 이에 따라 수출이 큰 영향을 받을 수 있고, 이 경우에는 성장에 부정적 영향을 줄 수 있음을 알 수 있다.

4. 현재 한국 경제에 대한 몇 가지 시사

한국 경제에서 소득분배는 <그림 6-1>에서 보듯이 1980년대 이후 계속 개선되는 모습을 보이다가 외환위기 이후 상당히 악화되었다.[10)]

10) 또 다른 지표인 분위배율로 보나 지니계수로 보나 외환위기 이후의 상당한 소득분

<그림 6-1> 자본소득의 분배율

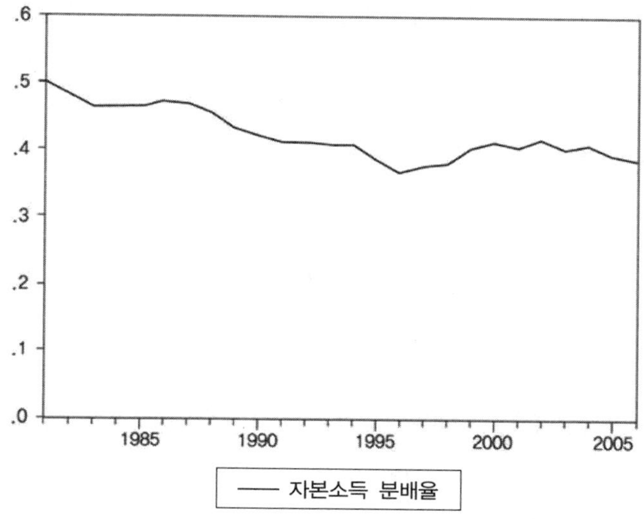

자본소득의 분배율은 1980년대 이후 지속적으로 하락해서 1996년에 0.366에 이른 뒤 외환위기 이후 2002년에는 0.419까지 올라간다. 이와 동시에 경제는 <표 6-3>에서 볼 수 있듯이 외환위기 이전에 비해 침체된 모습을 보이고 있다. 국내총생산(GDP)의 실질성장률은 위기 이전 기간(1991~1996년)의 연평균 7.7%에서 위기 이후(1998~2006년)에는 연평균

배 악화를 볼 수 있다. 예를 들어 지니계수의 경우 위기 이전 1991년에서 1996년까지의 평균값은 0.279에 불과하나 1999년의 0.315로 최고를 기록하고 최근에는 약간 감소된 모습을 보이기는 하나 여전히 0.3을 상회하는 모습을 보인다(배성종·이상호, 2006). 또한 노동소득의 분배율도 최근에 회복세를 보이나 외환위기 이후에 지속적으로 악화되는 모습을 보인다. 물론 최근의 분배율도 위기 이전과 비교해서는 낮다. 이러한 소득분배의 악화는 외환위기 이후 노동시장의 유연성 및 경제의 불확실성 증대 및 재벌지배의 심화, 세계화에 따른 경쟁의 심화 등에서 그 원인을 찾을 수 있다(장상환, 2007).

<표 6-3> 외환위기 전후의 경제지표

	실질성장률	설비투자증가율	소비증가율	실질환율
1991~1996년 평균	7.7	11.4	7.6	648.8
2001년	3.8	-9.0	4.9	1171.9
2002년	7.0	7.5	7.9	1406.5
2003년	3.1	-1.2	-1.2	1338.6
2004년	4.7	3.8	-0.3	1244.9
2005년	4.2	5.7	3.6	1143.7
2006년	5.0	7.6	4.2	1000.3
1998~2006년 평균	4.3	4.7	2.8	1194.2

4.3%로 하락했다. 또 설비투자증가율과 민간소비증가율도 반 이상으로 떨어진 것을 알 수 있다. 칼레츠키안 경제모형을 이용해서 소득분배가 경제에 미치는 영향을 분석한 앞 절의 논의를 바탕으로 이러한 상황에 대해 살펴보자.

먼저 외환위기 이후의 소득분배의 악화, 즉 자본소득의 분배 몫의 증가는 상대적으로 소비성향이 큰 임금소득자의 소비를 위축시키고 이에 따른 총수요의 위축으로 경제의 침체와 성장의 둔화를 유발했을 가능성이 높다. 이와 연관해 배성종·이상호(2006)는 소득분배의 지표로서 소득분위배율, 지니계수, 일반화 엔트로피를 이용하여 분기별 자료를 이용한 검증에서 소득분배의 악화가 외환위기 이후 소비의 감소에 유의한 영향을 주었음을 밝혔다.

여기에서는 자본소득분배율의 변화가 소비에 어떤 영향을 주었는지를 알아보기 위해 다음과 같은 소비함수를 추정했다.

$$(13) \quad C_t = \beta_0 + \beta_1 Y_t + \beta_2 \pi_t + \epsilon_t$$

<표 6-4> ADF 검증 결과 (검증식: $\Delta y_t = \alpha + \beta_t + \rho y_{t-1} + \Sigma \delta_i \Delta y_{t-i} + \epsilon_t$)

검증기간	y	시차	ρ=0의 ADF 통계량
1981~2006	C	4	-2.93
	Y	1	-2.43
	ΔC	3	-3.82
	ΔY	1	-3.72
	π	3	-3.68

주: 1) 여기서 Δ는 그 변수의 차분을 의미한다.

2) 시차의 선택은 AIC(Akaike information criteria)와 SIC(Schwartz information criteria)를 기준으로 했음.

3) 5% 유의수준에서 MacKinnon 임계치는 -3.64임.

단, 여기서 C_t, Y_t, π_t는 각기 t기의 민간소비, 국내총생산, 자본소득의 분배율을 의미한다.

추정에 앞서 각 변수들의 시계열의 안정성을 알아보기 위해 ADF (Augmented Dickey-Fuller) 단위근 검증을 했다. <표 6-4>의 ADF 단위근 검증에서 알 수 있듯이 민간소비와 국내총생산은 수준변수에서는 단위근이 존재하여 불안정한 것으로 나타났으나 수준변수를 1차 차분할 경우 안정적인 시계열이 되는 것으로 나타났다. 또 자본소득의 분배율은 안정적인 시계열로 판명되었다.

따라서 식 (13)의 추정에서 민간소비와 국내총생산 두 변수는 로그차분한 변수를 사용했다. 통상최소자승법(OLS)을 이용한 추정결과는 다음과 같다.

$$C = 0.14 + 1.09Y - 0.36\pi$$
$$(2.32) \quad (8.41) \quad (-2.41)$$

(단, 괄호 안의 값은 t통계량임)

분석 결과를 보면 외환위기 이후 소비증가율의 감소에 소득분배의 악화가 기여했음을 알 수 있다.[11] 또 외환위기 이후의 자료를 살펴보면 이러한 소득분배의 악화가 유발한 소비의 감소가 저축의 증가로 상쇄되지 못하여 경제성장의 둔화에 영향을 미쳤을 개연성이 상당히 크다.[12] 장상환(2007)과 정규일(2007)에 따르면 위기 이후 5분위로 볼 때 최상위 소득계층을 제외한 모든 계층의 저축률이 상당히 감소하고 최하위 소득계층은 심지어 음의 저축률을 보인다.

이제 우리의 모형에서 소득분배가 성장에 영향을 주는 또 다른 항목인 투자수요에 대해 살펴보자. 앞의 모형에서 우리는 비록 자본소득분배율의 증가가 소비를 악화할지라도 투자수요에 큰 긍정적 영향을 미치면(모형의 분석에서 α가 상당히 크다면) 총수요를 증가시켜 경제성장에 기여할 수 있음을 보았다. 하지만 앞의 <표 6-3>에서 볼 수 있듯이 설비투자의 증가율은 위기 이전에 비해 상당히 낮은 수준이다.

이러한 투자의 부진에 대한 우려는 그 원인에 대해 많은 연구결과를 낳았다. 이항용(2005)은 주식수익률의 표준편차를 이용하여 최근의 투자부진 현상이 불확실성의 증대에 기인함을 보인다. 그는 외환위기 이후 수익성 위주의 안정적, 보수적 경영이 강조되어 기업들이 증대된 불확실성에 민감하게 반응하기 때문에 투자 부진이 초래되었다고 분석했다. 이런 투자 부진의 메커니즘으로는 불확실성의 증대로 기업들이 단기유동성의 보유를 증가시키려고 할 가능성을 제시하고 있다.

박현수(2004)는 KOSPI 200 구성종목을 대상으로 한 분석에서 외환위

11) 이 글은 칼레츠키안의 전통에 따라 케인지언(Keynesian) 소비함수를 추정하고 있다. 하지만 항상소득가설에 의하면 금융위기 이후의 소비성장률 감소는 경제성장률의 장기 추세의 변화가 큰 영향을 미쳤을 가능성도 있다. 이 점에 대해 지적해주신 익명의 심사위원에 감사드린다.

12) 위기 이후 경제 전체의 저축률은 상당히 감소한다. 국내총생산에 대한 총저축의 비율을 보면 1996년에는 0.355이지만 2006년에는 0.314이다.

기 이후 외국인 주식보유비중의 증대가 설비투자에 부정적 영향을 주었음을 밝혔다. 그는 그 원인으로 외국인 투자자들이 장기설비투자보다는 구조조정 등의 단기적 성과를 중시하기 때문이라는 이유를 제시한다.

김봉기·김정훈(2006)은 분기자료를 이용한 분석에서 최근의 설비투자 부진이 산업구조 변화, 기업경영환경의 불확실성, 외국인 직접투자와 해외직접투자의 확대, 자금조달형태 등 구조적 요인에 주로 기인하고 있음을 밝혔다.

홍기석(2006)은 위기 이후의 전반적인 투자 부진 현상의 원인을 기업이 부채비율을 낮춘 것에서 찾고 있다. 그는 외환위기 이후 부채비율과 투자율이 같이 하락하는 현상을 설명하기 위해서는 부채부담에 대한 기업 및 금융기관의 인식의 변화와 같은 구조적 변화나 기업들의 위험에 대한 인식의 구조적 변화를 전제해야만 한다고 주장한다.

장상환(2007)은 위기 이후 재벌지배의 심화와 시장구조의 독과점 심화에 따른 과점체제의 형성, 그리고 주주가치 중시의 기업경영환경은 과잉설비에 대한 기피현상을 가져오고 이에 따라 이윤소득의 분배 몫이 증가했음에도 투자수요의 악화를 초래했다고 주장한다.

조복현(2007)은 위기 이후 금융화의 발전 및 금융행태의 변화로 대변되는 구조적 변화는 금융활동의 단기화와 변동성의 증가를 가져오고 금융적 수익원리의 강화를 초래함으로써 투자조달은 물론 투자결정을 불안정하게 만들어 결국 투자의 감소를 초래했다고 주장한다. 그에 따르면 은행의 자산운용 단기화와 이자율의 변동성 증가는 기업의 자금조달을 곤란하게 만들었고, 주식거래의 단기화와 주가 변동성 증가는 기업의 투자결정에 불안정성을 초래한다. 또 금융적 수익원리 강조에 따른 기업의 수익 중 자사주 매입, 배당지불, 금융적 투자의 증대, 경영진에 대한 M&A 위협은 설비투자로 이용할 내부유보의 크기를 적게 해서 투자에 부정적 영향을 미친다는 것이다(조복현, 2007: 289).

<그림 6-2> 순수출(1990~2006)

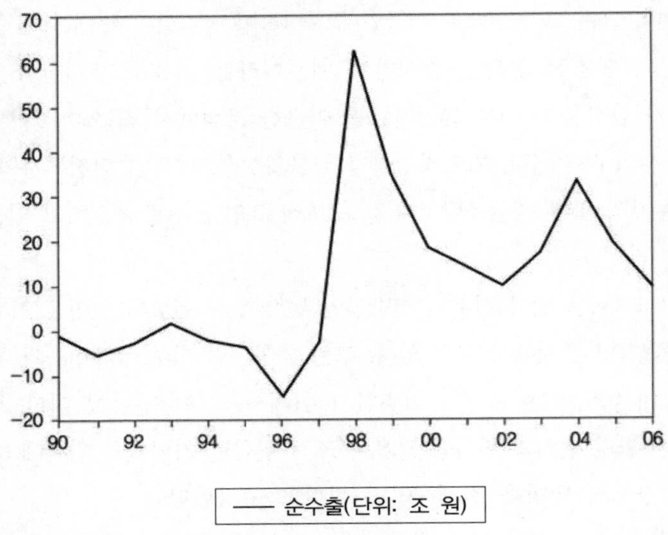

앞의 여러 분석들이 투자 부진이라는 현상에 대해서 서로 다른 원인을 제시하고 있지만 최근의 투자 부진은 기업의 재무제표 항목들이 상당히 개선되었고 자본소득분배율이 증가하는 등 기업경영환경이 나아지고 외환위기의 충격에서 벗어나 경제가 안정을 되찾았음에도 지속되고 있다는 점을 부정할 수는 없다. 즉, 최근의 투자 부진은 많은 논자들이 동의하듯이 구조적 변화에 기인하고 있음을 알 수 있다. 따라서 자본소득분배율의 증가가 투자에 미치는 영향은 소비악화의 효과를 상쇄하지 못하고, 이에 따른 총수요의 감소로 경기가 침체되어 성장에 나쁜 영향을 주었을 가능성을 앞 절의 분석에서 시사하고 있다.

마지막으로 <표 6-3>과 <그림 6-2>에서 보듯이 외환위기 이후 실질 환율의 상승(평가하락)이 순수출을 증대시켜 총수요의 감소로 인한 한국 경제의 침체를 상당히 완화했다. 이시욱·신석하(2007)는 1997년 1사분기부터 2006년 4사분기의 자료를 이용하여 실질실효환율의 상승은 수출을 증가시키는 효과가 있음을 보였다. 또 김종구(2005)는 1989년 1월부터 2004년 10월까지의 자료를 이용하여 장기 공적분모형으로 추정한 결과 실질실효환율의 상승이 수출을 증가시키는 효과가 있음을 보였다. 신현수(2006)도 비록 작지만 실질환율의 절하가 수출을 증대시키는 효과가 있음을 보인다. 장동구·최준영(2005)도 위기 이후의 수출의 호조를 환율의 지속적 저평가에서 찾고 있다. 따라서 외환위기 이후 실질환율의 상승(평가하락)은 소득분배의 악화로 인해 발생하는 위의 효과를 상당히 상쇄하는 영향을 미쳤음을 추론할 수 있다. 하지만 달러화의 약세로 인한 실질환율의 절상이 만약 독과점체제의 강화로 인한 국내 물가의 상승으로 더욱 가속화된다면 경제성장에 나쁜 영향을 줄 수 있다는 것을 이 글은 보이고 있다.[13)]

5. 맺음말

지금까지 소득분배가 경제성장에 미치는 영향을 칼레츠키안 거시 모형을 개방경제에 적용하여 살펴보았다. 칼레츠키안 거시 모형은 수요 중심의 모형으로, 소득분배가 수요의 각 구성요소들에 미치는 영향을 통해 경제성장에 미치는 영향을 분석한다. 모형의 분석 결과에 따르면, 소득분배에서 이윤 몫의 증가는 이로 인한 투자수요의 증가가 크거나, 소비 악화의 효과가 작거나, 수출에 미치는 영향이 작을수록 경제의 성장에 기여한다.

이러한 모형의 분석 결과는 외환위기 이후 한국 경제의 양극화와 저성

13) 비록 국내 대기업들이 세계시장에서 마크업률을 높일 수 없다 할지라도 국내 물가수준의 상승은 수입의 증가로 인한 순수출의 악화를 초래할 수 있다.

장에 대한 다음과 같은 하나의 해석을 제공한다. 즉, 외환위기 이후 구조적 변화에 따른 투자수요의 악화와 더불어 소득분배의 악화에 따른 임금소득자의 소비와 저축의 위축이 경제 침체에 상당한 영향을 주었을 가능성이 크다는 것이다.

참고문헌

김봉기·김정훈. 2006.「설비투자형태의 구조변화 분석」. ≪조사통계월보≫, 1월호. 한국은행.

김정우. 2005.「노동소득분배율의 변동추이의 의미」. ≪노동리뷰≫, 5월호. 한국노동연구원.

김종구. 2005.「충북의 수출수요함수 추정」. ≪경제연구≫, 제23권 제1호. 한국국민경제학회·한국통상학회.

박현수. 2004.「외국인 주식투자가 국내기업의 성장에 미치는 영향」. ≪Issue Paper≫. 삼성경제연구소.

배성종·이상호. 2006.「소득분배구조의 변화가 소비에 미치는 영향」. ≪조사통계월보≫, 4월호. 한국은행.

신현수. 2006.「수출호조 지속의 원인과 시사점」. ≪KIET 산업경제≫. KIET.

이시욱·신석하. 2007.「최근 우리나라 수출호조세 요인 분석」. ≪KDI 경제전망≫. KDI.

이항용. 2005.「불확실성이 투자에 미치는 영향에 관한 실증분석」. ≪한국개발연구≫, 제27권 제2호.

장동구·최영준. 2005.「비교역재 모형을 이용한 최근의 수출호조 및 내수부진에 관한 분석」. ≪경제분석≫, 제8권 제3호. 한국은행.

장상환. 2007.「민주화 이후 소득분배와 국가의 역할 변화」. 한국사회경제학회 창립 20주년 기념 학술대회 발표논문.

정규일. 2007.「가계저축률 하락과 통화정책 효과」. ≪경제분석≫. 한국은행.

조복현. 2007.「한국의 금융시스템 변화: 금융화의 발전」. ≪사회경제평론≫, 제29호 제1권. 한국사회경제학회.

홍기석. 2006.「최근 기업 설비투자 결정요인의 미시적 분석」. ≪경제분석≫. 한국은행.

Aghion, P., E. Caroli and C. Garcia-Penalosa. 1999. "Inequality and economic growth: The perspective of the new growth theories." *Journal of Economic Literature*, 37, pp.1615~1660.

Blecker, R. A. 2002. "Distribution, demand and growth in neo-Kaleckian maro-models." M. Settlefield(ed.). *The Economics of Demand-led Growth*. Edward Elgar.

Fine, B. 2000. "Endogenous growth theory: a critical assessment." *Cambridge Journal of Economics*, 24, pp.245~265.

Kwack, S. Y and Y. S. Lee. 2007. *Income Distribution of Korea in Historical and International Prospects*. KDI.

Lavoie, M. 2002. "The Kaleckian growth model with target return pricing and conflict inflation." M. Settlefield(ed.). *The Economics of Demand-led Growth*. Edward Elgar.

Marglin, S. A. and A. Bhaduri. 1990. "Profit squeeze and Keynesian theory." Marglin, S. A. and J. B. Schor(ed.). *The Golden Age of Capitalism*. Oxford University Press.

Mott, T. 2002. "Longer-run aspects of Kaleckian macroeconomics." M. Settlefield (ed.). *The Economics of Demand-led Growth*. Edward Elgar.

Pardo-Beltran, E. 2002. "Effects of Income Distribution on Growth." *Center for Economic Policy Analysis Working Paper*.

Settlefield, M.(ed.) 2002. *The Economics of Demand-led Growth*. Edward Elgar.

Solimano, A. 1998. "The end of the Hard Choices? Revisiting the Relationship Between Income Distribution and Growth." A. Solimano(ed.). *Social Inequality: Values, Growth and the State*. The University of Michigan Press.

Steindle, J. 1952. *Maturity and Stagnation in American Capitalism*. Blackwell, Reprinted. 1976. Monthly Review Press.

Taylor, L. 2004. *Reconstructing Macroeconomics: Structuralist Proposal and Critiques of the Mainstream*. Harvard University Press.

Taylor, L. 1991. *Income Distribution, Inflation, and Growth: Lectures on Structural Macroeconomic Theory*. MIT Press.

Taylor, L. 1990. "Real and money wages, output and inflation in the semi-industrialized world." *Economica*, 57, pp.329~353.

제7장

비정규직 남용과 차별 해소를 위한 정책과제

김유선 | 한국노동사회연구소 소장

1. 들어가는 말

1999년 3월 「경제활동인구조사」 결과 "임시·일용직 비중이 전체 노동자의 절반을 넘어섰다"는 통계청 발표가 있자 '비정규직 남용과 차별' 문제는 한국 사회 최대 현안으로 떠올랐고, 2002년 12월 대통령선거 때는 '비정규직 남용규제와 차별금지'가 노동부문 최대 공약으로 제기되었다.

참여정부는 2004년 5월 '공공부문 비정규직 대책'을 발표했고, 9월에는 기간제와 파견제 법률안을 입법예고했다. 그러나 참여정부에서 비정규직 증가는 오히려 공공부문이 주도했고, 노동부가 입법예고한 기간제와 파견제 법률안은 노동계와 시민사회단체로부터 "비정규직 남용을 조장하고 차별을 심화시킨다"며 거센 반발을 불러일으켰다. 2005년 4월 인권위원회는 노동부 입법예고안에 대한 재검토를 권고했고, 국회는 노사정 3자 교섭을 주관했다. 2006년 하반기에는 민주노총이 빠진 상태에서 한국노

---

* 이 글은 한국경제발전학회 추계 학술대회(2008. 9)에서 발표한 것이다.

총과 경총이 합의를 도출했고, 국회에서 「기간제 및 단시간근로자 보호 등에 관한 법률」이 제정되었다.

지금까지 비정규직 문제에 대한 대처는 주로 비정규직 관련 법률의 제·개정을 둘러싸고 이루어졌다. 그렇지만 설령 노동계가 요구하는 수준에서 관련 법률을 제·개정하더라도, 이것만으로는 결코 '비정규직 남용과 차별' 문제가 해소되지 않을 것이다. 그만큼 한국 사회에서 비정규직 남용과 차별은 구조화(고착화)되어 있기 때문이다. 따라서 이 글에서는 비정규직 관련 법률 제·개정 이외에 다른 정책수단을 검토한다.

제2절에서는 비정규직 남용과 차별 실태를 「경제활동인구조사 부가조사」 자료를 통해 살펴본다. 제3절에서는 한국 사회에서 비정규직 남용과 차별이 다른 나라보다 극심한 원인을 살펴보고, 제4절에서는 그에 따른 사회경제적 폐해를 살펴본다. 제5절에서는 결론을 대신해서 비정규직 남용과 차별을 해소하기 위한 정책수단을 살펴본다.

2. 실태

1) 비정규직 규모

통계청이 2008년 3월에 실시한 「경제활동인구조사 부가조사」에서 비정규직은 858만 명(임금노동자의 53.6%)이고 정규직은 741만 명(46.4%)으로, 전체 노동자의 절반 이상이 비정규직이다. OECD 국가들은 대부분 파트타임이 비정규직의 다수를 점하지만, 우리나라는 시간제근로(파트타임) 비중이 8.1%로 그다지 높지 않다. 이에 비해 비정규직의 97.2%(858만 명 가운데 834만 명)가 임시직이거나 임시근로를 겸하고 있다는 점에서, 다른 나라에서 찾아보기 힘든 특징을 보이고 있다(<표 7-1> 참조).

<표 7-1> 비정규직 규모(2008년 3월)

		수(1,000명)				비율(%)			
		상용	임시	일용	전체	상용	임시	일용	전체
임금노동자(1)		8,898	5,023	2,073	15,994	55.6	31.4	13.0	100.0
정규직(2=1−3)		7,414			7,414	46.4			46.4
비정규직(3=①+…+⑧, 중복 제외)		1,484	5,023	2,073	8,580	9.3	31.4	13.0	53.6
고용계약	임시근로	1,242	5,023	2,073	8,338	7.8	31.4	13.0	52.1
	(장기임시근로)①		3,545	1,396	4,941		22.2	8.7	30.9
	(기간제근로)②	1,242	1,478	676	3,396	7.8	9.2	4.2	21.2
근로시간	시간제근로③	35	585	681	1,301	0.2	3.7	4.3	8.1
근로제공방식	호출근로④	6	36	898	940	0.0	0.2	5.6	5.9
	특수고용⑤	20	497	85	602	0.1	3.1	0.5	3.8
	파견근로⑥	102	59	11	172	0.6	0.4	0.1	1.1
	용역근로⑦	278	257	82	617	1.7	1.6	0.5	3.9
	가내근로⑧	32	40	79	151	0.2	0.3	0.5	0.9

<그림 7-1> 비정규직 규모 추이

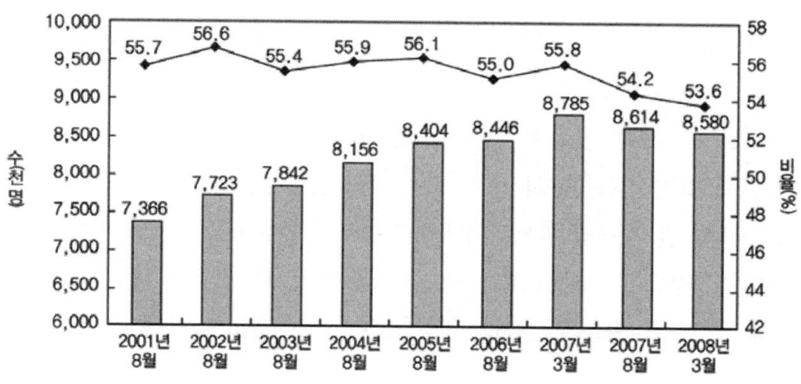

<그림 7-2> 고용형태별 증감 추이(2006년 8월~2008년 3월)

(단위: 1,000명)

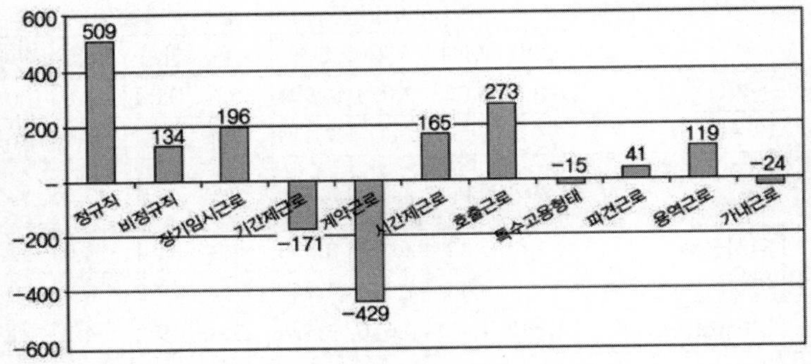

비정규직 규모를 연도별로 살펴보면 2001년 8월 737만 명에서 2007년 3월 879만 명까지 꾸준히 증가하다가 2007년 8월에는 861만 명으로 감소했고, 2008년 3월에는 858만 명으로 같은 수준을 유지하고 있다. 비정규직 비율은 2001년 8월부터 2007년 3월까지 55~56% 수준을 유지하다가 2007년 8월에는 54.2%, 2008년 3월에는 53.6%로 감소했다(<그림 7-1> 참조).

지난 1년 반 동안 정규직은 51만 명 증가하고, 비정규직은 13만 명 증가했다. 세부 고용형태별로 기간제근로(17만 명)에서 특히 계약근로(43만 명)가 큰 폭으로 감소하고, 장기임시근로(20만 명)와 시간제근로(17만 명), 호출근로(27만 명), 용역근로(12만 명), 파견근로(4만 명)는 증가했다. 「기간제 및 단시간근로자 보호 등에 관한 법률」이 시행되자 기업이 (1) 기간제근로를 정규직이나 무기계약근로로 대체하거나, (2) 기간제계약을 해지하고 필요한 인력을 호출근로나 시간제근로로 조달하거나, (3) 파견, 용역 등 간접고용으로 대체했음을 말해준다(<그림 7-2> 참조).

2) 임금

정규직은 지난 3개월간 월평균 임금총액이 2007년 3월 238만 원에서 2008년 3월 246만 원으로 8만 원(3.5%) 인상되고, 비정규직은 120만 원에서 124만 원으로 4만 원(2.8%) 인상되었다. 그 결과 정규직 대비 비정규직 월평균 임금총액은 50.5%에서 50.2%로 확대되었다(<그림 7-3> 참조).

정규직과 비정규직 임금격차는 시간당 임금을 기준으로 하더라도 마찬가지이다. 정규직은 지난 3개월간 시간당 평균임금이 2007년 3월 1만 2,349원에서 2008년 3월 1만 2,978원으로 629원(5.1%) 인상되었는데, 비정규직은 6,473원에서 6,614원으로 141원(2.2%) 인상되었다. 그 결과 정규직 대비 비정규직의 시간당 임금은 52.4%에서 51.0%로 그 격차가 확대되었다. 더욱이 남녀, 고용형태별로 시간당 임금을 살펴보면, 남자를 100이라 할 때 여자는 63이고, 정규직을 100이라 할 때 비정규직은 51이며, 남자 정규직을 100이라 할 때 남자 비정규직은 52, 여자 정규직은 67, 여자 비정규직은 40이다. 남녀 차별보다 고용형태에 따른 차별이 더 심하고, 남녀 고용형태에 따른 차별이 비정규직 여성에게 집중되고 있음을 알 수 있다.

이처럼 고용형태에 따른 차별이 극심함에 따라 비정규직이 저임금계층의 대다수를 차지하고 있다. EU(유럽연합)의 LoWER(Low Wage Employment Research Network, 저임금고용연구네트워크) 기준에 따라 저임금계층을 '중위임금의 2/3 미만'으로 정의하면, 전체 노동자 1,599만 명 가운데 432만 명(27.0%)이 저임금계층이고, 이 가운데 정규직은 47만 명(6.4%), 비정규직은 385만 명(44.9%)이다. 정규직은 16명 중 1명, 비정규직은 2명 중 1명이 저임금계층이다(<그림 7-4> 참조).

<그림 7-3> 고용형태별 월 임금총액 추이

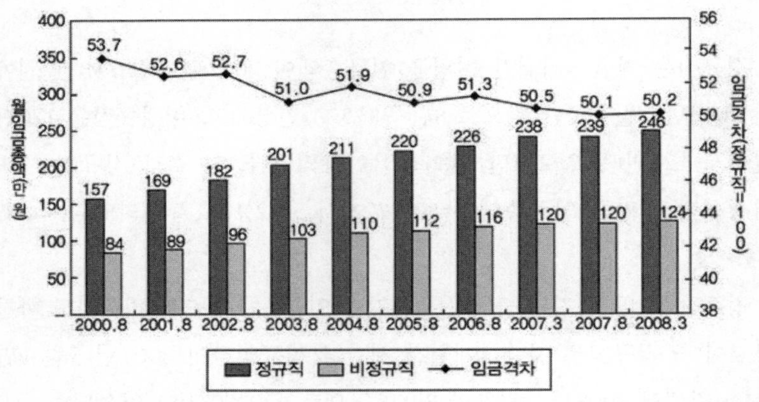

<그림 7-4> 고용형태별 저임금 노동자 규모(2008년 3월)
(단위: 1,000명)

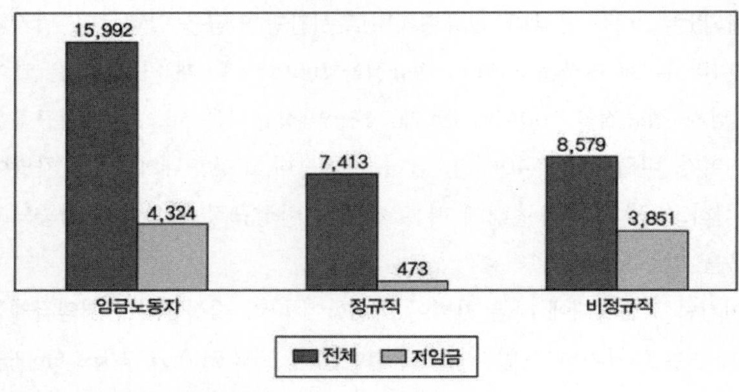

주: 저임금=시간당 임금 중위값(7,484원)의 2/3인 4,989원 미만.

3) 사회보험 가입률 및 노동조건 적용률

정규직은 현 직장에서 사회보험(국민연금·건강보험·고용보험) 가입률이 82~98%인데, 비정규직은 33~36%밖에 안 된다. 정규직은 퇴직금·상여

<그림 7-5> 고용형태별 사회보험 및 노동조건 적용률(2008년 3월)

(단위: %)

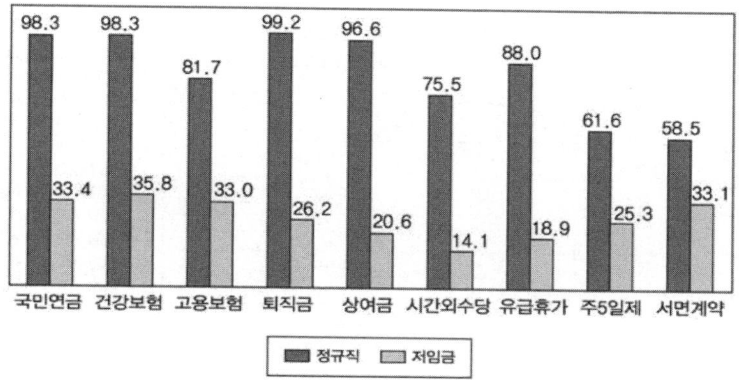

금·시간외수당·유급휴가를 76~99% 적용받지만, 비정규직은 14~26% 만 적용받고 있다(<그림 7-5> 참조).

연도별 추이를 살펴보면 정규직과 비정규직 모두 사회보험 가입률이 완만하게 증가하고 있다. 정규직은 국민연금·건강보험 가입률이 98%, 고용보험 가입률이 82%이다. 비정규직은 사회보험(국민연금·건강보험·고용보험) 가입률이 2001년 19~22%에서 2008년 33~36%로 14%p 증가했다. 정규직은 퇴직금과 상여금의 적용률이 100%에 근접하고 시간외수당과 유급휴가 적용률이 76~88%인데, 비정규직은 퇴직금·상여금·시간외수당·유급휴가 적용률이 10~14%에서 14~26%로 증가했다.

그러나 비정규직의 사회보험 가입률과 노동조건 적용률은 앞으로도 개선 폭이 미미할 것이다. 그것은 비정규직 다수가 임시근로 내지 임시근로를 겸하고 있어서 사업체 소속 상용직을 중심으로 설계된 현행 사회보험 제도의 가입률을 늘린다든지, 「근로기준법」 적용률을 늘리는 것은 근본적으로 한계가 있을 것이기 때문이다(<그림 7-6> 참조).

<그림 7-6> 연도별 고용형태별 사회보험과 노동조건 적용률 추이

(단위: %)

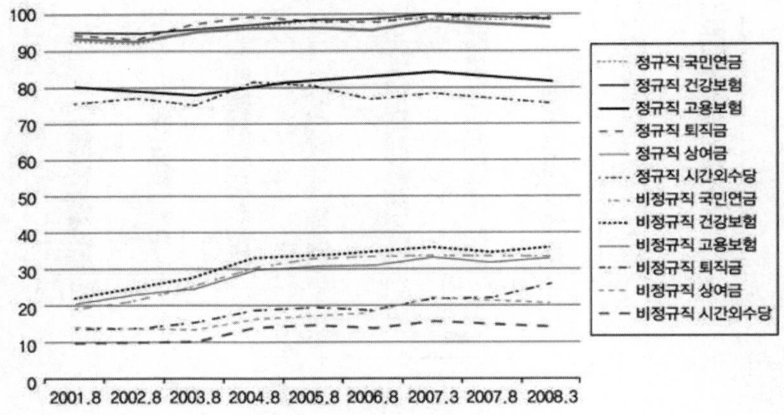

<표 7-2> 고용형태별 사회보험 적용률 (2008년 3월, 단위: %)

	국민연금			건강보험					전체
	미가입	직장 가입자	지역 가입자	미가입	직장 가입자	지역 가입자	의료 수급 권자	직장 가입 피부 양자	전체
임금노동자	30.0	63.5	6.5	8.4	64.8	18.2	1.1	7.5	100.0
정규직	1.1	98.3	0.6	0.1	98.3	1.3	0.0	0.3	100.0
비정규직	55.0	33.4	11.7	15.7	35.8	32.8	2.0	13.7	100.0
임시근로	56.3	31.8	12.0	16.1	34.2	33.5	2.0	14.1	100.0
(장기임시근로)	65.4	19.9	14.7	18.9	21.3	41.0	2.2	16.5	100.0
(기간제근로)	43.0	49.0	8.0	12.0	53.0	22.6	1.7	10.6	100.0
시간제근로	83.7	6.4	9.9	25.2	7.8	36.5	3.4	27.1	100.0
호출근로	81.9	0.7	17.3	21.2	1.3	55.7	3.9	17.9	100.0
특수고용	67.2	8.0	24.8	16.3	6.5	54.3	2.5	20.4	100.0
파견근로	19.2	73.8	7.0	5.2	76.9	9.8	1.2	6.9	100.0
용역근로	35.6	58.4	6.0	5.7	73.9	13.0	0.6	6.8	100.0
가내근로	71.7	16.4	11.8	21.9	17.2	30.5	2.6	27.8	100.0

국민연금과 건강보험은 직장가입 이외에 지역가입이 가능하고, 건강보험은 의료보호나 직장가입자의 피부양자로 적용받을 수 있다. 이러한 측면까지 감안해서 비정규직 사회보험 가입률을 계산하면, 건강보험은 직장가입(35.8%), 지역가입(32.8%), 직장가입자의 피부양자(13.7%), 의료수급권자(2.0%) 등 84.3%가 적용받고 있다. 이에 비해 국민연금은 직장가입(33.4%)과 지역가입(11.7%)을 합쳐도 가입률이 45.0%밖에 안 된다(<표 7-2> 참조).

4) 고용안정성과 일자리 만족도

고용안정성의 지표로 근속년수 평균값을 살펴보면, 정규직은 4.7년이고 비정규직은 2.0년이다. 중위값 기준으로 정규직은 5.0년이고 비정규직은 0.75년이다. 비정규직은 아홉 달에 한 번 꼴로 직장을 옮기고 있다(<표 7-3> 참조).

이처럼 직장을 자주 옮겨 다니고 고용이 불안정한 상태에서 일자리 만족도가 높을 수 없다. 실제로 정규직은 현재 일자리 형태에 자발적으로 취업했다는 응답이 98.0%인데, 비정규직은 비자발적으로 취업했다는 응답이 67.7%에 이르고 있다. 정규직은 자발적 취업사유를 '안정된 일자리'(51.2%)와 '근로조건 만족'(40.9%) 순으로 응답하고, 비정규직은 비자발적 취업사유를 '생활비 등 당장 수입이 필요해서'(42.9%)와 '원하는 일자리가 없어서'(9.7%) 순으로 응답하고 있다.

고용형태별 비자발적 취업자 비율은 호출근로(90.9%), 장기임시근로(78.9%), 가내근로(66.9%), 특수고용(64.6%), 시간제근로(59.5%), 기간제근로(55.4%), 용역근로(54.6%), 파견근로(39.0%), 정규직(2.0%) 순으로 높다. 특히 비정규직은 비자발적 취업이 전년에 비해 크게 증가했다(<표 7-4> 참조).

<표 7-3> 연도별 근속년수 평균값과 중위값

(단위: 년)

	평균값					중위값				
	05년 8월	06년 8월	07년 3월	07년 8월	08년 3월	05년 8월	06년 8월	07년 3월	07년 8월	08년 3월
임금노동자	4.52	4.51	4.51	4.60	4.69	1.67	1.58	1.67	1.67	1.92
정규직	7.95	7.75	7.81	7.78	7.80	5.33	5.17	5.00	5.00	5.00
비정규직	1.84	1.86	1.91	1.91	2.00	0.67	0.67	0.75	0.67	0.75
임시근로	1.78	1.83	1.88	1.88	1.93	0.58	0.58	0.67	0.58	0.75
(장기임시근로)	1.73	1.73	1.68	1.68	1.71	0.67	0.67	0.67	0.58	0.67
(기간제근로)	1.83	1.97	2.16	2.17	2.25	0.58	0.58	0.75	0.67	0.92
시간제근로	0.89	1.02	0.88	0.95	1.12	0.25	0.25	0.17	0.33	0.25
호출근로	0.19	0.23	0.18	0.19	0.21	0.00	0.00			
특수고용	3.21	2.74	2.69	2.93	3.47	1.47	1.08	1.00	1.25	1.54
파견근로	2.37	2.00	1.92	2.09	2.72	1.20	0.92	1.00	1.08	1.80
용역근로	2.05	1.96	2.07	2.14	2.18	0.92	0.92	0.92	1.00	1.08
가내근로	1.14	1.16	0.92	1.33	2.44	0.25	0.42	0.08	0.25	0.33

<표 7-4> 고용형태별 취업동기(2008년 3월)

(단위: %)

	자발적 취업 여부		자발적 취업 사유			비자발적 취업 사유			
	자발적 취업	비자발적 취업	근로조건 만족	안정된 일자리	기타	생활비 등 수입 필요	원하는 일자리 없어	전공 경력 맞는 일자리 없음	기타
임금노동자	62.8	37.2	25.9	28.3	8.6	23.6	5.4	1.5	6.7
정규직	98.0	2.0	40.9	51.2	5.9	1.3	0.4	0.2	0.1
비정규직	32.3	67.7	12.9	8.5	11.0	42.9	9.7	2.7	12.5
임시근로	30.7	69.3	11.8	7.9	11.0	43.9	9.9	2.7	12.8
(장기임시근로)	21.1	78.9	6.5	3.1	11.5	49.8	11.5	3.1	14.5
(기간제근로)	44.6	55.4	19.5	14.8	10.3	35.4	7.6	2.2	10.2
시간제근로	40.5	59.5	8.8	1.5	30.3	33.6	5.9	1.7	18.3
호출근로	9.1	90.9	2.3	0.4	6.4	72.1	8.8	2.1	7.8
특수고용	35.4	64.6	7.1	2.5	25.8	31.4	8.0	2.5	22.7
파견근로	61.0	39.0	28.9	20.8	11.3	27.2	6.4	1.7	3.7
용역근로	45.4	54.6	24.4	15.0	5.9	41.6	7.8	1.1	4.1
가내근로	33.1	66.9	18.7	6.7	7.8	39.3	3.3	2.7	21.6

<표 7-5> 고용형태별 노조 조합원 수와 조직률(2008년 3월)

	조합원 수(1,000명)				조직률(%)			
	상용	임시	일용	전체	상용	임시	일용	전체
임금노동자	1,840	86	8	1,934	20.7	1.7	0.4	12.1
정규직	1,678			1,678	22.6			22.6
비정규직	162	86	8	256	10.9	1.7	0.4	3.0
임시근로	137	86	8	231	11.0	1.7	0.4	2.8
(장기임시근로)		58	4	62		1.6	0.3	1.3
(기간제근로)	137	28	4	169	11.0	1.9	0.6	5.0
시간제근로	1	4		5	2.9	0.7		0.4
호출근로			2	2			0.2	0.2
특수고용	10	4		14	50.0	0.8		2.3
파견근로	8	3		11	7.8	5.1		6.4
용역근로	22	11	1	34	7.9	4.3	1.2	5.5
가내근로								

5) 노조 가입

노조 조직률은 정규직 22.6%, 비정규직 3.0%로, 비정규직 대다수가 헌법으로 보장된 단결권을 누리지 못하고 있다. 성별 고용형태별로는 남자 정규직(24.8%), 여자 정규직(18.0%), 남자 비정규직(4.2%), 여자 비정규직(1.9%) 순으로, 고용형태가 사실상 조직률을 좌우하고 있다. 종사상 지위별로는 상용직(20.7%), 임시직(1.7%), 일용직(0.4%) 순으로, 상용직은 상대적으로 조직률이 높지만 임시직과 일용직은 대부분 미조직 상태다. 세부유형별로는 파견근로(6.4%), 용역근로(5.5%), 기간제근로(5.0%), 특수고용형태(2.3%), 장기임시근로(1.3%), 시간제근로(0.4%), 호출근로(0.2%), 가내근로(0.0%) 순이다. 이들 고용형태 세부유형을 종사상 지위와 교차하여 살펴보면, 상용직은 2.9~50.0%로 상대적으로 조직률이 높고, 임시직과 일용직은 0.0~5.1%로 대부분 미조직 상태이다. 고용형태 가운데 특히 종사상 지위(고용계약기간의 불안정 또는 제한)가 조합원 여부를 갈음하는 규정적 요인으로 작용하고 있는 것이다(<표 7-5> 참조).

3. 원인

1) 비정규직 차별이 극심한 이유

우리나라에서 비정규직은 전체 노동자의 절반을 넘어설 뿐 아니라 고용이 극도로 불안정하고 임금을 비롯한 각종 노동조건에서 극심한 차별을 받고 있으며, 사회보험 적용 및 노조 가입에서도 체계적으로 배제되고 있다. 그런데 이처럼 우리나라에서 비정규직 고용의 폐해가 다른 나라보다 두드러진 것은 비정규직 대부분이 임시근로자이거나 임시근로를 겸하고 있기 때문이다.[1)]

<표 7-6>은 종속변수를 시간당 임금, 국민연금 가입, 상여금 지급, 근속년수, 일자리만족도, 노조 가입으로 하고, 성별혼인, 연령, 학력, 산업, 직종, 고용형태, 노조 유무 등을 설명변수로 하여 실증분석한 결과 가운데, 다른 변수는 생략하고 고용형태와 노조 유무가 종속변수에 미치는 영향만 하나의 표로 정리한 것이다. <표 7-6>에서 우리는 비정규직 고용 가운데 특히 임시근로(임시직과 일용직)가 임금수준, 국민연금 가입, 상여금 지급, 근속년수, 일자리만족도, 노조 가입 등 모든 영역에 걸쳐 가장 부정적인 영향을 미치고 있음을 확인할 수 있다. 그런데 이처럼 임시근로의 부정적 폐해가 두드러진 것은 이들의 고용계약기간이 불안정하거나 제한적인 데서 비롯된다. 한국의 비정규직이 겪는 극심한 차별과 고용불안, 사회보

1) OECD 국가들은 대부분 파트타임이 비정규직의 다수를 점하고 있다. 이들 국가에서 파트타임은 노동시간만 짧을 뿐 고용계약기간은 상용직이 대부분이며, 노동시간에 비례하여 임금 등 노동조건을 적게 받는 것을 제외하면 차별은 그리 크지 않다. 그러나 한국에서는 파트타임 130만 명 가운데 127만 명(97.3%)이 임시직이고 3만 5,000명(2.7%)만 상용직이라는 점에서 다른 나라에서는 찾아보기 힘들고 뚜렷하게 다른 특징을 보이고 있다.

<표 7-6> 임금, 국민연금, 상여금, 근속년수, 일자리만족도, 노조 가입에 미치는 영향

	시간당임금	국민연금	상여금	근속년수	만족도	노조가입
임시	-0.24***	-3.72***	-4.96***	-3.30***	-1.16***	-1.90***
일용	-0.40***	-5.40***	-7.53***	-3.05***	-3.77***	-2.33***
기간제근로	-0.02**	-0.09	-0.76***	-1.78***	-0.37***	-0.23*
시간제근로	0.26***	-2.87***	-0.50	0.13	-0.52***	-1.37
호출근로	0.04*	-1.53***	-1.83	-1.95***	0.18	-16.24
특수고용	0.12***	-1.58***	-1.69***	-0.62**	-1.47***	-0.24
파견근로	0.05	0.26	0.60	-0.72	-0.08	0.58
용역근로	-0.03	1.13***	-0.20	-1.01***	0.08	0.11
가내근로	-0.34***	-2.62**	-0.65	0.03	0.07	0.40
노조 유무	0.10***	1.20***	0.65***	2.60***	0.18***	
모형의 설명력	0.606	0.778	0.870	0.430	0.473	0.329

주: 고용형태와 노조 유무 이외에 설명변수 분석 결과는 표에서 생략했음.
자료: 통계청, 「경제활동인구조사 부가조사」(2005. 8).

험과 노조 가입 배제는, 이들이 단순히 시간제근로자, 파견근로자, 용역근로자이기 때문이 아니라, 임시근로의 폐해가 중첩된 임시시간제근로자, 임시파견근로자, 임시용역근로자이기 때문이다.

한국 사회에서 비정규직 고용의 부정적 폐해를 줄이려면 우선 임시근로의 남용을 방지하고 고용계약의 안정성을 제고하는 데 초점을 맞추어야 한다. 이러한 측면에서 2004년 9월 노동부 입법예고안이 "기간제 고용 등 노동시장의 유연성은 늘리면서 차별구제 절차 등을 통해 차별을 해소하겠다"는 것은 한국의 비정규직 고용이 갖는 특수성에 대한 이해 부족에서 비롯된 것으로 보인다. 임시근로의 남용을 제어하지 않는다면 비정규직 고용에 대한 차별 또한 결코 해소할 수 없기 때문이다(<표 7-6> 참조).

2) 임시근로 증감요인

1960년대 경제개발 초기에는 노동자 10명 중 6명이 임시·일용직이었다. 1960~1970년대는 그 비중이 계속 감소하여 1980년대 초반에는 노동자 3명 중 1명꼴로 임시·일용직이었다. 그러나 1982년 2사분기를 저점으로 가파른 증가세로 돌아서 1986년에는 50%선에 육박했고, 1987년 노동자대투쟁 이후 감소하다가 김영삼 정부 때 노동시장 유연화가 추진되면서 다시 증가세로 돌아서 외환위기를 거친 뒤인 1999년 3월 이후 전체 노동자의 절반을 넘어섰다. 최근에는 다시 하락세로 돌아서 감소하고 있다(<그림 7-7> 참조).

이처럼 임시·일용직 등 비정규직이 1980년대 초·중반과 1990년대 중반 이후 두 차례에 걸쳐 빠른 속도로 증가했음에도 그동안 비정규직 문제는 사회적 관심사가 되지 않았다. 통계청 「경제활동인구조사」에서 임시·일용직 비중이 전체 노동자의 절반을 넘어선 1999년 3월에야 비로소 사회적으로 주목받기 시작했고, 2002년 12월 대통령선거 때는 '비정규직 남용규제와 차별금지'가 노동부문 최대 공약으로 제기되었다. 그러나 '외환위기 직후 비정규직이 급증'한 사실만 주로 인지(認知)된 나머지 '비정규직 증가는 경제환경 변화에 따른 불가피한 현상이다. 시장에서 발생한 문제이니 시장에 맡겨야 한다. 정부가 개입하면 예기치 않은 부작용을 초래할 수 있다' 등의 경제결정론과 시장만능론이 영향력을 발휘하고 있고, 그만큼 문제해결을 더디게 하고 있다.

따라서 비정규직 증가원인을 규명할 필요가 생기는데, 지금까지 간헐적으로 제기된 가설들을 노동시장(노동공급, 노동수요)과 행위주체(기업전략, 노사관계) 요인으로 구분하여 유형화하면 다음과 같다.

첫째, 노동공급 측면에 주목하는 '노동력의 인적구성 변화' 가설이다. 기혼여성의 경제활동참가율이 증가하고, 청소년과 고령자의 노동시장 진

<그림 7-7> 임시·일용직 비중 추이(1963년 1~2004년 4사분기)
(단위: %)

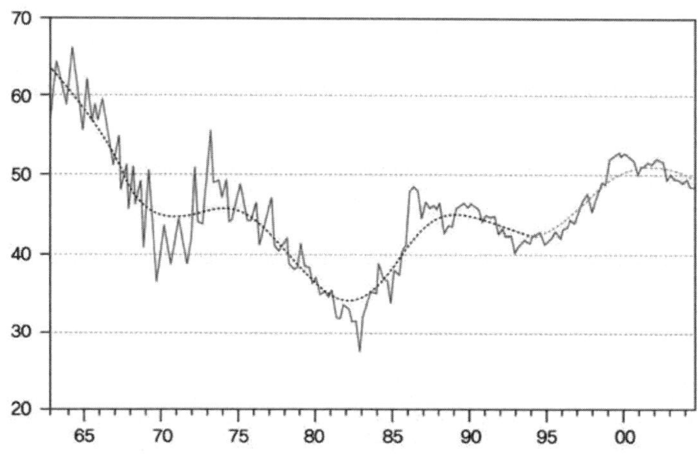

입이 증가하면서 파트타임 등 비정규직을 선호하는 방향으로 노동력 구성이 변화했다는 것이다.

둘째, 노동수요 측면에 주목하여 세계화와 그에 따른 경쟁의 격화, 수요의 불확실성 증가를 강조하는 '경제환경 변화' 가설이다. 국내외 시장에서 경쟁이 격화되고 수요의 불확실성이 증가하면서 비정규직 증가가 불가피한 현상으로 자리 잡았다는 것이다. 이러한 경제환경 변화 가설은 수요의 변동성과 불확실성으로부터 정규직을 보호하기 위해 비정규직을 사용한다는 '정규직보호 완충장치' 가설로 이어지고, 경제결정론 내지 시장만능론으로 귀결되기도 한다. 이 밖에 기술구조와 제품수요의 변화로 제조업에서 서비스업으로 고용이 이동했다는 '산업구조 변화' 가설도 노동수요 측면에 주목하고 있는 점에서는 마찬가지이다.

셋째, 노동수요 측면에 주목하면서도 행위주체 요인을 강조하는 '인사관리전략 변화' 가설이다. 국내외 시장에서 경쟁이 격화되고 수요의 불확

<표 7-7> 시계열분석 결과 요약
(1983. 2~2001. 12, 1987~1988년과 외환위기 전후 통제)

	83~01년 N=194	전두환 N=52	노태우 N=50	김영삼 N=52	김대중 N=40
임시·일용직 비율 증가	0.0033	0.0096	-0.0019	0.0028	0.0023
모형의 설명력	0.534	0.619	0.884	0.875	0.847
노조 조직률	-8.03***	-16.53***	-1.03	-2.92**	-5.44***

자료: 김유선(2003a: 94)에서 재인용.
주: *는 5%, **는 1%, ***는 0.1% 유의수준에서 유의미.

실성이 증가하면서, 핵심 노동자층은 유지하되 전통적인 내부노동시장 외곽에 더 많은 노동자를 배치함으로써 수량적 유연성을 제고하고 노동비용을 절감하는 방향으로 기업의 인사관리전략이 변화했다는 것이다. 정부의 노동시장 유연화정책도 이러한 기업의 인사관리전략 변화가설의 연장선에 있다.

넷째, 노사관계에서도 특히 노동조합의 저항력에 주목하는 '노사 간 힘관계 변화' 가설이다. 핵심 노동자층을 제한하고 비정규직을 확대하려는 기업의 전략은 기본적으로 노동조합의 목적과 배치된다. 따라서 최근 비정규직 증가는 전체 노동시장에서 노동의 힘이 약화된 데 기인한다는 것이다(Golden, 1996).

<표 7-7>은 임시근로 증감요인을 시계열분석한 결과이다.[2)] 역대 정권별로 모형의 설명력을 살펴보면 전두환 정권은 61.9%, 노태우 정권은 88.4%, 김영삼 정권은 87.5%, 김대중 정권은 84.7%이고, 노조 조직률은 계수값이 전두환 정권 -16.53, 노태우 정권 -1.03, 김영삼 정권 -2.92, 김대중 정권 -5.44이다. 이것은 (1) 전두환 정권 때는 시장외적 요인, 즉

2) 자세한 것은 김유선(2003a, 2003b, 2004b) 참조 바람.

<표 7-8> 6개 가설 검증 결과

		횡단면분석	시계열분석(1983. 2~2001. 12)				
		(사업체 조사)	83~01년	전두환	노태우	김영삼	김대중
노동시장	인적구성 변화		×	×	×	×	×
	경제환경 변화	×	×	×	×	×	×
	정규직 보호	×	×	×	×	×	×
	산업구조 변화		×	×	○	○	×
행위주체	인사관리전략 변화	○					○
	노사 간 힘 관계 변화		○	○	×	○	○

자료: 김유선(2003a: 99)에서 재인용.

행위주체 요인이 미치는 영향이 매우 컸지만 노태우 정권 이후로는 노동시장 요인이 미치는 영향이 확대되었고, (2) 김영삼 정권 때부터 노동시장 유연화정책이 추진되고, 외환위기 이후 기업의 시장형 인사관리전략이 확산되었으며, 이에 대한 노동조합의 저항이 강화되면서 점차 행위주체 요인이 미치는 영향이 확대되고 있으며 (3) 노조 조직률 하락은 임시근로 증가요인, 노조 조직률 증가는 임시근로 감소요인으로 작용하고 있음을 말해준다.

<표 7-8>은 임시근로 증가원인과 관련된 6개 가설을 검증한 결과이다. 횡단면분석에서는 검증 가능한 3개 가설 가운데 인사관리전략 변화 가설만 지지되고, 시계열분석에서는 검증 가능한 5개 가설 가운데 노사 간 힘관계 변화 가설만 지지되며, 김대중 정권 때 자기상관(고용관행)이 유의미해 인사관리전략 변화가설 역시 지지된다. 이것은 비정규직 증가가 '경제환경 변화에 따른 불가피한 현상'이 아니라, 정부의 노동시장 유연화정책, 기업의 인사관리전략 변화, 노조의 조직률 하락 등 행위주체 요인에 기인하며, '노조 책임론'이나 '정규직 과보호론'은 사실이 아님을 말해준다.

<그림 7-8> 한국과 일본의 임시·일용직 비율 추이(1963~2004년)

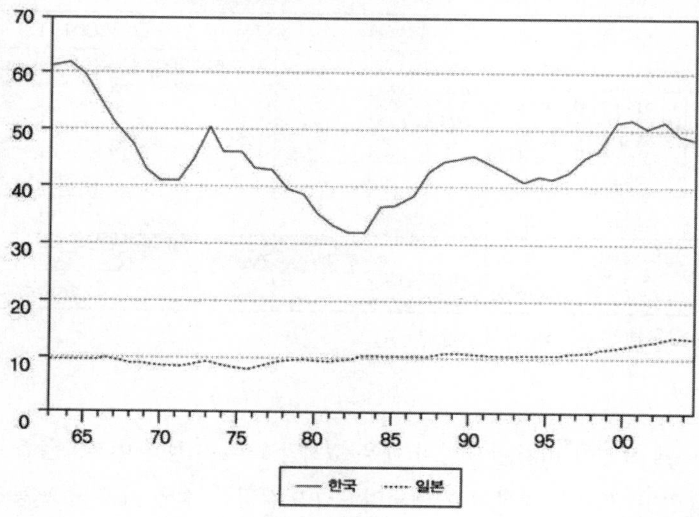

한국에서 비정규직(임시근로) 증가가 '경제환경 변화에 따른 불가피한 현상'이 아니라는 증거는 <그림 7-8>에서도 확인할 수 있다. 한국의 비정규직은 전체 노동자의 절반을 넘어서고 차별이 극심하다는 점 이외에, 비정규직 대부분이 임시근로자이거나 임시근로를 겸하고 있다는 점에서 파트타임이 대부분인 미국, 일본 등 OECD 국가와 다른 특징을 보이고 있다. 한국과 마찬가지로 상용직과 임시직, 일용직을 구분하여 조사하는 일본에서 임시·일용직 비율을 살펴보면, 우리와 달리 증가세가 매우 완만할 뿐 아니라 10%대에 불과하다.

4. 사회경제적 영향

정부의 '노동시장 유연화' 정책, 기업의 '인건비 절감에 기초한 단기수익 극대화' 전략, 노동조합의 저항력 약화 등이 맞물려 양질의 일자리가

<그림 7-9> 비정규직 증가가 미치는 사회경제적 영향

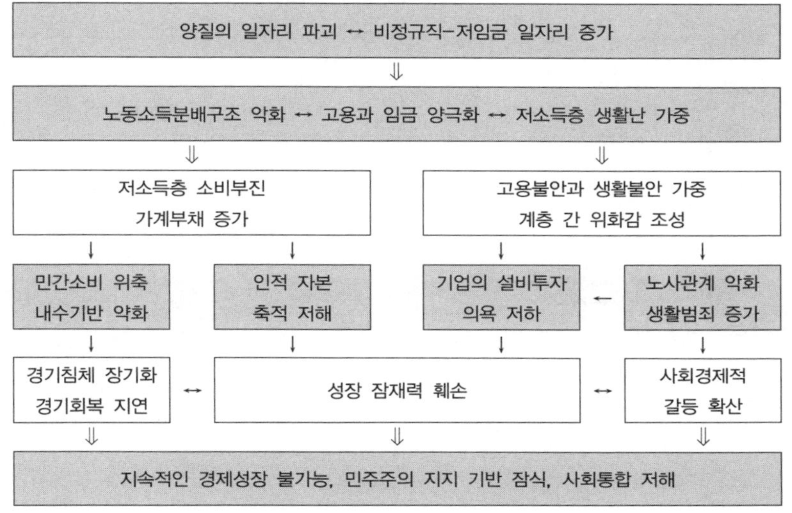

파괴되고 비정규직·저임금 일자리가 증가하고 있다. 이에 따라 저임금 계층이 양산되고 노동소득분배구조가 악화되고 있으며, 이것은 다시 내수기반 잠식과 가계부채 증가, 노사갈등과 사회갈등, 성장 잠재력과 민주주의 지지기반 잠식 등으로 이어져 정치, 경제, 사회적으로 많은 부정적 폐해를 낳고 있다(최장집, 2004). 최근 사회문제가 되고 있는 출산율 저하와 자살 급증도 이와 무관하지 않다. 선행 연구들을 토대로 구체적 경로를 살펴보면 다음과 같다(<그림 7-9> 참조).

첫째, 민간소비가 위축되고 가계부채가 증가하면, 내수기반이 약화되고 경기침체가 장기화되어 성장 잠재력이 잠식된다(강두용, 2005). 도시근로자가구 중 1~5분위 계층은 외환위기 이후 가계수지[3]가 적자이다. 6~7분위 계층은 외환위기 이후 흑자에서 적자로 전환했다가 최근에야 겨우

3) 주거비에 전세평가액과 자가평가액을 포함하여 계산했음.

<그림 7-10> 소득계층별 가계수지 추이(1982~2006년, 실질소득 기준)

(단위: 1,000원)

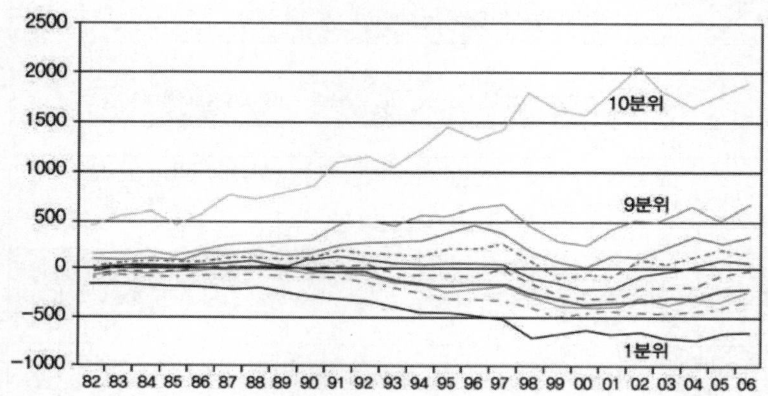

적자를 면하고 있다. 8~9분위 계층은 외환위기 이후 흑자폭이 크게 감소했다가 최근 회복세를 보이고 있지만 아직 외환위기 이전 수준을 회복하지 못 하고 있다. 이에 비해 10분위 계층은 외환위기 이후 흑자폭이 크게 증가했다. 여기서 10분위 계층은 노동자계급이 아닌 중간계급(고위임원, 관리자, 전문직)인 바, 전반적으로 노동자계급의 생활상태는 악화되었다고 결론지을 수 있다. 김대중 정부의 신용카드정책 실패와 소비자의 도덕적 해이에서 신용불량자 문제의 원인을 찾곤 하지만, 그 뿌리에는 외환위기 이후 악화된 가계수지 적자가 깔려 있는 것이다(<그림 7-10> 참조).

둘째, 저소득층 인적자본 축적이 저해되어 성장 잠재력이 잠식된다(Perotti 1993; Galor and Zeira, 1993; Deininger and Olinto, 2000). 실제로 가구당 월평균 교육비는 가구소득 1분위 계층은 1997년 6만 3,000원에서 2004년 7만 6,000원으로 1만 3,000원 증가한 데 비해, 10분위 계층은 1997년 27만 3,000원에서 2003년 45만 9,000원으로 18만 6,000원 증가

<그림 7-11> 도시근로자 가구소득 계층별 교육비 추이(1997~2004년)

(단위: 1,000원)

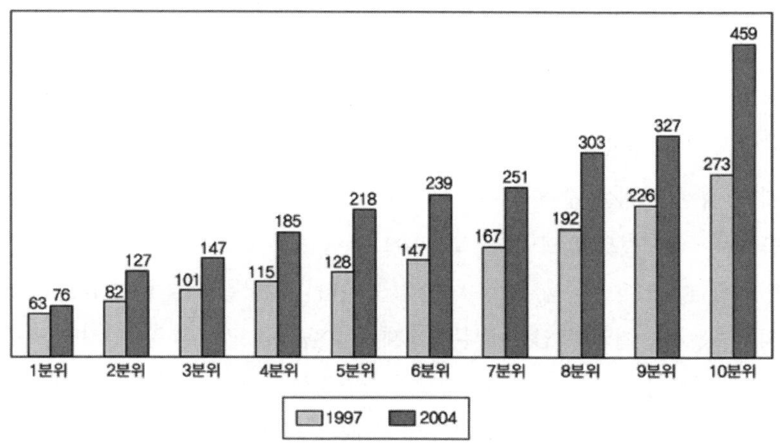

했다. 이에 따라 1분위 계층과 10분위 계층의 교육비 격차는 4.3배에서 6.1배로 확대되었다(<그림 7-11> 참조).

셋째, 파업이 증가하고(김유선, 2004b), 생활범죄가 증가한다(Chiricos, 1987; Land et al., 1990; Gould et al., 1998). 이에 따라 사회정치적 불안이 고조되고 정치경제 환경의 불확실성이 높아지면 기업의 설비투자 의욕이 저하되고 성장 잠재력이 훼손된다(Alesina and Perotti, 1996). 이 밖에도 1990년대에 이루어진 실증분석은 대부분 '불평등이 증가하면 성장률이 낮아진다'(불평등↑→ 성장↓)는 결론을 제시하고 있다(Alesina and Rodrik, 1994; Persson and Tabellini, 1994; Aghion et al., 1999).

5. 정책과제

1) 정부의 노동시장정책 재검토

노동시장 유연성을 수량적 유연성과 기능적 유연성으로 구분하면, 지금까지 정부 정책은 수량적 유연화(고용조정, 비정규직 확대, 아웃소싱)에 초점을 맞추어온 것으로 보인다. 그러나 노동시장의 수량적 유연성은 '경제가 변동할 때 고용, 임금, 노동시간이 얼마나 빠른 속도로 변화하는가'를 의미하는 바, 기업의 입장에서는 경제적 효율성을 의미할 수 있지만 노동자 입장에서는 그만큼 고용과 생활의 불안정을 의미한다. 더욱이 노동자들이 감내할 수 있는 수준을 넘어서면 경제운용의 효율성과 형평성을 저해함은 물론 사회불안마저 야기한다.

이에 비해 기능적 유연성은 노동자의 교육훈련, 작업조직 재편 등을 통해 변화하는 상황에 대처할 능력을 키워나가는 것을 의미하는 바, 노동자에게는 고용안정과 생활안정을 가져다줄 수 있고, 기업에게는 '지속가능한 경쟁우위'의 원천을 보장할 수 있다. 더욱이 한국 경제가 장기적으로 경쟁력을 확보하기 위해서는 고(高)성과-참여적 작업시스템으로 전환해야 하고, "수량적 유연성을 추구하는 기업일수록 기능적 유연성을 제고할 능력이 제약된다"(Atkinson, 1987)는 점을 감안할 때 앞으로의 노동시장 정책은 수량적 유연성을 제어하고 기능적 유연성과 안정성을 제고하는 방향에서 추진되어야 할 것이다.

지금까지 한국의 노동운동은 수량적 유연성은 물론 기능적 유연성에 대해서도 부정적으로 평가해왔다. 여기에는 나름대로 이유가 있다. 일반적으로 기능적 유연성(동태적 유연성)은 노동자와 노동조합에게 유리한 여건을 조성하는 것으로 평가되지만, 반드시 그런 것은 아니다. 한국을 비롯한 동아시아지역에서는 동태적 유연성을 추구하는 고부가가치산업이라도 노동자와 노동조합의 의사결정 참여를 허용하지 않고, 집단적·공식적 참여보다 개별적·비공식적 참여를 선호하며, 선진국보다 훨씬 전제적(autocratic)으로 운영되기 때문이다(Deyo, 1997).

앞으로 기업은 '사람이 경쟁력의 원천'이라는 전제 아래 기업의 전략을 '비용(인건비) 절감을 통한 단기수익 극대화'에서 '사람을 중시하는 장기수익 극대화'로 전환하고, 노동조합은 '사람 중시' 경영철학, 경영 투명성 보장, 노동조합 의사결정 참여 등을 전제로 기능적 유연성을 적극적으로 평가하고 고용과 생활의 안정성을 제고해야 할 것이다. 정부 또한 임시근로 남용을 제어하는 방향에서 과도한 수량적 유연화를 막고, 인적자원개발 등 기능적 유연성을 제고하는 방향에서 노동시장정책을 운용해야 할 것이다.

2) 기업의 경영방침과 지배구조 재검토

외환위기 이후 비정규직 고용이 증가하고 차별이 심화된 것은 일차적으로 기업의 '인건비 절감에 기초한 단기수익 극대화' 전략에서 그 원인을 찾을 수 있다. 기업은 단기수익 극대화 전략을 통해 2004년 한 해 동안 사상 최대의 수익(경상이익률 7.8%)을 기록했다. 그러나 이러한 기업의 경영전략은 이미 한계상황에 봉착하고 있는 것으로 판단된다.

첫째, 노동시장의 수량적 유연성이 극단으로 치닫고 제조업의 인건비 비중이 1977년 이래 최저 수준(9.7%)으로 낮아졌지만 기업의 경쟁력은 개선되지 않고 있다. 둘째, 2000년부터 비정규직 규모(56%), 정규직－비정규직 임금격차(51%), 규모별 취업자 비중(500인 이상 9%, 50인 미만 69%)이 구조화되고 있는 것은 그동안 기업이 활용해온 고용조정, 비정규직 확대, 아웃소싱이 한계상황에 이르렀음을 의미한다. 셋째, 2002년부터 규모별 임금격차가 빠른 속도로 확대되고 있는 것은 기업이 새로운 돌파구로 '하도급 단가 인하'에 주력하고 있음을 말해준다. 이것은 제조업 영업이익률이 대기업은 2003년 8.2%에서 2004년 9.4%로 증가하고, 중소기업은 4.6%에서 4.1%로 하락한 데서도 확인할 수 있다. 그렇지만 규모별 임금격차가 매우 큰 상태에서 빠른 속도로 확대되고 있는 것은 이것 또한 얼마 지나지 않아 한계상황에 봉착할 것임을 말해준다.

앞으로 기업은 (1) 지금까지 전략을 확대 재생산하여 '생산기지 해외이전'과 '해외부품 조달'을 늘릴 것인가, (2) '저임금·저비용에 의존하여 개발도상국과 경쟁하는 것은 지속가능한 성장 모델이 아니고 한국 사회 구성원 전체를 공멸로 이끄는 길'이라는 자각하에 '고임금-고생산성-고부가가치' 생산체제로 전환할 것인가라는 선택에 직면할 것이다. 그렇지만 지금처럼 '단기수익 극대화'를 추구하는 풍토에서는 전자(前者)를 선택할 가능성이 높을 것으로 판단된다. 이에 따라 앞으로 한국 경제는 전형적인 시장실패의 한 예가 될 것으로 보인다.

기업이 '비용절감을 통한 단기수익 극대화'라는 일종의 '죄수의 딜레마' 상태에서 벗어나 '인적자원개발에 기초한 장기수익 극대화'와 '기업의 사회적 책무'를 다하기 위해서는 '비정규직 남용과 차별 해소, 법정 최저임금 현실화' 등 사회적 규제를 강화하고, 기업 지배구조를 '이해당사자 기업(stakeholder company)' 모델로 전환하는 방안을 강구해야 할 것이다.

3) 정부의 노사관계정책 재검토

OECD(2004)는 "노조 조직률과 단체협약 적용률이 높을수록, 단체교섭이 집중적이고 조정이 원활할수록 임금소득불평등이 낮다"고 결론짓고 있다. <그림 7-12>에서 보듯이 한국의 노동조합 조직률은 OECD 30개국 중 29위이고, 단체협약 적용률은 30위로 가장 낮다. 한국보다 노조 조직률이 낮은 프랑스를 비롯해서 서유럽 국가들의 단체협약 적용률이

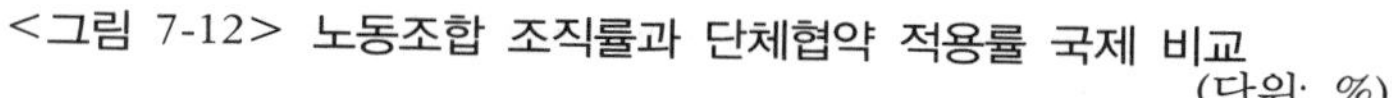
<그림 7-12> 노동조합 조직률과 단체협약 적용률 국제 비교

(단위: %)

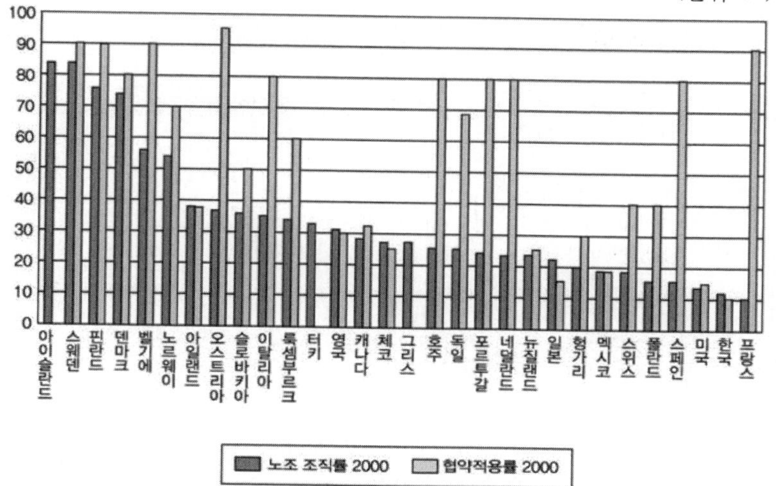

자료: OECD(2004b).

80~90%에 이르는 것은 산업별 단체교섭을 통해 체결된 단체협약이 단체협약 효력확장제도를 통해 미조직 노동자들에게 확대 적용되기 때문이다. 더욱이 한국은 단체교섭이 기업별로 분권화되어 있고 '전국-산업-기업' 사이에 조정이 원활하지 않아, 미국, 영국 등과 함께 집중도와 조정도가 가장 낮은 것으로 평가되고 있다.

한국의 노동조합 조직률과 단체협약 적용률이 낮은 것은 (1) 중소영세업체 비정규직 중심의 노동시장과 (2) 대기업 정규직 중심의 기업별 노사관계가 한데 맞물린 데서 비롯된다. 전체 취업자 중 300인 이상 사업체에서 일하는 사람이 12%(180만 명)에 지나지 않고, 50인 미만 중소영세업체에서 일하는 사람이 69%에 이르며, 전체 노동자의 절반 이상이 비정규직이다. 기업별 노동조합체제에서는 중소영세업체의 경우 노동조합을 조직하기 쉽지 않고, 설령 노동조합을 조직하더라도 정상적인 유지·운영이

<그림 7-13> 한국의 노동시장과 노사관계

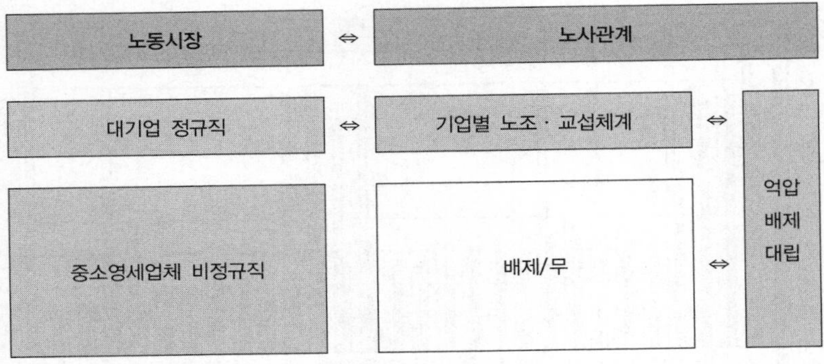

쉽지 않으며, 오랜 관행과 단체협약, 규약 등으로 임시직과 일용직 등 비정규직은 노조가입 대상에서 제외된다. 이에 따라 전체 노동자의 대다수를 차지하는 '중소영세업체 비정규직'은 헌법으로 보장된 노동기본권조차 향유하지 못한 채 '노동인권의 사각지대'에 방치되고 있다.

따라서 대기업 정규직과 중소영세업체 비정규직 사이에 임금격차 확대를 방지하고 비정규직 남용과 차별을 해소하기 위해서는 산업, 지역, 직종 등 초기업수준 노동조합 건설을 촉진하여 중소영세업체 비정규직 노동자들에게 헌법으로 보장된 단결권을 실질적으로 보장함과 동시에, 산업 등 초기업수준 단체교섭을 촉진하고 산업별 단체협약 효력확장제도를 신설하여 중소영세업체 비정규직 노동자들도 헌법으로 보장된 단체교섭권의 성과를 향유할 수 있게 해야 할 것이다. 이러한 기초 위에서만이 '전국-산업-기업'을 잇는 중층적 노사관계를 구축할 수 있을 것이며 '사회통합적 노사관계 구축' 역시 가능해질 것이다. 전체 노동자의 대다수를 차지하는 중소영세업체 비정규직 노동자들을 노동3권 내지 노사관계의 틀 바깥에 방치한 상태에서는 '사회통합적 노사관계 구축' 역시 불가능하기 때문이다.

4) 비정규직 관련 법률의 제 · 개정

지금까지 국내에서는 주로 개별적 노사관계법에 초점을 맞추어 논의가 진행되어왔다. 독일 등 다른 나라에서도 우리만큼 심하지는 않지만 비정규직에 대한 차별은 존재한다. 그러나 독일의 경우 종업원평의회가 설치된 사업장에서는 비정규직 차별이 존재하지 않지만, 종업원평의회가 설치되지 않은 사업장에서만 차별이 존재하는 것으로 보고되고 있다(Weiss, 2004). 이것은 「공동결정법」에 따라 기업이 비정규직 채용과 관련된 정보를 근로자대표에게 제공하고 노사 간에 사전협의를 통해 비정규직 남용을 제어하기 때문이다. 따라서 앞으로는 노사협의회, 단체교섭, 단체협약 등 집단적 노사관계법 영역으로 논의를 확장할 필요가 있다. 이 밖에 특수고용과 간접고용에 대한 비정규직 관련 법률 또한 시급히 제정되어야 할 것이다.

5) 비정규직의 정규직 전환 촉진

비정규직 남용을 줄이고 해당 근로자의 정규직 전환을 촉진하려면 다음과 같은 정책이 필요하다. 첫째, 해당 사업장에서 정규직 충원이 필요할 때에는 비정규직 근로자에게 서면으로 통지하는 것을 의무화해야 한다. 해당 업무에 적절한 자격과 요건을 갖춘 비정규직 근로자가 정규직으로 일할 것을 원하는 경우, 사용자는 가능하면 그 근로자를 우선 채용해야 한다. 둘째, 사용자는 비정규직 근로자가 정규직으로 전환하는 데 필요한 자격을 갖추도록 가능하면 적절한 훈련기회를 제공해야 한다. 셋째, 정부는 사용자가 비정규직 근로자를 정규직으로 전환하면 일정 기간 임금의 일부를 보조하거나 소득세 또는 법인세를 일부 감면하는 방안을 강구할 필요가 있다. 넷째, 기간제고용에 대해서는 사회보험료의 사용자 부담률을 높이거나(스페인), 기간제고용 종료 시 계약종료수당 또는 해고수당을 지급하는 방안을 강구할 필요가 있다(프랑스, 스페인).

6) 최저임금수준 현실화와 근로감독 강화

OECD(1998)는 "최저임금은 임금불평등을 완화하고 연령 간, 남녀 간 임금격차를 축소한다. 최저임금수준이 높은 나라일수록 임금불평등과 저임금계층 비율이 낮다. 최저임금이 여성, 파트타임 등 성인에게 미치는 부정적 고용효과는 발견되지 않는다. 그러나 10대 연소자 고용효과를 둘러싼 논란은 존재한다. 최저임금은 노동자 가구에서 빈곤을 축소하고 소득분배구조를 개선한다. 그러나 전체 가구를 대상으로 하면 그 효과가 줄어든다. 빈곤가구 가운데 임금노동자가 한 사람도 없는 가구가 있고, 최저임금 수혜자의 부모가 중산층 이상인 가구도 있기 때문이다. 따라서 빈곤 해소는 EITC 등 근로소득지원세제가 좀 더 효과적인 정책수단일 수 있다. 그러나 EITC는 국가재정이 소요되고 저임금 노동자들을 '빈곤의 덫'에 빠뜨릴 가능성이 있기 때문에 최저임금제와 상호 보완적으로 운영하는 것이 바람직하다"고 결론짓고 있다.

그러나 한국의 최저임금은 지나치게 낮은 수준에서 책정되어 있어서 '있으나마나한 유명무실한 제도'로 평가되고 있다. 최근 부분적으로 개선되고는 있지만 국제적으로 가장 낮은 편에 속하는 미국보다 크게 낮은 수준일 뿐 아니라, 최저임금제도를 도입한 1980년대 후반보다 낮은 수준에 머무르고 있다(<그림 7-14> 참조).

2007년 1월부터 12월까지 법정 최저임금은 시간당 3,480원이고, 2008년 1월부터 12월까지 법정 최저임금은 시간당 3,770원이다. 2007년 8월 「경제활동인구조사 부가조사」에서 시간당 임금 3,480원 미만은 189만 명(11.9%)이고, 3,770원 미만은 228만 명(14.3%)이다. 따라서 2008년 1월

<그림 7-14> 한국과 미국의 시간당 임금 대비 최저임금 비율 추이

(단위: %)

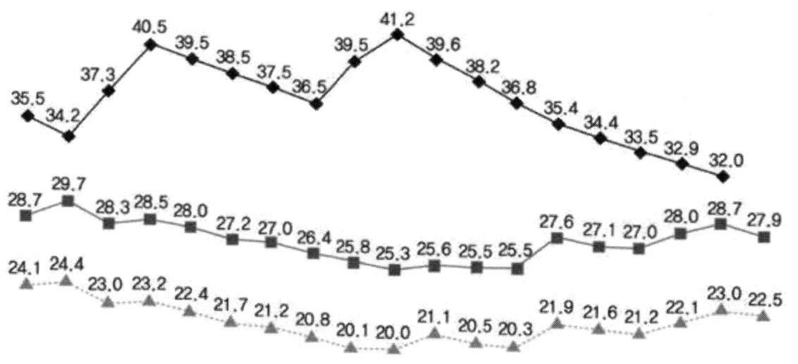

<그림 7-15> 법정 최저임금 미달자 및 수혜자 비율 추이

(단위: %)

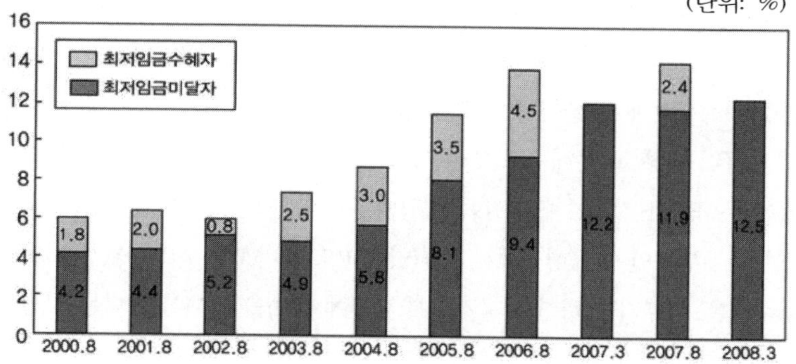

부터 적용되는 법정 최저임금(3,770원) 수혜자는 39만 명(최저임금 영향률 2.5%)이고, 189만 명은 최저임금 적용 제외자이거나 「최저임금법」 위반업체에서 일하는 노동자들로 추정되었다.[4] 그렇지만 2008년 3월 「경제활동인구조사 부가조사」에서 법정 최저임금 미달자는 200만 명(12.5%)이어서,

<표 7-8> 연도별 법정 최저임금 현황과 영향률 추정

(단위: 1,000명, %)

법정 최저임금		시간당 임금	2005.8		2006.8		2007.3		2007.8		2008.3		최저임금영향률
적용기간	시급		수	비율	수	비율	수	비율	수	비율	수	비율	
2004.9~2005.8	2,840	2,840원 미만	1,212	8.1	1,049	6.8	899	5.7	833	5.2	593	3.7	3.0
2005.9~2006.12	3,100	3,100원 미만	1,732	11.6	1,442	9.4	1,299	8.3	1,213	7.6	1,100	6.9	3.5
2007.1~2007.12	3,480	3,480원 미만			2,128	13.9	1,915	12.2	1,891	11.9	1,721	10.8	4.5
2008.1~2008.12	3,770	3,770원 미만							2,277	14.3	2,002	12.5	2.4

2008년 법정 최저임금의 실제 영향률은 최대 1.8%로 추정된다.

더욱이 법정 최저임금 미달자가 2001년 8월 59만 명(4.4%)에서 2006년 8월 144만 명(9.4%), 2007년 8월 189만 명(11.9%), 2008년 3월 200만 명(12.5%)으로 매년 늘어나는 것은, 법정 최저임금제도가 '저임금계층 일소, 임금격차 해소, 분배구조 개선'이라는 본연의 목적에 부응하지 못 하고 있을 뿐 아니라 정부가 근로감독 행정의무를 다하지 않고 있음을 말해준다. 또한 정부부문인 공공행정에서 최저임금 미달자가 6만 2,000명(7.4%)이나 되는 것은, 정부가 선량한 사용자로서 민간에 모범을 보여야 한다는 사실조차 망각하고 있음을 말해준다(<그림 7-15>와 <표 7-8> 참조).

---

4) 노동부는 최저임금 영향률을 14.3%로 집계한다. 그러나 이것은 최저임금 미달자(11.9%)까지 포함한 것으로, 마치 최저임금제가 본연의 목적에 충실하게 운영되고 있는 양 오해를 불러일으킬 수 있다.

7) 교육훈련시스템과 연계된 숙련급 체계 및 단순노무직 직무급 형성

교육훈련시스템과 연계된 숙련 지향적 임금·인사제도를 통해 노동자들의 숙련을 향상시키고, 숙련을 임금·승진과 연계하여 '동일숙련 동일처우'를 실현해야 한다. 숙련 지향적 임금·인사제도는 노·사·정 3자로 구성된 산업별 교육훈련위원회가 교육훈련프로그램의 개발·실행·평가를 담당하고, 산별교섭을 통하여 숙련등급에 따른 임금률을 정하고 이에 따라 해당 산업 노동자들의 임금이 결정될 때 최종적으로 실현 가능하다. 따라서 노사정 3자가 산업별 교육훈련위원회를 구성하고 산별교섭을 촉진하기 위한 노력을 기울일 필요가 있다. 이 밖에 교육훈련을 통한 숙련형성이 의미를 갖기 어려운 단순노무 직종에서는 직무급 체계를 보급하여 임금과 생활의 안정성을 보장할 필요가 있다.

8) 연대임금정책

노동조합은 '노동소득분배구조 개선과 임금격차 해소를 위한 연대임금정책'을 추진할 필요가 있다. 문제는 노조 조직률이 10%대에 불과한 기업별 노조체제에서 대기업 정규직의 임금인상 자제가 중소영세업체 비정규직 임금인상으로 이어진다는 보장이 없고, 대기업 정규직의 낮은 임금인상은 중소영세업체 비정규직의 더 낮은 임금인상으로 귀결되기 쉽다는 점이다.

따라서 대기업 정규직의 임금인상 자제가 중소영세업체 비정규직 임금인상으로 이어질 수 있는 제도적 장치를 해당 산업의 구체적 특성에 따라 강구할 필요가 있다. 예컨대 제조업은 300인 이하 중소기업 가운데 2/3가 대기업의 하청업체이며, 이들 하청업체의 원청업체 의존도는 80%를 상회한다. 따라서 중소하청업체 비정규직 노동자들에게 더 많은 임금을 차등

인상할 것을 전제로(하도급, 용역 단가에 반영) 대기업 정규직 노조는 낮은 임금인상을 요구 타결하고, 정부는 원청업체가 하도급 단가를 책정할 때 중소하청업체 노동자들에게 협약임금을 지급하도록 강제하는 제도적 장치를 마련할 필요가 있다.

초중등 교원 40만 명은 국공립사립학교 모두 하나의 임금체계가 적용되고, 사립학교 교원도 임금은 정부가 지급한다. 이것은 교육에 대한 국가책임 원칙을 의무화한 것으로, 이러한 국가(또는 사회)책임 원칙은 공공서비스업 전반으로 확장할 필요가 있다. 예컨대 의료산업에서는 의료보험 수가를 책정할 때 의사 1인당 인건비로 월 800만 원을 반영하고 있는데 앞으로는 간호사 등 병원 필수인력의 적정임금을 반영한다든가, 운수업은 버스공영제를 확대하여 회사의 운송수입에 관계없이 운전기사의 적정임금을 보장하는 방안을 검토할 필요가 있다.

9) 연대복지정책

대기업 정규직은 기업복지제도(사내복지기금 포함)가 상대적으로 잘 정비되어 있지만, 중소영세업체 비정규직은 기업복지제도가 없거나 적용대상에서 제외되는 경우가 많다. 기업복지제도가 노동자들 사이에 차별을 확대한다는 점에서 전면 사회화하는 방안도 검토할 수 있지만, 기업복지제도는 종업원의 충성도 제고 등 고유의 목적이 있으므로 이를 전면 사회화하는 것은 현실적으로 실현 가능성이 낮을 뿐 아니라 부적절할 수 있다. 따라서 일차적으로 기업복지제도의 수혜 대상을 동일 기업 내 비정규직 또는 하청업체 노동자로 확대하는 방안을 검토할 필요가 있다.

2004년 임금교섭 때 노동조합은 사회공헌기금 조성을 제기한 바 있다. 만약 노사가 합의하여 사회공헌기금을 조성한다면 그 용도는 중소영세업체 비정규직 교육훈련기금, 복지기금, 산업발전기금 등이 될 것이나, 그

액수는 그리 많지 않을 수 있다. 따라서 노사가 조성한 기금에 정부 관련 기금(노동부 고용보험기금, 근로복지공단 근로복지기금 등) 중 일정액을 출연하고 노사정 3자가 동 기금을 관리·운영함으로써 사회공헌기금을 활성화하는 방안을 검토할 필요가 있다. 이 밖에 사업체 소속 상용직을 중심으로 설계된 현행 사회보험제도에 대한 전면적인 재검토 역시 필요할 것으로 판단된다.

2008년 정부는 3월 비정규직 규모를 564만 명(35.2%), 노동사회연구소는 858만 명(53.6%)으로 달리 추정하고 있다. 노동사회연구소 추정방식에 따르면 비정규직 비율은 2001년 8월부터 2007년 3월까지 55~56% 수준을 유지하다가, 2007년 8월에는 54.2%, 2008년 3월에는 53.6%로 감소했다. 이에 비해 정부 추정방식에 따르면 2002년 8월(27.4%)부터 2004년 8월(37.0%)까지 가파르게 증가하다가 그 뒤로는 35~36% 수준을 유지하고 있다(<그림 7-16> 참조).[5)]

이처럼 동일한 자료인 「경제활동인구조사 부가조사」를 분석했음에도 비정규직 규모가 크게 차이 나는 이유는 설문문항 중 어디까지를 비정규직으로 보는가에서 비롯된다. 정부는 「경제활동인구조사 부가조사」에서 7개 설문문항(기간제근로, 시간제근로, 파견근로, 용역근로, 가내근로, 호출근로, 특수고용형태) 중 어느 하나에 응답한 사람만 비정규직으로 추계한다(<표 7-9>에서 ②+③). 그동안 통계청이 발표해온 임시·일용직 가운데 288만 명(①)이 실제는 정규직인데 비정규직으로 잘못 분류되었다는 것이다.

그러나 우리나라에서 임시·일용직은 일제 때부터 형성된 개념으로, 통

---

5) 정부(공식발표)는 한시근로자를 '근로계약기간을 정한 계약근로자'와 '근로계약기간을 정하지 않았으나 비자발적 사유로 계속근무를 기대할 수 없는 자'로 정의하고 있다. 그러나 노동사회연구소는 비정규직 고용형태를 주관적 평가가 게재되기 마련인 '비자발적 사유'를 기준으로 정의하는 것은 부적절하다는 판단 아래, 한시근로자 대신 기간제근로자 개념을 사용한다. 여기서 기간제근로자란 '근로계약기간을 정한 계약근로자'와 '근로계약기간을 정하지 않았으나 계속근무를 기대할 수 없는 자'를 의미한다. <그림 7-16>에서 정부(재조정) 비정규직 규모는 기간제근로자 개념을 사용하여 추정한 것으로, 한시근로자 개념을 사용하여 추정한 정부(공식발표) 비정규직 규모와 0.1~1.4% 차이가 난다.

<그림 7-16> 비정규직 규모 추이

(단위: %)

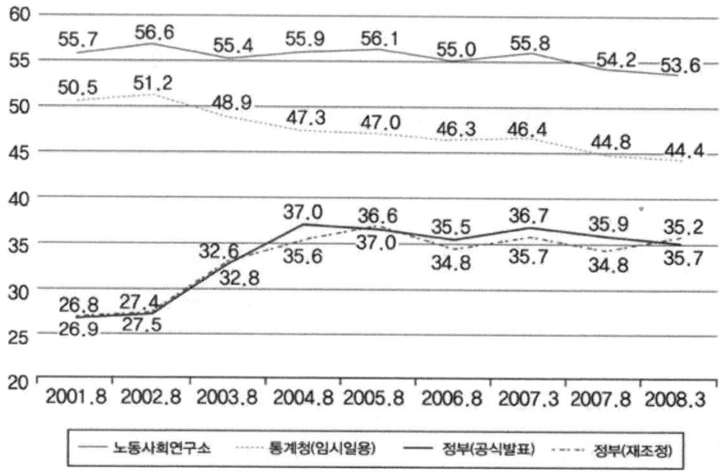

계청은 1963년부터 상용·임시·일용직을 구분해서 조사·발표해왔다. 비정규직, 시간제근로, 파견근로, 용역근로 등의 용어가 등장하기 전인 1970~1980년대에도 많은 단체협약이 임시직 관련 조항을 체결하고 있는 데서도 알 수 있듯이, 노동현장에서 임시·일용직은 불안정고용(비정규직)을 지칭하는 대명사로 통용되어왔다. 이에 따라 노동사회연구소는 임시·일용직 710만 명(44.4%)에, 부가조사에서 확인된 상용직 가운데 비정규직 148만 명(9.3%)을 합쳐 858만 명(53.6%)으로 추계했다(<표 7-9>에서 ①+②+③).

노동사회연구소가 집계한 비정규직은 2000년 이후 55~56% 수준에서 구조화(고착화)되어 있다가 최근 소폭 감소한 데 비해, 정부가 집계한 비정규직은 2002~2004년에 매년 5%씩 가파르게 증가한 이유는 무엇인가? 외환위기 직후처럼 비상시기가 아님에도 2년 연속 비정규직이 매년 5%씩

<표 7-9> 비정규직 규모 추계방식(2008년 3월)

(단위: 1,000명, %)

<table>
<tr><td colspan="3" rowspan="2"></td><td colspan="2">본조사</td><td rowspan="2">소계</td></tr>
<tr><td>상용</td><td>임시·일용</td></tr>
<tr><td rowspan="2">부가조사</td><td>설문문항 없음</td><td>(전형)</td><td>④
7,414(46.4)</td><td>①
2,875(18.0)</td><td>①+④
10,289(64.3)</td></tr>
<tr><td>기간제, 시간제, 파견, 용역, 가내, 호출근로, 특수고용형태</td><td>(비전형)</td><td>③
1,484(9.3)</td><td>②
4,221(26.4)</td><td>②+③
5,705(35.7)</td></tr>
<tr><td colspan="3">소계</td><td>③+④
8,898(55.6)</td><td>①+②
7,096(44.4)</td><td>15,994(100.0)</td></tr>
</table>

주: 노동사회연구소 비정규직=①+②+③, 노동부 등 비정규직=②+③, 통계청 임시·일용=①+②

증가한 것은 상식적으로 납득하기 어렵다. 이것은 설문조사 과정에서 장기 임시근로자(①)가 기간제근로자(②)로 대체된 데서 비롯된 것으로 해석된다(<표 7-9> 참조).

참고로 비정규직 규모와 관련된 논란의 핵심인 임시·일용직 가운데 288만 명(①)의 구성과 노동조건을 살펴보면 저임금계층이 136만 명이고, 법정 최저임금 미달자가 62만 명이다. 시간당 임금은 5,674원으로 가장 낮고, 주당 노동시간은 51.2시간으로 가장 길다. 기혼여자(24.2%)와 중졸 이하(24.2%) 비중이 높고, 사회보험 적용률은 29~31%, 시간외수당 등 노동조건 적용률은 5~15%로 매우 낮다. 주5일제 실시는 15.5%로 가장 낮고, 지난 1년간 교육훈련 경험도 7%로 가장 낮다(<표 7-10> 참조).

<표 7-10> 노동자 구성 및 노동조건 비교

	2007년 3월				2008년 3월			
	①	②	③	④	①	②	③	④
노동자 수(1,000명)	3,173	4,126	1,485	6,946	2,875	4,221	1,484	7,414
(%)	20.2	26.2	9.4	44.2	18.0	26.4	9.3	46.4
저임금계층(1,000명)	1,232	1,800	247	382	1,357	2,224	270	473
최저임금 미만 (1,000명)	586	1,128	95	106	617	1,172	101	112
월평균임금(만 원)	120	96	188	238	123	100	191	246
시간당 임금(원)	5,537	6,031	9,702	12,349	5,674	6,078	9,959	12,978
주노동시간(시간)	51.4	41.0	46.9	46.2	51.2	40.8	46.3	45.4
근속년수(년)	1.93	1.13	4.02	7.81	1.9	1.3	4.2	7.8
기혼여자비율(%)	37.1	42.9	22.5	17.7	24.2	38.6	7.5	29.7
중졸이하비율(%)	21.7	33.8	13.2	6.4	24.2	52.8	7.2	15.8
국민연금 적용(%)	32.9	12.9	94.3	98.8	29.5	15.1	92.7	98.3
건강보험 적용(%)	33.6	15.1	98.2	99.3	31.1	17.9	95.8	98.3
고용보험 적용(%)	31.9	13.6	91.1	83.8	28.9	15.6	90.6	81.7
퇴직금 적용(%)	9.2	4.3	96.9	99.2	15.2	8.9	96.3	99.2
상여금 적용(%)	13.8	4.2	89.0	97.9	11.1	4.4	84.9	96.6
시간외수당 적용(%)	7.2	4.0	65.1	78.4	5.3	3.1	62.5	75.5
유급휴가(%)	8.8	4.0	77.3	85.6	9.3	4.5	78.8	88.0
근로계약서면 작성	16.9	22.6	87.1	54.3	17.4	24.9	86.5	58.5
주5일근무제(%)	13.1	18.5	52.9	55.8	15.5	20.4	58.2	61.6
교육훈련경험(%)	9.8	13.5	40.0	44.5	7.1	11.9	30.8	37.2

참고문헌

강두용. 2005. 『소비부진의 구조적 원인: 소득 양극화 및 분배구조 변화와 소비성향의 하락』. 산업연구원

김유선. 2003a. 「한국 노동시장의 비정규직 증가원인에 대한 실증연구」. 고려대학교 대학원 경제학과 박사학위논문.

_____. 2003b. 「비정규직 증가원인」. ≪사회경제평론≫, 21호(2003년 10월).

_____. 2004a. 『노동시장 유연화와 비정규직 고용』. 한국노동사회연구소.

_____. 2004b. 「외환위기 이후 파업발생 증가원인」. 한국경제학회 제11차 국제학술대회(2004년 8월) 발표문.

_____. 2005a. 「비정규직 고용과 노동운동: 임시근로가 노조가입에 미치는 부정적 효과를 중심으로」. ≪아세아연구≫, 48권 1호(통권 119호).

_____. 2005b. 「한국의 노동: 진단과 과제」. 『한국의 노동, 과거 현재 미래』. 한국노동사회연구소 창립 10주년 기념 심포지엄 자료집.

_____. 2008. 「비정규직 규모와 실태: 통계청, 경제활동인구조사부가조사(2008년 3월) 결과」. ≪노동사회≫, 2008년 7·8월호.

최장집. 2004. 「한국 민주주의의 취약한 사회경제적 기반」. ≪아세아연구≫, 47권 3호(통권 117호).

Atkinson, John. 1987. "Flexibility or Fragmentation? The United Kingdom Labour Market in the Eighties." *Labour and Society*, 12(1), pp.87~105.

Aghion, Philippe, Eve Caroli, and Cecilia Garcia-Penalosa. 1999. "Inequality and Economic Growth: The Perspective of the New Growth Theories." *Journal of Economic Literature*, 37, pp.1615~1660.

Alesina, Alberto and Roberto Perotti. 1996. "Income Distribution, Political Instability, and Investment." *European Economic Review*, 40, pp.1203~1228.

Alesina, Alberto and Dani Rodrik. 1994. "Distributive Politics and Economic Growth." *The Quarterly Journal of Economics*, pp.465~490.

Chircos, Theodore. 1987. "Rates Od Crime and Unemployment: an Analysis of Aggregate Research Evidence." *Social Problems*, 34, pp.187~211.

Deininger, KLaus and Pedro Olinto. 2000. "Asset Distribution, Inequality, and Growth." *World Bank Paper*.

Deyo, Frederic C. 1997. "Labor and Post-Fordist Industrial Restructuring in East and Southeast Asia." *Work and Occupations*, 24(1), pp.97~118.

Galor, Oded and Joseph Zeira. 1993. "Income Distributions and Macroeconomics." *Review of Economic Studies*, 60, pp.35~52.

Golden. 1996. "The Expansion of Temporary Help Employment in the US, 1982~1992: a Test of Alternative Economic Explanations." *Applied Economics*, 28, pp.1127~1141.

Gould, Eric, Bruce Weinberg, and David Mustard. 1998. "Crime Rates and Local Labor Market Opportunities in the United States: 1979~1995." *Mimeo (NBER Labor Studies Summer Conference)*.

Land, K. C., Patricia McCall, and Lawrence Cohen. 1990. "Structure Covariates of Homicide Rates: Are There Any Invariances Across Time and Social Space?" *American Journal of Sociology*, 95(4), pp.922~963.

OECD. 1998. "Making the Most of the Minimum: Statutory Minimum Wages, Employment and Poverty." in *OECD Employment Outlook*. OECD.

_____. 2004a. "Wage-Setting Institutions and Outcomes." pp.127~181 in *OECD Employment Outlook*. OECD.

OECD. 2004b. *Employment Outlook 2004*.

Perotti, Roberto. 1993. "Political Equilibrium, Income Distribution, and Growth." *Review of Economic Studies*, 60, pp.755~776.

Persson, Torsten and Guido Tabellini. 1994. "Is Inequality Harmful for Growth?" *The American Economic Review*, 84(3), pp.600~621.

제8장

미국형과 독일형 임금체계의 비교와 그 시사점

윤진호 | 인하대학교 경제학부

1. 들어가는 말

자본주의 사회에서 대부분의 노동력은 임금으로 생활을 영위해간다. 이때 임금수준의 결정 문제(생계비, 지불능력 등), 임금의 결정기준(노동자 속성, 직무의 가치), 상이한 그룹 간의 임금격차 문제(성별, 학력별, 직업별 임금격차 등) 등 임금을 둘러싼 다양한 문제가 발생한다. 이 각각은 노동경제학에서 임금수준론, 임금체계론, 임금구조론(임금격차론)의 대상이 된다(정진호, 2006; Gerhart and Rynes, 2003).

이 글에서 다루고자 하는 주제는 임금의 결정기준과 관련한 임금체계론이다. 즉, 임금이 어떠한 기준에 의해 결정되며, 이는 어떠한 장점과 단점을 가지고 있고 노동시장에서 어떠한 성과를 가져왔는가 하는 문제이다.

임금을 어떠한 기준에 의해 결정하는가의 문제는 왜 중요한가? 이는

* 이 글을 쓰는 데 많은 도움을 준 이시균 박사(한국고용정보원)와 윤정향 박사(한국고용정보원)에게 감사드린다.

적어도 다음 세 가지 측면에서 중요한 의의를 가진다.

첫째, 사용자의 입장에서 볼 때 이윤극대화를 위해서는 동일한 임금수준을 지급하면서 노동자들로부터 최대의 노력을 이끌어낼 필요가 있다. 이때 어떤 형태로 임금을 지불하는가에 따라 노동자의 노력 정도가 달라진다. 따라서 사용자의 입장에서는 어떠한 임금지불형태가 노동자의 노력을 최대한 끌어냄으로써 최대한의 성과를 가져올 것인가가 주된 관심사가 된다(Gerhart and Rynes, 2003).

둘째, 노동자의 입장에서는 자신의 노력 정도에 상응하는, 혹은 다른 노동자와 비교하여 정당한 임금지불이 이루어지고 있는가가 최대한의 관심사가 된다. 즉, 임금의 공정성, 혹은 형평성이 가장 문제가 된다. 이때 임금의 공정성 혹은 형평성을 어떻게 정의하고 측정할 것인가의 문제는 매우 복잡한 논란을 불러일으키는 주제이지만 여기서는 일단 "각 개인 간의 노동투입의 차이에 대응하는 보수 차이"(이는 자본투입의 경우에도 마찬가지이다)를 공정한 보수 차이라고 정의해두기로 하자(Bryson and Forth, 2006).

셋째, 전체 국민경제의 입장에서는 자원배분의 효율성과 소득분배의 형평성을 달성할 수 있는 임금지불형태가 바람직하다. 임금체계는 다양한 방식이 있는데, 개수임금제(piece-rate wage)나 시급제 등의 간단한 임금체계부터 노동자의 근속년수(연공급)나 노동자의 능력(숙련급, 직능급)에 따라 임금이 결정되는 속인급적 임금체계, 노동자가 맡고 있는 직무의 가치(직무급)나 일의 성과(성과급)에 따라 임금이 결정되는 속직급적 임금체계 등이 대표적인 임금체계라 할 수 있다.[1)]

---

1) 임금체계(기본급)는 크게 인적 속성에 따라 임금이 결정되는 속인급형과 일의 속성에 따라 임금이 결정되는 속직급형으로 나뉜다. 속인급형은 다시 연령이나 근속년수 등에 따라 임금이 결정되는 연공급과 노동자가 지닌 숙련이나 직능에

한국에서는 그동안 대기업을 중심으로 연공급 임금체계가 지속되어왔다. 근속년수에 따라 임금(호봉)이 상승하는 연공급 임금체계는 연령 증가에 따른 생활비의 증가와 숙련의 향상에 대한 보상 차원에서 그 경제적 합리성을 인정받아왔다(황수경, 2004; 小越洋之助, 2006).

그러나 최근 연공급 임금체계를 서구에서 시행되고 있는 바와 같은 직무급 혹은 숙련급 임금체계로 전환해야 한다는 주장이 강력하게 제기되고 있다. 이는 학계뿐 아니라 정부, 노동계 일부, 사용자 등 노사관계 당사자 모두에서 제기되고 있는 과제이다. 그 배경은 다음과 같다.

우선 사용자는 연공급 임금체계가 그 일정한 합리성에도 불구하고 성과와 보상 간의 격차 발생으로 인해 근로자의 근로유인을 저해하고 기업경쟁력을 저해하는 원인 중의 하나라고 주장하고 있다. 이에 따라 사용자 측에서는 오래전부터 성과와 보상이 연동될 수 있는 직무급 혹은 성과급 임금체계로의 전환을 주장해왔다.[2)]

노동계 일부에서도 연공급 임금체계가 연령 증가에 따른 생계비의 증가를 보상해줄 수 있다는 합리성이 있지만 기업 간 임금격차를 고착화시킴으

따라 임금이 결정되는 직능급(숙련급)으로 나뉘며, 속직급은 다시 직무의 내용에 따라 임금이 결정되는 직무급과 일의 성과에 따라 임금이 결정되는 성과급으로 나뉜다. 이때 직능급을 속직급으로 분류하는 사람도 있으나, 이는 '사람에 대해 지급하는 임금'(속인급)과 '일에 대해 지급하는 임금'(속직급)을 혼동한 결과라 하겠다(中村弘明, 1995; 木下武男, 1999).

2) 이러한 주장은 경총, 전경련, 대한상공회의소 등 사용자단체와 일부 학자들을 중심으로 1990년대부터 수없이 되풀이해서 제기되어왔는데, 그 논리는 대동소이하다. 대표적인 몇몇 예로서 한국경제인연합회(1991), 양병무·박준성(1991), 김환일(2005), 유규창(2004) 등을 들 수 있다. 그러나 제목마저 거의 비슷한 이러한 글들에서는 임금이 단지 이윤극대화를 위한 하나의 요소일 뿐 아니라 노동자들의 적정생계비 보장 및 인적자본 축적을 위한 유인동기 역할을 해야 한다는 균형잡힌 시각은 찾아볼 수 없다.

로써 기업을 넘어선 업종별, 지역별 임금평준화를 저해하는 요인이라는 인식을 나타내고 있다. 특히 최근 일부 산업에서 산업별 노조가 결성되고 산업별 교섭이 이루어지면서 기업의 범위를 넘어선 산업 전체의 임금의 통일기준으로서 근로자의 숙련능력에 따라 보상이 주어지는 숙련급 임금체계로의 전환을 노동계, 혹은 노동계와 가까운 일부 학자들이 주장하고 있다(강신준, 1997; 황덕순, 1997; 김영두, 1998; 정이환 외, 2007).

또 여성계에서는 현재의 연공급 임금체계가 연공이 긴 남성근로자에게 유리하게 작용함으로써 '동일노동 동일임금' 원칙에 위배된다는 인식하에 동일노동 동일임금 원칙의 실현을 위해서는 근로자의 속성(성별, 연공 등)이 아니라 직무가치 혹은 직능에 따라 임금이 주어지는 직무급 혹은 숙련급이 도입되어야 한다고 주장하고 있다(이승옥·김엘림, 2005; 김태홍 외, 2001).

한편 최근 도입된 비정규근로자 관련 입법에서는 정규직과 비정규직 간의 차별금지를 규정하고 있는데, 이와 관련하여 정규직과 비정규직 간의 차별 기준을 확립하기 위해서는 이들이 수행하고 있는 직무의 가치를 어떻게 객관적으로 평가할 것인가 하는 것이 과제로 되고 있으며 이에 따라 기존의 연공별 임금체계를 직무급 임금체계로 전환하는 방안이 노사정위원회 등에서 검토되어왔다(경제사회발전노사정위원회, 2008).

이처럼 노사정 당사자 모두 현재의 연공급 임금체계의 단점을 인정하고 직무급 혹은 직능급으로의 전환을 주장하고 있지만 구체적인 직무, 직능급의 방향이나 내용, 혹은 그러한 임금체계의 전환을 가능하게 하는 현실적인 조건들—예컨대, 객관적으로 인정되는 직무가치의 평가 등—에 대한 논의는 그다지 심도 깊게 진행되지 못하고 있는 것이 현실이다. 이와 관련하여 이미 직무급 시행의 역사가 긴 선진국의 직무급 시행 내용에 대해 살펴보는 일은 한국에도 많은 시사점을 줄 수 있을 것이다.

최근 한국에서도 선진국의 직무급제도를 소개하는 글들이 눈에 띄고 있다. 그러나 한국에서 소개되고 있는 직무급제도는 대부분 미국형 직무급으로서 선진국의 다양한 직무급제도에 대한 비교·평가연구는 매우 드문 형편이다. 더욱이 직무급을 소개하는 글들은 대부분 직무급의 내용이나 도입절차 등 매우 기술적인 측면에 머물고 있으며 직무급 도입의 사회적 의미나 노동시장 및 노사관계에 미치는 영향 등에 대해서는 거의 다루지 않고 있는 점도 문제이다.[3)]

이러한 점을 감안하여 이 글에서는 선진국의 직무급 임금제도 가운데 전형적인 두 유형이라 할 수 있는 미국형 직무급과 독일형 직무급제도를 비교·평가하고자 한다. 미국은 직무급을 최초로 도입한 나라로서 직무급 도입의 역사가 가장 길고 그 적용이 일반화되어 있으며 가장 풍부한 사례를 가지고 있다. 그러나 다른 한편으로는 직무급의 결정기준이 기업에 대한 기여도를 중심으로 구성되어 있고, 결정주체가 사용자 주도로 되어 있으며, 그 적용범위가 기업 내에 머물러 있어 '동일노동 동일임금 실현'이라는 직무급제도의 대전제를 실현하지 못하고 있다는 비판을 받고 있다. 한편 독일형 직무급제도는 직무급의 결정기준이 근로자의 숙련을 중심으로 구성되어 있고, 결정주체가 노사 공동으로 되어 있으며, 그 적용범위가 기업을 넘어선 산업 전체로 되어 있어 '동일노동 동일임금 실현'이라는 목표에 더 근접한 것으로 평가된다. 그러나 다른 한편으로 독일형 직무급제도 역시 완전한 것은 아니어서 숙련의 격차에 따른 임금격차 발생이나 임금제도 경직성 등의 문제를 안고 있기도 하다.

우리는 이처럼 동일한 직무급 임금제도를 가지고 있으면서도 그 내용,

---

3) 임금체계에 관한 국내의 기존연구로서 대표적인 연구의 하나인 김동배 등(2005)에서도 미국과 일본의 임금체계만 소개하고 있을 뿐 독일의 임금체계는 소개하지 않고 있다. 더욱이 미국과 일본의 임금체계에 대한 소개는 대부분 직무급의 설정 절차 등 기술적인 부분에 머물고 있을 뿐 그 사회적 의미는 분석하지 않고 있다.

절차 및 적용범위에 있어 매우 상이한 미국과 독일의 임금제도를 비교해봄으로써 향후 한국의 임금제도의 개혁을 논하는 데 큰 시사점을 얻을 수 있을 것으로 생각한다.

그동안 선행연구에서도 미국과 독일의 임금제도를 비교한 연구는 몇몇 있었다.[4] 그러나 이러한 선행연구들은 대부분 두 나라의 임금구조의 차이를 가져오는 요인으로서 노동조합의 조직률이나 단체협약 적용률, 단체교섭의 집중도 등 노사관계제도의 차이에만 주목했을 뿐 노동시장에 보다 직접적인 영향을 미치는 요인이라 할 수 있는 직무급 임금제도의 차이에 대해서는 거의 주목하지 않았다. 그러한 점에서 이 글은 이론적 측면에서도 작은 기여를 할 수 있을 것으로 생각된다.

글의 순서는 다음과 같다. 제2절에서는 연공급 임금체계와 직무급 임금체계에 대한 이론적 논의를 소개한다. 제3절에서는 미국의 직무급 임금체계의 내용에 대해 살펴보고 그 장단점을 평가한다. 제4절에서는 독일의 직무급 임금체계의 내용에 대해 살펴보고 그 장단점을 평가한다. 제5절에서는 미국과 독일의 직무급 임금체계를 서로 비교하고 각국의 임금체계가 노동시장에서 어떠한 성과를 가져왔는지를 비교·평가한다. 마지막으로 제6절에서는 지금까지의 논의를 요약하면서 한국에서의 임금체계 개편에 대해 주는 시사점을 음미한다.

---

4) 대표적인 것으로서 뷰드리와 그린(Beaudry and Green, 2000), 프란츠와 고든(Franz and Godon, 1983), 하비(Harvey, 1994), 프리먼과 쉐트카트(Freeman and Schettkat, 2000), 묄러(Möller, 2006) 등이 있다. 그러나 이 가운데 하비(Harvey, 1994)의 연구를 제외하면 독일과 미국의 직무급 임금체계의 차이를 다룬 연구는 하나도 없다.

2. 연공급 임금체계와 직무급 임금체계[5)]

앞에서 보았듯이 임금체계의 종류는 연공급, 직무급, 직능급, 성과급 등 매우 다양한데 여기서는 주로 연공급과 직무급에 대해 이론적으로 고찰하고자 한다.

1) 연공급 임금체계

한국의 임금체계를 흔히 '연공급'체계라고 명명하는데, 이는 임금결정의 가장 중요한 요소인 '기본급'의 결정방식이 근속년수에 따라 자동승급[6)]되는 정기호봉제를 골간으로 하기 때문이다. 그렇지만 모든 기업이 연공급체계를 적용하고 있는 것은 아니다. 내부노동시장이 발달하지 않은 중소기업, 비정규직 등 주변부 시장의 임금제도는 연공급의 이러한 역할과 의미를 담보하기 어렵다. 또한 연공급체계라 하더라도 산업과 기업, 직무 및 직급 형태에 따라 제도 자체가 엄격히 구분되어 있다. 실제로 업종과 기업조직을 논외로 하더라도 대체로 한 기업 내에서도 생산·기능직과 관리·사무직의 기본급 기준은 서로 구분되는 것이 보통이다. 그뿐만 아니라 그동안 생산·기능직은 관리·사무직의 하위직급과 동급으로 취급되거나 더 낮은 서열로 인식되어왔고 두 직급 간의 승진 가능성은 극히 희박하며, 무엇보다도 양 직군에는 별도의 호봉제(전사 단일호봉제도 있지만 대부분 직종·직급별로 이원적·차등적으로 구성되는 호봉제를 적용한다)가 적용되어 연

5) 이 부분은 윤정향(2008)에 크게 의존했음.

6) 이 글에서 '승급'은 동일직급 내에서의 호봉의 상승을, '승진'은 직급(혹은 직무등급)의 상승을 의미한다. 예컨대 조교수 직급 내에서의 호봉의 상승은 '승급'이며, 조교수로부터 부교수로의 상승은 '승진'이다.

공급체계가 한 조직에서도 단일한 기준으로 일관되게 적용되는 경우가 드물다는 점을 염두에 둘 필요가 있다. 즉, 한국의 임금제도는 '불완전한 연공제'라 할 수 있다.

연공임금의 존재이유에 대한 이론으로는 인적자본이론, 이연임금가설, 연공적 승진가설, 생활임금가설, 일자리 합치이론, OJT이론 등이 있는데, 이들 이론들은 연공임금의 경제적 합리성, 즉 연공 증가에 따른 인적자본 축적효과를 인정하고 있다(황수경, 2004). 연공제 임금에 대한 논의는 일찍부터 연공제가 발달해왔던 일본에서 많은 진전을 보았는데, 그 가운데 가장 유력한 설로서 생활임금가설과 기업특수적 인적자본이론이 있다.

생활급설(金子美雄, 1976)에 의하면 연공임금은 연령별 생계비와 관련된 것으로서 생활급적 연령급을 그 임금결정기준으로 하고 있는 임금제도라고 한다. 이는 2차 세계대전 이전에는 농촌으로부터 무한공급되는 팽대한 노동력을 극단적으로 낮은 초임금으로 고용하고 그 이후 근속증가에 따라 임금을 조금씩 증가시켜 가는 형태를 취했지만(이를 저임금설이라 한다), 2차 세계대전 이후에는 활발해진 노동운동의 영향을 받아 노동조합의 요구에 의해 연령증가에 따른 생활비의 상승에 응하여 임금도 상승하는 방식(생활급)으로 전환했다고 한다. 따라서 이들은 연공급 임금체계를 단순히 저임금 유지를 위한 수단으로 보는 저임금설을 비판하는 동시에, 이를 기업특수적 숙련향상에 대한 보수로 보는 숙련설도 비판하면서 '연공'이란 어디까지나 생활급적 연령서열이라는 점을 강조한다.

반면, 기업특수적 숙련설에 입각한 논자(氏原正治郎, 1961; 津田眞澂, 1968)들은 연공제 임금이 "연공(근속년수) 상승에 따라 누적되어가는 기능향상에 대한 보수"라고 주장하면서, 단 이러한 숙련은 개별기업 내에서만 평가되는 기업특수적 숙련이며 따라서 이는 일본 특유의 종신고용제와 관련되어 그 한 측면을 이루는 임금제도라고 한다(小越洋之助, 2006).

그러나 이러한 연공급체계의 일정한 경제적 합리성에도 이에 대한 비판은 꾸준히 제기되어왔는데, 특히 경영계는 오래 전부터 연공급 임금체계의 변화를 주장하고 또 추구해왔다. 우리나라의 연공급체계가 변화 대상으로 검토된 것은 1990년대 들어서면서부터이다(정이환·전병유, 2001; 佐藤靜香, 2003). 이것은 노사관계의 중요한 역사적 전환점과 연결되어 있다. 그 배경에는 1987년의 노동자대투쟁을 시작으로 한 노동조합 조직의 확대를 기반으로 단체교섭에 의한 임금결정의 정착과 이에 따른 임금수준의 급격한 상승이라는 사태가 놓여 있다. 이에 따라 경총을 위시한 경영자 측과 정부에서는 과거의 임금수준에만 중점을 두었던 임금억제 일변도의 임금정책을 지양하고 생산성의 관점에서 임금체계 중시의 임금정책을 제시하려 했다.

또 경제자유화의 진전으로 치열한 국제경쟁의 무대에서 한국기업이 살아남기 위해서는 고임금-고인건비 구조를 극복하고 고임금 → 고효율 → 저인건비의 호순환을 실현하는 것이 필요하다는 인식도 작용했다. 이를 위해서는 초임금수준의 상승에 의해 부담이 커진 연공주의 임금체계에서 능력주의 임금체계로의 이행이 급선무라고 주장했다. 능력주의 임금체계란 종업원 개개인의 직무, 능력, 업적에 기초하여 임금이 차별적으로 결정되는 임금체계이다. 근속년수가 길게 되면 생산성과 임금 간의 괴리가 커지는 현행의 연공급 임금체계에 비해 능력주의 임금체계에서는 양자가 일치될 가능성이 더욱 커진다. 능력주의 임금제도는 연공급체계의 기본 구성요소인 연령, 학력, 근속년수보다 생산성 향상에 대한 노동자 기여도를 평가기준으로 삼아 임금을 지급하는 것이므로 어떤 형태로든 연공급체계에 수정을 가하게 되었던 것이다. 실제 1990년대에 CJ, 유한킴벌리, 포항제철, 한국전자 등이 직능급 임금체계를 도입했다(박우성, 2006; 신영수, 2007).[7] 최근에는 미국형의 직무급 임금체계(보다 정확히 말하자면 직무

7) 외환위기를 전후하여 이미 직무·직능급이 적잖이 확대되고 있었기에 현재의

성과급 임금체계)를 도입하는 기업도 차츰 늘어나고 있다.

그러나 최근 사용자 측의 인건비 절감 및 노동유연화 전략의 일환으로서뿐 아니라 다른 요인에 의해서도 연공급 임금체계의 변화가 필요하다는 주장이 제기되고 있는 것은 주목할 만한 변화이다.

우선 성별 임금격차와 관련한 문제제기가 있다. 연공급체계의 중요한 특징 중 하나는 입사 초기 결정되는 임금이 미래의 임금수준을 좌우한다는 것인데, 초임이 어떤 기준에 입각하여 결정되느냐에 따라 연공급체계로 인한 임금격차가 심각한 사회적 불평등을 지속하는 기제가 될 수 있다. 대표적인 예가 성별에 따른 임금격차이다.

연공급체계하에서 한 사회, 좁게는 한 기업 내에서 동일직무를 수행하더라도 남성과 여성의 임금이 다른 기준에 따라 결정된다면 입사 초기에 결정된 남녀 간 임금격차는 근속년수가 누적될수록 그 격차의 폭을 넓혀가게 될 것이다. 더욱이 여성은 일반적으로 남성에 비해 근속년수가 짧고 결혼, 육아, 가사 등으로 인한 경력단절이 발생하기 때문에 연공급체계하에서 더욱 큰 불이익을 받을 수 있다. 따라서 여성계에서는 성별 차이에 상관없이 동일한 직무를 맡는 사람에게 동일한 임금을 주는 직무급 임금체계로의 전환을 주장하고 있다.

한편 정규직과 비정규직 간의 임금격차 해소 면에서도 연공제는 개혁 필요성이 있다. 노동시장의 절반을 구성하고 있는 비정규직은 동일기업체 내에서 동일한 노동(equal labor), 나아가 동등가치의 노동(equal value labor)을 하더라도 '비정규직'이라는 이유로 정규직보다 적은 임금을 받는다.

임금제도를 '연공급'으로 규정하는 데는 상당한 조심성이 따르는 것도 사실이다. 외환위기 직후 한 조사에 따르면 대기업, 공공부문 사무직과 같이 상대적으로 임금이 양호한 사업체에서는 연공급이 유지되고 있었지만 비제조업, 생산·기능직에서는 직무·직능급체계가 확산되어 있었다(주진우, 1998).

연공급 임금체계는 대부분 조직 내 '정규직'을 대상으로 하기에 비정규직은 근속년수, 연령, 숙련에 대한 임금보상을 거의 받지 못하고 있다. 더구나 우리나라처럼 기본급 비중이 낮고 수당과 성과급 비중이 높은 구조에서는 정규직과 비정규직의 임금격차가 증대될 수밖에 없다.

기업 간, 업종 간에 존재하는 임금격차의 해소 역시 한국 노동시장의 과제로 되고 있다. 동일하거나 유사한 노동을 하면서도 단지 중소기업에서 일한다는 이유만으로 대기업 노동자에 비해 적은 임금을 받거나 심지어 동일한 생산라인에서 같은 일을 하면서도 하청기업 소속이라는 이유로 원청기업 소속 노동자에 비해 임금을 적게 받는 등 노동시장의 분절성으로 인한 임금 및 근로조건의 격차는 심각한 수준에 있다. 최근 산별노조 및 산별 단체교섭의 진전과 더불어 이처럼 기업규모나 업종, 직종 등의 차이를 넘어서서 산업통일적인 임금 및 근로조건을 추구하는 움직임이 나타나고 있다. 그러나 이 경우 연공급 임금체계는 산별 임금교섭의 제약이 된다. 기업 단위의 호봉 및 연공급에 적용되는 기준이 기업마다 제각각이어서 산별 단위에서 기본교섭의 기준을 결정하기 어렵다. 따라서 기업의 틀을 넘어선 새로운 노동력의 가치기준을 수립하고자 하는 움직임이 나타나고 있는데, 이는 필연적으로 직무급 내지 숙련급의 형태를 띠게 된다.

2) 직무급 임금체계

직무급이란 가장 간단히 표현하면 직무를 매개로 하여 임금을 결정하는 제도를 말한다. 노동자 개인의 임금은 개인이 담당하는 직무에 따라 정해지는 것이며 그 사람의 속인적 요소와는 직접적인 관계없이 결정되는 제도이다. 따라서 같은 직무에 종사하는 자에 대해서는 학력, 근속년수, 연령 등의 조건의 차이와 관계없이 같은 임금을 지불하는 제도이다(Armstrong and Baron, 1995).

직무급은 종류가 다른 여러 직무를 평가하여 그 상대적 가치를 결정하고 그 가치의 차이에 따라 임금률을 정하게 된다. 따라서 직무급에서는 직무의 상대적 가치의 결정이 가장 중요한 문제로 된다. 이 직무가치를 구체적으로 결정하는 것이 직무평가(job evaluation)이다.

직무급제도가 합리적 근거를 가지기 위해 직무평가를 전제조건으로 하는 것이 불가결하다. 직무평가란 직무의 상대적 가치를 확정하기 위해 직무의 분석과 평가를 행하는 과정이며 직무급 임금구조 설정을 위한 기초로 사용된다.

직무평가는 대체로 네 가지 과정을 거치게 된다. 즉, ① 직무에 관한 사실을 파악하고 분석하는 과정, ② 이들 사실을 직무기술서(職務記述書, job description)로 종합하는 과정, ③ 직무기술서에 기초하여 일정한 평가방법에 의해 직무를 평가하는 과정, ④ 이 평가를 기초로 하여 직무의 임금을 결정하는 과정이 그것이다.

구체적인 직무평가의 방법으로는 서열법, 분류법, 득점요소법, 요소비교법 등이 있는데, 그 자세한 내용은 후술하고자 한다.

원칙적으로는 모든 직무에 상이한 임금률이 적용되어 직무마다 임금이 달라지겠지만 현실적으로는 몇 개의 등급, 즉 직무등급으로 편성되어 직무등급별로 임금률을 정하고 있다. 임금률이 적용되는 직급의 수는 대개 기업에 따라 다양하지만 대체로 10~20개 정도이다.

직무급제도의 일반원칙으로서 가장 중요한 것은 '동일노동 동일임금의 원칙'이다. 이 원칙은 국제노동기구,[8] 「세계인권선언」,[9] 유엔 「여성차별

---

8) ILO 제100호 협약(동일가치 노동에 대한 남녀 근로자의 동일보수에 관한 협약)에서는 "회원국은 보수액을 결정하기 위하여 사용되고 있는 방법에 적합한 수단으로 동일가치 노동에 대한 남녀 근로자의 동일보수 원칙을 모든 근로자에게 적용할 것을 촉진"하도록 규정하고 있으며, 이를 위해 "객관적인 직무평가를 장려하기 위한 조치"를 취하도록 규정하고 있다.

협약」[10] 등 국제적 차원에서뿐 아니라 국내법에서도 「헌법」,[11] 「근로기준법」,[12] 「남녀고용평등법」,[13] 비정규법[14] 등에 규정되어 있는 일반적 대원칙이다. 이는 성별, 인종별, 고용형태별 등의 사회적 조건에 근거한 차별의 철폐를 목적으로 하는 것이다. 이를 위해 동일(가치)노동[15]에 대해 동일임

---

9) 「세계인권선언」 제23조 제2항은 "모든 사람은 어떠한 차별도 받지 않고 동등한 노동에 대하여 동등한 보수를 받을 권리를 가진다"고 규정하고 있다.

10) 1979년 유엔에서 채택한 「여성차별협약」 제11조 제1항(d)에서는 "동일한 가치를 가진 노동에 대한 동일한 보수를 받을 권리 및 노동의 질의 평가에 있어 동일한 처우를 받을 권리"를 명시하고 있다.

11) 대한민국 헌법 제32조는 "여자의 근로는 특별한 보호를 받으며, 고용, 임금 및 근로조건에 있어서 부당한 차별을 받지 아니한다"고 규정하고 있다.

12) 「근로기준법」 제5조는 "사용자는 근로자에 대하여 남녀의 차별적 대우를 하지 못하며 국적, 신앙 또는 사회적 신분을 이유로 근로조건에 대한 차별적 처우를 하지 못한다"고 규정하고 있다.

13) 「남녀고용평등법」 제8조에서는 "사업주는 동일한 사업 내의 동일가치의 노동에 대하여는 동일한 임금을 지급하여야 한다"고 규정하고, 이어서 "동일가치 노동의 기준은 직무수행에 요구되는 기술, 노력, 책임 및 작업조건 등으로 하고"라고 규정하고 있다.

14) 「기간제 및 단시간근로자 보호 등에 관한 법률」 제8조는 "사용자는 기간제근로자(및 단시간근로자)임을 이유로 당해 사업 또는 사업장에서 동종 또는 유사한 업무에 종사하는 기간의 정함이 없는 근로계약을 체결한 근로자에 비하여 차별적 처우를 하여서는 아니 된다"고 규정하고 있다.

15) '동일노동(equal labor)'은 동일, 혹은 거의 같은 성질인 노동을 하는 경우의 노동의 가치를 말한다. 그러나 현실적으로는 남녀, 혹은 정규/비정규 노동자는 서로 유사하지 않은 노동을 하는 경우가 많으므로 이때 직무평가 등의 방법에 의해 비록 이질적 노동이라 하더라도 본질적으로 동일한 가치가 있다고 인정되는 노동을 '동일가치노동(equal value labor)'으로 인정한다〔노동부, 「남녀고용평등 업무처리규정」, 이승옥·김엘림(2005)에서 재인용〕.

금이 실현되어야 한다. 그러나 직무급제도는 종류가 서로 다른 여러 직무(노동) 간의 상대적 임금률을 문제로 하고 있는 이상, 동일노동 동일임금의 원칙과는 조금 다른 차원의 문제라 할 수 있다. 즉, '동일노동 동일임금의 원칙'이 곧바로 '직무급제도의 원칙'이라고는 할 수 없다. 질적, 양적으로 동일한 가치를 지닌 노동이라 하더라도 서로 다른 직무가치를 지닌 직무를 맡고 있다면 임금 및 근로조건은 달라질 수 있기 때문이다. 그러한 의미에서 직무급제도에서는 '동일직무 동일임금의 원칙'을 가지고 있다고 할 수 있다(手島勝彦, 1997).

그러나 역사적으로 보면 '동일노동 동일임금의 원칙'을 구체화하는 과정에서 '동일노동'의 개념이 문제가 되었으며, 특히 남녀가 서로 다른 직무를 가지고 있는 경우 그 노동가치를 어떻게 비교할 것인가가 문제가 되었다. 이에 따라 서로 다른 직무의 상대적 가치를 평가하는 방법으로서 직무평가법이 개발되었고 이를 기초로 직무급이 지급되었던 것이다. 실제로 특정 직무마다 그 직무를 담당하는 사람의 직무요건이 명시되어 있으며 이는 대체로 그 사람이 지닌 노동가치(교육, 숙련 등)와 긴밀하게 연관되어 있다. 이 점에서 '동일노동 동일임금의 원칙'이라는 추상적 원칙은 현실적인 임금지불제도로서의 직무급제도의 일반원칙으로 위치하고 있는 것이다.[16)]

그러나 동일한 직무급제도라 하더라도 그 실제 운용 면에서는 천차만별의 차이가 날 수 있으며, 이에 따라 동일노동 동일임금 원칙의 실현에 큰 차이를 찾아볼 수 있다. 이는 한국의 경우에도 마찬가지이다.

---

16) 이 점에서 직무평가제도는 원래 노동통제를 강화하기 위해 자본 측에 의해 도입된 '반동적' 제도였지만, 동시에 이는 '동일노동 동일임금' 주장을 뒷받침하는 역할을 함으로써 남녀평등이라는 측면에서는 큰 진전을 할 수 있는 계기가 되었다는 피가트(Figart, 2000, 2001)의 지적은 흥미로운 것이다. 물론 이러한 추상적 원칙이 곧바로 직무급제도를 통해 완전하게 실현되지 못하고 있는 것은 사실이다.

한국에서도 연공급 임금체계의 대안으로 경영 측과 노동 측이 모두 소위 '직무급'체계를 제시하고 있다. 경영 측은 1990년대 초반부터 신경영체제의 일환으로 직무급이나 직능급을 도입하여 노동자의 집합적 저항에 대응하는 새로운 인사관리방식을 확대해왔기에 놀라운 일이 아니지만, 최근에 노동계 일각에서도 '직무급'을 제시하는 것은 주목할 일이다. 그런데 노동계에서 주장하는 '직무급'과 경영계가 주장하는 '직무급'은 그 맥락이나 방향 면에서 사뭇 다르다.

현재 경영계에서 주장하고 있는 직무급은 '기업 단위'에서 이루어지는 것으로서 직무분석 및 직무가치를 결정하는 데 있어 기업의 조직목표에 부합하는지의 여부가 중요한 기준이 된다. 즉, 경영 측에서는 동일노동동일임금 원칙의 실현보다는 직무의 기준이 기업의 생산성 및 수익창출에 얼마나 기여하는가와 연결하여 임금을 결정하는 수단으로서 직무급제도를 도입하고자 하는 것이다. 더욱이 실제로 개별기업 단위에서 실행하고 있는 직무급은 '순수하게' 직무의 가치만을 기준으로 평가하기보다 개인의 업적과 성과가 직무급에 반영되도록 설계되어 있어 직무가치+성과가 혼합된 직무성과급적 성격을 띤 것이 대부분이다(윤정향, 2008). 또 직무가치나 성과를 결정하는 절차 역시 철저하게 사용자 주도로 이루어짐으로써 평가가 진행되고 임금이 책정되는 일련의 과정에서 충분한 토론과 사회적 합의가 수반되지 않는다.

반면 노동계에서는 1990년대 초반부터 대두된 성과주의 임금체계 도입에 대해 강하게 반발해왔다. 성과주의 임금체계는 노동자 간의 경쟁을 심화시키고 노동자를 개별화하여 궁극적으로 노동자의 연대를 저해하기 때문이다. 자신이 더 많이 받기 위해 동료의 노동의 대가를 빼앗아야 하는 방식은 임금교섭구조를 부정하고 노동자의 집합성을 기초부터 흔드는 것이기 때문이다. 그러면서도 연공급체계가 노동자 간의 평등 지향과 계급적 연대에 긍정적 기능을 하지 못한다는 자성적 비판은 계속되어왔다.

특히 최근 비정규직에 대한 차별의 해소나 산별교섭을 통한 기업규모 간 임금격차의 해소가 중요한 과제로 등장하면서 사업장이나 기업을 넘어서는 동일노동 동일임금 실현 문제가 본격적으로 제기되고 있다(강신준, 1998; 이민영·김영두, 1998; 김태현 외, 2003; 은수미, 2007). 동일노동 동일임금 원칙은 동등한 가치의 노동에 대해 동등한 임금을 지급할 것을 원칙(Equal Pay for Work of Equal Value)으로 하는 것이다(ILO, 1951; 1958).

이 원칙이 구체적인 임금제도에 적용되기 위해서는 현재처럼 연령과 근속년수에 입각한 연공급 임금제도가 아닌 '사회적으로 합의된' 직무가치에 따른 직무급 임금체계로 바뀌어야 가능하다. 그런 점에서 동일노동 동일임금 원리가 적용된 직무급은 노동자 간의 경쟁을 강화하고 고성과를 유도하기 위해 경영 측이 주장하는 시장임금률을 바탕으로 하는 '직무성과급'과는 다른 방식의 '직무급' 방식이다. 동일노동 동일임금 원칙은 여성에 대한 임금차별을 반대하는 운동적 논리에서 등장했으나 최근 고용형태, 인종 등에 대한 임금격차에 대한 반대 논리로까지 확대되었다.

그러나 이러한 '사회적 수준으로 합의된 직무가치에 입각한 임금제도'가 구체적으로 어떤 형태가 될 것인가에 대해서는 노동계 내에서도 아직 어떠한 합의는커녕 구체적인 논의조차 진행되지 못하고 있는 것이 사실이다. 과연 직무가치를 정함에 있어 그 기준은 무엇이 되어야 할 것인가, 직무가치 설정에 있어 객관성과 형평성(특히 성 형평성)을 담보할 수 있는 평가요소는 무엇이 되어야 하는가, 직무평가 및 직무급 결정 시의 사회적 참여와 합의는 어떤 방식으로 이루어져야 할 것인가, 그리고 무엇보다도 현재의 연공급 임금체계로부터 직무급 임금체계로 전환하는 과정에서 이익을 얻는 집단과 손해를 얻는 집단은 누구이며 얼마만큼의 조정이 필요한가, 특히 손해가 예상되는 대기업 장기근속 노동자들의 반발을 어떻게 순조롭게 해결할 수 있을 것인가 등 앞으로 해결해야 할 과제가 많이 남아 있다. 즉, 한국에서의 직무급 임금체계 전환에 대한 논의는 아직

갈 길이 먼 것이다.

이 과정에서 우리가 참고할 수 있는 하나의 실마리가 되는 것이 곧 이미 오랫동안 직무급 임금체계를 실시해온 선진국의 경험이다. 특히 경영계가 주장, 실시하고 있는 기업 단위의 직무가치평가 및 직무급제도의 모범이 되고 있는 미국형 직무급제도와 노동계가 주장하고 있는 사회적 수준의 직무가치평가 및 직무급제도를 실천하고 있는 대표적인 국가인 독일의 사례를 비교·평가해보는 것은 우리에게도 큰 시사점을 줄 수 있을 것이다.

3. 미국의 직무급 임금체계

1) 미국의 임금체계의 원칙

미국의 임금체계는 직무급을 기본으로 하고 있다. 특히 기본급은 직무(job)에 대응하여 결정된다. 그 직무에 종사하고 있는 사람이 얼마만큼 우수한 사람인가, 학력이 어떠한가에 관계없이 동일직무인 한 기본급은 같은 것이다. 미국의 상당수 기업, 특히 대기업에서는 기본급(base pay)은 직무급 단일체계이며, 근속년수, 경력, 가족수당, 주택수당, 통근수당, 지역수당 등의 속인적 제 수당은 거의 없는 편이다. 이러한 요인들은 직무와는 관계가 없다고 생각되고 있기 때문이다(笹島芳雄, 2001). 단, 직무급이라고 해서 근로자의 인적 속성과 전혀 관계가 없다는 의미는 아니다. 일정한 직무에 종사하기 위해 그 직무에 필요한 능력을 갖고 있다고 인정된 사람이 그 직무에 충원되는 것이므로 결국 직무급은 학력, 경력, 근속년수 등 근로자가 소유한 일정 이상의 능력과 연계되어 있는 것이다.

이처럼 미국의 임금체계가 직무급 형태를 취하고 있는 이유는 이것이 내적 공정(internal equity)의 원칙과 외적 공정(external equity)의 원칙을 실현할 수 있는 동시에 근로자 동기유발에도 유리하기 때문이다(笹島芳雄, 2001).

'내적 공정의 원칙'이란 이른바 '동일노동 동일임금'의 원칙을 의미한다. 단, 미국의 직무급체계하에서는 동일노동 동일임금이란 한 기업 내부에서 동일한 직무를 행하는 사람은 동일한 임금을 받는다는 (기업 내) 동일직무 동일임금의 의미를 가진다.[17] 이처럼 직무를 기준으로 한 단일임금시스템으로 종업원에게 임금을 지불하는 것은 내부적 공정의 유지에 유효하다.

한편 '외적 공정의 원칙'이란 기업의 틀을 넘어서서 노동시장에서 형성되는 시세임금을 자사의 사원들에게도 지급하여야 한다는 원칙이다. 어떤 두 기업의 규모나 업종, 지역이 거의 동일할 경우 양사의 거의 동일한 중요도의 직무에 종사하는 종업원은 거의 동일한 임금을 받아야 한다. 미국처럼 기업 간 이직이 빈번하게 이루어지는 노동시장에서 외적 공정성의 원칙이 지켜지지 않을 경우 우수한 노동자를 충원하거나 다른 회사로의 전직을 막을 수 없게 된다. 실제로 미국에서는 컨설팅회사나 업계 단체 등에서 다양하고 자세한 임금시세 자료를 업종별, 지역별, 직무별로 제공하고 있는데, 자사의 어떤 직무와 경합하는 동종 업종 및 이종 업종의 직무의 임금수준을 비교하여 자사의 각 직무의 임금수준을 대외적 경쟁력이 있는 수준으로 설정할 수 있다.

직무급은 또한 사용자의 입장에서 볼 때 근로자의 동기유발에도 유리한 제도이다. 직무급체계하에서는 연공급처럼 매년 자동적으로 호봉이 상승하는 제도가 없기 때문에 상위 호봉, 혹은 보다 상위등급 직무로의 이동이

17) 미국에서의 '동일노동 동일임금 원칙'의 역사적 전개과정에 대해서는 김경희 (2007) 참조.

이루어지지 않는 한 원칙적으로 임금인상이 이루어지지 않는다. 따라서 근로자들 간에는 보다 상위 직무로의 이동을 위한 승진경쟁이 이루어지게 되며 이 과정에서 상위 직무에 취임할 수 있는 자격을 갖추기 위한 인적자본 투자 및 업적 경쟁이 벌어지게 된다. 이는 사용자의 입장에서 볼 때 회사의 경쟁력을 향상시킬 수 있는 유효한 수단이 되는 것이다.

2) 직무분석과 직무평가

직무급체계하에서는 직무의 내용, 중요도에 대응하여 기본급이 결정되는데, 이는 다음과 같은 단계를 거쳐 이루어진다. 즉, 직무분석(job analysis) → 직무기술서(job description)와 직무요건서(job specification)의 작성 → 직무평가의 실시 → 각 직무의 등급(grade) 결정 → 각 직무의 기본급 결정 → 각 개인의 기본급 결정의 순서로 기본급이 결정되는 것이다(<그림 8-1> 참조).

아래에서는 각 단계별 내용을 보다 자세히 살펴본다.[18]

(1) 직무분석의 실시

미국에서는 전통적으로 직무를 기축으로 하여 인사관리를 전개해왔다. 임금관리의 중심도 직무가 중심이다. 기업에는 다양한 직무가 있는데, 직무에 따라 임금이 결정되므로 우선 직무내용을 충분히 파악해야 한다. 직무내용을 상세하게 조사하는 작업이 곧 직무분석(job analysis)이다.

직무분석이란 특정의 직무에 관해 상세한 직무내용 및 직무수행의 특징을 조사하는 작업이다. 직무분석에서 수집해야 할 정보는 직무내용의 요소, 작업특성, 요구되는 숙련, 인적 접촉 등인데, 예컨대 직무수행에 필요

18) 이하 내용은 주로 사사지마 요시오(笹島芳雄, 2001, 2008) 참조.

<그림 8-1> 미국의 기본급(직무급) 결정과정

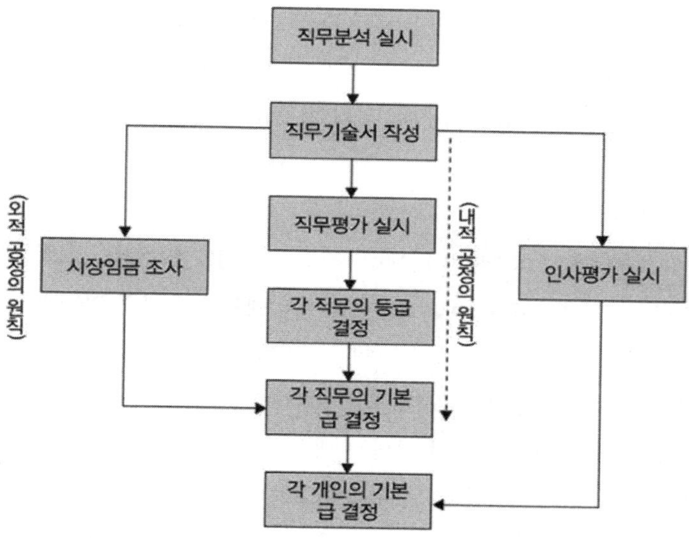

자료: 笹島芳雄(2008).

한 지식, 기능, 기술의 내용, 사용하는 기구 및 기계의 종류, 직무수행에 있어 고객·동료·상사 등과의 관계 및 그 내용, 온도·습도·위험도·자세 등 직무수행 장에서의 물리적 환경 등이 있다. 직무분석을 위한 정보수집 방법으로서는 직무관찰법, 직무경험법, 면접법, 질문표법 등이 있다.

(2) 직무기술서 작성

직무분석이 일단 끝나면 직무기술서의 작성단계로 넘어간다. 직무분석에서 얻은 정보를 일정한 양식으로 정리한 것이 직무기술서(job description)이다. 직무분석을 기록한 서류의 형식은 자유이며 직무에 따라 달라도 좋으나, 직무기술서는 어떠한 직무에 대해서도 공통의 양식으로 취합하는 것이 보통이다. 직무기술서의 내용에는 직무명, 직무내용의 개요, 직무의 조직 내에서의 위치, 직무상의 책무, 직무수행에 필요로 하는 지식, 기능 등이 기술된다. 직무기술서는 임금관리를 위해 필요한 직무평가에 이용될 뿐 아니라 모집, 채용, 배치, 이동, 직무수행, 인사평가, 능력개발 등에도 이용되므로 인사관리의 기본적 문서이다.

(3) 직무평가

직무기술서에 기초하여 여러 가지 직무의 기업에 있어서의 가치를 측정하는 것이 직무평가(job evaluation)이다. 미국에서는 직무의 가치가 임금수준을 결정한다. 따라서 직무평가에 의해 직무의 서열이 결정되며 또한 임금의 서열도 결정되는 것이다.

직무평가의 원칙은 앞에서 살펴본 대로 '내적 공정성의 원칙'에 입각하고 있다. 즉, 직무의 책임도, 난이도, 중요도에 따라 직무가치가 결정되고 이에 의해 임금이 결정되어야 한다는 원칙이다. 제도적으로 보더라도 남녀 간의 임금 차별을 금지하기 위해 1963년 제정된 「평등임금법(Equal Pay Act)」에서는 한 기업 내에서 남녀 근로자에 대해 동등의 지식과 기능, 동등의 정식적·육체적 부하, 동등의 책임도를 필요로 하며 유사한 작업조건하에 있는 노동에 대해 임금에 차이를 두는 것을 금지하고 있다. 즉, 동일노동 동일임금의 원칙이 지켜져야 한다는 것이다(笹島芳雄, 2008). 이것을 기업 내에서 구체화하는 방법이 곧 직무평가라고 할 수 있다.

그러나 여기서 주의할 점은 직무평가요소의 결정이 결국 기업가치에 대한 공헌도에 의해 결정된다는 점이다. 즉, 조직의 성공에 가장 핵심적인 요소가 무엇인가, 조직의 전략적 목표에 대해 상대적인 중요성이 얼마나 되는가가 핵심적인 결정요인이다(Heneman and LeBlanc, 2003).

구체적인 직무평가의 방법은 직무분석방법과 직무비교방법에 따라 <표 8-1>과 같이 네 가지로 나눌 수 있다.

서열법(ranking method)은 기업 내의 직무를 모두 나열한 다음, 각 직무의

<표 8-1> 직무평가의 방법

		직무분석 방법	
		직무 전체를 분석	직무의 요소를 분석
직무 간 비교방법	일정한 척도에 따라 직무 간 비교	분류법	득점법
	한 직무를 다른 직무와 상대 비교	서열법	요소비교법

자료: Ingster(1999).

가치를 비교하여 기업에 있어서의 중요도 순서대로 정리한다. 이 방법은 주로 중소기업 등에서 기업 내의 직무의 종류가 적을 경우에 간단히 실시할 수 있다는 장점이 있다.

분류법(classification method)은 기업 내의 직무를 모두 나열한 다음, 각 직무의 가치에 따라 몇 개의 직무등급(job grade)을 설정하고 각 직무가 어떠한 직무등급에 해당하는가를 검토하여 분류하는 방법이다. 이 방법의 장점은 시행이 비교적 간단하고 각 등급의 가치기준이 명확하다는 것이지만, 단점은 각 개별 직무를 등급으로 분류할 때 분류기준이 불명확하고 주관적 판단이 크게 작용할 수 있다는 것이다.

득점요소법(point factor method)은 하나의 직무를 구성하는 여러 가지 직무평가요소들(예컨대 의사결정, 인적 대응, 복잡도, 책임도, 지식 및 기술)을 추출하여 각 요소마다 그 가치에 따라 점수를 부여하고 이를 합산하여 각 직무의 가치를 결정하는 방법이다. 이는 분류법을 보다 정교하게 발전시킨 것으로서 미국 기업에서 가장 광범하게 활용하고 있는 방법이다.

요소비교법(factor comparison method)은 직무내용으로부터 몇 개의 직무평가요소를 추출하는 것은 득점요소법과 동일하지만 요소점수의 결정방법에 있어 자의적으로 결정하는 것이 아니라 임금의 시장시세와 관련하여 결정함으로써 더욱 객관적인 평가가 가능하도록 한 방법이다. 구체적으로는 기업 내의 여러 직무 가운데 대표적인 몇 개의 기준직무를 선발하여 기준직무의 시장임금을 조사하고, 기준직무의 각 직무평가요소마다 수준을 평가하여 기준임금액수를 요소별로 배분한다. 이로써 기준직무의 직무평가요소마다 금액이 결정된다. 기준직무 이외의 직무에 관해서는 직무평가요소마다의 수준을 평가하고 그 평가결과를 기준직무의 수준에 비교하여 각 직무의 직무가치를 결정하게 된다.

이처럼 직무평가의 방법은 상당히 복잡하므로 여러 경영 컨설팅회사에서는 이를 패키지 형태로 개발하여 제공하고 있는데, 특히 헤이시스템(Hay system)은 득점요소법을 이용한 직무평가방법의 대표적인 패키지 시스템으로서 1950년대 초 헤이(E. N. Hay)와 퍼브스(Dale Purves)가 개발하여 헤이경영자문사(Hay Management Consultants)를 통해 널리 확산되었으며 현재 미국 기업에서 가장 널리 활용되고 있는 방법이다. 헤이시스템의 직무평가요소는 대항목으로 노하우(know-how), 문제해결, 책임성(accountability)의 세 가지 요소가 있으며 그 아래 몇 개의 소항목으로 나뉘어 있다. 각각의 요소마다 헤이 가이드 차트(Hay Guide Chart)라고 불리는 일정한 양식의 표가 준비되어 있어 이에 기초하여 직무평가를 행하게 된다(Ingster, 1999).

직무평가 시에 가장 중요한 사항의 하나는 누가 직무내용을 평가하는가의 문제이다. 직무평가 결과에 따라 임금등급이 달라지므로 이는 매우 중요한 문제이다. 평가의 객관성과 공정성을 확보하기 위해서 많은 기업에서 사용하고 있는 방식은 위원회를 구성하여 직무평가를 하는 것이다. 즉, 회사 혹은 사업부마다 직무내용을 평가하는 '직무평가위원회'가 있어 여기서 직무등급을 결정한다(風早正宏, 2007).

직무평가위원회는 사무부문, 기술부문, 영업부문, 제조부문의 부장 혹은 과장 4~5명과 인사부장, 직무평가 담당자로 구성되는 것이 보통이다. 노동조합원의 직무평가 시에는 여기에 노조 대표가 참가하게 된다. 회사가

처음으로 직무급제를 실시하는 경우에는 경험이 있는 컨설턴트를 직무평가위원회의 멤버에 넣어 직무평가의 지도를 직접 받기도 한다.

이처럼 위원회를 사내 각 직종의 대표자로 구성하는 목적은 이종 직종 간에 공정성, 타당성, 일관성을 실현하고 회사 혹은 전 사업부에서의 획일적인 임금수준을 결정하기 위한 것이다(風早正宏, 2007). 그러나 노동조합이 있는 경우를 제외하면 비조합원의 직무평가 시에는 주로 회사 간부들로 위원회가 구성되므로 사측 주도로 직무평가가 이루어져 평직원들의 의사가 반영되기 힘들다는 점이 미국의 직무평가의 특징이다.

(4) 직무등급의 결정

대기업의 경우 직무의 수가 수백 개에 달하므로 득점요소법이나 요소비교법을 사용할 경우 각 직무의 점수 차이가 매우 세분화되어 나타나고 이를 토대로 임금을 책정하는 것이 지나치게 복잡해지게 된다. 따라서 각 직무의 가치를 점수화한 다음 이를 일정한 등급(grade)으로 분류하여 임금 설정을 쉽게 할 수 있도록 만든 것이 직무등급(job grade)이다.

직무등급제도의 구체적 설계방식은 다음과 같다. 먼저 직무평가의 결과를 이용하여 각 직무를 등급화한다. 직무등급의 고저는 직무가치의 고저에 대응하게 된다. 예컨대 득점요소법의 경우 지식·기능, 책임의 정도, 의사결정의 정도, 직무의 복잡도, 대인관계의 필요도 등의 요소에 따라 등급이 결정되며 이들 요소별 등급점수와 가중치를 환산하여 전체적인 직무등급이 결정된다. 예컨대 <표 8-2>에는 그 구체적인 예가 표시되어 있다.

이처럼 결정된 직무평가 및 직무등급에 따라 각 직무를 수행할 수 있는 능력을 가진 사람이 채용 혹은 승진으로 선발되어 해당 직무를 담당하게 된다. 사내에서 종업원의 지위는 직무의 등급에 따라 정해진다. 예컨대 등급 1~11은 비서, 사무직, 하급 스태프 등의 일반사원(office/clerical workers), 12~14가 감독직(supervisors), 15~16이 과장, 17~20이 지점장,

<표 8-2> 직무등급의 결정

직무등급별	직무요소별				
	지식·기능	책임도	숙련·경험	물리적 조건	인적 대응
level 1	50	50	40	30	30
level 2	90	90	80	60	60
level 3	130	130	120	90	90
level 4	170	170	160	120	120
level 5	210	210	200	150	150
level 6	250	250	-	-	-

자료: 笹島芳雄(2008).

18~20이 부장, 21~23이 사업부장, 24~31이 해외사업소의 상급부사장 및 사장, 32~33이 본사의 임원, 그 이상이 사장 및 회장으로 되는 식이다.

한편 직무등급의 설정에서 등급의 수를 몇 개로 할 것인가가 하나의 핵심이 된다. 등급 수를 다수로 할수록 하나의 등급으로 분류되는 직무의 동일등급 내에서의 직무가치의 차이는 작아지며 따라서 동일직무 동일임금의 원칙에 충실하게 된다. 그러나 이 경우 직무내용이 기술혁신 등으로 변화하는 경우 직무가치가 높아졌는가의 여부를 재평가하여 직무등급을 재분류해야 할 필요가 빈번하게 발생하게 되어 시간과 비용이 들게 된다. 따라서 기업은 직무등급의 수를 적게 하려 하는데, 이를 브로드밴딩(broad-banding)화라고 한다. 그러나 브로드밴딩화가 이루어질 경우 동일한 직무등급 내에서 개별 직무 간의 직무가치 차이가 확대되어 동일노동 동일임금 원칙이 실현될 수 없을 뿐 아니라 보다 상위 등급으로의 이동(승진)을 위한 종업원의 노력이 저하됨으로써 동기유발을 저해한다는 문제점이 발생하게 된다.

직무등급 수는 기업에 따라 다양하지만 대체로 적은 기업은 15개 등급 정도, 많은 기업은 30개 이상의 등급도 있는데, 대기업에서는 25~35개

정도인 곳이 많다. 예컨대 사원 수 8,000명인 E은행은 최고경영자까지 포함하여 31개의 직무등급이 있으며, 사원 수 700명인 소비재 메이커 A사에서는 상급관리직층은 5개 등급, 그 이하의 화이트칼라층에서는 12개 등급, 이와는 별도의 블루칼라층에서는 10개의 등급이 존재한다(笹島芳雄, 2008).

3) 임금수준의 결정

직무분석 및 직무평가는 최종적으로 임금수준을 결정하기 위한 예비조치라 할 수 있다. 그러나 기업 내의 직무가치평가는 기업의 내부 공정성 달성에 주된 목적이 있으며 외부 공정성의 달성을 위해서는 기업의 틀을 벗어나 노동시장 전체에 걸친 직무가치의 평가가 필요하다. 그 주된 수단은 어떤 직무의 시장임금시세를 조사하는 방법인데 이것이 바로 시장평가법이다.

(1) 직무평가와 시장평가법의 결합

미국의 직무급은 기업 내에서 임금이 설정되므로 기업 내 임금이라는 성격을 띤다. 그러나 이와 동시에 사람을 고용하는 경우 직무를 기준으로 하므로 노동자는 기업을 이동하더라도 연공급 임금체계처럼 이동에 의한 불이익(근속가치의 상실)을 입지 않는다. 그런 까닭에 미국의 직무는 순수하게 개별 기업 단독으로 존재하는 것이 아니라 기업 외부의 노동시장에 대해 어느 정도 열려 있다고 할 수 있다. 기업 외부에도 동일 혹은 유사한 직무가 존재하고 있고 직무를 기준으로 하여 노동시장이 형성되어 있기 때문이다(木下武男, 1999). 따라서 기업은 우수한 노동자의 충원이나 이동 방지를 위해 외부 노동시장에서의 직무에 대한 임금시세를 고려하지 않을 수 없다.

이에 따라 기업은 기업 내에서 직무분석·직무평가를 한 후에 주요한 직무의 시장임금을 조사하여 그 시장임금을 고려하여 기업의 임금방침을 결정한다. 이처럼 미국의 직무급도 외부 노동시장의 영향을 받는다.

이리하여 기업의 내부적 직무평가와 외부적 임금자료의 결합에 의해 실제 임금수준이 결정된다. 이를 위해 시장평가법(market pricing)이 활용되고 있다. 시장평가법은 협의의 시장평가법과 광의의 시장평가법으로 분류된다(笹島芳雄, 2008). 협의의 시장평가법은 노동시장에서의 임금수준을 기준으로 하여 직무평가를 행하는 방법을 말한다. 자사의 분류법이나 득점요소법 등의 방법을 이용한 직무평가를 실시하지 않고 사내의 직무의 시장임금시세를 조사하여 시장임금이 높으면 직무가치를 높게, 시장임금이 낮으면 직무가치를 낮게 설정하는 방법이다. 반면 광의의 시장평가법은 사내의 직무평가를 실시하되 이와 함께 노동시장에서의 각 직무의 시장임금을 조사하고 이를 함께 고려하여 각 직무의 기본급을 결정하는 방법을 말한다. 이는 사내 직무가치의 결정에 의한 내적 공정성의 원칙과 시장임금과의 비교에 의한 외적 공정성의 원칙을 조화시키려는 노력을 의미한다.

미국은 임금조사가 매우 잘 발달되어 있어서 사용자단체, 인사관리협회, 업계단체 혹은 컨설턴트 회사가 제공하고 있는 임금조사 데이터와 타사가 실시하는 지역별, 업계별 임금조사 등 여러 종류의 데이터를 활용하여 노동시장에서의 직무별 임금수준의 데이터를 입수할 수 있다.

그러나 시장평가법은 다른 한편으로 많은 문제를 안고 있는 것도 사실이다. 즉, 노동시장은 매우 불완전한 시장으로서 노동력 상품의 특수성, 수요·공급의 불완전성, 이동성의 제약, 정보의 제약, 노동시장에 대한 규제, 차별의 존재 등 다양한 제약을 안고 있다(Dufetel, 1991). 그러한 까닭에 시장의 평가 자체가 이미 불평등, 불합리한 구조를 안고 있는 것이며, 이를 그대로 직무가치 및 임금 평가에 사용할 경우 이러한 불평등하고 불합리한 시장구조를 그대로 기업 내에서 재생산하게 됨으로써 임금의 불평등구조를 합리화하고 영속화할 위험이 있다.

(2) 범위급

외부 노동시장의 직무별 임금수준을 참고하고 또한 내부적 직무가치평가를 이에 결합하여 각 직무등급마다 임금수준이 정해진다. 그러나 이때 직무등급과 임금등급은 1대 1로 대응하는 것이 아니라 다양한 형태를 취할 수 있다. 우선 하나의 직종에 하나의 임금률(spot rate)이 부여되는 경우가 있는데, 대체로 일반종업원 가운데서도 전문적인 직무이거나 상급 관리직의 경우에 적용된다(木下武男, 1999). 이 경우 원칙적으로 직무가 변하지 않으면 승급은 없다. 다음으로 몇 개의 직무등급에 상응하여 몇 개의 임금등급을 나누고 각 등급에 대해 단일임금률(single rate)을 적용하는 방식이 있다. 이 경우에도 자신의 현 직무를 확충하여 보다 상위 등급으로 평가받거나 혹은 보다 상위 임금등급의 직무로 이동하지 않는 한 베이스 업 외의 임금상승은 일어나지 않는다.

그러나 미국 기업의 대부분에서 발견되는 직무급 형태는 임금등급별 임금률이 단일률이 아니라 범위급(wage range) 형태를 취하는 방식이다(Armstrong and Baron, 1995). 즉, 각각의 임금등급에는 임금의 하한, 중위, 상한이라는 임금 범위가 정해져 있는데, 하한과 상한의 차는 하한의 통상 40~50% 정도이다(笹島芳雄, 2008).

하위 임금등급 범주와 차상위 임금등급 범주는 <그림 8-2>에서 보는 바와 같이 대부분 중복되도록 설계되어 있다. 이는 상위의 직무로 승진할 때에 임금승급 폭이 과대하게 되지 않도록 하기 위한 것이다. 최초로 입직하면 하한의 임금에서 시작하여 능력 혹은 업적이 상승하는 것과 함께 중위, 상한으로 임금이 상승하고 수년 내에 상한선에 도달하게 된다. 그 이후에는 상위 등급의 직위가 비게 되지 않는 한 상위 등급에는 올라갈 수 없고 임금도 현재 체류하고 있는 등급의 임금의 상한선에 묶이게 되며 그 후에는 업적이 좋더라도 물가상승분밖에 인상되지 않는다. 즉, 미국의 직무급은 동일한 직무등급 가운데서 승급이 일어나는 '승급하는 직무급'

<그림 8-2> 범위급의 구조

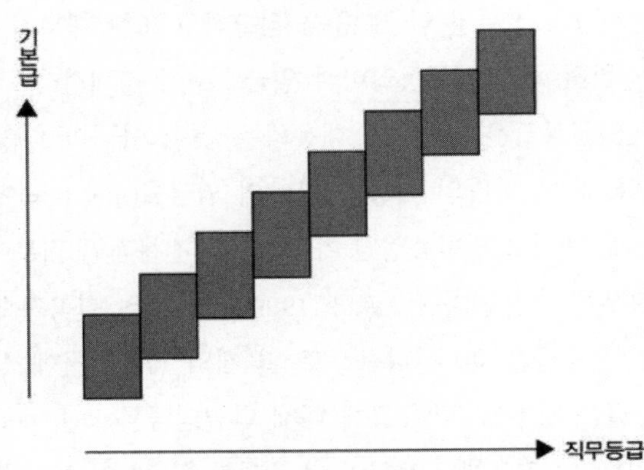

자료: 笹島芳雄(2001).

이다. 이때 중요한 것은 이 승급이 연공급처럼 근속년수에 따라 자동적으로 이루어지는 것이 아니라 개인의 업적평가로 이루어진다는 점이다.

이러한 범위급 제도의 도입은 무엇보다도 우선 조직의 유연성 확보를 위한 것이라 할 수 있다. 경직적인 단일 직무등급제에 묶이기보다는 일정한 범위에 걸쳐 임금의 하한선과 상한선을 두고, 구체적인 임금결정은 인사고과에 의해 결정되도록 함으로써 유연성을 부여하는 한편, 종업원을 유리하게 통제하고 종업원 스스로 열심히 일하도록 동기유발을 꾀하기 쉽다는 장점이 있다. 그러나 다른 한편으로 직무등급 간, 혹은 동일 직무등급 내에 존재할 수 있는 차이를 무시함으로써 불공정하다는 인식을 유발할 뿐 아니라 종업원에 대한 통제 강화와 승급 경쟁을 일으킴으로써 노동강도 강화와 근로조건 악화를 가져올 수 있다는 단점이 있다.

(3) 각 개인의 기본급 결정

각 임금등급 내에서 각 개별 종업원이 어떤 수준의 실제 임금을 받게

<그림 8-3> 승진에 의한 기본급의 결정

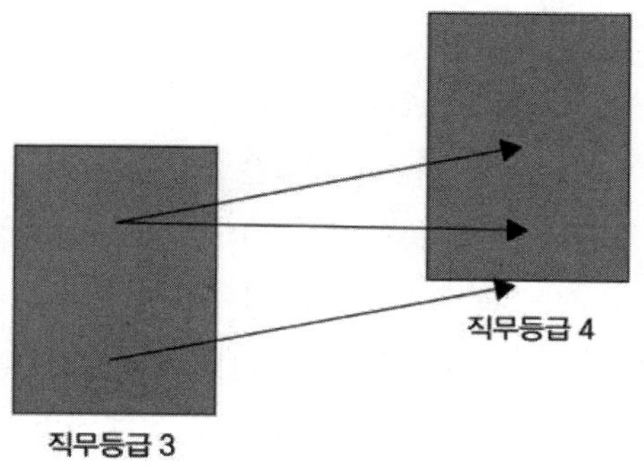

자료: 笹島芳雄(2008).

되는가를 결정하는 것은 개인별 인사평가와 연동되어 있다. 통상 어떤 기업에서든 매년 1회 사원의 임금 개정을 실시하는데, 이것이 정기개정이다. 이 개정의 결과로 각 임금등급 내에서 사원의 임금이 승급하게 되는데, 이것이 바로 인사평가 승급(merit increase)이다. 이는 인사평가 결과와 연동되어 있다. 즉, 인사평가 결과가 나쁘면 그 종업원이 속한 임금등급의 하한선에 가까운 임금을 받게 되며, 인사평가 결과가 좋으면 상한선에 가까운 임금을 받게 된다.

한편 상위 등급으로 승진하는 경우는 두 가지가 있을 수 있다. 즉, ① 현재 담당하고 있는 직무의 내용이 확충되어 직무재평가의 결과 상위 직무등급으로 재분류되는 경우와 ② 사내 공모에 의해 상위 직무등급의 직무로 이동하는 경우가 그것이다. 그 어느 경우든 승진에 의해 기본급은 변화하는데, <그림 8-3>에서 보듯이 현행 직무등급 내의 하한선에 가까운 임금을 받고 있던 사람은 상위 직무등급으로의 승진에 의해 일반적으로 기본급이 상당히 상승하게 되지만, 현행 직무등급 내의 상한선에 가까운 임금을 받고 있던 사람은 상위 직무등급으로의 승진으로 임금이 상승할 수도 있지만 동일한 기본급에 머물 수도 있다.

4) 미국형 직무급제도의 문제점

(1) 임금제도의 경직성과 유인동기 부족

사용자 측 및 이에 가까운 일부 학자들은 직무평가제에 토대를 둔 직무제의 경직성과 유인동기 부족을 비판하고 있다(Penner, 1983; Emerson, 1991). 이들은 주로 직무평가제가 일의 성과와 상관없이 직무의 가치를 평가하는 제도로서 조직의 효율성을 저해하고 특정 봉급수준 노동자들의 기득권 유지에 봉사하고 있다고 비판한다. 특히 직무평가제는 매우 경직적인 제도이기 때문에 기술변화, 기업환경 변화 등 현대의 급속한 변화에 따라 기업의 중요한 가치가 변화하는 데에 제대로 대응할 수 없다고 한다. 또한 직무평가 과정에서 종업원 대표를 참여시키는 것 역시 기본적으로 득점요소의 선택이나 점수의 부여, 등급 결정 등에 대해 다양한 의문을 제기하는 통로가 됨으로써 경영진의 의사결정의 효율성을 방해하는 요인이 될 우려가 있으므로 "경영진은 종업원 참여의 양과 시기를 통제해야만 한다"고 주장한다(Kilgour, 2008).

더욱이 기업에서 직무는 주관적 가치만 지닐 뿐이며 항상 변화하고 있음에도 직무에 고유한 가치를 부여하는 것 자체가 자본주의적 원리에 어긋난다고 주장한다(Evans and Nelson, 1989).[19] 동일한 직무라도 사람과 실적에 따라 기업에 기여하는 가치는 다르다는 것이다. 따라서 이들은 더욱 시장경쟁원리나 업적에 연동된 임금제도가 필요하다고 주장하는데, 예컨대 기능·지식급이나 성과급이 바로 그러한 방향의 변화라는 것이다.

---

19) 닐슨(Neilson, 2002)은 직무급 임금체계가 노동의 가치를 노력, 숙련, 근로조건 등에 의해 평가하고 있다는 점에서 마르크스의 노동가치론이나 레닌의 무계급사회론과 유사한 논리에 서 있다고 주장한다.

(2) 사용자 주도적 임금제도

반면 노동조합 및 친 노조 학자들은 직무평가제 및 직무급의 사용자 편향성을 비판하고 있다(Quaid, 1993). 이들에 의하면 직무평가제는 그 설계 및 시행 면에서 사용자 주도적이다. 직무평가방법, 직무가치요소의 선택, 점수의 배정, 요소 간 가중치 배정, 실제 직무의 등급 구분 등 직무평가 및 직무급 설정의 전 과정이 사용자 주도로 이루어지고 있다. 물론 이 과정에서 직무평가위원회가 구성되어 직무가치를 결정하지만 이 위원회의 구성 역시 사용자 편향적이다. 임금과의 연계 역시 사용자 주도로 이루어지는데, 그 목적은 임금의 유연화와 노동 통제 강화에 있다. 즉, 상위 등급으로의 승진을 위한 경쟁뿐 아니라, 범위급이나 브로드밴드화 등을 통해 동일 임금등급 내에서도 승급을 위한 경쟁이 격화될 수밖에 없는 구조를 가지고 있으며, 이것도 모자라 최근에는 각종 성과급제도를 도입함으로써 경쟁을 격화시키고 있는 것이다.

이런 까닭에 퀘이드(Quaid, 1993)는 직무평가제의 진정한 기능은 경영측 문헌에서 주장하듯이 합리적 이유 때문이 아니라 "악덕 경영"을 위한 것이며 직무급 임금제도가 객관적이고 공평하다는 신념은 "합리화된 제도적 신화"에 불과하다고 주장한다. 여기서 '합리화'란 규칙, 절차 등에 의해 내적 공정성과 외적 경쟁성을 가진 임금구조를 수립하는 듯한 외형을 취하고 있다는 뜻이며, '제도적'이란 제도 유지자에 의해 반복적 행동이 취해지고 유사한 의미부여가 이루어진다는 점이고, '신화'란 객관적 검증이 불가능한 광범한 신념에 토대를 두고 있다는 것이다.

파인(Pine, 1995)에 의하면 직무급제도는 대체로 관료적 경영방식을 촉진한다. 직무분석, 직무기술서 작성, 과업 수행, 직무평가 등은 복잡한 과정과 통제를 요구한다. 즉, 직무급은 톱 다운형의 통제지향적, 관료적 관리에 적합한 제도라고 할 수 있다. 직무평가에서는 직위의 계층적 권력, 통제, 책임이라는 관점에서 평가가 이루어지므로 직무평가제를 도입하면

평등주의적, 협력적 풍토가 계층적, 권력지향적인 풍토로 변해갈 수 있다. 직무평가제도는 책임의 크기와 일에 대해 누구에게 보고하는가라는 상하의 보고관계가 득점요소에서 큰 비중을 차지하고 있다.

따라서 직무급 임금구조의 가장 기본적인 목적은 '동일노동 동일임금' 원칙의 실현에 있다기보다는 임금의 안정성 유지를 통해 경영상의 위험성을 낮추고 단체교섭 및 노동조합의 필요성이 적어지도록 하며, 노동에 대한 통제가 더 강화될 수 있도록 하는 데 있다.

직무기술과 직무분류에는 경영자의 자의성이 상당히 개재될 수 있다. 경영진의 필요에 따라 직무분류의 정의를 좁게, 혹은 넓게 하거나, 시장가치법을 도입하거나 함으로써 노동자 간의 내적·외적 경쟁을 촉진하는 방법을 통해 노동에 대한 경영진의 통제 강화가 가능하다. 그러한 의미에서 직무평가는 경영진의 강력한 도구의 하나라고 할 수 있다. 물론 노동조합도 이를 알고 있지만 이에 대안을 제시할 길이 거의 없다. 노동조합으로서도 직무평가 과정에 참가함으로써 노조가 종업원 이해관계 유지를 위한 강력한 도구라는 사실을 인식시킴으로써 조합원 수를 유지하는 데 유리하기 때문이다. 결국 직무평가제 및 직무급제도는 협력적 노사관계를 유도하는 장치라는 것이다(Jaussaud, 1984; Figart, 2000).

(3) 성별 편향적 임금제도

여성계에서는 직무평가제 및 직무급이 '남성 편향적'인 제도라고 비판하고 있다. 이들에 의하면 직무평가제는 직무분석, 직무평가, 직무급 설정, 직무급의 시행 등 전반에 걸쳐 남성 주도로 이루어지며 남성 편향적 요소가 많기 때문에 남녀 간 동일노동 동일임금 원칙을 관철시키지 못하고 있다고 한다(Treiman and Hartman, 1981; Treman, 1979; Jaussaud, 1984; Scholl, 1991; Lewis and Stevens, 1990).

루이스와 스티븐(Lewis and Stevens, 1990)에 의하면 직무급 및 직무평가제는 네 가지 측면에서 성 편향성을 갖는다. 즉 ① 득점요소의 선택, ② 요소별 가중치의 부여, ③ 직무평가제도의 실제 적용, ④ 임금설정 절차 등이 그것이다. 이 모든 과정에서 의사결정자(위원회 포함)가 남성 중심으로 되어 있으며 직무기술 및 직무평가 시 여성 특유의 요소(예컨대 감정노동, 정신적 노동)는 남성 특유의 요소(육체노동, 기계를 대상으로 하는 노동)에 비해 낮은 평가를 받는다.[20)]

임금 결정 시 시장가치법을 도입하는 방법 역시 문제가 있다. 시장가치의 결정은 객관적이 아니라 흔히 주관적 판단과 선택이 개입되기 때문이다. 이미 노동시장에서 남녀 간 차별이 존재하고 있는 경우 시장평가법을 사용하면 이러한 시장에서의 차별이 고스란히 기업 내부의 직무급의 차별로 전환된다.

다만 이들은 직무평가제가 2차 세계대전 이후 '비교가능한 가치(comparable worth)'란 개념을 만들어냄으로써 남녀 간 동일노동 동일임금 원칙을 실현하는 데 큰 역할을 해왔다는 점에 대해서는 인정하고 있으며, 따라서 남녀 차별 해소를 위해 직무급 및 직무평가제를 폐기하기보다는 남녀가 보다 동등하게 참여하고 여성 특유의 요소에 대해 더욱 정당하게 평가하는 성 중립적 직무평가제로 개선되어야 한다고 주장한다(Figart, 2000).

(4) 외부 공정성의 확보 곤란

직무급 임금 결정에서 가장 큰 이슈의 하나는 외부적 요인(노동시장)과 내부적 요인(기업 내 직무가치) 어느 쪽이 중요하며, 이 둘 사이의 관계는

---

20) 보육원에서 아이를 돌보는 일을 하는 아동보육사의 노동(여성노동)과 동물병원에서 개를 돌보는 일을 하는 동물보육사의 노동(남성)은 거의 유사한 직무내용을 가지지만 전자에 비해 후자가 훨씬 높은 직무평가를 받는다(Riggs, 1991). 마찬가지로 기계를 다루는 남성 육체노동에 비해 고객을 상대하는 여성 서비스 노동은 낮은 직무평가를 받는다.

무엇인가 하는 점이다(Fredlund, 1976). 내적 공정성의 확보를 위해서는 직무가치(해당 기업에의 기여도)가 중요하다. 그러나 이 경우 동일한 직무요건(직능)을 가진 인력이 서로 다른 기업에서 다른 보수를 받게 될 가능성이 항상 존재한다. 이때 외적 공정성을 확보하지 못하면 우수인력의 확보에 곤란을 겪을 뿐 아니라 궁극적으로 동일노동 동일임금의 원칙을 기업 외부에서 실현하지 못하게 될 것이다.

더욱이 노동조합 조직률이 13%에 불과하고 기업별 교섭구조 위주로 되어 있는 미국의 노사관계하에서는 유럽 국가들처럼 산별 단체교섭이나 단체교섭의 효력확장제도 등에 의해 산업 내의 통일된 임금수준을 확보하는 것 역시 불가능하다.

이러한 상황에서 미국 기업들이 외부 공정성을 확보하는 주된 수단은 시장평가법을 이용하는 것이다. 어떤 특정 직무에 대해 시장에서 형성된 가격을 기업 내의 임금 결정 시 그대로 사용하게 되면 시장경쟁적일 뿐 아니라 외부 공정성도 확보할 수 있다는 것이다.

그러나 이미 지적했듯이 노동시장은 상품시장에 비해 매우 불완전한 시장이다. 노동력은 일반성보다는 특수성이 더 강조되는 상품이며 특정 직무에 대해 수요과점적인 경우가 많아 경쟁가격의 형성이 어렵다. 더욱이 정보의 불완전성, 노동력 이동의 불완전성, 차별의 존재, 각종 정부규제나 노동조합의 존재 등 제도적 요인 등으로 인해 노동시장은 흔히 단일노동시장보다는 이중노동시장이나 분단노동시장 등 구조적 분절성을 띠는 경우가 많다. 이러한 상황 속에서 형성된 임금은 효율성과 공정성의 측면에서 불완전한 것이며, 따라서 이를 그대로 내부 노동시장에 적용하는 경우 동일노동 동일임금의 실현이라는 목표를 달성할 수 없게 될 것이다.

결국 미국형의 기업별로 형성되는 직무급 임금제도는 매우 분산화, 파편화된 시스템으로서 동일한 노동에 대해 기업별로 매우 다른 임금을 지불하는 결과를 가져오게 될 것이다.

4. 독일의 직무급 임금체계[21)]

1) 독일의 임금결정 구조

독일의 임금은 산별 노동조합과 산별 사용자단체 간에 체결되는 임금협약에 따라 결정되는 기업횡단적인 협약임금이 기본을 이룬다. 임금교섭의 구조는 산별 노조와 산별 사용자단체가 수행하는 산별 교섭구조 및 개별 기업의 종업원평의회와 개별 사용자가 수행하는 사업장 교섭 등 두 수준에서 이루어진다. 이 두 교섭은 별개로 진행되는 것이 아니라 사회적 교섭의 틀 내에서 진행되는 공동교섭인 동시에 연속적 교섭이다. 즉, 일단 산별 교섭이 먼저 진행되어 사회적 기준(산별 최저선)을 정하면 이 기준에 따라 각 사업장에서 부수적인 보완교섭이 이루어져 구체적인 사업장별 임금수준이 정해지는 것이다. 여기서 중요한 것은 산별 교섭이며 산별 임금체계의 통일이다.

산별 협약 가운데 임금과 관련된 협약은 두 종류가 있는데, 즉 직무의 등급구분 및 등급에 따른 임금등급의 결정방법 등을 규정하는 임금기본협약(Entgeltrahmen-Tarifvertag)과 구체적인 임금수준을 규정하는 임금협약(Entgeltvertrag)이 그것이다. 전자는 3~5년 단위, 후자는 교섭에 의해 매년 결정된다.

이 산별 협약을 기준으로 하여 개별 사업소 내 개별 직무의 구체적인 임금은 각 사업소의 종업원대표와 사용자 간에 체결되는 사업소협약에서

---

21) 이 절의 서술은 주로 다음 자료에 의존했음. 일본노동연구기구(日本勞動硏究機構, 1998), 고글러/카델(ガウグラー/カーデル, 1991), 안희탁·양병무(1993), 스웬슨(Swenson, 1989), 강신준(1998; 2000), 김강식(2004), 루베리·페이건(Rubery and Fagan(1994), 다카하시 토모오(高橋友雄, 2004; 2005) 등.

결정된다. 산별 협약이 최저기준을 규제하고 있으므로 개별 사업소의 사업소협약 및 개별 노동계약에서는 원칙적으로 산별 협약수준을 상회하는 것만 인정된다.

2006년 현재 독일의 노동조합 조직률은 약 25% 정도이지만, 단체협약 적용률은 65%로서 매우 높다. 이처럼 조직률과 단협 적용률 사이에 차이가 발생하는 것은 일단 산별 수준에서 단체협약이 체결될 경우 '단체협약의 확장제도'를 통해 협약대상이 아닌 일반노동자와 사용자에게도 그 효력이 확장될 수 있는 길이 있기 때문이다.[22) 설혹 공식적인 단협효력 확장이 없는 경우에도 노동조합이 없는 기업의 대부분은 단협에서 체결된 임금 및 근로조건의 핵심내용을 그대로 존중하는 관행이 확고하게 수립되어 있기 때문에 독일에서는 대체로 임금 및 근로조건의 핵심적 부분이 산별 단체협약으로 규정된다고 할 수 있다.

2) 직무가치의 결정

독일의 임금은 기본적으로 직무급이며 어떤 노동자가 실제로 하고 있는 직무에 대해 임금이 지불되는 것이지 (때때로 오해되는 것처럼) 노동자 개인이 소유하고 있는 자격이나 능력(숙련)에 의해 임금이 지불되는 것은 아니다. 또 독일의 임금은 연공, 생계비 혹은 지불능력과도 직접적인 상관이 없다. 생산직 노동자의 임금과 사무직 노동자의 급여는 분리되어 결정되지만 운영방법에는 큰 차이가 없다.

---

22) 노조가 있는 기업에서는 비노조원에게도 단협 효력이 자동으로 적용된다. 노조가 없는 기업의 경우에도 단체협약 대상자가 산업 전체 노동자의 50% 이상이고, 효력 확장이 공공적 이해관계에 부합되며, 노사로 구성된 단체교섭위원회의 승인을 얻을 경우, 그 효력이 산업 내의 전체 노동자 및 사용자에게로 확장될 수 있다(Bispinck, 2008).

<표 8-3> 독일의 직무가치 산출 순서

제1단계: 직무기술서	직무시스템 및 필요한 경우에는 직무상황의 기술
제2단계: 요건분석	각각의 요건종류에 대한 데이터 결정
제3단계: 요건의 수량화	요건의 평가와 요건가치의 산출

자료: 안희탁·양병무(1993).

이 직무급(기본급)에 더하여 능률급과 성과급이 지급되는 경우가 있다. 즉, 독일의 임금은 기본급(직무급)+능률급+성과급으로 구성된다.

독일의 직장에서는 블루칼라든 화이트칼라든 고용계약에서 직무의 내용이 상세하게 규정되어 있다. 그리고 그 직무의 내용에 대해 가치 평가가 이루어지며 이를 토대로 하여 직무급이 결정된다.[23)]

이처럼 직무급은 각각의 직무가 가지고 있는 직무가치에 의해 결정된다. 이는 주로 직무의 난이도 혹은 이를 수행하는 데 필요한 숙련도로 이해되는데, 이 직무난이도의 차이=직무가치의 차이에 따라 임금등급의 차이가 발생하는 것이다(안희탁·양병무, 1993). 직무평가의 주요 단계는 미국과 마찬가지로 직무기술서 작성 → 직무요건 분석 → 직무요건의 수량화 → 직무가치의 산출의 순서를 취한다(<표 8-3> 참조).

그러나 독일의 직무가치 산출방식은 미국의 그것에 비해 몇 가지 점에서 큰 차이를 보이고 있다.

---

23) 그러나 이처럼 직무평가가 이루어지는 범위는 미국보다 훨씬 낮아 일부 산업의 대기업으로 한정되어 있다. 중소기업에서는 직무평가가 거의 이루어지지 않고 있으며 그 대신 단체협약에서 규정하고 있는 직업별 임금등급을 그대로 적용하고 있다. 이처럼 독일에서 직무평가의 적용률이 낮은 이유는 노사 모두 직무평가에 따라 기존의 임금구조가 크게 변화할 가능성이 있다는 점을 우려하고 있기 때문이다(ILO 홈페이지).

첫째, 독일에서는 노사 간 교섭에 의해 직무가치 산출 및 직무급 결정이 이루어진다는 것이 큰 차이점이다. 직무가치 결정은 곧 임금등급 결정의 기준이 되는 중요한 사항이므로 이는 당연히 노사 간 임금기본협약에서 결정되어야 할 사항이다. 실제로 어떤 구체적 직무를 어떤 직무등급에 배치할 것인가는 임금기본협약 교섭 시 가장 중요한 교섭사항 가운데 하나이다. 일반적으로 산별 단체협약에는 각각의 등급에 속하는 직무가 예시되어 있어 대부분의 기업은 이를 기준으로 하여 사내에서 회사와 종업원대표회가 구체적인 직무에 대해 등급설정을 행한다. 이 등급설정위원회는 「경영조직법」에 의무화되어 있어서 회사가 일방적으로 등급설정을 할 수 없도록 되어 있다. 물론 이러한 사회적 규제가 있어도 협약이 예시하고 있는 것과 다른 직무도 적잖게 있어 회사와 종업원대표회의 힘 관계로 등급설정이 좌우될 가능성은 항상 존재하고 있다. 종업원대표회가 없는 기업에서는 회사가 일방적으로 등급설정을 행할 수 있다. 그러나 이 경우에도 기업이 자의적으로 등급설정을 하기보다는 산별 협약을 참조해서 등급설정을 하게 된다.

둘째, 직무가치 계산의 요소가 주로 숙련과 관련되어 있다는 점도 미국형 직무가치평가와 다른 점이다. 앞에서 살펴본 대로 미국에서는 어떤 직무의 가치는 그 직무가 개별 기업에 기여하는 공헌도의 요소에 따라 결정된다. 이에 비해 독일 기업에서는 주로 종업원들이 교육이나 직업훈련을 통해 획득한 숙련도와 직무가치가 긴밀하게 관련되어 있다. 그러한 점에서 독일 기업의 임금체계는 비록 외형상으로는 직무급 형태를 취하고 있다 하더라도 실제로는 직능급(혹은 숙련급)의 성격이 강하게 나타나고 있다고 할 수 있다. 독일의 직무등급제는 명백히 훈련 및 기술형성체제와 긴밀한 연관관계를 가지고 있다. 즉, 임금격차가 자격 및 직업훈련과 연계되어야 한다는 강력한 견해가 존재하고 있는 것이다(Maier and Quack, 1993). 특히 직업자격에 대한 강조는 블루칼라 노동자에서 더욱 강하다. 이처럼 직무를 기준으로 하는 임금체계를 가지고 있으면서도 명시적, 묵시적으로 이를 교육훈련에 의해 형성되는 숙련과 연결시키는 것은 노동조합의 강력한 의지가 작용한 때문이며 또한 이처럼 숙련을 교섭구조 속에 포함시킴으로써 노동조합의 교섭력이 강화될 수 있었다고 강신준(2000)은 평가하고 있다.

독일의 직무가치 평가방식은 종합적 직무가치평가법과 분석적 직무가치평가법이 있으며, 이는 다시 서열법, 임금분류법, 계열법, 등급가치법 등으로 나뉜다(<표 8-4> 참조). 여기서 종합적 직무평가방법은 모든 직무요건을 포함하는 전반적 평가방법으로서 세밀한 기준 없이 직무수행의 난이도, 직능수준 등을 평가하여 직무등급을 정한다.[24] 구체적인 방법으로서는 서열법, 임금등급법 등이 있다.

분석적 직무평가법은 각 직무의 직무요건과 난이도를 개별적으로 분석한 후 이를 종합해서 하나의 직무가치로 설정하는 방식이다. 구체적인 방식으로는 계열법, 등급가치법 등이 있다.[25] 그런데 앞에서 본 대로 미국의 경우 분석적 평가방법, 특히 득점요소법을 많이 사용하는 데 비해 독일의 경우에는 종합적 평가법, 특히 임금분류법을 많이 사용하고 있다(안희탁·양병무, 1993; Maier and Quack, 1993).[26] 이는 독일이 미국에 비해 훨씬 더 직종별 노동시장이 발달해 있으며, 직무가치평가가 노사 간 교섭

24) 예컨대 직업교육의 정도, 직업경험년수, 일의 난이도, 직종, 자격요건 등의 차이에 따라 각 임금등급을 나눈다.

25) 예컨대 어떤 직무의 가치요소를 20개 항목(숙련도, 책임정도, 정신적 육체적 부하도, 작업환경의 4부분에 걸쳐 각 5개 항목씩)으로 나누어 각각 점수를 산출한 다음 이를 합계하여 직무가치점수를 산출한다.

26) 강신준(1998)에 따르면 독일 금속산업의 경우 2개 교섭지구에서만 분석적 직무가치평가법을 도입하고 있으며 나머지 교섭지구는 종합적 직무가치평가법을 채택하고 있다.

<표 8-4> 독일의 직무가치 평가방법 분류

수량화의 방법	질적 분석의 방법	
	종합적 평가법	분석적 평가법
순서	서열법	계열법
등급	임금분류법	등급가치법

자료: 안희탁·양병무(1993).

에 의해, 그리고 전 산업에 걸쳐 이루어지므로 직무가치의 요소를 개별적으로 평가하는 방법보다는 종합적인 방법이 아무래도 더 적합하기 때문이다.

그런데 이처럼 직무가치를 종합적으로 평가할 경우 가장 핵심적인 요소는 직무요건, 즉 그 직무를 수행하는 데 필요한 숙련도이다. 독일에서는 이 숙련의 형성이 매우 공식적인 직능개발시스템에 따른 교육, 훈련을 통하여 이루어지고 있다. 예컨대 중등교육과정에서 이미 직업교육이 이루어지며 학교 졸업 이후 해당 산업, 지역의 노사단체가 개설하는 공식적 직업훈련이나 사내 직업훈련을 통해, 또는 도제제도를 통해 지속적인 숙련이 이루어지고 그 수준에 따라 자격증이 주어지고 있다.[27] 이러한 직업훈련은 흔히 노사 공동으로 이루어지며 사회적 통용성을 갖는다. 이처럼

27) 독일의 직업교육제도는 이른바 '이원제 제도(dual system)'로 알려져 있는 학교교육과 현장실습의 병행을 통한 기능인 양성 및 극히 다양한 마이스터(Meister) 자격양성제도, 직업훈련법을 통한 직업양성훈련, 직업향상훈련, 직업전환훈련제도 등에 이르기까지 다른 나라에 비해 매우 체계적이고 공식적인 제도를 가지고 있다. 이러한 직업교육 혹은 직업훈련 이수자에게는 공식적인 자격증이 주어지며 이는 취업, 승진 등과 직접적인 관련을 가진다. 또한 이러한 직업교육 및 직업훈련 과정의 대부분은 노사단체가 직접 개입하여 공동으로 이루어지고 있는 점도 특징이다(정인수, 2006; Bosch, 2005; 野川忍, 2005).

사회적 통용성을 갖는 공식적 직업훈련이라는 점에서, 주로 사내의 한정된 직무에 대한 비공식적 현장훈련을 통해 직능이 획득되고 이를 기초로 임금을 지급하고 있는 일본의 직능급과 다르다고 할 수 있다. 이처럼 독일의 직무가치평가는 사회적으로 통용되는 숙련과 밀접한 관계를 가지고 있는 것이 특징이며, 이는 미국의 그것과 큰 차이를 보이고 있다.

셋째, 앞에서 살펴본 대로 직무가치 통용의 범위 면에서 독일의 직무가치는 미국의 직무가치와 다르다. 미국의 경우 주로 기업 내의 직무가치 평가체제에 의해 직무의 가치가 결정되며 이는 기업 밖을 벗어나면 그대로 통용되지 못한다. 반면 독일의 경우 교육제도 및 산업별 훈련시스템에 의해 숙련이 형성되며 더욱이 산업별 노사교섭에 의해 직무가치등급이 결정되므로 한 개별 노동자가 획득한 숙련은 기업의 틀을 넘어서서 산업 전체에 통용될 수 있는 사회적 가치를 지닌다. 따라서 그만큼 산업 내의 임금수준 통일에 유리하다고 할 수 있다.

3) 직무급(기본급)의 결정

직무가치의 평가가 끝나면 이를 서열화하여 직무등급으로 분류한다. 이어서 각 직무등급의 직무가치에 맞게 임금액수를 산정하고 이를 임금등급으로 전환한다. 즉, 전체적으로 10~12개 내외의 임금등급이 형성된다. 이러한 과정은 미국처럼 개별 기업에서 사측의 일방적인 결정에 의해 이루어지는 것이 아니라 산별 교섭에서 노사의 교섭결과로 정해진다는 것이 특징이다. 노사 간 교섭에서 기준임금등급에 대한 임금률이 정해지면 나머지 임금등급은 그 해당 비율로 계산하되 비례적 비율, 체증적 비율, 체감적 비율 등 여러 가지 형태가 있을 수 있다. 이 협약임금은 그 산업의 최저기준으로 작용하며 사업장 교섭에서 이 협약임금보다 높은 임금을 정할 수 있다.

<표 8-5> 독일 금속산업의 주요 협약지역별 임금등급표(2007.6.1~2008.5.31)

임금등급	바덴-뷔템베르크	바이에른(직무군B)	베를린(주요 직무군)	함부르크+운터베저(주요 직무군)	니더작센(직무군B)	노르트라인-베스트팔렌	작센(기초 직무군)
EG1	74.0	76.5	78.0	-	-	78.3	80.9
EG2	76.0	79.3	79.4	84.4	78.1	79.2	86.0
EG3	80.0	84.4	82.0	87.1	80.5	80.2	89.0
EG4	84.0	89.5	89.4	91.1	84.4	81.4	94.0
EG5	89.0	100.0	100.0	100.0	100.0	84.1	100.0
EG6	94.0	107.2	105.0	107.8	103.8	85.3	110.0
EG7	100.0	116.2	110.0	116.4	111.6	87.9	122.0
EG8	107.0	126.3	115.0	136.6	120.7	92.5	137.0
EG9	114.0	139.2	121.0	158.6	125.4	100.0	150.0
EG10	121.5	154.2	135.0	182.8	131.6	109.9	160.0
EG11	129.5	170.3	155.0	205.5	141.2	123.2	175.0
EG12	138.5	185.5	176.0		160.1	127.0	185.0
EG13	147.5		196.0		187.2	141.9	
EG14	156.5					161.1	
EG15	165.5						
EG16	176.5						
EG17	186.5						

주: 100.0은 각 협약지구별 기준임금임.

자료: IG Metall 인터넷 홈페이지(http://www.igmetall.de).

예컨대 금속산업의 경우 임금기본협약에서는 현업노동자의 임금과 화이트칼라 봉급의 임금등급기준은 별도로 정해져 있다. 현업노동자의 경우 그 직무평가방법으로 분석적 직무평가법과 종합적 직무평가법이 규정되어 있는데, 분석적 직무평가법에서는 4종류 20항목[28]의 평가기준이 서로

28) 예컨대 작업지식, 숙련, 책임도, 정신적 육체적 부담, 작업조건(불결, 먼지, 온도,

다른 비중으로 되어 있어 그 수치합계에 의해 지역에 따라 8~17개의 직무가치등급으로 구분된다. 그리고 직무가치등급은 일반적으로 '전문공' 자격을 갖춘 사람이 최초로 부여받는 등급의 임금[29](지역에 따라 제4~제7 직무가치등급이 된다)을 100%로 하여 각 직무가치등급별로 약 70~190%까지의 차이가 있다. 이 기준임금의 수준을 얼마만큼으로 할 것인가를 결정하기 위한 교섭이 곧 임금교섭이 된다.

한편 종합적 직무평가법은 직무수행에 필요한 직무지식과 직무에 따라 발생하는 부하도에 따라 8~17개의 임금등급으로 구분된다.

이제 <표 8-5>에서 금속산업의 대표적인 몇몇 지역에서의 임금등급표를 살펴보기로 하자. 이 표에서 보는 바와 같이 지역별로 임금등급의 수는 상이한데 가장 적은 함부르크의 경우 10개, 가장 많은 바덴 - 뷔템베르크의 경우 모두 17개의 등급으로 나뉘어 있다.[30] 각 지역별 기준임금의 등급은 보통 5등급에 배치되어 있지만 일부 지역에서는 7등급, 혹은 9등급이 기준임금등급으로 되어 있다. 최저등급과 최고등급 사이의 임금격차는 지역별로 다양하지만 대체로 최저등급임금은 기준임금의 75~80% 정도, 최고등급임금은 기준임금의 160~205% 정도로 되어 있다. 최저등급임금과 최고등급임금 간의 격차는 대체로 2.5배 내외로서 노르트라인 - 베스트팔렌 지역(2.1배)을 제외하면 거의 비슷한 격차를 보이고 있다. 미국 기업의 경우 최고등급과 최저등급 간의 임금격차가 대체로 4배 이상 발생하고 있는 것에 비해 매우 적은 격차임을 알 수 있다. 즉, 독일의 경우 등급간 임금격차가 그만큼 축소되어(compressed) 있어 전체적으로 훨씬 평준화

소음 등), 위험도 등이 있다.

29) 이를 기준임금(Ecklohn)이라 부른다.

30) 바덴 - 뷔템베르크 지역의 경우 블루칼라와 화이트칼라의 임금등급이 통합되었기 때문에 이처럼 임금등급의 수가 많아진 것이다(후술).

된 임금분산을 보이고 있음을 알 수 있다. 이 표에 제시하지는 않았지만 지역 간 임금격차를 보더라도 거의 유사한 수준이다.

한편 등급 간 임금증가율을 보면 대체로 하위 등급에서는 등급 간 임금격차가 매우 적고 상위 등급으로 갈수록 큰 폭의 임금격차가 발생하고 있음을 알 수 있다. 독일 블루칼라 노동자의 임금등급별 임금액은 대체로 단일률로 되어 있으므로 독일 노동자가 매년 있는 전체 임금인상(base-up) 외에 자신의 임금(기본급)을 향상시킬 수 있는 유일한 길은 보다 상위의 임금등급에 속하는 직무로 이동하는 방법밖에 없다. 따라서 독일 기업에서는 종업원들이 회사의 직능개발시스템에 따라 교육, 훈련을 통하여 꾸준히 직능개발을 위해 노력하고 또 실제로 직무수행 경력에 따라 직능개발이 지속적으로 이루어지며 이러한 직능향상을 통해 계속적으로 보다 상위 등급의 직무를 맡게 되는 것이다(안희탁·양병무, 1993).

그렇다면 각 임금등급별 직무가치는 구체적으로 어떤 숙련요소와 연관되어 있는 것일까? 예컨대 니더작센 협약지구의 경우, 2006년의 시점에 모두 10개의 임금등급이 있었으며 기준임금등급은 제5등급이었다. 임금등급 1과 2는 미숙련직종이며 3~6이 반숙련직종, 7~10이 숙련직종이다. 각각의 임금등급은 단일직무급이며 청소년을 제외하면 경력, 연령 또는 숙련 향상에 따른 동일 임금등급 내 승급은 없다. 각각의 임금등급의 정의는 다음과 같다(IG Metall 홈페이지).

1등급: 단시간의 현장훈련기간과 지시 후에 수행할 수 있는 직무

2등급: 단시간의 현장훈련기간과 보다 심화된 훈련뿐 아니라 종전의 임금등급의 필요요건을 넘는 직무

3등급: 어느 정도의 현장훈련에 의한 작업지식과 기능을 전제로 하여 단기교육(Anlernung)을 필요로 하는 직무

4등급: 종전의 임금등급의 필요요건을 넘는 추가적인 경험을 가지고 전문

작업지식과 기능을 필요로 하는 직무

5등급: 특별한 직업훈련과 적절한 경험에 의해 개발된 포괄적인 전문작업 지식과 기능을 필요로 하는 직무

6등급: 2년간의 훈련생교육 수료 혹은 종전의 임금등급에서의 훈련을 전제로 하여 추가적인 경험에 의해 개발된 전문능력을 필요로 하는 직무

7등급: 전문분야별 규칙에 따른 훈련생교육의 수료에 의한 능력을 전제로 하는 전문적 노동 혹은 예컨대 위에서 말한 훈련생교육을 수료하지 않은 경우에도 이와 동등한 전문적 기능과 지식을 필요로 하는 직무

8등급: 특별한 기능과 장기간 경험을 요구하는 난이도가 높은 전문적 노동

9등급: 특별히 난이도가 높거나 고도의 전문적 노동. 이는 기술적 숙련과 지식에 있어 고도의 필요수준을 가지며 커다란 독립성과 높은 책임의식을 전제로 함.

10등급: 가장 고도의 전문적 노동. 이것은 탁월한 능력, 완전한 독립성, 재량적 능력, 포괄적인 책임의식 및 이에 대응하는 이론적 지식을 전제로 함.

각 임금등급별 정의에서 보는 바와 같이 미숙련 등급의 경우 직접경험에 의한 훈련(learning-by-doing)이나 현장훈련(on-the-job training)의 정도가 등급구분의 주 요소가 되는 반면, 반숙련 및 숙련등급의 경우 공식적인 직업교육이나 직업훈련(off-the-job training) 및 장기간의 경험에 의한 숙련 등이 등급구분의 주요 요소로 되어 있음을 알 수 있다. 이는 명백하게 미국의 직무등급 구분과는 달리 주로 노동자의 숙련도와 직무의 난이도에 따른 구분임을 알 수 있다.

각각의 등급에 따른 노동자 분포비율을 보면 숙련직종 54.9%, 반숙련직종 26.9%, 미숙련직종 18.2%로서, 즉 현업노동자의 다수는 숙련직종

에 위치하고 있다(日本勞動研究機構, 1998).

한편 화이트칼라(협약직원)의 경우에도 블루칼라와 마찬가지로 급여등급이 단체협약에 의해 정해져 있다. 화이트칼라의 경우에는 블루칼라와 달리 기본적으로 범위직무급이며 같은 직무등급 내에 몇 개의 호봉이 있다. 그러나 미국과는 달리 호봉 간 승급은 인사고과에 의해 이루어지는 것이 아니라 일정 기간이 경과하면 자동승급(숙련승급)이 이루어지도록 되어 있다(日本勞動研究機構, 1998). 다만 기본급 외의 후술하는 성과급 부분(협약 외 급여)에서는 인사고과가 존재한다.

일반적으로 단체협약에서는 각각의 등급에 속하는 직무가 예시되어 있어 대부분의 기업은 이것을 기준으로 하여 사내에서 회사와 종업원대표회가 구체적인 직무에 대하여 등급을 결정한다. 이 등급결정위원회는 「경영조직법」에 의무화되어 있어 회사가 일방적으로 등급결정을 할 수 없도록 되어 있다.

4) 능률급의 결정

앞에서 살펴본 대로 직무급인 기본급 외에 독일의 노동자들은 능률급을 지급받는다. 그러나 이 능률급은 그 명칭과는 달리 사실상 매월 큰 변화가 없고 거의 고정된 금액을 받고 있기 때문에 "능률임금은 사실상 시간임금률"이라는 평가를 받고 있다(日本勞動研究機構, 1998). 그것은 독일의 능률임금의 특수성 때문이다.

단체협약의 구속을 받는 기업의 경우 임금은 협약지역의 사용자단체와 노동조합 지역지부가 체결한 협약임금의 적용을 받지만, 능률급은 협약이 정한 범위 내에서 사업장마다 설치되어 있는 종업원대표회와 기업 간의 협정에 의해 결정할 수 있다.

독일의 능률임금은 아코드(Akkord) 임금과 프레미엔(Premien) 임금으로 분류되는데, 이는 능률임금의 계산방식에 따른 차이라고 할 수 있다.

(1) 아코드 임금

아코드 임금(도급임금)은 산별 협약에 의해 결정되는 (산별) 최저임금(wage floor)에 더하여 해당 사업장의 표준시간당 작업량을 상회한 경우 그 능률향상의 정도에 따라 지불되는 능률급을 말한다. 표준의 산정에는 개인의 작업을 대상으로 하는 개인 아코드와 그룹의 작업을 대상으로 하는 집단 아코드가 있다. 또 계산기준에 따라 능률을 시간 단위로 계산하는 시간 아코드와 금액으로 계산하는 금액 아코드가 있는데, 건설업을 제외하면 오늘날 시간 아코드가 일반적이다.

아코드 가산급은 기본급의 15~20% 정도로 되어 있다. 산별 협약에 따른 기본급에 아코드 가산급을 더한 것을 기초임금(Grundlohn) 혹은 아코드 기준(Akkorddichtsatz)이라 한다. 아코드의 계산 시 이 기초임금을 산정 기준으로 하게 된다. 이 기초임금은 아코드 임금노동자의 표준작업능률에 대한 보수에 해당한다. 즉, 아코드 기준임금은 "사실상 시간당 임금률"이며 매월 그다지 큰 변화가 없이 고정되어 있는 경우가 많다.

아코드 기준을 60으로 나눈 것이 표준시간당 화폐요소(Geldfaktor)인데, 이를 분당 요소(Minutenfaktor)라고 부른다. 분당 요소는 결국 1분당의 (가산) 임금이라고 할 수 있다.

예를 들어

협약에 의한 산별 임금(최저임금)	16.50마르크
+ 20%의 아코드(능률급) 가산	3.30마르크
= 아코드 기준 (기초임금)	19.80마르크

또한 분당 요소 = 19.80/60 = 0.33

만약 여기서 작업단위당 표준시간을 10분이라고 하면 1시간당 6작업단위를 할 수 있다. 그러나 실제로 능률이 향상되어 1시간당 8작업단위를 했다면 1시간당 임금은 8×10×0.33=26.4마르크가 된다. 즉, 표준시간보다 빨리 작업하면 임금도 많아지게 되는 것이다. 이때 아코드 임금기준으로 보면 임금은 능률과 정비례하게 된다(8/6=26.4/19.8 =133%). 따라서 아코드 임금은 단순능률임금(혹은 할균급)이라고도 부른다.

그러나 이처럼 표준작업시간을 넘어 초과달성된 능률에 대해 능률급을 가산하게 되면 자칫 노동자들의 지나친 과밀노동이나 과잉경쟁이 발생할 수 있다. 또 사용자는 이를 근거로 하여 표준작업시간을 줄이는 방향으로 악용할 수도 있다. 따라서 이를 막고 지나친 과밀노동이 발생하지 않도록 대체로 단체협약에서 휴게시간을 설정하거나 능률의 상한선을 정하는 경우가 많다. 실제로는 단체 아코드의 경우 많은 노동자들이 상한선까지 가산률을 적용받고 있으므로 실질적으로는 고정적인 시간급과 의미의 차이가 거의 없다고 할 수 있다(竹内治彦, 2002).

(2) 프레미엔 임금

아코드 임금은 본래의 접근방법으로서 생산능률과 임금이 정비례하므로 계산이 간단하며 투명성이 높고 노동에 대한 감시가 불필요한 장점이 있다. 반면 생산량을 근거로 해서 능률을 계산하므로 자칫 품질의 유지나 소모품의 절약 등의 점에서 소홀히 할 수 있다는 단점도 있다. 특히 최근 린생산방식 등 새로운 생산방식이 생산현장에 도입되면서 품질 개선의 중요성이 높아짐에 따라 종래의 생산량 중심의 아코드 임금만으로는 새로운 생산방식에 적합하지 못하다는 비판도 제기되기에 이르렀다.

이에 대해 프레미엔(할증급) 임금은 생산량뿐 아니라 품질, 납기, 효율화, 경비삭감 등의 요소를 고려하여 성과를 산정하고 이에 따라 능률가산임금을 지불하는 것을 말한다. 생산현장에서는 일본식의 린생산방식, 개선활동 등이 활발해지면서 프레미엔 임금으로의 변화가 나타나고 있다. 특히 사용자 측은 현재의 아코드율을 동결하고 그 대신 프레미엔 임금으로 이행하려고 노력하고 있다.

금속노조(IG Metall)는 이러한 이행에 반대하고 있으나 적극적으로 반대하지는 않는다. 독일에서는 아코드 임금이든 프레미엔 임금이든 그 임금률 결정에 대해서는 종업원대표회가 공동결정권을 가지고 있고 회사가 일방적으로 결정할 수 없으므로 노동조합에서도 찬성 내지 소극적 반대에 그치고 있는 것이다. 더욱이 단순 아코드 임금에서 프레미엔 임금으로 이행할 경우 임금이 인상될 가능성도 크다. 그러나 아코드 임금은 임금률 상승의 자유도가 적고, 노동조합과의 단체협약 및 종업원대표회와의 사업소 공동결정에 편입되어 있는 데 비해 프레미엔 임금은 기업마다 독자적인 설정의 가능성이 크기 때문에 경영자 측이 선호하는 제도로 볼 수 있다(竹內治彦, 2002).

프레미엔 임금은 아코드 임금과 마찬가지로 산정단위의 차이에 따라 개인 프레미엔과 집단 프레미엔으로 나뉜다. 프레미엔의 커브는 아코드 임금처럼 업적, 능률에 정비례하는 경우도 있지만 체감곡선, 체증곡선, S커브 등 다양한 모습을 지니는 것이 특징이다. 즉, 할균급이 아니라 할증급 형태를 취하는 경우가 많다. 프레미엔의 산정기준은 생산량뿐 아니라 불량률의 개선, 재료나 공구 소모의 절감, 절비가동률의 개선 등 복수의 지표가 된다.

프레미엔 임금은 기본적으로 사업장 협정에서 정해지며 직무의 변화에 의한 개별 프레미엔 개정 등은 노사 동수의 프레미엔 전문위원회에서 행해지는 것이 대기업의 일반적 관행으로 되어 있다.

5) 성과급의 결정

현장노동자의 시간임금 및 협약 대상 화이트칼라 노동자에 대해서는 단체협약에 의한 임금 및 급여(기본급, 능률급) 이외에 성과급을 지급하는 경우도 많다. 성과급의 배분은 직속상사가 매년 1회 행하는 개인별 인사고과에 기초하되 관리직 및 인사담당자가 이를 조정하게 된다. 단, 인사고과 시 본인과의 면담 후에 결정되며 본인이 이에 사인을 하게 된다. 인사고과 결과에 대해 본인 혹은 종업원대표회가 불만이 있을 경우 고충처리절차에 따라 해결한다.

성과급의 틀에 대해서는 종업원대표회가 있는 경우 사업소마다 경영자와 협정을 체결하여 투명성의 확보를 도모하고 있다. 그 투명성의 원칙은 법률적으로도 보장받고 있어 성과급 비율이 지나치게 높을 경우에는 위법이 될 가능성도 있다.

성과급 평가방법으로는 '종합적 성적평가'와 '분석적 성적평가'가 있다. 전자는 전체를 일괄해서 평가하는 방법이며 후자는 평가항목을 세분화한 것이다. 예컨대 노르트라인 - 베스트팔렌 지역 금속산업의 단체협약의 예를 들면, 다음과 같은 내용이 정해져 있다.

- 인사고과는 사용자가 위탁하는 자(통상은 상사)가 행한다. 본인 혹은 종업원대표회가 요구하면 인사고과 결과를 알려주어야 하며 필요한 경우 고과표 자체를 보여주어야 한다.
- 고과기준은 작업성과,[31] 작업수행,[32] 다능공 정도,[33] 작업배려[34] 등이며

31) 작업태도, 작업성과 등이 얼마나 유효한가를 말함.
32) 품질검사, 작업방법, 작업순서 등에 근거하여 작업수행을 잘하고 있는가를 말함.
33) 여러 가지 작업을 할 수 있는가를 말함.

각각은 5단계 평가로서 2점 단위로 0점부터 8점까지 부여한다. 그리고 임금 등급마다의 성과급 총액을 각각의 시간임금노동자의 총득점으로 나누면 1점당 금액이 산출된다.

- 고과는 매년 1회 행한다. 고과 결과는 본인에게 통보되어야 하며 종업원대표회는 시간임금노동자 전원의 고과 결과 일람표를 회사로부터 받게 된다. 결과에 불만이 있는 경우에는, 본인은 2주일 내에, 종업원대표회는 4주일 내에 회사에 이의신청을 할 수 있다. 이의신청이 있는 경우 노사 2명씩으로 구성된 위원회가 이를 처리한다. 만약 합의에 도달하지 못하게 되면 회사와 종업원대표회가 직접 교섭하고 여기서도 해결되지 않는 경우에는 조정위원회가 결정하게 된다.

금속산업의 경우 시간임금노동자는 협약임금의 평균 13~16%로 성과급을 받도록 산별 협약에서 정하고 있다. 단, 그 배분은 기업에 위임되어 있으므로 상후하박, 혹은 하후상박 등을 기업 차원에서 할 수 있다. 즉, 성과급에 대해서는 그 틀의 결정은 노사가 공동으로 하지만 실제 지급은 회사가 이를 행하고 본인 혹은 종업원대표회가 이에 대해 이의신청권을 갖는 형태로 운용되고 있는 것이다.

6) 독일형 직무급제도의 장 · 단점

지금까지 살펴보았듯이 독일에서는 직무급 임금제도가 노사공동으로 결정되며 더욱이 산업 수준에서 기본적인 사항이 결정되는 구조를 가지고 있다. 이러한 독일형 제도는 장·단점을 모두 가지고 있다(Rubery and Fagan, 1994).

---

34) 기계장비, 공구, 에너지, 자재 등을 낭비하거나, 혹은 부적절하게 사용하고 있지 않은가, 작업안전규칙을 준수하고 있는가 등을 말함.

먼저 장점을 살펴보면, 첫째, 산별 교섭을 통해 중소기업 노동자, 비정규직 노동자, 여성 노동자 등 노동시장 약자에 대한 보편적인 보호가 가능하다. 이는 산별 수준의 교섭 집중화와 단체협약의 효력확장제도를 통해 이루어지고 있다.

둘째, 산업 수준의 공통적인 직무분류, 직무등급 분류제도 설정을 통해 동일노동 동일임금의 확보가 더욱 쉬워진다. 특히 여성, 비정규직처럼 약자에게 유리하다. 기업별 교섭의 경우 여성은 노조가 있는 기업에 취업하기 곤란하며, 설혹 노조가 있는 기업에 취업한다 하더라도 기업별 교섭에서 여성은 불리한 위치에 설 가능성이 많다.

반면 독일형 직무급제도에도 단점은 있다. 첫째, 산별 교섭에서 특정 그룹을 배제하는 경우가 종종 발생한다. 예컨대 생산직만 협약적용 대상이 되고 사무직과 행정직은 제외되는 경우가 있는데, 많은 여성들이 하위 사무직이나 판매·서비스직에 종사하고 있으므로 이 경우 협약의 적용을 받지 못하게 된다.

둘째, 직무분류 및 직무등급제 자체가 산업 '표준' 혹은 작업조직의 역사적인 발전과정에서 정착된 제도에 근거하고 있다. 따라서 최근 나타나고 있는 급속한 생산기술 및 직무내용의 변화나 작업조직의 변화를 기존의 제도가 충분히 반영하지 못한다는 문제가 발생한다. 그 결과 직무평가제 자체가 현실과 유리되는 결과를 낳게 된다. 예컨대 독일에서는 기술 및 직무내용이 변화하더라도 직업훈련기간이 변화하지 않는 한 직무등급의 변화는 일어나기 어렵다. 전통적인 도제제도에서는 이 문제가 더욱 심각하다. 다른 나라에서는 직업자격과 직업훈련이 주로 입직 시의 초임 등급 결정에만 작용하는 데 비해 독일에서는 모든 직무등급의 결정에 작용하고 있다. 이는 다시 말해 일단 자격과 훈련이 결정되면 평생 그 구조를 바꾸기가 힘들다는 것을 의미한다. 이는 결국 제도적 경직성을 가져올 가능성이 있다.

셋째, 독일에서도 여성 특유의 직무가 직무등급 구분 시 높은 평가를 받지 못하는 문제가 발생하고 있다. 이른바 감정노동, 서비스 노동 등이 그 예이다. 여성은 대체로 교섭력이 낮기 때문에 직무등급 구분 시 영향력를 발휘하기 곤란하다. 물론 미국 등 다른 나라에서도 같은 문제를 안고 있지만 작업장에 밀착되어 있는 기업별 교섭 시보다는 산업 전체의 통일이 중요한 산별 교섭에서 이 문제가 더 심각하게 나타날 가능성이 있다.

넷째, 숙련 중심의 임금체계는 숙련 획득기회와 능력이 충분한 고숙련 노동자들에게는 유리하지만 숙련 형성의 기회에 접근하기 어려운 계층의 미숙련 노동자들, 특히 외국인 노동자, 기혼여성 노동자에게는 불리한 제도이다. 그 결과 독일에서는 고숙련 노동자와 저숙련 노동자의 양극화가 초래되고 있다.

이상에서 살펴본 것처럼 독일형 직무급 임금제도는 동일노동 동일임금 원칙에 입각하여 노동자들의 일반적인 이해관계를 대변하는 데 보다 유리한 체계인 것은 틀림없지만 새로운 생산체제 변화로 인한 환경 변화에 경직적으로 대응하고 있다든가, 숙련의 양극화에 따른 임금의 양극화가 나타나는 등의 부작용을 안고 있는 제도이기도 하다.

5. 미국형 직무급과 독일형 직무급의 비교 및 평가

지금까지 살펴본 미국형 임금제도와 독일형 임금제도를 요약, 비교한 것이 <표 8-6>에 제시되어 있다. 이 표에서 보는 바와 같이 미국형과 독일형 모두 직무급 임금제도를 기본으로 하고 있지만 그 내용은 상당히 다르다. 미국형은 직무급 임금의 기초가 되는 직무평가에서 지식 및 기능, 책임도, 근로조건 등 주로 기업에 대한 공헌도와 관련이 깊은 요소를 중심으로 직무의 상대가치를 평가한다. 이에 비해 독일형은 교육, 직업훈

<표 8-6> 미국형 임금제도와 독일형 임금제도의 비교

	미국형	독일형
임금제도의 성격	직무급	직무급(숙련급적 성격)
직무평가제도	분석적 접근(득점요소법)	종합적 접근(임금그룹법)
직무평가요소	직무의 내용(회사 기여도)	직무의 곤란성(노동자의 숙련도)
직무평가 주체	사용자 주도(위원회)	노사 합의(산별 단체교섭)
직무급의 성격	범위급	단일급(생산직), 범위급(사무직)
상위등급 승진	직무내용 확충, 혹은 업적평가	직무내용 확충, 혹은 숙련향상
상위호봉 승급	인사고과	근속(사무직)
최근 변화	브로드밴딩화, 성과급 확대	직군 통합, 능률급 및 성과급 확대
직무평가 범위	개별 기업	산업 전체
외부공정성	시장임금 고려	산별 단체협약

련, 근속년수 등 노동자가 지닌 숙련도를 중심으로 직무의 상대가치를 평가한다. 그러한 면에서 독일형 직무급제도는 숙련급적 성격이 강한 직무급이라 할 수 있다.

직무평가의 과정면에서도 두 유형은 큰 차이를 보인다. 미국형에서는 직무평가위원회를 사내에 설치하여 이를 통해 직무를 평가함으로써 객관성을 띠고자 하지만 위원회의 구성은 사용자 주도로 되어 있어 결국 사용자의 뜻이 관철될 수 있는 구조로 되어 있다. 반면 독일형에서는 노사가 단체협약을 통해 직무평가의 기본 틀을 결정하며 실제 평가 시에도 노사 공동의 직무평가위원회를 구성하여 직무의 상대가치를 결정하고 있다. 직무평가의 방법 역시 미국형에서는 주로 분석적 평가법을 통해 득점요소별 점수를 계산하는 방법을 택하지만, 독일형에서는 주로 종합적 평가법을 통해 전체적인 직무의 개괄적 가치를 평가하는 방법을 택하고 있다.

한편 직무급 임금 설정 시 미국형에서는 주로 범위급을 설정하고 동일 임금등급 내에서 승급이 가능하도록 하면서 인사고과에 의해 승급이 이루어지도록 함으로써 임금의 유연성 확보 및 관리자에 의한 통제가 가능하도록 하고 있다. 더욱이 최근에는 브로드밴드화를 통해 임금등급을 대폭 통합함으로써 이와 같은 인사고과를 통한 호봉 승급의 중요성이 더욱 커지고 있다. 반면 독일형에서는 생산직의 경우 대부분 동일 임금등급에 대해 단일 임금률을 적용하고 있어 호봉 승급이 일어나지 않는다. 사무직에 대해서는 범위급을 택하고 있지만 호봉 승급이 인사고과에 의해 이루어지는 것이 아니라 연공에 따른 자동승급으로 되어 있고 상한선과 하한선 간의 차이는 미국에 비해 훨씬 적게 설정되어 있어 승급 경쟁이 일어나지 않도록 하고 있다. 이런 상황에서 독일 노동자들이 베이스 업 외에 임금을 인상시킬 수 있는 거의 유일한 방법은 자신의 현 직무를 확충시켜 보다 상위 등급으로 재분류되거나 자신의 숙련 향상을 통해 상위 등급으로 승진하는 길뿐이다. 따라서 독일은 끊임없이 현장훈련이나 직업훈련을 통해 숙련을 향상시키는 데 대한 유인동기를 갖추고 있다.

마지막으로 미국형에서는 직무평가 및 직무급의 결정이 개별 기업 단위로 이루어지므로 기업 사정에 맞게 임금이 현실화, 유연화될 수 있다는 점이 장점으로 지적되지만, 다른 한편으로는 임금구조가 분산화, 파편화되어 있으며 그 결과 내부적 공정성은 달성될 수 있지만 외부적 공정성 달성은 기대하기 힘들다. 물론 미국형에서도 외부 노동시장의 임금시세를 내부 직무급 임금 결정 시 연결시키는 방법을 통해 외부 공정성을 확보하고자 하지만, 이 경우 외부 노동시장의 여러 가지 결함으로 인해 완전한 외부 공정성의 확보를 기대하기 힘들다. 반면 독일형의 경우 산업 전체에 걸친 산별 단체협약을 통해 직무평가기준 및 직무급 등급 설정 등이 통일적으로 이루어지므로 산업 전체에 걸친 '동일노동 동일임금' 원칙의 관철

<표 8-7> 임금불평등 비교(2006)

국가	임금불평등 지수(I)	임금불평등 지수(II)	임금불평등 지수(III)	성별 임금격차(%)	저임금비율 (%)
미국	4.84	2.30	2.10	19	24.2
독일	3.26	1.73	1.89	23	17.5
일본	3.11	1.86	1.67	33	16.1
한국	4.56	2.22	2.11	38	24.5

注: 임금불평등지수(I)=근로소득 90%선/근로소득 10%선 비율
임금불평등지수(II)=근로소득 90%선/근로소득 50%선 비율
임금불평등지수(III)=근로소득 50%선/근로소득 10%선 비율
성별 임금격차=(남성 중위임금－여성 중위임금)/남성 중위임금
저임금비율=중위임금의 2/3선 미만 임금소득자 비율
자료: OECD(2008).

이 이루어지기 쉬우며, 더욱이 산별 단체협약 효력의 확장제도 등을 통해 이러한 임금 통일성이 미조직 노동자 및 사용자에게까지 관철되고 있다. 반면 독일형의 경우 직무등급의 변경이 매우 어려워 임금이 경직적이며, 숙련 형성의 기회가 제약되어 있는 여성, 비정규직 등과 숙련 형성기회가 비교적 풍부한 정규직 남성 노동자 사이에 숙련을 둘러싼 분단이 발생할 수 있다는 점 등이 단점으로 지적되고 있다.

과연 미국형과 독일형 임금제도가 '동일노동 동일임금 원칙'이라는 기본적인 목표에 얼마나 충실한 결과를 낳았을까? <표 8-7>에는 다양한 임금불평등지표를 이용하여 미국, 독일, 일본, 한국의 4개국 노동시장 성과를 비교해보았다. 이 표에서 보듯이 성별 임금격차[35]를 제외한 어떠

---

35) 독일의 남녀 간 임금격차는 미국보다 높으며 EU 국가들 가운데도 가장 높다. 그 원인은 동일노동에서 남성과 큰 격차가 나기 때문이 아니라 다른 나라에

<표 8-8> 기업규모 간 임금격차(전산업, 2002년)

국가	1~9	10~49 (5~29)	50~249 (30~99)	250~499 (100~499)	500~999	1,000~
미국	56.6	59.5	70.7	78.7	86.5	100.0
독일	64.6	73.0	81.0	88.0	90.9	100.0
일본	-	54.2	63.0	76.3	88.9	100.0
스웨덴	-	93.8	96.0	100.9	102.5	100.0

주: 규모 구분은 일본과 미국은 사업소 규모, EU는 기업규모.
( ) 안은 일본의 규모 구분임.
자료: 勞動政策研究·研修機構(2008).

한 불평등지표를 사용하든지 미국은 독일에 비해 훨씬 높은 임금불평등을 나타내고 있다. 일본과 한국은 직무급이 아닌 연공급 임금제도36)를 택하고 있는데, 임금불평등 면에서는 미국과 독일 사이에 있지만 한국은 미국에 가까운 비교적 높은 불평등을 보이고 있는 반면, 일본은 독일에 가까운 비교적 낮은 불평등을 보이고 있는 점이 흥미롭다.

이러한 고찰은 <표 8-8>의 기업규모 간 임금격차와 <표 8-9>의 고용형태 간 임금격차에서도 확인할 수 있는데, 양자 모두 미국의 임금격차가 독일의 임금격차에 비해 더 큰 것으로 나타나고 있다.

아브라함과 하우스만(Abraham and Houseman, 1993)은 미국과 독일의 임금불평등도에 차이가 나는 원인으로 ① 노동시장에서의 공급요인, ② 독일에서의 직업훈련의 중요성, ③ 임금결정방식의 차이(노동조합의 연대임금정책) 등을 들고 있다. 블라우와 칸(Blau and Kahn, 1996)은 독일과 미국의 임금불평등 차이를 가져온 원인은 숙련노동자에 대한 수요·공급이라는

비해 여성 파트타임 노동자의 비율이 높기 때문이다(勞動政策研究·研修機構, 2008).

36) 일본은 직능급 임금체계를 주로 채택하고 있지만 그 실제 내용에서는 연공급적 성격이 강하다.

<표 8-9> 풀타임 노동자에 대한 파트타임 노동자의 임금 수준(여성)

국가	%	연도
미국	62.5	1996
독일	87.5	1995
일본	69.7	2006
스웨덴	92.3	1995

자료: 勞動政策研究·硏修機構(2008).

시장의 힘보다는 제도적 요인, 특히 노조 조직률, 노조의 연대임금정책, 노조의 교섭범위(비노조원에의 적용) 및 수준(산별 교섭, 기업별 교섭) 등에 의해 크게 영향받고 있다고 말하고 있다.

그러나 이상에서 살펴본 대로 기존의 연구는 주로 독일과 미국의 임금격차 차이를 노사관계제도 면에서만 설명할 뿐, 직무급 임금제도의 차이에 대해서는 주목하지 못하고 있다는 한계가 있다. 앞에서 살펴본 대로 미국형 임금제도와 독일형 임금제도는 그 가치평가 기준, 평가절차, 평가의 주체, 직무급의 적용범위 등 여러 가지 면에서 큰 차이를 나타내고 있으며 이는 비단 산업 간, 고용형태 간 임금격차뿐 아니라 기업 내외를 불문하고 개별 노동자들 간에도 임금격차의 차이를 가져오는 요인으로 작용하고 있다.

예컨대 <그림 8-4>와 <그림 8-5>에서 미국과 독일의 연령－임금곡선을 비교해보면, 미국의 경우 연령 증가와 더불어 임금이 급속히 상승하다가 55세 이후가 되어서야 다소 하락하는 반면, 독일의 경우 30~39세까지 임금이 미국과 거의 유사한 기울기로 상승하다가 그 이후 시기에는 남성은 매우 완만한 상승곡선을 그리지만 여성은 아예 임금이 하락하고 있음을 알 수 있다. 특히 남성의 경우 미국의 임금－연령곡선이 연공급 색채가 강한 일본의 임금－연령곡선보다 더 가파른 상승세를 보이고 있는

<그림 8-4> 연령-임금곡선(2002년, 제조업, 남자)

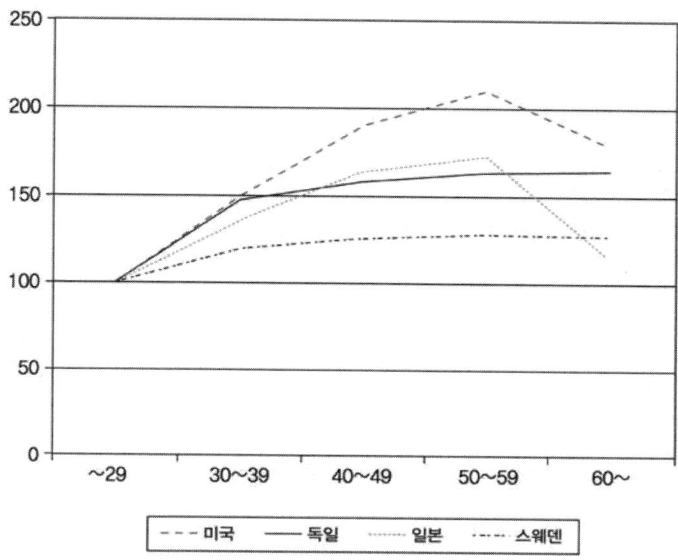

주: 미국은 2005년, 비농전산업임, 연령구분은 21~24세, 25~34세, 35~44세, 45~54세, 55세 이상임.

자료: 미국은 U.S. Census Bureau(2005); 유럽국가들은 EU(2005); 일본은 厚生勞動省(2002).

점은 의외이다. 이처럼 미국에서는 연령 증가와 더불어 직무사다리를 통해 승급, 승진이 이루어지고 이에 따라 임금이 상승하는 반면, 독일의 경우 비교적 젊은 시절에는 숙련 향상에 따른 임금 증가가 이루어지지만 그 이후에는 직무등급 향상에 따른 임금 상승 외에는 임금 상승이 거의 이루어지지 않고 있다.

기업 내의 임금격차도 다르지만 더욱 큰 임금격차의 차이는 기업 간에 발생하고 있다. 아보 등(Abowd et al., 2009)에 의하면 미국의 경우 개인 간 임금불평등지수(log 임금의 표준편차로 계산한)의 3/4은 기업 간 임금격차

<그림 8-5> 연령-임금곡선(2002년, 제조업, 여자)

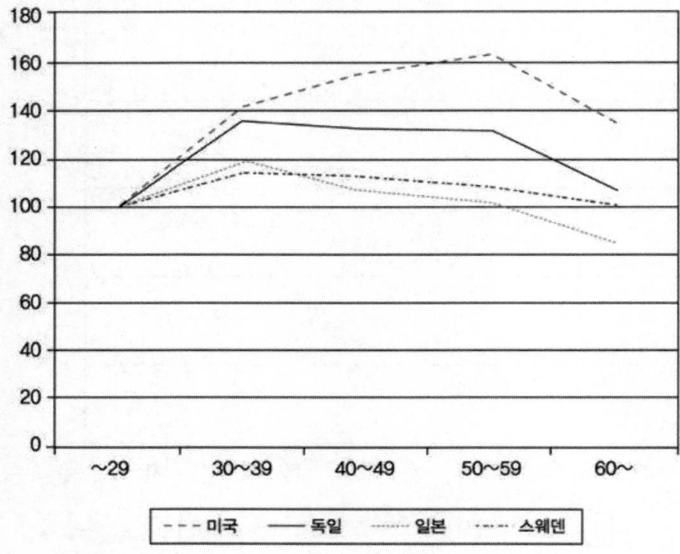

주: 미국은 2005년, 비농전산업임, 연령구분은 21~24세, 25~34세, 35~44세, 45~54세, 55세 이상임.

자료: 미국은 U.S. Census Bureau(2005); 유럽국가들은 EU(2005); 일본은 厚生勞動省(2002).

에서 발생하고 있으며 나머지 1/4만이 기업 내 임금격차에서 발생하고 있다고 한다. 또 미국과 다른 유럽국가들의 임금격차 원인을 분석한 라지어와 쇼(Lazear and Shaw, 2008)에 의하면 미국의 기업 내 임금의 표준편차를 전체 산업 임금의 표준편차로 나눈 값은 0.58 정도(1998년)로서 대부분의 유럽국가에 비해 그 값이 상대적으로 낮은 것으로 나타났다.[37] 즉,

37) 이 값이 1이면 기업 내 임금의 표준편차는 전체 임금의 표준편차와 일치한다. 1 미만이면 기업 내 표준편차가 전체 표준편차보다 더 작다는 의미이다.

기업 간(between-firm) 임금격차가 기업 내(within-firm) 임금격차보다 훨씬 큰 것이 미국 임금격차의 특징이다.

반면 알다, 벨만 및 가트너(Alda, Bellman and Gartner, 2009)에 의하면 독일의 경우 ANOVA에 대한 R^2로 측정한 전체 임금격차 가운데 개인적 속성(인적자본)으로 설명가능한 부분이 38.6%, 기업의 특성으로 설명 가능한 부분이 34.7%(나머지는 상호작용 부분)로서 인적자본 격차가 기업 간 격차보다 약간 더 큰 설명력을 가진다고 한다.

요약하자면 미국의 경우 독일보다 임금불평등이 훨씬 심하며 이는 다양한 분야에 걸쳐 나타나고 있다. 임금불평등의 원천을 기업 내부와 외부로 나누어볼 때 미국에서는 전체 임금격차의 약 3/4이 기업 간 격차에서 발생하는 반면, 독일에서는 개인적 속성이 약간 더 높은 설명력을 가진다. 즉, 독일에서는 노동자 개인의 숙련(교육, 직업훈련, 노동시장 경력, 근속년수 등으로 측정한)이 임금격차를 가져오는 데 상대적으로 더 중요한 요인이 되고 있는 것이다. 그 원인에 대해 기존 연구에서는 시장력보다는 제도적 요인, 즉 노조 조직률, 단체교섭의 범위, 단체교섭의 수준 등에서의 차이 때문이라는 지적이 많았다.

그러나 과거 연구에서 지적하지 않았던 요인으로서 우리가 강조하고자 하는 것은 임금체계에서의 양국의 차이이다. 즉, 미국의 직무급 임금체계는 동일 직무에 대한 내적 공정성을 강조하지만 기업 내의 동일 직무등급 내 승급 및 상위 등급으로의 승진에 따른 임금격차가 독일보다 더 크고 기업 간 임금격차도 독일에 비해 훨씬 큰 반면, 독일의 경우 기업 내의 승급, 승진에 따른 임금격차가 작고 특히 동일 산업 내의 임금통일성이 강하여 기업 간 임금격차가 미국보다 훨씬 작다는 특징을 지닌다. 종전 연구에서 강조되었던 조직률 차이, 단체교섭의 차이는 결국 임금체계의 차이로 귀결될 수밖에 없다는 점을 생각할 때 미국형 직무급과 독일형 직무급의 차이를 명확하게 인식하는 것은 매우 중요한 의미를 가질 것이다.[38)]

6. 요약과 시사점

한국의 전통적 임금체계는 연공서열에 의한 연공급 임금체계를 바탕으로 해왔다. 그러한 한국형 연공급 임금체계는 연령 증가에 따른 생계비의 상승에 대응한다거나 혹은 근속년수 증가에 따른 숙련의 증가에 대응할 수 있다는 점에서 일정한 경제적 합리성을 갖고 있다고 해도 좋을 것이다.

반면 연공급 임금체계에 대한 비판도 일찍부터 나타났다. 특히 사용자 측에서는 고도성장에 따른 기업의 무한성장시대가 끝나면서 연공급은 더 이상 유지하기 힘든 임금체계라는 비판을 제기하고 있다. 즉, 사용자 측에서 연공급은 직무나 성과와 무관한 경직적 임금체계로서 기업의 인건비를 압박하고 경쟁력을 저하시킬 뿐 아니라 고용 유연화에 대한 유인을 강화하도록 유인하여 비정규직 확산, 신규 입직자 수 제약, 고령자 조기은퇴 유도 등의 한 원인이 되고 있다고 비판한다.

이에 따라 기업 측에서는 임금체계의 개편을 주장하고 있는데, 그 주요 방향은 능력주의적, 성과주의적 임금체계이며 보다 구체적으로는 직무급, 성과급제(연봉제)를 주장하고 있다. 따라서 기업 측에서 주장하는 직무급 제도는 미국형 직무급 도입을 전제로 하여 임금을 성과에 연계시킴으로써 임금의 유연화를 통해 기업경쟁력을 강화시키는 데 중점이 놓여 있는

---

38) 물론 다른 측면에서 볼 때 독일의 임금제도는 매우 경직적이어서 기업 성과나 국민경제의 효율성을 저해하는 요소가 되고 있다는 비판도 제기되고 있다. 즉, 독일에서는 동일한 숙련 그룹 내에서 임금이 매우 평등한데, 이는 주로 제도적 요소, 특히 임금교섭체제로 인한 임금 경직성 때문이다. 이로 인해 숙련에 대한 상대적 수요 변화에 제대로 반응하지 못함으로써 고실업을 초래하고 있다는 것이다(Prased, 2004). 그러나 이에 대해 독일의 고실업은 평등주의적 임금체계 때문이 아니라 전체적인 수요 부족 때문이라는 반론도 나오고 있다(Abraham and Houseman, 1993).

직무성과급의 성격이 강하다고 할 수 있다.

반면 노동조합 측은 이에 대해 연공급의 폐지에 따른 생계비 보장의 부실화 우려와 직무급, 직능급, 성과급 등이 가져올 수 있는 부작용—즉, 노동자 간 경쟁 격화와 노동강도 강화, 현장 노동통제 강화, 노동조합의 단결력 저해와 교섭력 약화 등—에 대한 우려로 인해 기업 측의 임금체계 개편 시도에 반대해왔다.

그러나 최근 일련의 환경변화에 따라 노동조합 측도 기존의 연공급을 그대로 주장하기 곤란한 딜레마에 처해 있다. 즉, 첫째, 전체적인 노동자 선호의 변화로 능력주의, 성과주의에 대한 반감이 저하되고 있으며, 특히 기존 연공급체계에 대한 젊은 노동자들의 불만이 높아지고 있다. 둘째, 산별 노조, 산별 단체교섭의 발전에 따라 기업의 틀을 넘어선 산업 전체의 임금수준의 통일이 필요해지면서 기존의 연공급 임금체계가 이러한 사회적 임금의 통일성 확보에는 부적합하다는 인식이 높아지고 있다. 셋째, 비정규직법 시행에 따른 정규직/비정규직 간 임금차별을 해소하기 위해 임금의 사회적 기준을 수립할 필요성이 커지고 있으며(박호환, 2007), 넷째, 남녀 간 임금 격차 해소를 위한 동일노동 동일임금 원칙의 관철에 필요한 사회적 기준의 설정이 필요하다는 인식이 그것이다.

이처럼 연공급은 기업 내의 근속년수를 기준으로 하므로 기업 차원을 넘어선 산업 전체의 임금 통일, 정규직/비정규직 간 차별의 기준, 남녀 차별의 기준 설정을 위한 임금 통일의 필요성에 부합하지 못하므로 노동자의 숙련 혹은 직무가치에 기초한 임금의 사회적 기준의 설정 필요성에 대해 노동조합도 인식하기 시작했다.

그러나 새로운 임금의 사회적 기준 및 그에 따른 임금체계가 과연 어떠한 것이 되어야 할 것인가에 대해서는 여전히 노조로서도 혼란스러운 상태에 있다. 즉, 일부에서는 기존의 연공급 임금체계가 근속년수 증가에 따른 주거비, 사교육비 부담 증대 등 한국적 특수성에 비추어 생활급

보장을 위한 유효성을 여전히 가지고 있으며, 동시에 노동자 간의 경쟁을 막을 수 있는 유효한 수단이라고 주장하면서 연공급의 유지를 주장하고 있다. 그러나 이러한 주장은 현재의 연공급체계가 규모 간·직종 간 임금격차의 완화나, 정규직/비정규직 간 차별 시정, 남녀 간 차별 시정 등을 위한 기업횡단적 임금체계의 필요성 등에 대해 명확한 해결책이 될 수 없다는 점에서 한계가 있다.

다른 일부에서는 노동자의 숙련에 바탕을 둔 숙련급 임금제도를 주장한다. 이는 독일형 임금체계와 유사한 제도이다. 즉, 이들은 산별 교섭을 전제로 하여 산업 전체에 걸친 숙련등급을 설정하고 이와 연동하여 임금등급을 설정할 것을 주장한다. 그러나 한국에서는 아직 기업의 범위를 넘어선 산업 전체의 숙련에 대한 정의나 숙련형성체계가 수립되어 있지 않고 산별 교섭 역시 아직 일부에서 실시되고 있는 데 불과하기 때문에 숙련급 실시를 위한 현실적 조건이 제대로 갖추어져 있지 못하다는 비판을 받는다. 또 중소기업, 비정규직 등 생활수준 유지에 필요한 임금도 받지 못하고 있는 저임금 노동자가 다수 존재하고 있는 점 역시 문제이다. 더 나아가 숙련급 임금체계로의 전환 시 특히 임금수준이 높은 대기업의 장기근속 노동자들의 반발이 클 것으로 예상되는 등 노동자집단 간의 갈등을 유발할 가능성이 큰 것도 문제이다. 보다 본질적으로 숙련급은 숙련 형성기회의 불평등에 따라 노동시장을 오히려 양극화시킬 수 있다는 점에서 숙련급의 전면적 적용에 대해서는 독일에서도 비판적 견해가 강하다는 점도 염두에 두어야 한다. 따라서 전면적인 숙련급 체계로의 전환은 아직 시기상조라 할 수 있다.

지금까지 살펴본 것처럼 노사 간, 혹은 학자들 간에 임금체계의 개편을 둘러싸고 많은 이견이 있으며, 따라서 한국에서 '사회적으로 합의된 기준'에 따른 임금체계의 개편이 이루어지기까지는 장기간의 논쟁과 합의과정이 필요할 것으로 생각한다. 이 과정에서 앞으로의 방향 설정에 직무급 임금제도의 다양성, 특히 미국형 임금제도와 독일형 임금제도의 유사점과 상이점을 파악하는 것은 중요한 의미를 지니고 있다.

우리는 지금까지의 고찰에서 다음과 같은 시사점을 얻을 수 있다.

첫째, 향후 전체적인 임금개편의 원칙은 '동일노동 동일임금 원칙'의 실현에 두어야 한다. 이는 유엔 인권선언이나 국제노동기구 협약 등에서 규정하고 있을 뿐 아니라 헌법, 「근로기준법」, 「남녀고용평등법」, 비정규 관련법 등 국내법에서도 규정하고 있는 보편적 원칙이기 때문이다. 이는 단지 공정성의 실현이라는 측면뿐 아니라 더 나아가 장기적이고 사회적인 효율성의 확보를 위해서도 필요한 원칙이다.

둘째, '동일노동 동일임금 원칙'이라는 추상적 원칙을 구체적인 임금체계 형태로 표현하면 '사회적 수준으로 합의된 직무가치에 입각한 직무중심형 임금체계 혹은 동일 숙련가치에 입각한 숙련중심형 임금체계'라 할 수 있다. 즉, 성별, 고용형태별, 규모별, 직종별 차이를 묻지 않고 동일 직무가치 혹은 동일 숙련가치에 대해 동일한 임금을 지불함으로써 동일노동 동일원칙을 실현할 수 있다는 것이다(단, 이때 동일 직무가치는 동일 직무요건을 요구하므로 사실상 일정한 형태로 숙련의 동일성을 포함하게 된다). 기존의 연공형 임금체계로는 남녀 간, 고용형태 간, 산업 간, 직종 간, 기업규모 간 임금격차를 축소하여 동일노동 동일임금의 원칙을 실현한다는 것이 불가능하다.

셋째, 직무급이라 하더라도 그 구체적 내용은 국가, 산업, 기업에 따라 상당히 다를 수 있다. 따라서 직무급으로의 전환 자체가 중요한 것이 아니라 "어떠한 내용의 직무급인가"가 중요하다. 직무급 체계로의 개편을 위해서는 직무가치의 설정이 가장 중요한 전제조건이 된다. 그런데 그러한 직무가치의 설정에는 두 가지 방법이 있을 수 있다. 즉, 미국형과 독일형이 그것이다. 미국형 직무가치는 직무에 대한 정보와 분석을 바탕으로 이른바 '과학적 분석'을 통해 직무가치가 결정되지만 이 과정은 사용자의 주도(물론 직무가치위원회를 구성하기는 하나)에 의해 이루어지며 그 범위도 기업 내에 머물기 때문에 기업횡단적인 사회적 가치는 형성되지 못한다. 따라서 직종 간, 기업 간 임금격차는 축소되기는커녕 확대될 가능성이 크다(기업별 직무가치가 다르므로). 반면 독일형에서는 직무가치의 결정이 (산업별) 노사 간 교섭에 의해 결정되며 직무가치의 기준은 노사정의 공동참여로 이루어지는 근로자의 숙련형성에 토대를 두고 있다. 즉, 독일은 어떤 직무를 수행하는 데 필요한 숙련과 숙련양성이 개별 기업이나 노동자 개인의 능력에 일임되는 것이 아니라 국가의 법과 제도 및 노사 간 단체협약으로 체계화시켜놓고 있다. 이처럼 직무가치가 기업 내에서가 아니라 사회적 기준에 의해 결정되므로 직종 간, 기업 간 임금격차가 적어지게 된다. 따라서 한국에서도 협소한 기업 내에서 결정되는 불평등적 미국형 직무급보다는 기업횡단적이고 평등을 지향하는 독일형 직무급을 지향할 필요가 있다.

넷째, 비록 독일형 직무급체계가 동일노동 동일임금 원칙의 실현에 더 가까운 제도라 하더라도 문제가 없는 것은 아니다. 즉, 한편으로는 독일형 직무급체계의 경직성으로 인한 기업 효율성과 국민경제 경쟁력의 저해에 대한 우려가 제기되고 있으며, 다른 한편으로는 숙련중시형 임금체계하에서 기혼여성, 비정규직 등 노동시장 취약계층의 숙련 형성기회가 제약됨으로써 발생하는 새로운 노동시장 분단의 우려가 있다. 전자는 이 논문의 본격적 주제는 아니지만 기본급(직무급)을 보완하는 기업 단위의 능률급, 성과급 등의 유연한 임금부분 설정과 생애 전체를 통한 숙련향상 시스템 설정을 통해 노동자의 경쟁력을 높이는 방식 등이 보완책으로 제시될 수 있다. 후자에 대해서는 기업횡단적 직무가치를 형성하기 위한 숙련기준 설정 및 공평한 접근기회가 보장되는 숙련양성체제, 국가 차원의 자격제도 등이 임금제도 개편의 전제가 되어야 한다.

다섯째, 직무급 설정의 토대가 되는 직무가치 설정과정에서 공평성과 투명성이 최대한 보장되어야 한다. 특히 각 직무의 직무가치 결정 및 기업의 핵심직무 선정에서의 성별 편중성과 여성 과다 직무의 가치평가절하 가능성이 발생하지 않도록, 또 성차별적인 가치관이 개입되지 않도록 직무평가 주체와 방법을 신중하게 고려할 필요가 있다. 통상적으로 남성이 수행하는 육체적 노동이나 기계작동 등의 업무를 과대평가하고 여성들이 수행하는 직무를 과소평가하여 결과적으로 성차별적 임금을 정당화하는 경우가 있는데, 이는 직무급에서 여성의 노동가치가 하락하는 결정적인 원인이 될 수 있다(김엘림, 2003). 예를 들면 일선 서비스노동자의 직무를 평가함에 있어 단순판매직 혹은 서비스직 등을 저임금 그룹으로 분류하고 있는데, 이는 감정노동이나 심미적 노동과 같은 서비스노동의 특수성으로 인해 요구되는 숙련을 저평가한 결과이다(Hochschild, 1983; Korczynski, 2005).

여섯째, 직무급체계로의 전환에 있어 사회적 환경과의 적합성을 고려해야 한다. 임금체계는 그 합리성뿐 아니라 역사성, 사회적 수용성을 고려해야 한다. 모든 면에서 이상적인 임금체계는 없다. 예컨대 독일형 직무급이 동일노동 동일임금 원칙 관철에 더 유리하다고 하지만 임금경직성이나 숙련획득기회의 불평등성 면에서는 오히려 불리하며, 이 경우 다른 유형의 임금결정방식이 더 유리할 수도 있다(Rubery and Fagan, 1994). 따라서 전면적·동시적 임금체계 개편보다는 사회적 환경을 고려한 점진적·부분적 개편이 바람직할 것이다. 사회적 기준의 설정이 시급히 요구되는 정규직/비정규직 차별기준 설정, 남녀 간 차별기준 설정, 산별 교섭에서의 산별 임금기준 통일 등의 분야부터 순차적으로 도입하는 것이 바람직할 것이다. 특히 사회적 수준에서 합의된 직무가치를 만드는 과정에서 대기업 노동자들의 '임금삭감 내지 현상유지'에 대한 우려와 불신이 높아 사회적 갈등을 유발할 가능성이 있다. 이를 단순히 '대기업 고임금 노동자의 이기심' 등 도덕적 잣대를 들이대어 무시해서는 안 된다. 직무급제도가 사회

전체로서, 또 장기적으로 대기업 노동자를 포함한 노동자 전체에 이익이 될 수 있도록 제도를 설정하고 이에 대한 교육과 토론을 통해 인식을 높여나가야 한다. 예컨대 숙련 중심의 직무급은 근속기간이 긴 노동자의 이익을 저해하기는커녕 오히려 더 강화할 가능성도 있다. 연공이 긴 노동자가 더 많은 숙련 획득기회를 가질 수 있으며 이에 따라 임금은 물론 고용조정 시에도 더 유리하기 때문이다(Mericle and Kim, 1999).

일곱째, 임금제도의 개편과정에서 노사의 적극적 참여와 합의가 이루어져야 한다. 독일에서 보는 것처럼 사회적으로 합의된 숙련체계를 골간으로 하는 직무급은 대기업 노동조합의 교섭력을 전제로 하지 않으면 달성될 수 없다. 또한 사회적 교육 및 훈련시스템의 구축과 운용 역시 노사 혹은 노사정의 공동협력에 의해 최대의 성과를 올릴 수 있다는 것을 독일의 사례가 보여주고 있다. 대기업 노동자들의 일방적인 희생이 아니라 사회성원 전체의 노력의 산물로서 이러한 제도의 도입이 가능한 것이며, 제도를 개선하는 데 있어 어느 한 편의 일방적인 양보를 통해 목적을 달성하는 것은 결코 바람직하지 않을 것이다. 따라서 임금체계의 개편은 노사정 어느 일방의 자의적 방향설정에 의해 이루어져서는 안 되며 노사정을 포함한 이해관계자들의 적극적인 참여와 합의의 바탕 위에 이루어져야 한다. 이 과정은 시간이 걸리고 비용이 많이 드는 과정임에는 틀림없지만 장기적으로는 이러한 방법만이 사회적 갈등과 이에 따른 장기적 비용을 최소화하는 데 가장 적합한 방법이라 하겠다.

참고문헌

강신준. 1997. 「생산직 월급제 도입과 임금체계의 개편방향」. ≪산업노동연구≫, 3-1. 한국산업노동학회.

______. 1998. 「독일의 임금체계: 독일 금속노조를 중심으로」. 강신준 외. 『노동조합과 임금체계』. 한국노동사회연구소.

______. 2000. 「포디즘 생산체제의 해체와 독일협약체계의 변화: 숙련 형성 및 임금체계 협약과 관련하여」. ≪사회경제평론≫, 14. 한국사회경제학회.

강신준 외. 1998. 『노동조합과 임금체계: 연대를 위한 모색』. 한국노동사회연구소.

경제사회발전노사정위원회. 2008. 『임금체계개선위원회 활동보고서』. 경제사회발전노사정위원회.

김강식. 2004. 「독일기업의 임금체계」. ≪임금연구≫, 2004년 가을호.

김경희. 2007. 「동일가치노동에 대한 동일임금 원칙 적용의 가능성과 한계: 미국과 캐나다 사례를 중심으로」. ≪산업노동연구≫, 13-2. 한국산업노동학회.

김동배·박우성·박호환·이영면. 2005. 『임금체계와 결정방식』. 한국노동연구원.

김영두. 1998. 「임금체계 변화와 노동조합의 대응방향」. ≪노동법률≫, 84. 중앙경제.

김엘림. 2003. 「동일가치노동 동일임금원칙에 관한 쟁점」. ≪노동법학≫, 제17호. 한국노동법학회.

김태현·황종일·이명규·박종준. 2003. 『동일노동 동일임금의 적용방안: 비정규직 차별해소를 위한 한 방안』. 한국노동사회연구소.

김태홍·양혁승·이승길. 2001. 『동일가치노동의 판단을 위한 비교기준에 관한 연구』. 한국여성개발원.

김환일. 2005. 「연공서열형 임금체계의 비판적 고찰: 우리나라의 정기승급제를 중심으로」. ≪인적자원개발연구≫, 7-1. 한국인적자원개발학회.

박우성. 2006. 「유한킴벌리의 직능급 제도」. ≪경영교육연구≫, 9-2.

박호환. 2007. 「직무중심형 임금체계의 필요성」. 『정규직 전환과 직무중심형 임금체계 관련 토론회』. 한국노동연구원.

신영수. 2007. 「CJ 주식회사 '직무급운영' 사례」. ≪임금연구≫, 봄호.

안휘탁·양병무. 1993. 『직무급의 이론과 실무: 연공급에서 직무급으로의 전환』. 한국경영자총협회 부설 노동경제연구원.

양병무·박준성. 1991. 「임금제도의 문제점과 개선방안」. ≪경영계≫, 167호.

유규창. 2004.「우리나라 임금체계의 문제점과 향후 개선방안」.『고위지도자과정 HRM 11』. 한국노동연구원.

윤정향. 2008.「이론적 배경」. 윤진호·이시균·윤정향.『직무(직능)급 임금체계 전환을 위한 직무가치 평가에 관한 연구(중간보고)』. 뉴패러다임센터.

은수미. 2007.「여성비정규직 노동시장 및 노사관계」.『신자유주의와 여성비정규직 자료집』. 한국여성학회 2차 월례 심포지엄 자료집.

이민영·김영두. 1998.「임금체계 변화와 노동조합의 대응방향」. 강신준 외.『노동조합과 임금체계』. 한국노동사회연구소.

이승옥·김엘림. 2005.『여성고용에서의 차별판단기준 마련』. 노동부.

정이환·안정화·이시균·정경은·김종진. 2007.「대안적 임금의제」. 민주노총 정책실 기획.『산별노조시대, 고용·임금 복지의 연대전략』. 전국민주노동조합총연맹.

정이환·전병유. 2001.「1990년대 한국 임금구조의 변화: 내부노동시장은 약화되고 있는가」. ≪경제와 사회≫, 52, 겨울호.

정인수. 2006.「독일 노동시장정책의 변화와 시사점」. 정인수·윤진호·이상일.『1만~2만불 시기 선진국 노동시장정책의 변화』. 한국노동연구원.

정진호. 2006.「임금체계 실태와 과제」.『고위지도자과정 HRM 6』. 한국노동연구원.

주진우. 1998.「임금체계 설문조사 결과」. 강신준 외.『노동조합과 임금체계』. 한국노동사회연구소.

한국경제인연합회. 1991.『임금제도의 문제점과 개선방향』.

황덕순. 1997.「최근 임금체계의 동향과 숙련지향적 임금체계의 모색」. ≪동향과 전망≫, 35, 한국사회과학연구소.

황수경. 2004.「연공임금의 경제분석」.『고위지도자과정 노동경제 8』. 한국노동연구원.

ガウグラー/カーデル·佐護譽·佐佐木常和. 1991.『ドイツの勞使關係』. 中央經濟社.

高橋友雄. 2004.「ドイツ金屬産業における新しい賃金制度」. ≪連合總研レポート DIO≫, No.187.

_____. 2004.「地域勞動協約へ挑戰する企業と奮鬪する金屬勞組」.『勞動調査』, 2004.10.

_____. 2005.「最近のドイツ金屬産業における雇用保障と勞動條件をめぐる勞使對立」. ≪大原社會問題硏究所≫, No.555.

金子美雄. 1976.『新賃金論ノート』. 勞動法令センター.

労動政策研究·研修機構. 2008.『データブック國際労動比較』.
______. 2008.「ドイツ」.『海外労動情報』.
木下武男. 1999.『日本人の賃金』. 平凡社.
笹島芳雄. 2001.『アメリカの賃金·評價システム』. 日本經団連出版.
______. 2008.『最新アメリカの賃金·評價制度』. 日本經団連出版.
小越洋之助. 2006.『終身雇用と年功賃金の轉換』. ミネルヴァ書房.
手島勝彦. 1997.『職務給制度の研究』. 大學教育出版.
氏原正治郎. 1961.「大工業労動者の性格」.『日本労動問題研究』. 東京大學出版會.
野川忍. 2005.「ドイツ編」. 島田陽一 外.『歐美の社會労動事情』. (財)日本ILO協會.
日本労動研究機構. 1998.『ドイツ企業の賃金と人材育成』. 日本労動研究機構.
佐藤靜香. 2003.「韓國財閥企業における大卒ホワイトカラーの賃金管理」. ≪大原社會問題研究所雜誌≫, No.536.
竹內治彦. 2002.「ドイツ－協約賃金と5000×5000協約－」. ≪海外労動時報≫, No.320.
中村弘明. 1995.『賃金體系のつくり方』. 經林書房.
津田眞澂. 1968.『年功的労使關係論』. ミネルヴァ書房.
風早正宏. 2007.『ここがおかしい日本の人事制度--職務給制への轉換』. 日本經濟新聞出版社.
厚生労動省. 2002.「平成14年賃金構造基本統計調査」.
Abowd, J. M. et al. 2009. "Wage Structure and Labor Mobility in the United States." in E. Lazear, E. P. and K. L. Shaw(eds.). *An International Comparison of the Structure of Wages*. NBER.
Abraham, K. G. and S. N. Houseman. 1993. "Earnings Inequality in Germany." *Upjohn Institute Staff Working Paper*, 94-24, November.
Alda, H., L. Bellmann and H. Gartner. 2009. "Wage Structure and Labor Mobility in the West German Private Sector 1993-2000." in E. Lazear, E. P. and K. L. Shaw(eds.). *An International Comparison of the Structure of Wages*. NBER.
Armstrong, M. & A. Baron. 1995. *The Job Evaluation Handbook*. Chartered Institute of Personnel and Development.
Beaudry, P. and D. Green. 2000. "The Changing Structure of Wages in the US and Germany: What Explains the Differences?" *NBER Working Paper*.

Bispinck, R. 2008. "Industry-level Collective Bargaining and Expanding Its Coverage—Experiences from Germany." 산별교섭과 단체협약 효력확장제도에 대한 국제 심포지엄. 프리드리히-에버트 재단/전국민주노동조합총연맹.

Blau, F. D. and L. M. Kahn. 1996. "International Differences in Male Inequality: Institutions versus Market Forces." *Journal of Political Economy*, 104-4.

Bosch, G. 2005. "Vocational Training in Germany." Paper presented at 2nd International Conference of the project A Comparative Perspective on Vocational Training in Ten Countries: Systems, Innovations and Results, Gelsenkirchen, Germany, 28th September.

Bryson, A. and J. Forth. 2006. "The Theory and Practice of Pay Setting." *NIESR Discussion Paper*, No.285, December.

Dufetel, L. 1991, "Job Evaluation: Still at the Frontier." *Compensation and Benefits Review*, 23-4.

Emerson, S. A. 1991. "Job Evaluation: A Barrier to Excellence?" *Compensation and Benefits Review,* 23-1.

EU. 2005. *Structure of Earnings Statistics 2002*.

Evans, S. M. and B. J. Nelson. 1989. *Wage Justice: Comparable Worth and the Paradox of Technocratic Reform*. University of Chicago Press.

Figart, D. M. 2000. "Equal Pay for Equal Work: The Role of Job Evaluation in an Evolving Social Norm." *Journal of Economic Issues*, 34-1.

______. 2001. "Wage-setting under Fordism: the Rise of Job Evaluation and the Ideology of Equal Pay." *Review of Political Economy*, 13-4, October.

Franz, W. and R. J. Godon. 1983. "German and American Wage and Price Dynamics: Differences and Common Themes." *European Economic Review*.

Fredlund, R. R. 1976. "Criteria for Selecting a Wage System." *Public Personnel Management*, 5-5, September-October.

Freeman, R. B. and R. Schettkat. 2000. "The Role of Wages and Skill Differences in US-German Employment Differences." *NBER Working Paper*, No.7474, January.

Gerhart, B. and S. L. Rynes. 2003. *Compensation: Theory, Evidence, and Strategic Implications*. Sage Publications.

Harvey, N. 1994. "The Changing Face of Manufacturing: New Compensation Practices in the German and American Metal Working Industries." *Control Engineering Industries*, 2-4, August.

Heneman, R. L. and P. V. LeBlanc. 2003. "Work Valuation Addresses Shortcomings of Both Job Evaluation and Market Pricing." *Compensation and Benefits Review,* 35-7.

Hochschild, A. R. 1983. *The Managed Heart: Commercialization of Human Feeling*. University of California Press.

Ingster, B. 1999. "Methods of Job Evaluation." in Berger, L. A. and D. R. Berger(eds.). *The Compensation Handbook*. 4th ed. McGraw-Hill.

Jaussaud, D. P. 1984. "Can Job Evaluation Systems Help Determine the Comparable Worth of Male and Female Occupations?" *Journal of Economic Issues*, 18-2, June.

Kilgour, J. G. 2008. "Job Evaluation Revisited: The Point Factor Method." *Compensation & Benefis Review*, 40-37, July/August.

Korczynski, M. 2005. "Skills in Service Work: An Overview." *Human Resource Management Journal*, 15-2.

Lazear, E. P. and Shaw, K. L. 2008. "Wage Structure, Raises and Mobility: International Comparisons of the Structure of Wages Within and Across Firms." *Industry Studies 2008*. Alfred P. Sloan Foundation.

Lewis, C. T. and C. K. Stevens. 1990. "An Analysis of Job Evaluation Committee and Job Holder Gender Effects on Job Evaluation." *Public Personnel Management*, 19-3, Fall.

Maier, F. and S. Quack. 1993. "Wage Determination and Sex Segregation in Employment in Germany." *Report for the European Commission Network on the Situation of Women in the Labour Market Working Paper*. UMIST.

Mericle, K. and D. O. Kim. 1999. "From Job-Based Pay to Skill-Based Pay in Unionized Establishments: A Three-Plant Comparative Analysis." *Relations Industrielles*, 54-3, Summer.

Möller, J. 2006. "Wage Dispersion in Germany Compared to the US: Is There Evidence for Compression from Below?" in Addison, J. and P. J. J. Welfens (eds.). *EU-USA: Innovation, Employment and Growth Policy Issues*. Springer.

Neilson, N. H. 2002. "Job Content Evaluation Techniques Based on Marxian Economics." *WorldatWork*, 11-3, 3rd Quarter.

OECD. 2008. *Employment Outlook*.

Penner, M. 1983. "How Job-Based Classification Systems Promote Organizational Ineffectiveness." *Public Personnel Management*, 12-3, Fall.

Pine, D. E. 1995. "Assessing the Validity of Job Ratings: An Empirical Study of False Reporting in Task Inventories." *Public Personnel Management*, 24-4, Winter.

Prased, E. S. 2004. "The Unbearable Stability of the German Wage Structure: Evidence and Interpretation." *IMF Staff Papers*, 51-2.

Quaid, M. 1993. "Job Evaluation as Institutional Myth." *Journal of Management Studies*, 30-2, March.

Riggs, S. 1991. "Comparing Apples and Oranges: Job Evaluations." *The Worklife Report*, 8-1.

Rubery, J. and C. Fagan. 2001. "Equal Pay Policy and Wage Regulation Systems in Europe." *Industrial Relations Journal*, 25-4.

Scholl, R. W. 1991. "The Use of Job Evaluation to Eliminate Gender Based Pay Differentials." *Public Personnel Management*, 20-1, Spring.

Swenson, P. 1989. *Fair Shares: Unions, Pay, and Politics in Sweden and West Germany*. Cornell University Press.

Treiman, D. J. and H. I. Hartman. 1981. *Women, Work, and Wages: Equal Pay for Jobs of Equal Value*. National Academy Press.

Treman, D. J. 1979. *Job Evaluation: An Analytical Review*. National Academy of Sciences.

U.S. Census Bureau. 2005. *Current Population Reports*.

제9장

저임금근로자 사회보험료 감면제도 도입의 쟁점

김혜원 | 한국노동연구원 연구위원

1. 들어가는 말

일반적으로 저임금근로자 및 사업주가 현재 부담하고 있는 사회보험료가 저임금근로자의 고용률을 저하하고 실질소득을 저하시키는 문제점을 안고 있다. 한국에서 저임금근로자가 부담하는 사회보험료의 문제는 사회보험의 적용이 제외되는 광범위한 비공식부문의 문제로 나타난다. 사회보험의 적용 제외는 노후소득의 불안정, 고용정책 전달의 사각지대 등의 문제를 야기한다.

이 글에서는 이러한 문제점을 해결하기 위해서 저임금근로자의 사회보험료를 감면할 필요가 있음을 제안한다. 이 글의 목적은 저임금근로자의 사회보험료를 감면하는 정책을 둘러싼 다양한 질문에 대해 답하는 것이다. 사회보험료를 감면할 경우 재정 소요액은 어느 정도일지, 단기적 그리고

* 이 글은 한국노동연구원의 2008년 기본연구과제 '고용안전망과 활성화 전략 연구'의 일환으로 진행된 연구임을 밝혀둔다.

장기적으로 사회보험 재정수지에는 어떤 영향을 미칠지를 검토했다. 또한 저임금 노동시장에 어떤 영향을 줄지에 대해서도 살펴보았다. 그리고 이미 도입된 근로장려세제(EITC)와 어떤 관계를 설정해야 하는지, 선진국의 사례는 어떠한지 살펴보았다.

이 글은 다음과 같이 구성된다. 제2절에서는 저임금근로자 사회보험료 감면제도의 의의에 대해 경제학적으로 설명하고, 제3절에서는 보험료 총감면액을 추계한다. 제4절에서는 사회보험 재정수지에 미치는 영향을 분석하며, 제5절에서는 저임금 노동시장에 미치는 영향을 살펴본다. 제6절에서는 기존의 다른 제도들과의 정합성을 근로장려세제를 중심으로 살펴보며, 제7절에서는 선진국의 사례를 소개한다. 제8절은 요약을 담고 있다.

2. 저임금근로자 사회보험료 감면제도의 의의

근로자가 받는 실질임금소득은 기업이 한 사람의 근로자를 고용하는 데 지불하는 노동비용보다 일반적으로 크다. 노동비용과 근로자의 실질임금소득 사이의 차이를 조세격차(tax wedge)라고 부른다.

조세격차의 제1요인은 근로자 개인의 소득세이다. 그런데 소득세는 누진적 구조를 갖고 있는 데다 각종 소득공제 및 세액공제제도에 의해 현재 우리나라 근로자의 절반 정도가 한 푼의 근로소득세도 내고 있지 않다. 따라서 저임금근로자는 소득세로 인한 조세격차와 거의 관련이 없다.

실질적으로 가장 중요한 부분은 사회보험료이다. 사회보험료는 국민연금, 건강보험, 고용보험, 산재보험을 지칭하는 것으로서, 대부분의 사업장은 사회보험에 의무적으로 가입해야 하고 사업주는 사업주 부담분을 의무적으로 내야 하며 근로자 역시 자신의 부담분을 의무적으로 내야 한다. 사회보험료는 비례세로서 임금 수준과 무관하게 일정 비율을 납부해야 한다. 추가적

<그림 9-1> 기업 및 근로자가 부담하는 조세 및 사회보험료 수준의 추이

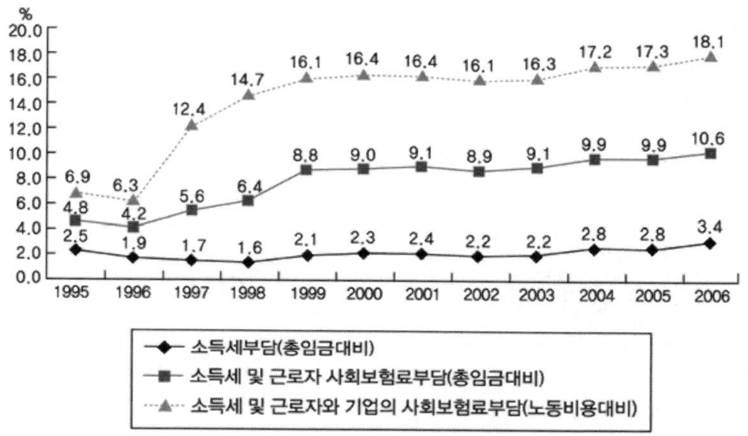

주: 1) 2000~2006년 기간의 조세격차는 *Taxing Wages 2005-2006*에서, 2000년 이전 조세격차는 *Taxing Wages 2003-2004*에 보고된 조세격차 자료를 사용했음.
2) 임금 수준이 생산직 노동자의 평균임금 수준인 독신가구의 자료임.
자료: OECD, *Taxing Wages*; 한국노동연구원(2008)에서 재인용.

으로 우리나라 사회보험료에는 상한액이 존재해서 소득 대비 부담비율로만 보면 역진적이라 할 수 있지만 상한액을 내는 경우 급여 또한 상한이 자동적으로 주어지므로 편익 대비 부담비율은 역진적이지 않다.

세 번째로 중요한 부분은 법정퇴직금이다. 퇴직금제도는 근로자의 1년의 근속기간에 대해 1개월분의 임금을 적립하여 퇴직 시 지급해야 하는 제도로서 「근로기준법」에 의해 의무화되어 있다. 퇴직금의 부담은 기업이 전적으로 지고 있으며 이 역시 사회보험료와 마찬가지로 소득비례적으로 설계되어 있다. 최근 퇴직연금제도가 도입되어 퇴직금제도 운영의 유연성이 높아졌으나 재원 부담 등의 기본구조에는 차이가 없다. 「근로기준법」은 상시 5명 미만의 근로자를 사용하는 사업장, 동거하는 친족만을 사용하는 사업장과 가사사용인에 대하여는 적용되지 않으며 이에 따라 법정퇴직금

<표 9-1> 사회보험요율(2007년)

(단위: %)

	사업주	근로자	전체
산재보험	1.95	-	1.95
임금채권보장기금	0.04	-	0.04
고용보험	0.95	0.45	1.40
건강보험	2.385	2.385	4.77
국민연금	4.50	4.50	9.00
퇴직(연)금	8.30	-	8.30
합계(퇴직연금 제외)	9.825	7.335	17.16
합계	18.125	7.335	25.46

주: 산재보험요율은 전 업종 평균요율, 고용보험요율은 2005년도 전 사업체 평균직업능력개발사업요율 0.35%를 적용하여 도출한 수치.

<표 9-2> 100인 미만 사업체의 사회보험요율(2007년)

(단위: %)

	사업주	근로자	전체
산재보험	1.95		1.95
임금채권보장기금	0.04		0.04
고용보험	0.70	0.45	1.15
건강보험	2.385	2.385	4.77
국민연금	4.50	4.50	9.00
퇴직(연)금	8.30		8.30
합계(퇴직연금 제외)	9.575	7.335	16.91
합계	17.875	7.335	25.21

주: 산재보험요율은 전 업종 평균요율, 고용보험요율은 150인 미만 사업장 능력개발사업요율 0.1%를 적용하여 도출한 수치.

은 영세사업장의 다수에서 조세격차를 야기하지는 않는다.

현재 우리나라의 사회보험료는 임금의 17.16%의 비례세이면서 상한을 가지고 있다. 이러한 방식은 누진적 구조를 갖는 소득세와 크게 다르다. 이 중에서 사업주 부담분은 9.825%이고 근로자 부담분은 7.335%로 사업주가 조금 더 많은 부분을 담당하고 있다. 퇴직금은 8.30%로서 사업주가 전적으로 부담한다. 사회보험료와 퇴직금을 합하면 25.46%로서 근로자의 현금 가처분소득의 1/4 만큼이 추가적인 노동비용으로 존재한다.

사회보험료로 인한 조세격차는 1995년 4.4%에 불과했다. 그런데 사회보험체계가 완성되면서 1997년 조세격차가 대폭 늘어났다. 최근 국민들의 조세저항이 크게 높아진 것은 최근 증가한 국민연금 및 건강보험 등의 사회보험료와 밀접한 관련을 갖는다. 저임금근로자의 경우 근로소득세는 그 전에도 거의 내지 않았는데 사회보험료를 새롭게 납부하게 되었고 가처분소득의 직접적인 감소로 인한 부담을 떠안게 됨에 따라 다른 계층의 조세저항에 동참하고 있다. 복지시스템을 확충하면 가장 큰 수혜자가 되는 저소득층이 복지시스템의 강력한 정치적 지지자가 되기보다는 오히려 과거에 비해 늘어난 사회보험료로 인해 조세저항에 일조하는 현상이 나타난 것이다.

경제이론에 따르면 조세격차가 크면 클수록 고용률에 악영향을 미친다. <그림 9-2>를 이용해 조세격차의 증가가 어떻게 고용률에 악영향을 주는지 간단히 설명해보자.[1)]

애초의 노동수요와 노동공급을 가는 실선으로 표현하면 임금은 W_0, 고용량은 L_0 수준이었다. 사회보험료가 새롭게 부과되었다고 가정하고 사회보험료의 일부는 사업주가, 나머지는 근로자가 부담한다고 하자. 사업주 부담금이 발생하면 기업은 노동 한 단위로부터 벌어들이는 한계수입

---

1) 앞에서 설명한 것처럼 우리나라 영세사업장의 저임금근로자의 경우 실질적으로 근로소득세를 내지 않았으므로 1990년대 중반 이전 조세격차가 없는 상태였다고 볼 수 있고, 1990년대 사회보험료의 부과는 새로운 조세격차를 만들어냈다고 볼 수 있다. 본문의 설명은 1990년대 영세사업장의 저임금근로자에 발생한 일에 대한 간단한 경제학적 설명으로 볼 수 있다.

<그림 9-2> 조세격차와 노동시장 균형

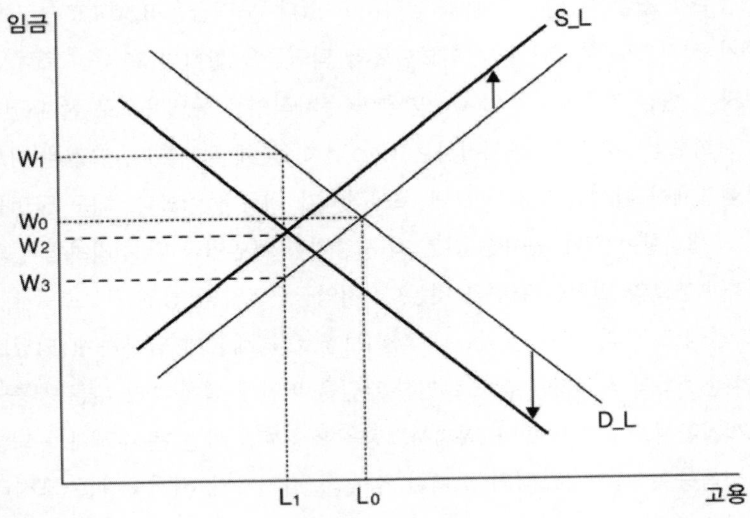

중 일부를 납부해야 하므로 노동 1단위에 대해 지불할 용의가 있는 수요가격곡선은 하향이동하며 근로자에게 지급하는 임금에 대한 노동수요량은 줄어든다. 근로자 부담금이 발생하면 근로자 입장에서 근로자 부담금에 대항하는 추가적인 임금을 요구하게 되고 이것은 주어진 노동비용에 대해 노동공급의 감소를 낳는다. 굵은 실선은 사회보험료 부담 증가로 인해 변화된 노동수요와 노동공급을 보여주는데, 결과적으로 기업이 근로자에게 지불하는 임금은 W_2로 변화되고 근로자의 실수령액은 W_3, 기업의 총노동비용은 W_1이 된다. 사회보험료로 인한 조세격차 총액은 W_1-W_3이며, 이 중에서 W_2-W_3이 근로자가 부담하는 사회보험료이며 W_1-W_2는 기업이 부담하는 사회보험료이다. 이때 고용량은 L_0에서 L_1으로 줄어들었음을 확인할 수 있다.

조세격차로 인한 부담을 회피하기 위해 근로자와 사업주는 사회보험료를 내지 않는 비공식부문으로 전환하는 선택을 할 수도 있다. 근로자 입장에서 사회보험료를 내지 않을 경우 W_0의 임금을 받을 수 있는 데 비해 사회보험료를 낼 경우 W_3의 임금을 받아야 하므로 사회보험에 가입하지 않는 것이 이득이다. 기업 입장에서도 총노동비용이 W_1-W_0만큼 절감되며 L_0의 고용량으로 벌어들일 수 있는 생산자잉여가 L_1의 고용량으로 벌어들이는 생산자잉여보다 크므로 사회보험 비가입을 선호한다. 결과적으로 비공식부문이 늘어나는 효과가 발생한다.

조세격차의 존재는 경제활동참가율에 악영향을 줄 수 있다. 특히 저숙련·저기능 근로자 및 가족 책임으로 인해 노동시장을 이탈하기 쉬운 여성의 노동공급을 저해할 수 있다. 저숙련·저기능 및 여성은 미취업상태에 빠질 가능성이 높은데, 미취업상태에서 저임금 취업상태로 이행할 때 미취업상태의 소득과 취업상태의 소득의 차이가 클수록 취업상태로의 유입률이 높아진다. 그런데 근로소득세가 높아진다든지 하는 이유로 조세격차가 커지게 되면 취업상태의 소득과 미취업상태의 소득 사이에 조세격차가 줄어들게 되고 이에 따라 비취업자의 노동시장 참가 유인이 감소하게 된다.

세계화와 지식정보화의 진전에 따라 전 세계적으로 저임금근로자의 임금과 고용조건의 악화현상이 강화되고 있다. 이에 따라 선진국에서는 저임금근로자의 고용창출을 위해 저임금근로자의 조세격차를 완화하는 정책노력을 기울이고 있다.

요약하면 저임금근로자에게 일률적으로 동일한 비율의 사회보험료를 부과하고 있는 현재의 사회보험료시스템은 저임금근로자에 대한 노동수요를 억제하고 실업이나 비경제활동상태에서 취업으로 이행하는 금전적 이익을 줄이는 효과를 갖는다. 또한 사회보험료는 비공식부문으로의 유입을 촉진하는 역할을 하고 있다.

현행 한국 노동시장의 최대 문제점은 비공식부문이 과대하게 팽창해 있다는 것이며, 이를 해결하고 동시에 저임금근로자에게 보다 많은 고용기회를 제공하기 위해서는 일정 수준 이하의 저임금근로자에게 사회보험료를 면제하는 대안을 진지하게 검토해볼 필요가 있다. 이에 이하에서는 매우 간단한 제도 설계하에서 얼마 정도의 재정이 소요될지를 검토하고 이를 기초로 이러한 저임금근로자 사회보험료 면제의 대안이 갖는 의의를 살펴본다.

3. 사회보험료 감면제도의 설계와 보험료 감면액 추계

1) 기본가정 및 추정결과

첫째, 저임금근로자의 사회보험료는 근로자 부담금과 사용자 부담금을 합하면 2007년 기준 16.91%이다. 이것을 모두 면제한다고 가정한다. 경제학적으로 급여세를 누구에게 부담시키든 장기적으로 비슷한 결과를 가져온다는 점에서 부담 주체와 면제대상을 구별하는 것은 그다지 의미가 없다. 근로자 부담금만 면제한다든지 사용자 부담금만 면제한다든지 하는 것은 불필요한 사회적 논란만을 야기할 수 있다. 이에 일괄하여 모두 면제한다고 가정한다.

둘째, 80만 원 이하의 근로자의 경우 100% 면제한다. 단순화를 위해 단일한 구분기준만 사용했는데, 이럴 경우 80만 원보다 약간 웃도는 구간에서 소득역전현상이 벌어질 수 있다. 좀 더 세련된 제도를 설계할 경우 소득역전현상은 줄이거나 없앨 수 있다. 왜 굳이 80만 원이냐는 질문에 대해 명확한 근거를 대기는 어렵다. 이 제도를 극빈층에게만 한정하지 않는 제도로 할 경우에 어떤 정도의 재정이 소요되는지를 살펴보려는 의도로 가정한 것이다. 예를 들어 2006년 사회적 일자리 사업에서 70만 원 정도 수준의 일자리가 제공되었다. 이런 점에서 80만 원의 일자리는 정부가 보조하는 일자리보다 약간 더 넉넉한 임금의 일자리이다. 그리고 80만 원 미만의 근로자 중 사회보험을 전혀 가입하지 않는 근로자의 비중이 77% 수준으로 상당히 많은 이들이 미가입자이므로 취약집단이라는 점에서 정책적 대상이 될 수 있다.

셋째, 주당 근로시간이 15시간 미만인 근로자는 제외한다. 지나치게 적은 시간을 근로하는 이들은 제외하는 것이 바람직하다. 과도한 단시간 근로의 유인을 적절히 규제하는 것은 대부분의 나라에서 취하고 있는 접근법이다. 우리나라 「고용보험법」에서 적용대상을 주당 근로시간 15시간 이상에 한정하고 있는 것을 준용하여 주당 근로시간 15시간의 기준을 설정했다.

2) 감면액 추정액

재정 추계를 위해서는 임금에 대한 분포자료가 필요하다. 이 글에서는 2006년 8월 「경제활동인구조사 부가조사」 원자료를 사용한다. 부가조사 원자료에는 사회보험 가입 현황, 3개월 평균임금액, 주당 근로시간에 대한 정보가 포함되어 있다.

그런데 「경제활동인구조사 부가조사」에서 측정된 임금액이 과소측정되고 있다는 의심이 존재한다. 가계조사자료와 연계시킨 결과와 비교할 때 그러한데 가계조사는 가계부 작성에 기초하고 있다는 점에서 훨씬 정확한 자료이다. 과소측정 정도에 대한 엄밀한 평가를 통해 보정되어야 할 것이다.

이상의 자료를 이용해 추정한 결과에 따르면 80만 원 미만의 임금근로자는 228만 명이며 따라서 수혜자는 228만 명이다. 2006년 현재 가격으로 연간 2조 6,000억 원의 재정이 소요된다. 만약 이 정도 재정을 노사가 전적으로 부담하려 한다면 1.2%p의 보험료율 인상이 필요하다. 현재 1.4%

고용보험료율에 따라 매년 3조원 정도의 보험료를 걷고 있기 때문이다.

3) 기본가정의 수정과 감면액 추정

60만 원 미만의 근로자 중 사회보험을 전혀 가입하지 않는 근로자의 비중은 93%에 이른다. 그리고 60만 원 미만 근로자 중 70%가 여성이다. 만약 사회보험료 면제대상을 월 급여 60만 원 미만으로 한정할 경우, 수혜자는 100만 명으로 줄어들고 재정소요액은 9,500억 원이다.[2] 그런데 60만 원 미만이라는 기준은 지나치게 제한적이다. 최저임금에 따라 주 44시간 근무할 때 2007년 기준 월 임금액은 78만 6,000원이므로 60만 원 미만의 월 임금을 받는 경우는 단시간근로자에 한정된다. 선진국의 경우 단시간근로가 활성화되어 있고 단시간근로자에 대한 사회보험료 지원이 중요한 이슈가 되지만 우리나라의 경우 단시간근로의 비중이 적고 중요한 사회적 이슈로 부각되어 있지 않으며, 따라서 단시간근로만을 위한 정책으로 설계할 경우 정치적 지지를 얻기도 힘들고 비공식부문을 축소하는 정책효과를 발휘하기도 어려울 것으로 보인다.

60만 원까지를 100% 감면으로 놓고 80만 원까지 점감하는 설계를 검토해보자. 이 경우 60만 원에서 80만 원 사이 구간의 한계세율이 65%로서 여전히 상당히 높은 편이라는 단점이 있지만 소득역전이 나타나지 않고 임금 증가에 따라 가처분소득이 증가하는 장점도 있다. 이 경우 앞서 살펴본 경우의 평균에 해당하는 1조 8,000억 원 정도의 재정소요가 발생할 것으로 예상된다. 80만 원까지를 100% 감면으로 놓고 100만

---

2) 고용안정사업과 직업능력개발사업의 예산이 1조 6,000억 정도라는 점을 감안할 때 8,000억 원의 금액은 지나치게 과다한 금액은 아닌 것으로 보인다. 이 경우 0.4%p 정도의 고용보험료율 인상만으로 충당 가능하다.

<표 9-3> 월 최저임금액

	2006	2007	2008
월 근로시간(A)*	226	226	226
시간급 최저임금(B)	3,100	3,480	3,770
월 최저임금액(A×B)	700,600	786,480	852,020

주: * [(주 소정근로 44시간+주휴 8시간)×52주+(8시간/1일)]÷12월=226시간

원까지 점감하는 설계를 검토해볼 경우 수혜자 수는 380만 명이고 감면액은 4조 6,000억 원에 이른다.

4) 해석상의 유의점

이상의 결과를 해석할 때 주의할 점은 다음과 같다.

첫째, 감면액 추정치는 저임금근로자 사회보험료 면제제도에 의해 경제주체들이 행동을 바꾸어서 연쇄적으로 변화하는 많은 것들을 감안하지 않은 것임에 유의할 필요가 있다. 예상컨대 저임금이 늘어나는 효과가 있고 영세자영업자가 저임금근로자화하는 경향이 있으므로 재정소요액은 더욱 커질 것이다. 그런데 이러한 연쇄효과는 제도 자체가 기대한 효과가 일부 있으므로 반드시 부정적으로 평가할 것은 아니다.

둘째, 추정한 감면액은 총감면액으로서 이것을 보험료 수입이 제도 도입 이전에 비해 줄어드는 액수로 보아서는 안 된다. 저임금근로자의 상당수가 사회보험에 가입하지 않으므로 이 제도를 도입하더라도 보험료 수입이 줄어드는 것은 아니다. 물론 현재 보험료를 내고 있는 사람들의 보험료 수입은 줄어드는 효과가 있지만 그 크기는 크지 않다.

셋째, 이상의 결과는 제도 설계에 따라 변화할 수 있다. 제도 설계의 구체적 사항과 관련하여 결정되어야 할 것들을 열거하면, 최소 근로시간

<표 9-4> 보험료 감면액 추정치 요약

소득기준		수혜자 수	감면총액
전액 감면구간	점감구간		
0~60만 원	없음	180만 명	9,500억 원
	60만~80만 원	228만 명	1조 8,000억 원
0~80만 원	없음	228만 명	2조 6,000억 원
	80만~100만 원	380만 명	4조 6,000억 원

<표 9-5> 저임금근로와 단시간근로(2006년)

(단위: 1,000명)

	80만 원 미만	100만 원 미만	100만 원 이상	총합
15시간 이상	2,277	1,535.7	11,283	15,096
15시간 미만	229	8	18	255
총합	2,506	1,544	11,302	15,351

자료: 「경제활동인구조사 부가조사」 원자료.

규정, 점감구간의 폭, 자영업자 포함 여부, 자산조사에 따른 가구소득 및 자산기준 포함 여부, 연령 제한, 단시간근로의 유인을 어떻게 줄일 것인지 등의 문제가 있다. 연령을 제한하고 자산조사에 따라 가구소득제한을 할 경우 보험료 감면액 규모는 줄어들 것이다.

4. 사회보험료 감면정책이 사회보험 재정수지에 미치는 영향

1) 단기적인 영향

사회보험료 감면으로 인한 사회보험 재정수지 변화는 단기적인 효과와 장기적인 효과를 구분해서 살펴볼 필요가 있다. 우선 단기적인 효과를 살펴보면, 한마디로 지출 증가는 크지 않고 수입 감소는 미미하여 재정수지에 별다른 영향을 주지 않는다는 것이다. 지출 측면을 살펴보면 건강보험의 경우 전 국민 건강보험 가입으로 인해 직장건강보험에 가입하지 않은 사람들도 피부양자로 또는 지역건강보험에 가입해 있는 상태이므로 이미 건강보험재정을 통해 의료비 지출이 이루어지고 있기에 저임금근로자들이 직장건강보험에 가입한다고 하더라도 추가적인 지출이 늘어날 이유는 없다. 국민연금의 경우 은퇴 시점에서 연금지출이 이루어지기 때문에 저임금근로자가 직장국민연금에 가입한다고 해서 지금 당장 연금지출이 늘어나는 것은 아니다. 부분적으로 은퇴연령에 가까운 이들 중 일부가 가입년수가 늘어나서 연금지출이 늘어나는 효과가 있지만 그 규모는 크지 않을 것으로 추정된다. 산재보험의 경우 비록 산재보험에 가입하지 않았더라도 사후적으로 산재보험 혜택을 볼 수 있으므로 저임금근로자의 산재보험료 감면이 추가적인 산재보험 지출액 증가에 영향을 줄 가능성은 없다.

건강보험, 국민연금, 산재보험의 경우 단기적으로 영향이 없겠지만 고용보험의 경우 지출 증가가 예상된다. 우선 2006년 현재 임금근로자 중에서 46%가 고용보험에 가입하지 않은 실정이다. 고용보험에 가입하지 않은 이들은 상대적으로 고용이 불안정하다. 저임금근로자가 집중되어 있는 영세사업장 근로자의 경우 사업체의 폐업이나 고용조정의 가능성도 높으므로 실업급여 수급자 수가 늘어날 가능성이 높고 이에 따라 실업급여 지급액이 대폭 늘어날 가능성이 크다. 또한 산전후휴가급여와 육아휴직급여가 고용보험 가입기간을 충족할 경우 지급되므로 출산여성의 급여 지급은 늘어날 것으로 예상된다.

지나치게 수급자가 늘어날 경우 재정이 악화될 위험이 있으므로 상호의무(mutual obligation)에 기반한 활성화 조치(activation measure)를 강화할 필요가 있다. 하지만 수급자가 늘어나는 것이 나쁜 징조는 아니다. 결과적으로 사회안전망 안으로 근로빈곤층이 포괄된다는 것을 의미하고 이것은 활발한 노동이동을 돕고 생산성 향상을 도울 수 있다.

2) 장기적인 영향

장기적인 영향 측면에서 다양한 요인을 고려할 필요가 있다. 단순히 시간상의 장기뿐 아니라 사전적으로 전제했던 고용률 등의 변수가 변화할 가능성을 고려해야 한다.

(1) 연금

연금의 경우 장기적으로 연금 지출의 증가가 예상된다. 저임금근로자들은 소득을 숨기고 연금납부유예를 신청하거나 가입하지 않은 상태이거나 지역연금에 가입한 상태일 것이다. 지역연금에 가입한 상태일 경우 소득을 과소보고하는 경향이 있으므로 상대적으로 적은 금액을 납입하면서 높은 수익률의 연금을 약속받고 있다. 이들이 직장연금으로 전환할 경우 아무런 금액도 내지 않고 그에 상응하는 연금을 받게 되므로 지역가입에 비해 추가적인 지출이 예상되긴 하지만 그 증가액을 계산할 때는 현재 과소보고하고 있는 소득의 연금보험료를 감안해야 한다. 연금보험료를 납부하지 않고 가입하지 않는 상태의 사람들의 경우에는 애초에 연금보험료가 없으므로 지출이 순증한다.

다른 한편으로 저임금근로자는 노후에 공적부조의 대상이 될 가능성이 크다. 저임금근로자에 대한 연금보험료 감면은 노후의 연금수입을 보장해 줌에 따라 공적부조의 대상에 투입될 금액을 절감시켜주는 효과가 있다.

저임금근로자에게 약속된 연금의 현재가치는 납부하는 연금보험료의 현재가치보다 더 높은 것이 일반적이다. 납부 보험료가 0이 됨에 따라 감면의 재정적 영향은 약속한 연금의 현재가치와 같다. 이 금액은 앞서 계산한 납부 연금보험료의 100% 이상일 것이다. 여기서 감면정책으로 인해 감소한 노후 공적부조 대상자에 대한 지출액을 차감해줘야 한다.

소득을 숨기고 직장연금 가입자가 증가하게 되므로 고용보험에서 연금보험료를 대납한다면 연금재정에 역시 예상외의 수입이 늘어난다. 지역가입자가 소득을 과소보고한다고 가정할 때 이미 가입한 23%를 감안한다면 최대 1조 원의 수입이 늘어난다고 볼 수 있다.

기초노령연금이 최근에 도입되었는데, 기초노령연금은 연금가입년수와 무관하게 소득과 재산을 기준으로 지급된다. 기초노령연금이 현재와 같은 구조를 가지고 있다면 저임금 연금보험료 감면정책과 무관하다. 만약 기초노령연금을 기존의 연금제도와 결합하여 기존 연금액의 최저한의 금액으로 만들 경우 저임금근로자 연금보험료 감면정책의 재정수지에 미치는 악영향은 줄어들 수 있다. 어차피 기초노령연금을 받을 재원이 일반 연금으로 전환되는 효과가 있기 때문이다. 그렇기에 현행 기초노령연금 제도를 수정할 필요성이 있다(양재진·홍백의, 2007). 연금에 가입하지 않은 이들은 결과적으로 기초연금 정도를 받을 가능성이 높은데, 이러한 기초연금의 재원은 다른 가입자의 연금기여금이다. 현재의 연금시스템은 저소득자의 경우 자신이 낸 것보다 더 많이 받는 구조로 되어 있는데, 평균적인 기여금이 높아질수록 적자분이 줄어들 것이다. 따라서 하나도 내지 않고 기초연금을 받는 경우에 비해 조금 내고 좀 더 받는 경우가 연금재정의 건전성 제고에 기여할 것으로 보인다.[3)]

개인 생애의 관점에서 볼 때 저임금근로자에 대한 면제는 자신의 소득이 높은 상태가 낮은 상태를 도와주는 형태를 띠게 된다. 현재 우리나라의 소득패턴을 볼 때 청년기와 중고령기에 임금이 낮고 장년기에 임금이 높으므로 이들 시기 사이의 재분배 역할을 한다. 보험의 기능이 좀 더

---

3) 납부유예의 가능성을 감안하면 좀 더 복잡해진다.

강화되는 것이다. 물론 청년기 초기에 이미 빈곤이 결정된다면 그러한 생애 내 소득재분배기능은 크지 않겠지만 장년기에는 어느 정도의 소득이 보장된다면 소득재분배기능은 상당히 있을 것으로 보인다.

저임금근로자 연금보험료 감면은 여성의 경제활동 참가에도 영향을 줄 수 있다. 현재 여성의 경우 자신의 연금을 갖지 못하는 경우가 많다. 연금보험료 감면을 통해 여성의 경제활동 참가가 늘어나고 이를 통해 경제활동에 참가한 여성 중에서 저임금을 탈출하는 여성이 나타나면 연금 재정에 기여하게 될 것이다.

(2) 건강보험

장기적으로도 건강보험의 지출 측면에 대한 영향은 거의 없다. 문제는 수입 측면의 효과이다. 건강보험료 감면은 노동공급을 활성화시켜 장기적으로 보험료를 낼 수 있는 사람의 저변을 확대할 수 있다. 특히 여성의 노동공급 활성화에 기여할 것으로 예상된다.

현행 건강보험제도는 여성고용을 저해하는 구조를 가지고 있다. 남편의 소득이 있을 때 여성이 남성의 피부양자로 등록하면 한 푼의 보험료도 내지 않아도 되지만 만약 자신이 소득을 벌게 되면 그 전과 동일한 의료혜택을 누리는데도 2.1505%의 보험료를 내야 한다.[4] 이에 따라 2차 소득자의 입장에서 한계세율이 높아진다.[5] 이러한 이유 때문에 배우자가 임금근

---

4) 현행 건강보험에서는 피부양자가 많다고 해서 보험료를 더 많이 내지 않고 소득에 대해서만 낸다. 이것은 소득분배의 관점에서는 정의로울지 모르지만 보험계리적 측면에서는 이상한 제도이다. 보험금 지출이 높아질 가능성이 높다면 보험료 부담도 높아져야 하는 것이 합리적이기 때문이다.

5) 고용보험의 경우 실업의 가능성에 대비하는 것이므로 개별화된 이득이다. 산재보험도 마찬가지로 개별화된 이득이 존재한다. 이에 비해 의료보험은 가구 수준에서 보장이 되므로 개별화되지 않은 이득이다. 연금보험은 약간 애매하다. 연금은

로자일 때 2차 소득자로서 추가로 일하는 사람의 경우 일부 건강보험료를 면제해줄 경우 한계세율이 줄어들고 이에 따라 노동시장 참가율이 높아질 수 있다. 그런데 이미 노동시장에 참여하고 있는 사람의 경우 한계세율 감소가 근로시간을 늘리는 효과는 그다지 크지 않다는 점에서, 일정 소득 이하의 경우에만 제한적으로 시행하여 이를 노동시장 참여율의 증가와 노동시장으로부터의 이탈률을 낮추는 데 활용하는 것이 현실적으로 적합할 것으로 판단된다.

(3) 고용보험과 산재보험

앞서 단기적으로 고용보험의 지출이 늘어날 가능성에 대해 언급했다. 비공식부문의 비중을 줄이고 공식부문의 비중을 높이는 사회보험료 감면 정책은 장기적으로 취업의 매력을 증가시키는 힘으로 작용하여 고용률을 높이는 데 기여할 것이다. 고용률의 증가는 고용보험 기반을 강화하고 이에 따라 재정 안정화에 기여할 수 있을 것으로 보인다. 산재보험의 경우 큰 차이가 없을 것이다.

개인의 권리이므로 연금보험료가 순수한 비용만인 것은 아니다. 하지만 2차 소득자의 경우 유족연금이나 이혼 시 연금분할권이 존재하므로 남편의 연금의 일부로 받는 자신의 몫이 자신이 근로생애에서 축적할 수 있는 연금보다 더 많다면 현재 근로생애에서 내는 연금보험료는 단순한 세금에 불과할 수 있다. 이럴 경우 연금보험료는 한계세율로서 중요한 의미를 갖는다. 이런 점에서 여성의 노동시장 정착도가 높아질수록 연금보험료의 한계세율로서의 역할이 줄어들고 노동시장 정착도나 낮을수록 한계세율로서의 역할이 높아진다.

5. 저임금 노동시장에 미치는 영향

사회보험료 감면 대안에 대한 비판 중 하나는 저임금근로자에 대해 사회보험료를 감면할 경우 저임금근로가 촉진될 것이라는 우려이다. 사회보험료 면제를 일정 소득을 기준으로 그 이하에서는 사회보험료가 없고 이상에서는 있다는 식으로 만들 경우 저임금 함정이 나타날 수 있다는 것이다.

영국 등과 같이 일부 나라에서 점감구간 없이 시행되는 경우에는 이에 따라 소득의 역전현상이 나타날 수 있다. 이럴 경우 강하게 저임금을 촉진하는 효과를 가지며, 여성의 경우 저임금 일자리의 함정에 빠지게 되는 효과도 부분적으로 나타난다.[6] 하지만 이것은 사회보험료 면제 대안 자체의 문제가 아니라 제도 설계의 문제이다. 사회보험료 면제 역시 평탄구간과 점감구간을 만들 수 있고 이를 통해 함정성을 완화시킬 수 있다. 예를 들어 벨기에의 경우 제도를 미국의 EITC와 유사하게 설계했다.

이론적으로 사회보험료 감면정책은 저임금근로의 수요를 상대적으로 늘려서 저임금근로의 비중을 증가시키는 효과가 있는 것이 사실이다. 저임금근로가 늘어나는 것이 나쁘다는 기준을 가진 사람에게는 사회보험료 감면정책이 나쁜 정책임이 분명하다. 하지만 저임금근로가 늘어나는 것과 함께 고용의 기회가 늘어나고 공식부문이 늘어나는 효과도 함께 감안해야 한다.

사회보험료 감면정책은 근로능력자가 빈곤을 탈출하는 효과적인 경로

---

6) 이론적으로 볼 때 만약 노동수요자가 사회보험료를 부담할 경우 저임금에 대한 수요가 증가하고, 노동공급자가 부담할 경우 저임금 일자리를 선택하는 이들이 늘어나는 효과가 있다. 결과적으로 저임금 일자리가 늘어나고 저임금 취업자가 늘어나는 것은 동일하다.

가 고용이라는 점에 근거한다(이병희, 2008 참조). 복지정책에 의한 소득지원은 일시적인 효과만을 지닐 뿐이며 고용을 통해서 탈빈곤상태를 유지할 수 있다. 이런 점에서 사회보험료 감면정책의 결과 양산되는 저임금 일자리는 근로능력자인 빈곤층에게 상향이동의 기회를 제공하는 기초적인 발판이 될 것이다.

물론 저임금 일자리 자체만으로 빈곤 탈출이 보장되는 것은 아니며 근로 능력을 배양하기 위한 직업훈련의 제공이나 근로의욕을 고취하고 적절한 경력경로를 설계하는 직업상담의 강화가 보완적으로 이루어지는 것이 긴요하다. 또한 근로를 하더라도 지속되는 빈곤의 고통을 완화하기 위해 그리고 가족책임 때문에 노동시장에서 이탈하지 않도록 지원하기 위해 사회서비스의 제공이 동반될 필요가 있다. 보육서비스나 노인에 대한 수발서비스 등이 근로기회의 확대와 함께 근로 능력을 가진 빈곤층에게 노동시장 참여를 조건으로 제공될 필요가 있다.

사회보험료 감면정책은 비정규직 근로 특히 단시간근로를 과다하게 촉진한다는 비판이 제기된다. 예를 들어 사회보험료 완전감면 소득액이 월 60만 원 이하로 설정될 경우 월 120만 원을 지급하는 전일제근로를 반으로 쪼개서 두 명의 일자리로 만드는 것이 이득이다. 월 120만 원 일자리의 경우 20만 원 가량의 사회보험료를 부담해야 하는 데 비해서 월 60만 원의 두 개의 일자리로 나눌 경우 한 푼의 사회보험료도 부담할 필요가 없기 때문이다.

현재 우리나라의 단시간근로는 선진국에 비해 낮은 수준이며 적정한 수준으로 높아질 필요가 있다. 가족책임을 지고 있는 여성의 경우 특히 단시간근로를 선호하고 있으나 노동시장 내에 단시간근로가 부족한 상황이다. 단시간근로의 잠재력을 현실화할 필요가 있는 시점이지 단시간근로가 과다해질 것을 우려할 상황은 아니다.

반대로 현재도 비공식부문에서 한 푼의 사회보험료도 내지 않고 있는 상황에서 단시간근로가 활성화되지 않는데 사회보험료 감면을 한다고 해서 단시간근로가 활성화되기는 어려울 것이라는 비판이 있다. 이러한 비판은 일면 타당하다. 비공식부문에서는 사회보험료가 없는데 사회보험료를 감면한다고 단시간근로가 늘어나지는 않을 것이다. 하지만 두 가지 측면에서 단시간근로 활성화의 효과를 긍정적으로 추론할 수 있다.

첫 번째는 노동공급 측면에서 단시간근로를 희망하지만 비공식부문에서 일하는 것을 꺼려서 노동시장에 참여하지 않는 여성들을 끌어들이는 효과가 있다. 고학력여성들의 경우 비공식부문에서 일하기를 꺼리는 비율이 높을 것으로 보이는데, 이들에게 공식적 일자리를 제공함으로써 우수한 인력을 활용할 수 있을 것으로 보인다.

두 번째는 사회보험료 감면을 통해 노동수요 측면에서 같은 직무에 전일제근로와 단시간근로를 적절히 섞어서 활용할 수 있는 기회가 기업 측에 제공된다. 공식부문에서 활동하는 기업의 경우 저임금근로자에 대한 사회보험료 감면이 없는 상황의 단시간근로의 인사노무 및 생산관리 경험이 없는 상황에서 전일제 사회보험료 제공 일자리만을 제공할 것이다. 저임금 사회보험료 감면이 도입될 경우 이런 기업들은 새로운 고용형태의 인사관리 부담에도 저렴한 비용으로 쓸 수 있다는 장점으로 인해 상대적으로 고용이 안정되고 사회보험도 제공하는 단시간근로 일자리를 공급할 유인이 존재한다.

이상의 추론에 의거할 경우 사회보험료 감면정책은 비공식부문에서의 단시간근로를 촉진하지는 않겠지만 공식부문에서의 단시간근로를 촉진할 것으로 보인다.

6. 기존 제도와의 중복 및 충돌 여부: 근로장려세제(EITC)를 중심으로

EITC는 사회보험료 면제와 매우 유사한 제도이고 효과도 비슷하다. 1975년 미국에서 EITC제도가 도입될 당시 제도의 주된 목적은 저소득 근로자의 사회보장세를 지원하는 것이었다(강병구, 2008 참조). 최근 우리나라에서도 EITC 도입을 확정한 바 있다. 저임금근로자 사회보험료 감면이 유사한 효과를 내는 제도임에도 EITC가 논의되면서 경쟁적인 대안으로 논의되지 않았다. 그런데 EITC와 사회보험료 감면 중에서 반드시 하나를 선택해야 하는 제도는 아니다. 예를 들어 프랑스의 경우 EITC와 사회보험료 감면제도 양자가 병존하고 있다. 하지만 두 제도를 독립적으로 폭넓게 시행하는 것은 적절하지 못하며 어떤 제도를 중심으로 설계할 것인지를 정책적으로 결정해야 한다.

미국의 경우에는 EITC가 주로 활용되고 있는데, 한국에서도 과연 EITC를 주로 활용할 것인지를 정책적으로 판단할 필요가 있다. 현재 한국의 EITC제도는 충분히 성숙하지 않는 상태이다. 2명 이상의 자녀를 가진 임금근로자에 한정된 제도로 설계되어 있다. 최대로 받을 수 있는 장려금액의 양도 크지 않은 편이며 영향을 받는 소득대의 폭도 넓지 않다. 만약 EITC제도를 중심으로 발전시키려 한다면 점감구간에 해당하는 소득영역을 대폭 확대하고 EITC를 통해 최대로 받을 수 있는 장려금액을 상향조정할 필요가 있다.

EITC와 사회보험료 감면정책의 차이는 다음과 같다.

첫째, EITC는 가구 단위로 제공되는 데 비해 사회보험료 면제는 개인 단위로 제공된다. 가구 단위로 제공된다는 점에서 가구의 빈곤 여부에 초점을 맞춘다. EITC는 복지체제적 관점에서 볼 때 선별주의적 전통에서 있다. 이에 비해 사회보험료 면제는 개인 단위에서 저임금이라도 비취업보다 취업을 유리하게 만드는 것이다. 그리고 사회보험을 통한 범주적 급여의 확대를 꾀한다는 점에서 보편적 성격을 갖는다. 사회보험료 면제는 보편주의적 전통에 서 있다.

둘째, 여성 고용과 관련하여 EITC는 여성의 경제활동을 저해할 우려가 있다. 여성이 2차 소득자인 경우가 많고 만약 남성이 저임금인데 여성이 추가적인 소득을 벌려고 할 때 EITC는 한계세율을 높이는 효과가 있다. 이에 비해 사회보험료 면제는 여성고용과 관련하여 아무런 역효과를 낳지 않는다. 부부합산과세에 비해 별산과세제도가 여성 고용에 긍정적 영향을 주듯이 EITC에 비해 사회보험료 면제는 여성 고용에 긍정적 영향을 준다.

셋째, 비공식부문을 없애는 데 있어서는 두 가지 모두 효과가 있다. EITC의 경우 우선 저임금근로자가 EITC를 얻기 위해 소득신고를 하게 되고 결과적으로 국세청에 의해 사후적으로 사회보험 미가입 사업장이 밝혀진다. 국세청이 제재를 가하게 되고 결과적으로 비공식부문이 사라지게 된다.[7] 사회보험료 면제의 경우 사업장의 부담금도 줄여주기 때문에 사전적으로 근로자와 사업장이 협상을 통해 자진신고를 하게 될 가능성이 크다.

넷째, EITC의 재원은 일반 조세이다. 이에 비해 사회보험료 면제는 노사 간의 협상에 의해 노사가 공동부담하는 형태로 거둘 수 있다. 다시 말해서 자영업자는 제외하고 이득을 보는 노사 간의 협상에 의해 고용보험의 틀 내에서 이루어질 수 있다는 것이다. 물론 노사 전체가 이득을 보는 것은 아니고 저임금근로자와 저임금근로자를 주로 고용하는 영세사업장

---

7) EITC로 인해 사회보험 미가입 사업장이 줄어들더라도 2차 소득자인 기혼여성 근로자는 여전히 사각지대에 처할 위험이 크다. 남편의 월급에 자신의 월급을 더하면 EITC 구간에서 벗어날 경우 사회보험을 가입하지 않는 것이 가입하는 것에 비해 더 유리하기 때문이다.

이 이득을 보게 된다. 하지만 중상위 근로자의 양보와 중규모 이상 사업장의 양보를 통해 이루어질 수 있다.[8] EITC의 경우 일반 조세로 걷는데 왜 자영업자는 제외되느냐는 반발에 부딪힌다. 사회보험료 면제를 고용보험료 인상 또는 노사의 공동부담에 의한 별도의 재원으로 추진할 경우 이러한 반발은 발생하지 않는다. 나아가 영세자영업자에서 임금근로자로의 전환을 촉진하는 효과를 얻을 수 있다.

EITC와 저임금근로자 사회보험료 면제는 상호 배타적인 관계를 갖는 것은 아니다. EITC는 가구 전체의 빈곤 문제에 대한 처방이며 저임금근로자 사회보험료 면제는 개별 근로자의 노동시장 참가 유인을 강화시키는 처방이다. 두 제도 모두 저임금근로자에 대한 소득을 증가시키는 힘으로 작용한다는 점에서 저소득 완화에 기여한다. 또한 사회보험료 면제가 저임금이라도 부부의 동시 노동시장 참가를 촉진하므로 가구 빈곤을 완화시키는 효과가 있다. 두 제도를 병행해서 활용한다면 빈곤을 줄이면서 비공식부문의 공식화를 촉진하는 효과를 극대화할 수 있을 것으로 보인다. 프랑스의 경우 두 제도를 모두 도입하고 있다.

현재의 EITC제도를 폐지하고 사회보험료 감면정책으로 대체하는 것보다는 두 제도를 보완적으로 활용하는 것이 적절하다고 생각된다. 현재의 EITC제도는 국민기초생활보장제도하에 포섭되는 근로능력자 가구에 대한 근로유인 제고 및 빈곤완화 목적으로 활용하는 데 한정하는 것이 적절할 것으로 보인다. 이러한 목적을 위해서는 현재와 같이 영향 받는 가구소득 영역을 적게 가져가는 것이 필요하며 근로자가구에 한정하지 않고

8) 현실적으로 사회보험료 면제를 목적으로 노동부가 나서서 고용보험료 인상을 추진하는 것은 불가능할 것으로 보인다. 노동부는 고용보험료와 산재보험료 정도는 손댈 수 있지만 그 외 보험료는 추진력이 떨어진다. 차라리 직접 수혜를 보는 노사 양쪽이 주도하는 것이 낫다.

자영업 가구도 포함될 수 있도록 확대하는 것이 적절하다. 이에 비해 사회보험료 감면정책은 근로자에 한정하고 가구소득과 무관하게 개별 근로자에 대해 보편적으로 적용하는 것이 적절하다. 그리고 적용 폭을 넓게 가져가는 것이 필요하다.

7. 다른 나라에서의 유사 제도 사례

영국의 경우 2007년 현재 주당 87파운드 이하의 소득을 올릴 때 보험료를 면제하고 있다. 이 금액은 우리나라 돈으로 월 75만 원가량 된다. 그런데 이 정도 금액은 영국에서 최저임금 수준의 근로자가 주당 15시간 이하로 근무해야만 벌 수 있는 금액밖에 안 된다.[9] 우리나라 기준으로 말하자면 한 달에 20만 원 이하로 버는 사람에게 보험료를 면제해주는 것과 같다. 보험료 면제의 혜택을 받는 이들은 근로시간이 극단적으로 적은 사람들에 한정된다. 영국에서 이러한 보험료 면제를 하는 이유는 연금보험과 실업보험에서 제외되는 사람들을 보호하기 위함이고 사실상 대부분의 사람들은 보험료를 내고 있다고 봐야 한다. 영국의 연금은 정액 급여이다.

일본의 경우 1999년 기준 임금근로자인 배우자를 가진 사람의 연소득이 130만 엔 이하일 때 기초연금보험료를 내지 않아도 된다. 이 정도 금액은 한 달 월수입이 75만 원 이하인 정도를 의미한다. 이것은 최저임금 기준으로 월 정상근로를 할 때 벌어들이는 86만 원에 비해 약간 작은 금액이며 주당 20시간 근로를 할 경우 벌 수 있는 43만 원에 비해 꽤 큰 금액이다. 일본의 경우 여성 중에서 저임금의 소득을 올리는 사람에

9) 영국의 시간당 최저임금은 1만 원 수준이다.

대한 파트타임 근로를 촉진하는 의미가 분명하다. 임금근로자가 면제받는 금액은 기초연금보험료인데 기초연금보험료는 정액으로서 월 1만 3,300엔(한화 10만 원)을 내고 나중에 연금액도 정액으로 받는 것이다. 다만 소득비례연금의 경우 감면은 없다.

독일의 경우 제4차 하르츠 개혁을 통해 미니잡 프로그램이 도입된 바 있다(Bargain, Caliendo, Haan and Orsini, 2006). 저임금근로자의 사회보험료를 감면해주는 제도이다. 제1차 미니잡 프로그램의 설계는 다음과 같다. 주당 근로시간이 15시간 이하이고 월 소득이 325유로 이하일 경우 근로자의 사회보험료 부담을 면제해주며 만약에 다른 소득이 없을 경우에는 소득세 역시 면제되었다. 다른 소득이 있을 경우에는 20%의 소득세가 부과되었다. 만약 소득 상한을 넘을 경우에는 사회보험료(약 21%)와 소득세가 모두 부과된다. 그런데 임계소득 근처에서 소득역전현상이 나타나는 문제점으로 인해 가구 내 제2차 소득자의 낮은 경제활동의 함정 문제가 발생했다. 이러한 문제점을 해소하기 위해 제2차 미니잡 프로그램이 실시되었다. 우선 주당 근로시간 제한이 없어졌고 임계소득이 400유로로 높아졌다. 그리고 401유로부터 800유로 사이의 구간에 점감구간이 설정되어 4%에서 시작하여 21%로 끝난다.

프랑스의 경우 저임금근로자의 고용을 촉진하기 위해 1993년부터 저임금근로자의 사회보험료 경감을 추진해왔다.[10] 1993년에는 최저임금 100~110% 구간의 소득자에게 가족 관련 사회보험기여금(5.4%)을 면제하고 110~120% 구간의 소득자에게 절반을 감면했다. 이후 소득 범위를 넓히고 감면율을 제고했다. 2005년 현재 최저임금 160%까지 감면범위를 확대했고 최저임금 수준에서 26%를 감면하고 점차 점감하는 형태를 취하고 있다(Sterdyniak, 2007).

10) 프랑스는 EITC에 해당하는 PPE도 도입했다.

네덜란드에는 고용세액공제(arbeidskorting)제도가 있다. 세액공제 최대액은 920유로이며 전일제로 최저임금액 수준에서 일할 경우 벌 수 있는 연봉액인 1만 5,117유로까지 점증구간으로 설정되어 있다. 점감구간은 없다. 근로시간 조건이 없으므로 최저임금의 2배의 시간당 임금을 받는 사람도 절반의 시간을 일하면서 사회보험료 감면을 받을 수 있다(Orsini, 2006 참조).

벨기에의 EITC에 해당하는 CIBRAP는 영국의 WFTC나 미국의 EITC와 일면 유사하면서도 일면 다르다. 환급이 가능하다는 점에서 유사하지만 가구소득과 무관하게 완전히 개인화되어 있다는 점에서 다르다(Bargain, Caliendo, Haan and Orsini, 2006). 개인화되어 있다는 것은 배우자의 소득과 무관하게 자신의 소득에만 의거하여 급여를 받을 수 있다는 것을 의미한다. 게다가 아동 수와도 무관하게 설계되어 있다. 최소한 주당 13시간 일해야 하며 점증구간과 점감구간이 존재한다. 3,750유로부터 시작하여 5,000유로까지 점증구간이 설정된다. 그리고 5,000유로부터 1만 2,530유로까지 평탄구간으로서 506유로가 지급되며 1만 6,280유로까지 점감구간이 설정된다.

벨기에의 CIBRAP는 2004년 실시를 앞두고 고용보너스(EB)로 대체되었다. 이름은 보너스이지만 사실상 근로자의 사회보험료 부담금(SSC)을 감면해주는 것이다. 벨기에의 EB가 갖는 독특함은 근로시간에 비례하여 보너스를 증가시키고 풀타임일 때 가장 높은 액수의 보너스를 지급하여 단시간 근로의 유인을 제거한다는 것이다. 예를 들어 최저임금 수준에서 풀타임 160시간을 일하면 1,210유로를 벌 수 있다고 하자. 시간당 임금은 7.56유로이다. 이럴 경우 사회보험료 부담금 11.57%에 해당하는 140유로를 보너스로 제공한다. 만약 80시간만 일한다면 70유로만을 보너스로 받게 되며 170시간 일할 경우 점감구간에 들어오므로 140유로보다 적은 보너스를 받게 된다. 결국 풀타임 160시간에서 모서리가 발생하여 풀타임

근로를 유인하게 된다(Orsini, 2006 참조).

만약 1,000유로를 벌고 100시간 일했다고 하자. 이럴 경우 이 사람의 시간당 임금은 10유로이다. 만약 160시간 풀타임으로 일했다면 1,600유로를 벌었을 것이다. 이럴 경우 최대로 얻게 되는 보조금은 70.541유로〔=140－0.1781×(1,600－1,210)〕이다. 보조금은 근로시간에 비례하므로 100시간 일할 경우 70.541유로의 100/160만큼인 44유로를 받게 된다. 만약 1,700유로를 벌게 되면 다시 말해서 160시간에서 10시간 더 일하게 되면 보조금은 점점 줄어들고 200시간 일하게 되면 보조금은 0이 된다.[11)]

결과적으로 풀타임에서 꼭지점이 형성되므로 풀타임 근로를 선택하게 되는 유인이 발생한다. 이 방법은 시간당 임금이 높아질수록 보조금이 140유로로부터 0으로 점차 줄어드는 설계이며 시간당 임금이 12.5유로에 도달할 때 보조금은 사라진다.

영국, 일본과 비교하면 한국의 경우 면제되는 소득 범위를 좀 더 폭넓게 상정했는데, 그것은 한국의 경우 비공식부문이 폭넓게 존재하기 때문이다. 일본이나 영국과 달리 기초연금이 아닌 소득비례연금의 보험료를 면제해준다는 점도 중요한 차이점이다. 또한 일본의 경우 배우자가 임금근로자여야 한다는 제한이 있는 데 비해서 이 글에서 제안된 제도는 배우자

---

11) 또 하나의 방법은 다음과 같다. 만약 1,000유로를 벌고 100시간 일했다고 하자. 이럴 경우 이 사람의 시간당 임금은 10유로이다. 이럴 경우 140유로의 100/160만큼만 받게 된다. 최대로 보조금을 받게 되는 것은 1,600유로를 벌고 160시간 일한 경우이다. 이 경우 140유로의 보조금을 받게 된다. 근로시간을 더 늘리면 빠른 속도로 보조금이 줄어들어 200시간 일할 경우 보조금이 0이 된다. 이 방법은 시간당 임금과 무관하게 최대 140유로의 보조금을 받을 수 있는 설계이며 시간당 임금이 12.5유로에 도달하면 보조금이 사라진다. 그런데 이 방법은 시간당 임금이 12.5유로를 넘어서게 될 때 소득역전이 발생하기 때문에 지속불가능한 방법이다.

의 고용지위와 무관하게 자신의 임금 수준에 의해서만 면제 여부가 결정된다. 독일의 경우 파트타임 노동을 활성화하려는 의도가 있다는 점에서 한국적 노동시장 상황과 유사한 측면을 갖고 있다. 프랑스의 경우 PPE와 사회보험료 감면 양자를 모두 도입했다는 점에서 이미 EITC를 도입한 한국과 유사한 측면이 있다. 벨기에의 고용보너스(EB)는 매우 흥미로운 접근법으로서 주목할 만한 가치가 있다.

한국에서 만약 EB와 같이 사회보험료 감면을 설계한다면 최저임금 수준에서 160시간에 대해 17%의 사회보험료를 감면해주는 방식을 취할 수 있을 것이다. 그리고 20%의 점감구간을 설정한다면 최저임금이 3,400원, 풀타임 근로시간이 160시간이라고 할 때 총임금비용 63만 6,480원에 근로자 실수령액이 54만 4,000원이고 정부가 부담하는 최대 사회보험료는 9만 2,480원이 될 것이다. 근로시간이 짧을 경우에는 비례적으로 적은 금액을, 근로시간이 더 길 경우에는 보조금은 20%의 점감률로 줄어들 것이다.

한국의 상황에서 중요한 점은 비공식부문을 공식화하는 것이 긴요하다는 것이다. 일본이나 영국의 경우 이러한 문제가 그리 심각하지 않은 것으로 보인다. 한국에서는 사회보험체계는 갖추어졌어도 여전히 폭넓은 비공식부문이 존재하고 있으며 향후의 발전은 공식부문의 확대 없이는 기대하기 어렵다는 것이다. 영세사업장의 낮은 지불능력은 비공식부문의 축소를 방해하고 있는 실정이다. 이러한 상황에서 저임금근로자의 사회보험료 면제정책은 범주적 급여체계의 보편화에 기여하고 결과적으로 보편주의적 복지국가에 한 발 더 다가서게 할 것이다.

8. 맺음말

이상에서 저임금근로자의 사회보험료 감면을 도입할 경우 제기될 수 있는 다양한 쟁점들에 대해 설명했다. 저임금근로자의 사회보험료 감면은 4조 원 내외의 감면 수준으로 실행될 수 있으며 단기적으로 사회보험 재정수지에 별다른 영향을 주지 않을 것으로 분석되었다. 저임금근로자의 공식부문화의 편익을 감안할 때 충분히 고려할 만한 대안일 것이다. 이미 도입된 EITC의 경우 국민기초생활보장제도 수급자에 대한 제도로 제한적으로 운영하면서 사회보험료 감면제도를 적극적으로 활용하는 방향으로 정책 방향을 전환할 필요가 있다. 마지막으로 선진국 사례를 통해서도 사회보험료 감면제도의 일반성을 확인할 수 있었다.

참고문헌

강병구. 2008. 「근로장려세제의 노동공급 및 탈빈곤 효과」. 이병희 외. 『저소득 노동시장 분석』. 한국노동연구원.

양재진·홍백의. 2007. 「지속가능한 소득비례연금과 기초소득보장연금제도의 설계」. 안상훈 외. 『미래 한국의 경제사회정책의 쟁점과 과제』. 한국노동연구원.

이병희. 2008. 「저소득 노동시장의 구조와 특징」. 이병희 외. 『저소득 노동시장 분석』. 한국노동연구원.

한국노동연구원. 2008. 이병희 편. 『통계로 본 노동 20년』. 한국노동연구원.

Bargain O., M. Caliendo, P. Haan and K. Orsini. 2006. "'Making Work Pay' in a Rationed Labour Market," *IZA DP*, No.2033.

Sterdyniak, Henri. 2007. "Low-Skilled Jobs: The French Strategy." OFCE.

OECD. *Taxing Wages 2003-2004*.

_____. *Taxing Wages 2005-2006*.

Orsini, K. 2006. "Is Belgium 'Making Work Pay'?" *CES Discussion Paper*, No.06/06. KU Leuven.

_____. 2006. "Tax-Benefits Reforms and the Labor Market: Evidence from Belgium and other EU Countries." *CES Discussion Paper*. mimeo.

Sterdyniak, H. 2007. "Low-Skilled Jobs: The French Strategy." OFCE.

지은이

강병구
미국 뉴욕주립대학교 빙엄턴(Binghamton) 대학 경제학 박사
인하대학교 경제학부 부교수
주요 저서 및 논문: 『미래 한국의 조세재정정책』(공저), 「양극화해소를 위한 조세재정정책」, 「근로장려세제의 노동공급효과 분석」, 「공적이전소득의 분배 및 노동공급효과」, 「법인세의 경제적 효과분석」

강신욱
서울대학교 경제학 박사
한국보건사회연구원 연구위원
주요 저서 및 논문: 『사회양극화의 실태와 정책과제』(공저), 『기초생활보장제도 수급자 동태 및 관련요인 분석』(공저), 『분배구조 변화의 원인과 대응방안』(공저)

윤명수
미국 러트거스(Rutgers) 대학교 경제학 박사
미국 튤레인 대학교 경제학과 조교수
주요 저서 및 논문: "Returns to Returning, Earnings Inequality in USA 1969-1999: Comparing Inequality Using Earnings Equations", "Ethnic Conflict and Economic Disparity: Serbians and Albanians in Kosovo, Inter-State Dynamics of Invention Activities 1930-2000", "Poverty in Rural India: Caste and Tribe, Decomposing Differences in the First Moment", "A Simple Solution to the Identification Problem in Detailed Wage Decomposition"

이병희
서울대학교 경제학 박사
한국노동연구원 선임연구위원
주요 논문 및 저서: 「비정규직법 시행 1년의 고용 효과」, 「저소득 노동시장의 실태와 동태적 변화」, 「최저임금의 고용 유지 및 취업 유입 효과」, 『저소득 노동시장 분석』(공저), 『노동시장의 구조변화와 고용변동』(공저), 『통계로 본 노동20년』(공저)

이은우

서울대학교 경제학 박사

울산대학교 사회과학대학 경제학과 교수

주요 저서 및 논문: 『대졸 여성실업의 실태분석 및 대학: 노동시장간 효율적 연계방안』, 「사교육비 지출행위에 대한 경제분석」, 「지역간 인구이동이 소득결정에 미친 영향」, 「농촌빈곤의 결정요인과 빈곤층의 특성」, 「군 지역-도시간 이주 및 이주자의 자가소유 결정요인」

남기곤

서울대학교 경제학 박사

한밭대학교 경제학과 교수

주요 저서 및 논문: 「고등교육기관 졸업자 취업률 지표의 문제점: 졸업 직후의 취업 여부가 노동시장 성과에 미치는 영향을 중심으로」, 「부모의 학력이 자녀의 학력 및 직업지위에 미치는 효과」, 「부유한 가정일수록 사교육비 비중이 높아지는가?」, 「교육문제의 실타래, 어디서부터 풀어야 하나?」, 「사교육비 규모의 시계열 추이 분석」, 「시장의 힘은 한국의 교육을 구원할 수 있을까?」, 「한국 사회에 아직도 딸에 대한 차별이 존재하는가?」, 「경제학 시각에서 본 평준화 정책의 효과」, 「실업계 고등학교 교육의 임금 효과」, 「교육 부문에의 경쟁의 도입, 성과가 있는가?: 미국 교육경제학의 실증 분석 결과가 한국의 평준화 제도에 주는 함의」, 『제조업 공동화를 둘러싼 논의와 정책대안 평가』(공저), 『고교평준화 제도가 임금을 저하시켰는가?』(공저), 「고교평준화 제도가 학업 성취도에 미친 효과」

김기원

서울대학교 경제학 박사

한국방송통신대학교 경제학과 교수

주요 저서: 「米軍政期の經濟統計」, 「세계금융위기와 이명박 정부의 경제정책」, 「통일 후 동독 기업체제의 변화」, 「노무현 정권 경제정책의 평가와 반성」, 「김대중-노무현 정권은 시장만능주의인가」, 『경제학 포털』, 『재벌개혁은 끝났는가』, 『미군정기의 경제구조』

김진일

미국 뉴욕 신사회과학원(New School for Social Research) 경제학 박사

국민대학교 경제학부 조교수

주요 저서 및 논문: 「한국경제의 성장과 변동: 수요 중심의 분석」, 「한국의 외환위기와 안정화정책: 금융정책을 중심으로」, 「환율 동학: 민스키적 금융 불안정성」, 「구조주의 경제학: 잃어버린 경제발전의 모색」, 「자본자유화와 외환위기」, 「환율상승에 따른 경제긴축 가능성에 대한 연구」, "Stabilization in the Case of Aggregate Demand Binding: The Korean Experience", "Did the IMF-Prescribed High Interest Rate Policy in Korea Really Work? An Empirical Test, Asia Pacific Journal of Economics and Business"

김유선

고려대학교 경제학 박사

한국노동사회연구소 소장

주요 저서 및 논문: 「비정규직 노동자 규모와 실태: 경제활동인구조사 부가조사」, 「노조수요 추정과 노조가입의사 결정요인」, 『서비스 사회의 구조변동: 노동체제의 전환과 생활세계의 변화』(공저), 「산업별 단체협약 효력확장 제도」, 『한국의 노동』, 「자영업 노동시장 분석」, 『위기의 노동: 한국 민주주의의 취약한 사회경제적 기반』(공저), 『한국 노동자의 임금실태와 임금정책』, 『노동시장 유연화와 비정규직 고용』

윤진호

서울대학교 경제학 박사

인하대학교 경제학부 교수

주요 저서 및 논문: 『보스턴일기』, 『한국의 저임금 고용』, 『비정규직과 한국 노사관계 시스템의 변화(II)』(공저), 「비정규직 노동자의 실태와 조직화 문제」, 「국제화와 노동운동」, 「구조조정의 정치경제학과 21세기 한국경제」

김혜원

서울대학교 경제학 박사

한국노동연구원 연구위원

주요 저서 및 논문: 『사회정책의 제3의 길』(공저), 『사회안전망의 경제적 분석: 노동시장 효과를 중심으로』(공저), 「한국의 일자리변동과 실업률」

한울아카데미 1108
서울사회경제연구소 연구총서 XX

한국 경제: 빈부격차 심화되는가?

ⓒ 서울사회경제연구소, 2008

엮은이 | 서울사회경제연구소
지은이 | 강병구 · 강신욱 · 윤명수 · 이병희 · 이은우 · 남기곤 · 김기원 · 김진일 · 김유선 · 윤진호 · 김혜원
펴낸이 | 김종수
펴낸곳 | 도서출판 한울

편집책임 | 김경아
편집 | 염정원

초판 1쇄 인쇄 | 2008년 12월 20일
초판 1쇄 발행 | 2008년 12월 30일

주소 | 413-832 파주시 교하읍 문발리 507-2(본사)
121-801 서울시 마포구 공덕동 105-90 서울빌딩 3층(서울 사무소)
전화 | 영업 02-326-0095, 편집 02-336-6183
팩스 | 02-333-7543
홈페이지 | www.hanulbooks.co.kr
등록 | 1980년 3월 13일, 제406-2003-051호

Printed in Korea.
ISBN 978-89-460-5108-9 93320

* 책값은 겉표지에 있습니다.